從自然崇拜到生態覺醒，重建人與水的神聖關係

水族

WATER BEINGS

VERONICA STRANG

維若妮卡・史特朗——著　劉泗翰——譯

From Nature Worship to the Environmental Crisis

目錄

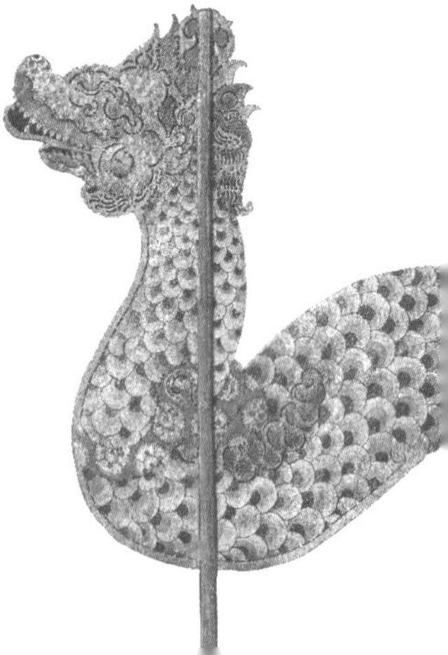

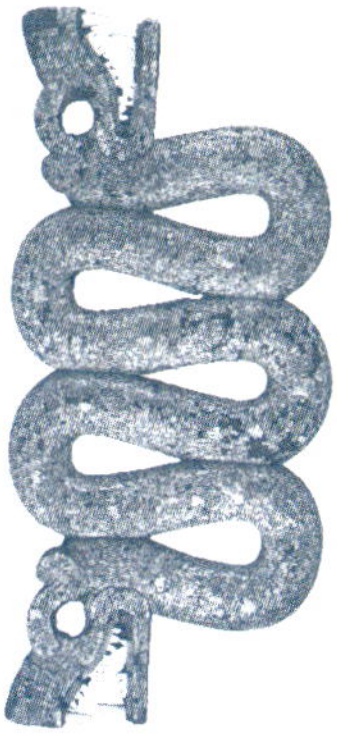

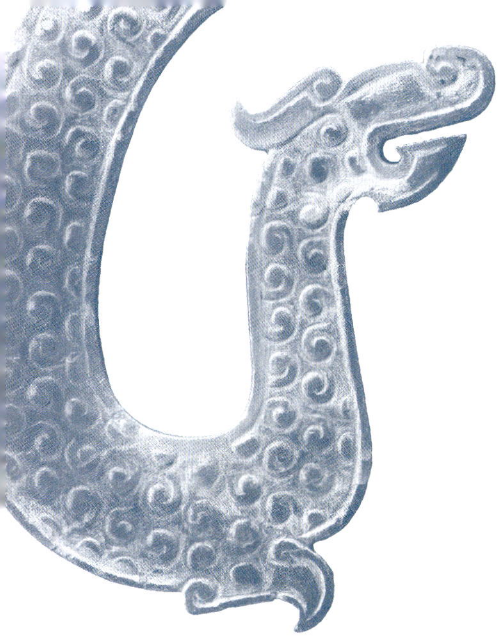

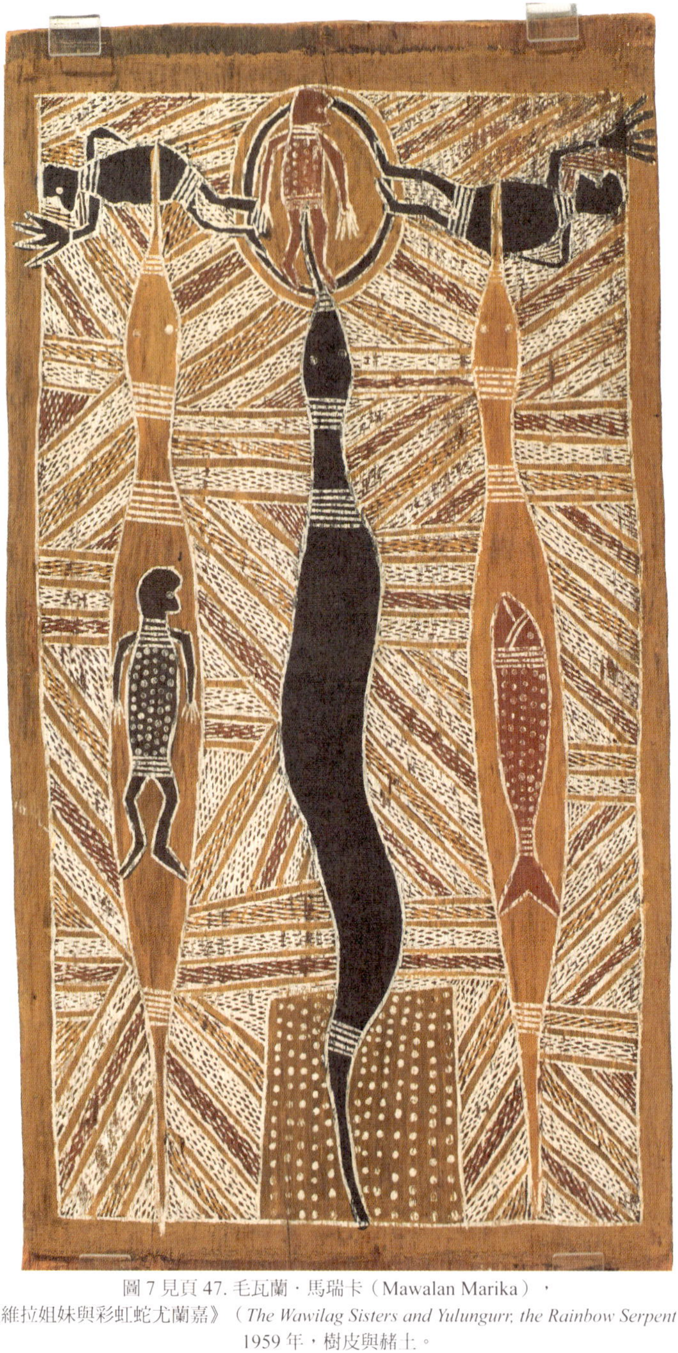

圖 7 見頁 47. 毛瓦蘭・馬瑞卡（Mawalan Marika），
《瓦維拉姐妹與彩虹蛇尤蘭嘉》（*The Wawilag Sisters and Yulungurr, the Rainbow Serpent*），
1959 年，樹皮與赭土。

圖 11 見頁 54. 天龍星座，取材自約翰・拜耳（Johann Bayer）的
《測天圖》（*Uranometria*），
約 1624 年的版本。

圖 16 見頁 74. 多頭蛇，越南胡志明市，壁畫。

圖 24 見頁 94. 西奧多羅斯・佩萊卡諾斯（Theodoros Pelecanos）繪製的銜尾蛇，
出自他抄錄的煉金術小冊子《辛諾西斯》（*Synosius*，1478 年），
可能是辛奈西斯（Synesius）所作。

圖 26 見頁 97. 不知名藝術家所繪製的《伏羲和女媧》，3-8 世紀，絲綢畫，
發現於中國新疆的阿斯塔納古墓群（Astana Graves）。

圖 27 見頁 99. 姆瓦利與通加的壁畫，康哥尼藝術中心（Kungoni Centre），
馬拉威的穆亞傳道所（Mua Mission）。

圖 40 見頁 125. 畢林亞拉・納比蓋尤（Bilinyara Nabegeyo），
《彩虹蛇因迦納》（*Yingarna, the Rainbow Serpent*），
澳洲的西阿納姆地，1960 至 1970 年代初期，
以天然色素著色的樹皮畫。

圖 44 見頁 148. 露西・昆努阿越克（Lucy Qinnuayuak），《賽德娜與點點鳥》，
1982 年，石刻模板印刷。

圖 49 見頁 161. 毛利人的塔尼瓦，名為「烏雷利亞」（Ureia），
居住在迪卡帕（Tikapa），即泰晤士峽灣（Firth of Thames），
雕刻在安堤馬魯人（Ngati Maru）的聖地聚會所柱子（poupou）上，
由來自華卡塔尼（Whakatane）的安堤阿瓦族（Ngati Awa）雕刻師於 1878 年建造。

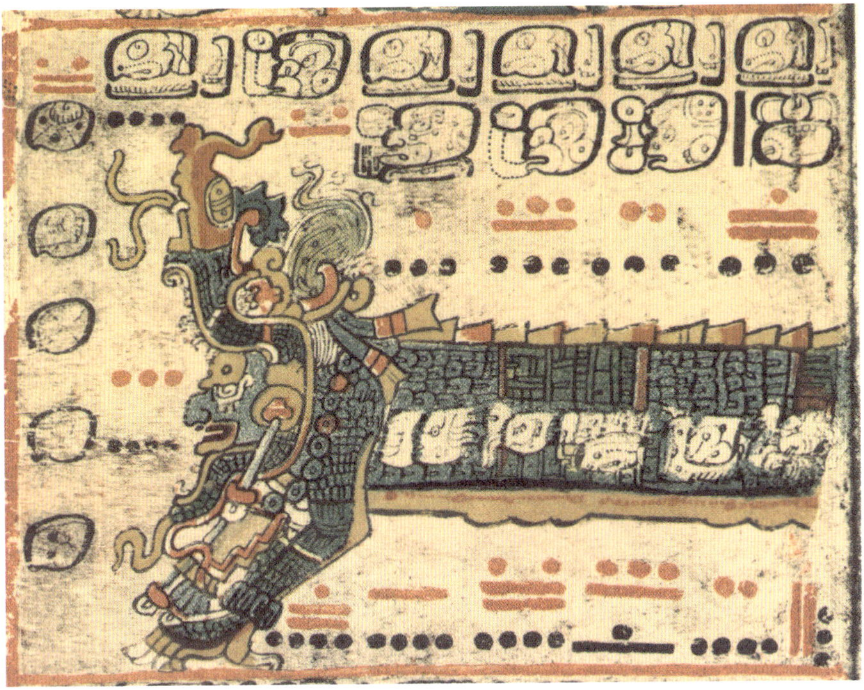

圖 51 見頁 167. 伊察姆納從原始的創世蛇中以人形現身，
《德勒斯登手抄本》（*Dresden Codex*），
11 或 12 世紀，樹皮紙。這個版本是恩斯特・福斯特曼（Ernst Förstemann）的複製版。

圖 58 見頁 189. 倚在無盡之蛇阿難陀（Ananta）身上的毗濕奴，
以及在蓮花上現身的梵天，印度，
約 1700 年，膠蛋彩和黃金的紙本畫。

圖 61 見頁 195. 毗濕奴化身為魚（Matsya），拯救人類，並從洪水中救出神聖文本，
19 世紀，印度藝術家繪於雲母石的水粉畫。

圖 64 見頁 197. 奎師那在亞穆納河中的卡利耶頭上跳舞，蛇的兩名配偶為他求情。
這條河被畫成圓形的水庫，水裡長滿了蓮花。水粉畫，
印度泰米爾納德邦（Tamil Nadu）的坦賈武爾（Thanjavur），18 世紀末至 19 世紀初。

圖 63 見頁 198.《蛇魔阿加蘇拉（Aghasura）吞下奎師那、牧民及畜群》，
印度中央邦，1700-1875 年，紙本水彩畫。

圖 66 見頁 203. 葛飾北齋（Katsushika Hokusai），
東町祭花車天花板的龍圖，1844 年。

圖 75 見頁 224. 龐貝古城的壁畫描繪了酒神巴克斯（Bacchus）、維蘇威火山（Mount Vesuvius）和通常以蛇形現身的智慧和幸運之神阿格特戴蒙（Agathodaemon），他的名字被廣泛用來描述守護者或伴侶精神，百歲之家（House of the Centenary），大約 55-79 年。

圖 79 見頁 237. 威廉・布萊克（William Blake），《摩西豎起銅蛇（*Nehushtan*）》，
約 1800-1803 年，紙本鋼筆和水彩畫。

圖 87 見頁 256.《將亞當和夏娃逐出伊甸園》對開頁，出自《預兆之書》（*Falnama*），伊朗的加茲溫（Qazvin），約 1550 年，不透明水彩、墨水描金的紙本畫。

圖 88 見頁 259. 先知穆罕默德騎著他的天使戰馬布拉克在天使的引導下升天，出自伊斯蘭手抄本，1539-43 年，應為蘇丹穆罕默德（Sultan Muhammad）繪製，不透明水彩和墨水的紙本畫。

圖 83 見頁 245.「約拿與鯨魚」（Jonah and the Whale）對開頁，
出自《編年史綱要》（*Jami al-Tavarikh*），伊朗，
約 1400 年，紙本墨水、不透明水彩，描金銀。

圖 94 見頁 274. 莉莉安・蘭卡斯特（Lilian Lancaster），愛爾蘭地圖，
顯示聖派翠克將蛇驅趕出去，19 世紀。

圖 98 見頁 282. 描繪耶夢加得的插圖，據信這條北歐蛇環繞著世界，
冰島，1680 年。雷神索爾正試圖用牛頭當誘餌來捕蛇。

圖 117 見頁 341. 佚名藝術家，《南海女神妮亞・布洛榮》，爪哇，
1928 年以前，紙本水彩畫。

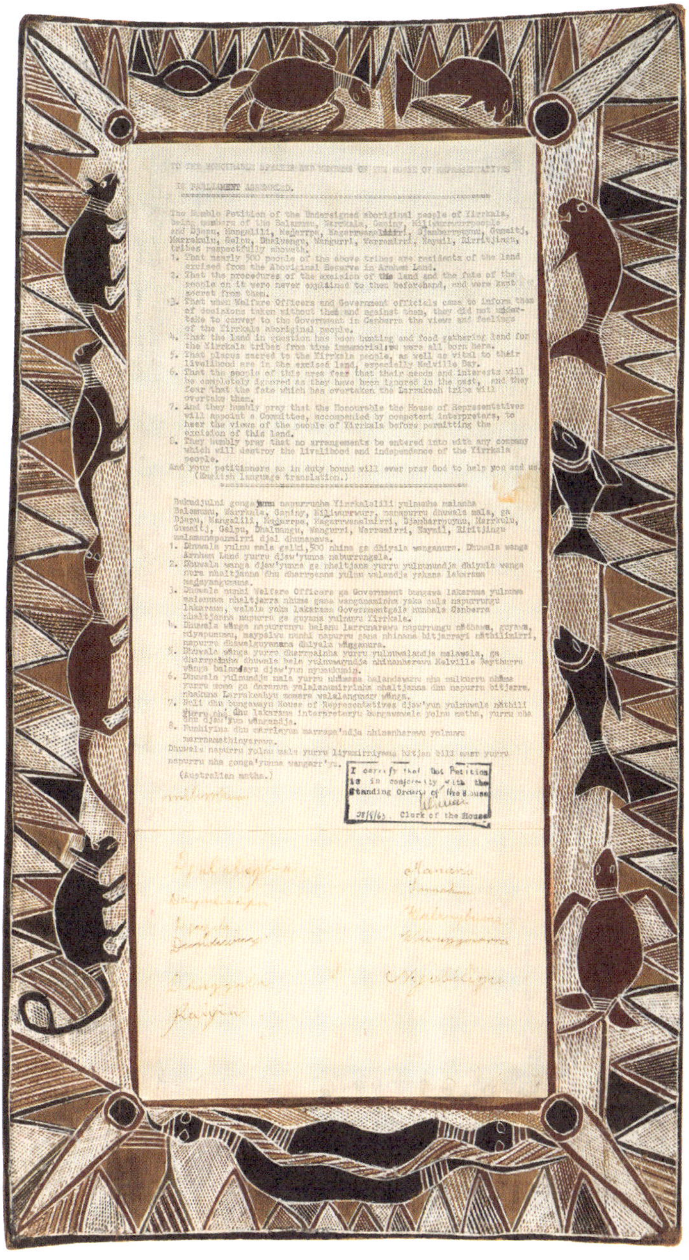

TO THE HONOURABLE SPEAKER AND MEMBERS OF THE HOUSE OF REPRESENTATIVES IN PARLIAMENT ASSEMBLED.

The Humble Petition of the Undersigned aboriginal people of Yirrkala, being members of the Balamumu, Narrkala, Gapiny, Miliwurrwurr people and Djapu, Mangalili, Madarrpa, Magarrwanalmirri, Djambarrpuyngu, Gumaitj, Marrakulu, Galpu, Dhalwangu, Wangurri, Warramirri, Maymil, Rirritjingu, tribes respectfully showeth.

1. That nearly 500 people of the above tribes are residents of the land excised from the Aboriginal Reserve in Arnhem Land.
2. That the procedures of the excision of this land and the fate of the people on it were never explained to them beforehand, and were kept secret from them.
3. That when Welfare Officers and Government officials came to inform them of decisions taken without them and against them, they did not undertake to convey to the Government in Canberra the views and feelings of the Yirrkala aboriginal people.
4. That the land in question has been hunting and food gathering land for the Yirrkala tribes from time immemorial; we were all born here.
5. That places sacred to the Yirrkala people, as well as vital to their livelihood are in the excised land, especially Melville Bay.
6. That the people of this area fear that their needs and interests will be completely ignored as they have been ignored in the past, and they fear that the fate which has overtaken the Larrakeah tribe will overtake them.
7. And they humbly pray that the Honourable the House of Representatives will appoint a Committee, accompanied by competent interpreters, to hear the views of the people of Yirrkala before permitting the excision of this land.
8. They humbly pray that no arrangements be entered into with any company which will destroy the livelihood and independence of the Yirrkala people.

And your petitioners as in duty bound will ever pray God to help you and us.
(English language translation.)

(Australian matha.)

I certify that this Petition is in conformity with the Standing Orders of the House
28/8/63. Clerk of the House

圖126見頁359. 伊爾卡拉社群的藝術家，《樹皮請願書》，1963年，天然赭石繪於樹皮，紙本墨水。

圖 118 見頁 343. 穆亞堂區教堂的祭壇，穆亞傳道所，馬拉威。

圖 128 見頁 364. 凱倫・甘迺迪（Karen Kennedy）的馬賽克拼貼
「龍椅」有恩塔林加（Ngataringa）的塔瓦尼，
恩塔林加保護區，紐西蘭的德文港（Devonport）。
椅子上的銘文寫著「與大自然和平相處：聆聽恩塔林加的歌聲」。

獻給我的父親，
他始終鼓勵我們好奇探索；
獻給我生命中那些
了不起的女性主義龍，
他們全都值得尊敬。

1. 阿茲特克的雙頭蛇，約 1400-1521 年，
西洋松木板鑲嵌綠松石和牡蠣殼。

導言 Introduction

在人類早期歷史中，所有的社會都崇拜自然，那時候，他們透過信仰蛇形水族來表達人類與水的關係，因此在他們的萬神殿中，蛇形的龍和其他類似的蛇形生物佔有舉足輕重的地位。蛇神從原始的海洋中崛起，創造了世界。只要有水流過的地方，就能看到他們的身影：可以看到他們在天河（我們現在稱之為銀河）透出雲層熠熠生輝，或是在地球上空以拱形的彩虹現身，或是藏身在波光粼粼的溪流，蜿蜒穿越大地。他們攪動海洋，時而隱藏在湖泊和水井深處，時而藏在地底，迴旋升降於地球和天空之間的水文神學循環，帶來了水和生命。蛇形水族就是水的代表、水的化身，也是由水組成，像水一樣流動易變，流淌在這個世界上，既美麗又危險（圖1）。

這些水神在不同的文化中以多種樣貌出現——彩虹蛇、天蟒、飛天遁地的龍、彷彿帶兜帽的眼鏡蛇、巨蟒和長著羽毛或角的蛇——他們創造了生命，是代表祖先的圖騰，也是守護神，同時還訂定了法律。當人類遷徙到世界各地時，也將蛇形水族帶著走；同樣的，當人們從冰河時代撤退時，在海邊靠著撿拾海灘殘渣維生，或是搭乘脆弱的獨木舟跨越海洋，來自最古老社會的龍和蛇形水族也跟著他們一起蜿蜒蛇行來到全球各地。由於天性多變，他們在旅途中不斷變形，發展出適應新環境的顏色與特徵。在穿越非洲的過程中，他們採用了大蟒蛇的菱形圖案，這些圖案跟他們蜿蜒盤繞的天性不謀而合（圖2）；在中美洲，他們化身為羽蛇奎查寇特（Quetzalcoatl），一種長了羽毛的巨蛇，像鳳尾綠咬鵑一樣披著神聖的鮮綠色羽毛；到了日本，身軀柔軟、長了鬍鬚的雲龍，像煙霧一樣，盤旋在雲霧繚繞的山脈之間；而在歐洲和美洲，長了翅膀的蛇從雷雨雲中俯衝而下，引發閃電和火焰。

無論走到哪裡，蛇形水族都體現出非人類力量以及水是基本元素、能塑造人類生命的想法。他們受到讚揚、崇拜和安撫，顯示出他們與水之間的關係備受尊重，也傳達了人類對於水是所有生命形態要素的感念。幾千年來，世界各地的人群對蛇形水神愛懼交織，有些社會到現在仍是如此。

如今，儘管「水就是生命」的觀念早已成為一句老生常談的口頭禪，但是世界各地的淡水和鹹水生態系統以及海洋，都受到人類活動的嚴重傷害。由於水壩攔水、過度抽水、工業廢棄物毒害和人為造成的氣候變遷破壞，水正受到許多社會短視近利的剝削，造成嚴重的衝擊，其他仰賴水為生的物種亦復如此：自一九七〇年以來，百分之六十的哺乳動物、魚類、鳥類和兩棲動物，在世界上有史以來規模最大——而且仍在加速惡化——的大規模滅絕事件中消失；超過一百萬個物種處於極度瀕危狀態；而且聯合國政府間氣候變遷專門委員會（IPCC）警告稱，十年之內，全球氣溫將持續升高，產生不可逆轉的破壞。[1]

人類是如何從崇拜水，轉變成對水及其流經的生態系統造成嚴重破壞的呢？許多社會與非人類領域之間關係的發展軌跡，又是如何產生這樣的轉變呢？研究蛇形水族，並檢視他們隨著時間推移所發生的事情，或許可以為這些問題提供一些解答。

01 水族是一個「多義家族」

博物館、考古遺址以及古今寺廟中都有大量描繪蛇形水族的圖像與藝術品；狩獵採集民族將蛇形生物畫在洞穴牆壁或是鑿刻在岩石上；古代社會在泥板、羊皮紙和樹皮上，記錄了水族創造世界的能力及其在萬神殿的重要核心地位；早期的農耕灌溉民族雕刻蛇形雕像，並建造土丘、寺廟和金字塔來祭拜他們；雨林和山地部落則用貴金屬製成的物品來紀念蛇形祖先，並將這些物品扔進神聖的湖中，取悅他們（圖3）。

2. 巴加族（Baga）的水蛇頭飾（a-Mantshoña-Tshol），幾內亞，1800年代末至1900年代初，上漆的木製品。

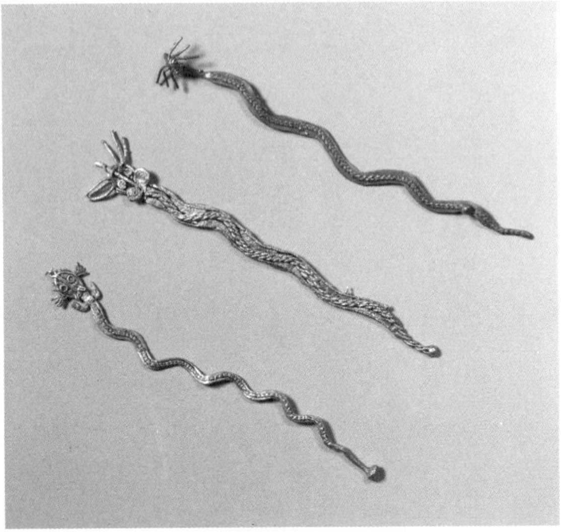

3. 穆伊斯卡人（Muisca）的許願祭品（tunjos），用來奉獻給他們的始祖蛇，據信他們棲息在哥倫比亞的瓜塔維塔湖（Lake Guatavita），10-16 世紀，黃金製品。

這些傳統創造出一個龐大家族，其中的文物與圖像具有多重意義，除了歷史和文化多樣性之外，還有一致的「家族相似性」。這些文物圖像呼應了蛇是智慧來源的歷史角色，也講述了一個至關重要的故事。只要了解蛇形水族是如何又為什麼會如此無所不在，以及他們在不同文化背景下發生了什麼事，就足以闡明在各個社會及其環境和水之間的關係中，極為關鍵的社會、宗教與物質變化。

本書借助一系列代表這些生物的美麗文物與藝術品來講述他們的故事，追溯他們在世界各地蜿蜒蛇行的旅程：他們是如何在人類歷史中出現；如何跨越並連結不同的文化；其中有些又是如何倖存到今日，而有些卻為什麼未能保留下來。透過這些圖像和敘事，我們可以看到水這個一切有機生命所仰賴的元素，其福祉何以成為當今世界面臨的迫切問題，而人類又是如何走到這個地步。

02 水之形：隨人類與物質環境流變

蛇形水族在浩瀚的學術大海中悠遊，在數以千計的人類學和考古學記載中出現，反映了他們的跨文化普遍性。他們貫穿宗教史、神學、古典研究以及對價值與道德的哲學關注，他們在藝術、文學以及研究內在世界的心理學中具有強大的意義，他們也出現在神經與認知過程的研究中。儘管環境研究、水文學和工程學仍以西方技術管理論述為主，但是許多從事這方面研究的學者因應「實地」經驗需要，接受了包括水神及其所展現之意義的信仰體系。

要在這些學術流派編織出來的系統中追蹤蛇形水族，會遭遇到一些方法論的挑戰，因為每一個學門都包含大量的實質材料和多重解釋，正如古典主義學者巴瑞·鮑威爾（Barry Powell）對自己這個學門所做的評論：「希臘神話放在一起太複雜了……無法用單一理論來解釋……若要加以理解，就必須利用不同學派的詮釋所提供的見解。」[2]在跨學科的比較研究方法中，這個現實的困難就更加突顯了，而且想要公正評斷任何單一學科對這個主題的貢獻也不太可能。然而，匯集所有這些知識卻可以揭露隱藏的思想模式。

人類與水的關係同樣複雜多元。每個社會都跟水和物質環境有特殊的關係，其發展軌跡無法整齊劃一地加以區分，而且人類發展的進化過程，也並非「特定」的線性軌跡。有些社會選擇透過不同的社會政治布局進行轉型，以增加人口並擴大經濟活動；其他的則比較保守，傾向維持非擴張性的社會和經濟運作。變化會在不同的時間、以不同的速度和不同的原因出現。思想、信仰和實踐跨越文化和地理界線來回流動，很少以整齊的線性形式進展。整體而言，「大局」是無可回復的一片混沌。然而，在人類與非人類世界之間不斷變化的關係中，蛇形水族揭示了一些明顯的模式：例如，當社會從狩獵採集轉向農業時，或者當社會規模擴大，開始出現階級區分時，就會出現各種變化。而水族流經多種文化與歷史，展現出非常一致的模式。

表達非人類世界的作用

對蛇形水神的崇拜——或妖魔化——會如何幫助我們理解人類與環境之間不斷變化的關係，以及水本身更恆定的意義與價值呢？我的中心假設建立在社會學家埃米爾．涂爾幹（Emile Durkheim）的著名格言上，即社會的宗教信仰與實踐反映了其特定的社會政治布局。[3] 但是我認為還要加上第三個因素，才能以三角定位，精準詮釋涂爾幹的觀點。人類與環境實質接觸的方式，再加上人類對環境的作用凌駕非人類領域影響的程度，共同建構出他們的信仰和價值觀。社會對其周遭環境施加的技術和工具性控制水平的變化，及其如何影響人類與非人類之間的關係，都反映在他們的宗教與政治布局上，因此也反映在水蛇神靈和其他「自然生物」的圖像變化之中。

因此，本書探討了狩獵採集社會高度本土化的蛇形水族，小規模農業社會何以更加重視天上會帶來降雨的生命，還有以灌溉為主的社會中強大的水循環蛇神等。書中描述了在社會集權化、城市化，同時發展出階級制度，並進一步強化對物質世界的控制之際，水族又是如何變化。此外，本書還研究了隨著一神教的出現、技術和感知發展主宰了非人類世界，以及「異教」與新的宇宙學信仰發生重大宗教衝突時，水神又會發生什麼事。本書同時探索了科學思想如何改變人類對物質環境及其過程的思考。

在許多社會中——尤其是西方社會——隨著人類與環境之間關係的改變，蛇形水族經歷了關鍵的轉變。他們不復在宇宙創世（創造世界）或產生水和生命的故事中扮演核心角色；他們失去了以前的性別互補性，成為女性化的自然和情感代表，而不再代表（男性的）文化與理性；他們被吸納進新的神祇，遭到邊緣化，並且愈來愈常受到妖魔化，成為敵對的「他者」化身；他們原有的感知能力與智慧被人形化的神祇所挪用，或是被科學的「除魅」所取代。然而，即使在如此不友善的環境，他們仍然持續找到表達方式，並以多種圖像的形式重新出現。

而在其他地理和文化背景中——特別是在東方國度——他們保留了帶來水和生命的核心創世角色，同時也推動水文和精神循環。對於世界各地的原住民社群來說，他們繼續與非人類領域維持平等的夥伴關係。

近年來，蛇形水族已成為抗議的重要象徵，代表反對生態破壞的衷心呼籲。他們代表了不同原住民社群的核心信念與價值觀，讓他們能夠批判強加於自身家園的剝削。蛇形水族一如既往地提供豐富的想像力，表達非人類的作用以及所有物種的需求與利益，有助於傳達原住民和其他環保運動人士的熱情關切——他們一致認為所有社會都必須重新建立更永續的生活方式，刻不容緩。

　　當代水族發揮有史以來最重要的作用，讓非人類世界及其所有住民在討論和決策中擁有發言權，這些討論和決策將形塑所有生物[1][4]的未來。當全球重要機構——聯合國、世界銀行、非政府組織和多國政府——都不得不正視這些問題的迫切性，從歷史深處的暗流中崛起的蛇形水族，有能力串聯關於水的全球重要對話。

1　原註：關於用語的註釋。講到生物，我通常使用「living kinds」一詞來表示所有活的有機體，因為這個詞彙比「creatures」或「beings」涵義更廣，更包括植物和植被。我避免使用「living things」（活物）或「life forms」（生命形式）等詞彙，因為這些詞彙有物化之嫌，與本書的核心論點背道而馳。另一方面，英文中的「kinds」（種類）其實更友善，時時提醒我們連結人類和其他物種的基本「親屬關係」。

01 無所不在 Being Ubiquitous

為什麼蛇形水族在人類的早期歷史如此無所不在呢？為什麼又會在時光長河中如此鍥而不捨地重覆出現？最顯而易見的原因，有一部分就是這些神靈體現了世界上最基本元素的力量。不過他們也到處移動，而且有充分的機會傳播到各地。英國遺傳學家史蒂芬・奧本海默（Stephen Oppenheimer）的長期遺傳學研究顯示，人口遷徙與冰河時代、全球暖化以及海平面的升降都有密切關係。[1] 遷移到其他地方的族群帶著他們的文化敘事和習俗，與其他族群相互交流。即便是安土重遷的狩獵採集民族也擁有廣泛的貿易網絡：在澳洲各地都有石斧的交易，澳洲北部的族群還跟來自印尼的望加錫（Macassan）水手有海外貿易，[2] 在太平洋上的「庫拉圈」[2]也有活絡的貝殼與珠子流通，[3] 思想與貨物更是從印度傳布到亞洲。[4] 不同的社會沿著廣大的貿易網絡，彼此交換農作物、陶器、衣服、動物和其他製品，新興的帝國進行

2 譯註：庫拉圈（kula ring）是在太平洋的美拉尼亞西群島間流傳的一種交換制度，由英國人類學家布朗尼斯勞・馬凌諾斯基（Bronisław Malinowski）發現。當地部落居民會互相交換項鍊、貝殼手鐲等物品，並藉由交換時的長途旅行和複雜儀式來穩定部落社會，確認社會身分和威望。

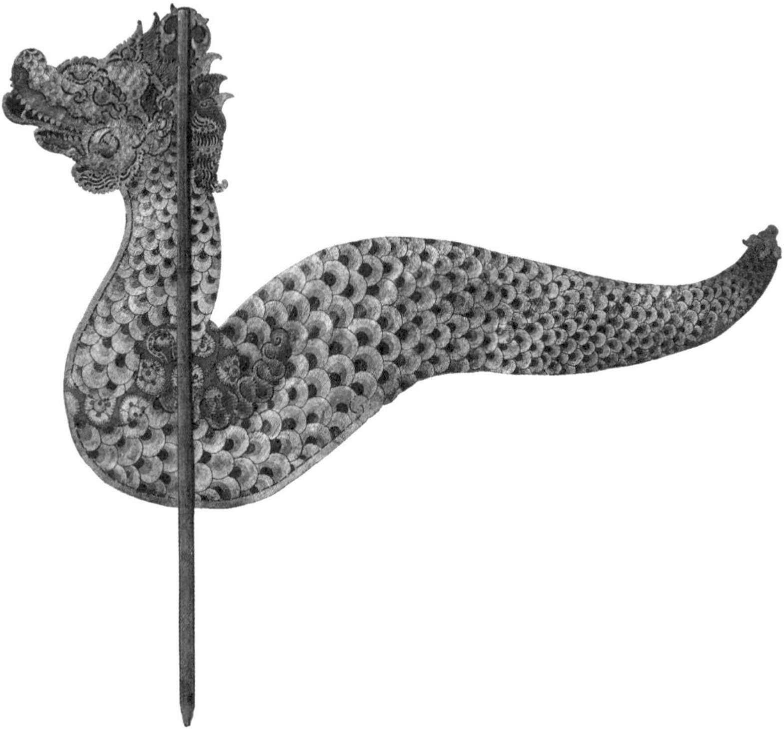

4. 龍王（Nāgarāja）角色的皮影戲偶，爪哇，
1700 年代末至 1800 年代初，彩繪皮革、竹子和金箔。

擴張，開始在全球各地大規模的殖民。因此，會有多重的社會、經濟與空間管道，讓各種思想、物品和故事流傳到世界各地。

蛇形水族就沿著這些管道，從古代世界進入非洲，並經由古希臘羅馬進入歐洲。[5]奴隸買賣將「蛇崇拜」從非洲帶到了西印度群島以及中南美洲的部分地區，而與蛇形生物相關的信仰，也穿透南北美洲，進入美洲大陸最北端的地區。[6]在印度產生的那迦（*nagā*），後來就變成了中國的龍，並隨著中國的擴張將蛇形水族傳至東南亞（如圖 4）。[7]

敘事轉喻的時空旅行

這樣的過程既是空間上的移轉，

也是時間上的流布。隨著時間的推移和新的敘事和詮釋輸入，改變了原有的宗教信仰。有時候，在書寫的過程中，口述傳統就成了「歷史」。像舊約聖經作者就借用了迦南人（Canaanite）描述暴風雨神巴力（Baal）和七頭海蛇巨怪利維坦（Leviathan）的敘事，也從美索不達米亞的大洪水傳說中取材：例如，一塊可以追溯到西元前一八五〇年的石板上，刻了巴比倫的楔形文字，講述建造一艘大型船舶的故事，與諾亞方舟有異曲同工之妙。[8]新約聖經作者更重塑了這些想法，同時向希臘羅馬的宗教信仰與習俗取經。[9]來自古代世界的思想也影響了凱爾特族（Celtic）傳統。[10]北歐的埃達詩歌（Eddic poems）保留了該地區最早期的神話，而印度教早期的吠陀（Veda）文獻則影響了印度史詩《摩訶婆羅多》（*Mahābhārata*）、古印度韻文偈陀（Gāthā）、後來的祆教聖書《艾維斯塔》（*Avesta*）、波斯的巴勒維論文（Pahlavi treatises）和伊朗的《列王紀》（*Book of Kings*）等。[11]

如前文所述，關鍵的敘事轉喻，伴隨著蛇形水族，展開了時空旅行。除了反覆出現的蛇類形象之外，古代世界的文學也包含了創世故事、人類的墮落、生命之樹，以及對永生的追求。[12]更重要的是，在一連串的敘事轉換中，一些有關蛇形神靈帶來水和生命的想法經過重新組合，構成了伊甸園中帶來死亡和毀滅的蛇。[13]

宗教儀式與習俗也同樣借用了早期的形式。例如，埃及祭祀蛇神的宗教儀式在後來的希臘儀式中找到迴響，這些習俗甚至還可能影響到《最後的晚餐》畫中所描述的儀式。[14]譬如奧菲特教派（Orphite）信徒就一直保留「蛇崇拜」的傳統，他們將活蛇放在箱子裡，引誘牠們出來，圍繞在用來祭祀的「聖餐」麵包旁邊，然後將麵包分發給前來拜蛇的信徒，他們還可以親吻蛇，然後吟唱讚美詩，透過蛇轉達給至高無上的天父，結束這樣的聖餐儀式。[15]

跟其他文物一樣，代表蛇形水族的圖像和藝術品在多個文化和歷史脈絡中流傳，構成了一種流動的「社會生命」，並從中獲得新的形式、意義和價值觀。[16]

某些圖像和母題是從非神學的神話和圖庫中反覆提煉出來的，然後挪用到相關的新用途。透過這種方式，一個圖像就會產生可以彼此交換或聯想的多重意義。例如，經年累月發展出來的大量象徵語言，用來表達跟水有關的想法，就有格外豐富的多重意義。[17]

如此一來，代表世界各地蛇形水族、具有多重意義的圖像與藝術品家族，看起來就恰如其分地像是一個蛇坑，各種思想和敘事彼此纏繞、相互交叉或交疊在一起。

03 水的物質屬性衍生出的具象聯想

蛇形水族依水而生，又有宗教信仰的傳播和世代傳遞，這是他們流傳甚廣的部分原因，但是仍不足以說明他們適常的無所不在與相關意義（圖5）。人類透過思想向外擴張，利用有

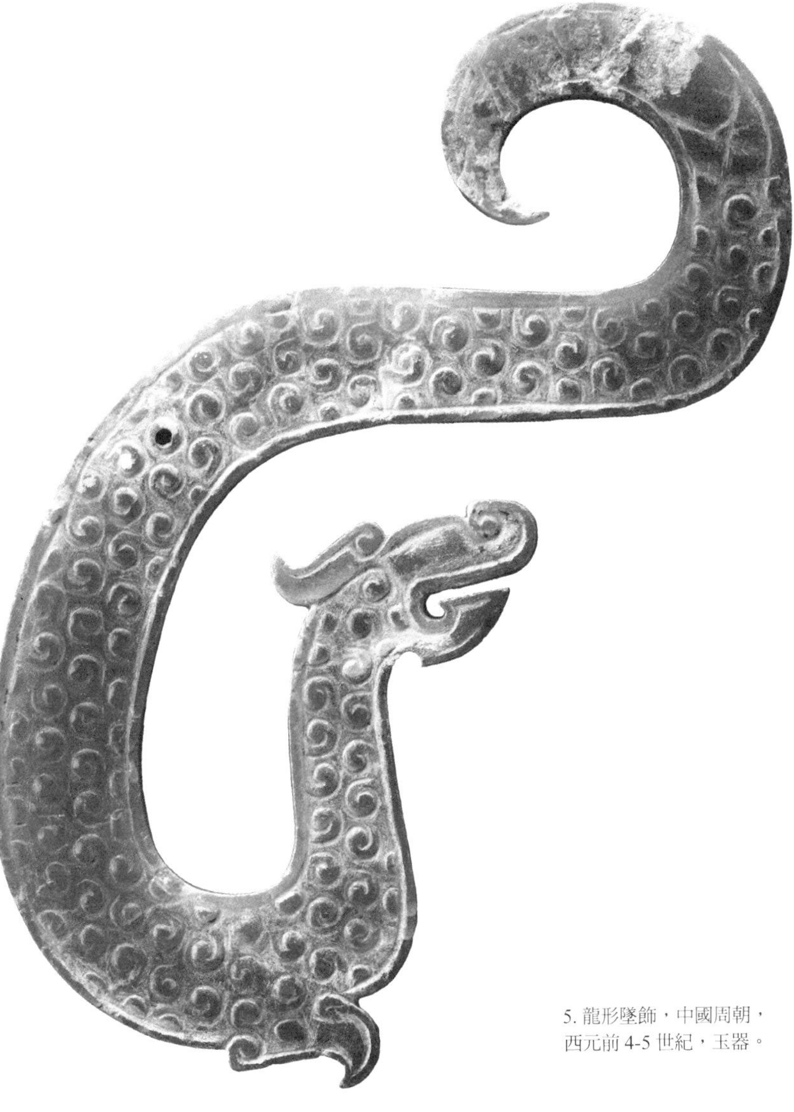

5. 龍形墜飾，中國周朝，
西元前 4-5 世紀，玉器。

形素材，形塑想像中的生物。[18]反覆出現的象徵性主題和概念，源自於共同的認知與感官接觸過程，同時也因為物質世界的元素本來就具備共同的物質屬性和行為。[19]水在任何情況下都保留其獨特的性質。這顯示蛇形水族不僅是由人類現象學的經驗所產生，更是由水本身衍生出來的。

一如非洲、美洲與澳洲的岩石藝術遺址所示，水的蛇形圖像始終都是貫穿整個人類歷史的一種創造性表達，[20]隨著最近的鈾釷年代測定技術發展，此類藝術品可能還會追溯到尼安德塔人的時代。有時候，抽象和擬人化的水意象還會結合在一起，例如，位在猶他州九英里峽谷（Nine Mile Canyon）裡的一條長了角的蛇，就有經典的水螺旋圖案（圖6）。[21]

6. 佛利蒙特（Fremont）文化中的螺旋角蛇岩畫，猶他州九英里峽谷，約950-1250年。

更抽象的流動形圖像——鋸齒狀、螺旋狀和同心圓——也曾經出現在古代非洲岩石藝術，像是著名的埃及象形文字中關於水的描述，以及新石器時代的墳墓，例如：布列塔尼的加夫里尼斯墓（Gavrinis，約西元前五五〇〇年）和愛爾蘭的紐格萊奇墓（Newgrange，約西元前三二〇〇年）。這些高度濃縮的符號是一種視覺速記形式，若是屬於共享知識庫的小型社

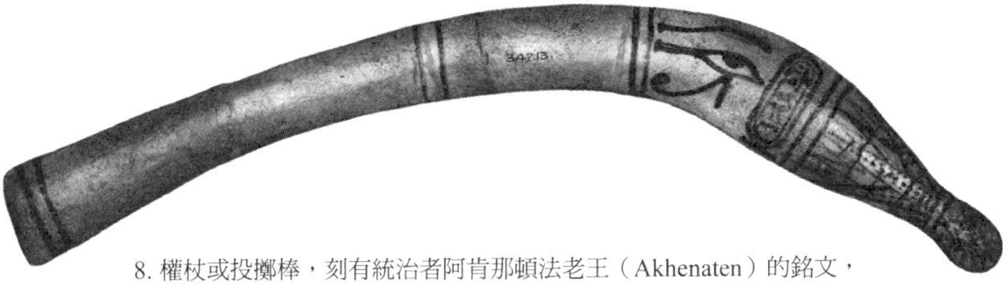

8. 權杖或投擲棒，刻有統治者阿肯那頓法老王（Akhenaten）的銘文，上面還有代表儀式用的華狄特眼（*wedjat*-eye）以及象徵啟蒙的蓮花，第十八王朝，埃及的底比斯（Thebes）古城。

成員，就很容易理解其含義，但是更深層的意義卻不明確。[22]然而，有人認為紐萊奇墓的蛇形螺旋，除了指涉水之外，也表達了凱爾特人關於「永無止境的無循環」概念。[23]

高度濃縮的圖像結合相對比較寫實的表現形式，常見於狩獵採集民族的藝傳統。因此，據信至少有三萬年歷史的澳洲原住民岩畫藝術，就不但有抽象圖案，也有明確的象徵形式來描繪水族祖先，在二者之間流暢轉換（圖7參見頁6）。這些表現形式也出現在最近和當代的樹皮繪畫、人體藝術和儀式習俗中，顯示澳原住民社群保存了非凡的文化連續性。[24]類似的組合——包括抽象的水、彩虹案和具象生物——也出現在石器時代晚期的非洲岩石藝術中，例如，在馬拉威代扎地區（Dedza）附近的瓊戈尼（Chongoni）遺址洞穴壁畫。

隨著更複雜的藝術製作技術發展，蛇形水族也出現在多種文物中，像是祭和薩滿的祭祀工具，國王、法老和皇帝的華麗裝飾，因為據信他們都是眾神的裔和／或擁有神聖的力量（圖8）。然而，關鍵的家族相似性連結了最早的岩石藝圖案與後來的圖像形式，因為這些圖案和文物都是由水的物質屬性所形塑出來的。水族都是蛇形的，也都有當地水域的顏色——青綠色和藍色、綠色和棕色——或彩虹的顏色，會被描繪或描述成像水一樣閃閃發亮，或是從雲裡現身，受到水的包圍。

物質相似性的連結

蛇形水族在形式上與水的流動性有密不可分的連結，正是他們特別的無所不在且經年不墜的重要線索。他們不僅僅是「關於」水，而是從本質上就由水組成，反映了人類對物質世界的思考以及利用它來創造思想的方式。借用法國人類學家克勞德．李維史陀（Claude Lévi-Strauss）一句名言的精髓來說，水「有益於思考」。[25]它的流體特性讓人類想像出流動、運動、時間、變化和轉變的概念，這些概念對於建構一個宇宙觀至為重要，讓我們能夠理解社會與物質的動態過程，以及水生成生命的能力。

遵循這種物質邏輯，發現蛇形水族吸收了當地動植物的物理特徵，也就不足為奇了。他們呈現出鱷魚、狼、美洲豹、鳥類、有蹄動物、大象、睡蓮／蓮花和魚的特徵。例如，考古學家保羅．塔森（Paul Taçon）認為，某些澳洲彩虹蛇的圖像顯示其形態與在澳洲北部發現的海龍魚（pipefish）有相似之處。[26]至於印度神話中的摩羯魚（*makara*）——一種在亞洲各地都會出現的水蛇——則通常融合了印度鱷魚、蓮花和大象的特徵。[27]

然而，蛇的長條狀身體形態成為水族主要的外形組成要素，進一步說明了人類認知的另一項特徵：傾向於將彼此具有「相似性」的事物連結起來。而這種將不同事物連結起來的傾向，稱之為「幻想性錯覺」（apophenia）；想要辨別事物之間一致性的視覺關係，是人類建構意義的正常傾向，但是如果走到極端，將不相干的事物也連結起來的話，就成了一種功能障礙。[28]

儘管外形上的相似度很關鍵，但是行為上的共鳴也同樣重要。蛇會在水中游泳，在陸地上蠕動爬行，神似河道的蜿蜒曲折。牠們跟水一樣能夠鑽進裂縫，隱藏在地下的水世界；牠們在每年的洪水期間從冬眠中甦醒，在淺灘築巢產卵，以便孵化的幼體可以跟著雨水從土裡浮出水面；牠們蛻皮的過程，似乎讓自己「恢復活力」，為牠們跟生成（再生）元素和永生的連結提供了直觀的邏輯。

這些以相似性為基礎的連結，最顯而易見的，就是在不同宇宙觀中一再出現的彩虹蛇。在非洲和澳洲，彩虹蛇與當地蛇的鮮豔顏色相互呼應，他們能夠控制雨水，而且是水的守護者。[29] 中國龍「像弓一樣彎曲，就像天穹一樣，盤旋在半圓形的天空」。[30] 事實上，「龍」的中文，字面上的意思就是「弓」，而在文物與圖像中最常見的東方龍拱背特徵，更是直指他們的彩虹源起（圖9）。

9. 拱背的中國龍，頤和園，北京，青銅器。

人類的具象聯想思維

聯想思維也會產生系出同源的詞彙，其中我們最熟悉的原始模型——人體上的器官——就被挪用來形容其他事物，如：洞「口」、地球「臟腑」、颱風「眼」等等。尤其是陽具意象的強烈聯想，更是與水和蛇形生物乃生命之源的概念，產生了緊密的連結。攝影師兼作家丹尼斯・史萊弗（Dennis Slifer）觀察到，「在世界各地的神話中，蛇常常用來隱喻生育和性活動，包括創造行為」，還說「克里特島上使用的儀式器皿類似於陰道，裡面有一條蛇在爬行」。[31] 菲利普・加德納（Philip Gardiner）和蓋瑞・奧斯本（Gary Osborn）則指出，人們普遍認為，嘴裡含著自己尾巴的銜尾蛇，同樣代表著男女結合的創造力，產生無限繁殖的週期。[32]

蛇形水族與蓮花（Nelumbo）或睡蓮（Nymphaea）之間也有長期的具象聯想。埃及的宇宙觀中很早就出現宇宙蓮花，例如，在古埃及首都孟菲斯受到崇拜的奈夫頓神（Nefertum），其名稱的意思即是「芳香之花」，[33] 而他的形象則是頭頂著睡蓮的男子。後來，蛇的意象佔據了舞台的中心，但是蓮花像是昂首的蛇，具有強烈的陽具意象，因此在許多亞洲的宇宙創世論中，佔據更重要的地位。「在佛教中，花成為最普遍的象徵」，[34] 而在印度教的意象中，當毘濕奴（Vishnu）做夢時，創造世界的蓮花就從他的肚臍升起：

> 蓮花先浮出水面……大地也跟著浮上來，因此蓮花是大地的象徵，是一切生命和財富的泉源……經過毀滅性的洪水之後，在（很多次的）創世造物之間，新時代的第一個生命從海底呈蓮花狀升起。因此，在印度教中，蓮花是創世造物的象徵。在一個神話中，當毘濕奴漂浮在水面上睡覺時，夢到一朵蓮花從他的肚臍生長出來，開始了新的創世造物。而睡夢中從他肚臍長出來的蓮花裡，又浮現出創世神梵天（Brahmā）。[35]

蓮花也是中美洲水意象裡反覆出現的母題。在馬雅文化的圖像研究中，蓮花酷似陽具的花梗和根莖構成了一個主要的蛇形神——睡蓮蛇——與水文循環相呼應，也是地底的冥界水世界、馬雅人的日常世界與天界之間的溝通管道（圖10）。[36]中美洲的圖像中也包含許多閃電蛇。長了翅膀的「噴火」龍代表了水文循環的空中部分，同時也表示他有帶來雨水和火焰的能力。

水火雙重性的敘事轉喻

這樣的能力在其他傳統中也有所呼應：東方龍除了控制水之外，也與雷電有密切關係，[37]在歐洲的敘事中，更是經常強調龍的火爆天性。對於早期人類社會來說，從雨雲中曲折而下的閃電，正是水族與火之間合乎邏輯的連結。正如奧地利哲學家伊凡．伊利奇（Ivan Illich）所說的，「被視為『水』或『火』的物質會因文化和時代而異。而水始終都有雙重性……水火之間的界限也可能會發生

10. 阿茲特克的閃電火蛇（Xiuhcoatl），墨西哥特斯科科（Texcoco），1300-1521年，石材。

變化」。[38]因此，通常被描述為「龍」的生物其實是真正的蛇形水族，代表水的物質特性，也跟水一樣，可以在空中流動，擁有強大的創造力與破壞力。

會帶來火的蛇形生物具有許多正面的形象，代表與天國、太陽、或是光明和啟蒙之間的關係，我在下一章會進一步探討。但是人類歷史也曾經多次遭到劇烈的火山爆發而中斷，這些毀天滅地的事件無法得到科學解釋。有些火山爆發遮蔽了天空，形成沒有陽光的「小冰河時期」，導致農作物歉收，人類挨餓。為了解釋這種烈火煉獄從天而降的現象，人們從理解蛇形水族力量的其他方式中找到了共鳴，於是開始相信會化身為雨水的神祇不但會帶來甘霖，也會給予懲罰。

將蛇形水族與火連結起來的敘事轉喻一直都存在：聖經裡提到利維坦「噴出火和煙」與中世紀的龍噴出「瘟疫」和毒氣的記載之間，有明顯的相似之處。[39]在北美，切羅基（Cherokee）印地安人的角蛇（*utkena*）——一種掠食性的水蛇——據說會噴出火焰和煙霧，而據信吸入這種有毒氣體的人都會當場死亡。[40]在早期的印度宗教文獻中，蛇毒被形容為火，而瘧疾則被稱為「蛇風病」。梵文學者尚－菲利普．沃格爾（Jean-Philippe Vogel）記載了好幾個故事，講述那迦從鼻孔噴出火焰，毀滅了天地：「因此蛇就是那種被視為擁有高度魔法能量的生物，這種能量由梵文單字 *tejas*（即「熱、火」）表示……那迦單憑呼氣或目光就能造成傷害。」[41]

蛇形生物帶來水和火的能力強調了個別元素的雙重性：水有帶來生命的力量，也有淹沒和耗損生命的潛力；火有啟蒙和溫暖的活力，也有潛在的破壞力。然而，無論是正面或負面的力量，蛇形水族最主要表達的是非人類領域及其物質元素能對人類生命產生作用的能動力。他們強調了一個現實——與主流的技術管理論述相反——即土地、水、土壤、生態系統及其非人類的居民，絕對不是人類的被動主體，而是主動的創造者，共同建構了我們共享的這個有生命的世界。

04 擬人化的天體蛇形，映現水的生命力

雖然蛇形水族以有生命和感知力的形式具體呈現了水（和火）的力量，但是社會上所認知的「有生命的東西」差異相當大。[42] 科學將生命的定義局限在生物有機體，但縱觀人類歷史，人們相信許多事物都是有感知力與能動性的生命體，包括地景和水景。

心靈的向外投射很容易讓人相信祖先就在我們左右，相信有那些可能會審判的神靈正緊盯著我們，或是一神教中「無所不在」的父權上帝凝視著我們。[3][43] 水的內在力量可以透過擬人化的蛇形水族來表達，或透過在精神上注入「活水」這種比較抽象的概念來表達。

定義生命的另一個關鍵標準是生氣：也就是「活人與死人」之間的區別。[44] 物質環境因為

3 原註：德國哲學家格奧爾格．黑格爾（Georg Hegel）認為與環境的辯證接觸是意識的向外投射和重新整合。認知哲學家安迪．克拉克（Andy Clark）和大衛．查默斯（David Chalmers）在比較近代的論辯中，提出了「延展心靈」（extended mind）的概念。

有運動所以有生命：風、水和光都產生了一個有生命的世界，而在每個空間和時間尺度上，沒有什麼比水更有生命力了。水像霧和雨一樣旋轉、傾瀉而下，從瀑布頂部往下沖刷或是從海裡沖上岸邊。水會在小溪流中曲折蜿蜒，或是環繞著大地迂迴漫行，不論在小池塘或廣闊的大海，水都不停地閃爍著光芒。總之，水在本質上是有生命力，是「活著的」，暗示著大自然中有一種自我移動的力量，因此是神聖的。[45] 這些假設，都是因為人類思想具有假定因果關係和擬人化的固有傾向，據說這還可以解釋宗教信仰何以近乎普遍性。[46]

有個毛利人的故事是就將因果關係擬人化的絕佳例證，這個故事描述海裡有一條稱為塔尼瓦（*Taniwha*）的巨龍，名字叫做帕拉塔（Parata），他的呼吸引起了潮汐的漲落。[47] 這種巨大蛇形水族「呼吸」引起潮汐的想法，也指向規模更大的物質啟發：天體運動——這是人類長期努力想要辨識宇宙秩序模式的焦點。由於沒有光害影響，許多早期社會將銀河視為一條天河，有時候還同時視為一條具有生育能力的巨蛇。中國人將其稱之為「天河」或「銀河」——發音同「陰河」，即源自「陽與陰的雙重力量，也就是自然界的男女原則」。[48] 對於許多北美原住民族群來說，那是「宇宙間一種概念性的液態蛇形能量」，而對於澳洲原住民來說，天蛇生物就像地上的河流一樣，有圖騰祖靈住在裡面，也賦予他生命。[49]

還有更具體的天蛇：在西元二世紀，希臘羅馬天文學家托勒密（Ptolemy）描述了一個稱為「天龍」（Draco在拉丁語中為「龍」的意思）的星座（圖11參見頁7），其主星右樞（Thuban）從西元前三九四二年開始，就一直都是北極星，延用了約五千年，就連埃及的金字塔在建造時，也將其中一面正對「蛇頭」。[50]我們通常稱為天蠍座的星座，在許多宇宙學體系中都以蛇的形式出現，例如，在阿拉瓦克人（Arawak）的宇宙中，它就是一條天蟒。中國的傳統占星學則稱之為青龍，龍的尾巴就鉤在銀河上：

青龍掌春天，主陽……本身也保留陰的元素；白虎掌秋天，主陰……本身保留陽的元素。正如人類的性本質中都帶有異性的成分，白虎與青龍也是相互平衡的。他們的二元性在天空中分別由天蠍座和獵戶座代表。[51]

天蛇往返於天地間

蛇形水族不但體現了水的生成能力，也表達了對水文循環的理解。「升龍」和「降龍」在整個亞洲反覆出現：例如，越南的下龍灣（*Vinh Ha Long*）就是因喀斯特地形的山脈從水面垂直突起，所以直接翻譯為「降龍」。中國龍則會從天上或地下的水體中出現：「龍聞雷聲則起……雲至而龍乘之，雲雨感龍，龍亦起雲而升天。」[52]許多宇宙學體系都包括來自「天空」或「山上」的天體蛇形生物，有些則與地上的泉水和湖泊有密切關聯。的確，蛇形水族的任務通常就是在天界和地上的水域之間流動，並加以串連。宗教史學家米爾恰．伊利亞德（Mircea Eliade）就注意到有大量古代敘事，描述了連接地球與天界的巨蛇、梯子和編織繩索，強調這種敘事轉喻如何延續到早期的經文中，像是雅各夢見一座通往天堂的階梯，「上帝的天使在階梯或升或降」。[53]舊約聖經學者約翰．戴伊（John Day）指出，這與美索不達米亞的故事相互呼應，這些故事描述諸神「沿著天梯在天地間往返」。[54]這一系列跨文化的天蛇與天梯提出了一個有趣的問題：在流行的棋盤遊戲「蛇梯棋」裡，遇到梯子就往上爬，碰到蛇就像溜滑梯似的向下滑，這其中除了顯而易見的升降之外，是否可能包含人類對宇宙信仰的更深刻反思呢？

最近的大腦研究，為理解蛇形水族的無所不在，以及他們在夢境和恍惚狀態中定期出現的原因，提出了另一種解釋。神經科學家已經確認，大腦後皮層的一個特定部位，專門負責識別臉部和其他簡單的視覺刺激或「釋放器」。所有靈長類動物，包括人類嬰兒和實驗室裡飼養的猴子，都會對蛇或類似蛇的圖像表現出恐懼，甚至對一些曲線或蜿蜒的運動模式也會表達出這樣的情緒反應。因此，我們不論走到哪裡都會辨識出蛇形水族，可能有部分原因就是水的蛇形特徵觸發了人類大腦演化出來的視覺迴路。[55]

蛇形生物的成雙形式

以兩條纏繞在一起的蛇形生物為中心的宇宙學體系也很常見，特別是南美洲的亞瓜人（Yagua）和亞米納瓦人（Yaminahua），他們常在儀式上使用像死藤水之類的迷幻劑，進入生命的非塵世空間。[56]哥倫比亞的德薩納族（Desana）社群形容大腦被宇宙蛇（一條巨大的蟒蛇）分成了兩半，而在中間的裂縫裡：

躺著兩條纏繞在一起的蛇，一條是巨型水蚺（*Eunectes murinus*），另外一條是彩虹蟒蛇（*Epicrates cenchria*），一條顏色暗淡的大型水蛇與一條同樣巨大卻顏色鮮豔的陸蛇……形成二元對立的概念，必須克服這樣的分立，才能達到個人的認知整合。在想像中，這些蛇會有節奏地盤旋搖擺，從一邊擺盪到另外一邊。[57]

在中美洲則有以召喚「視覺蛇」為宗旨的古老儀式。阿茲特克語中，*coatl* 同時有「蛇」和「雙胞胎」的意思。因此羽蛇神奎查寇特的名字Quetzalcoatl可以解釋為「長羽毛的蛇」或「華麗的雙胞胎」。[58]在亞洲各地，蛇形的摩羯魚也經常以雙胞胎或雙頭生物的形式出現（圖12）。

就像中國漢族裝飾藝術中的相對應文物一樣，看起來像一個彩虹徽章，兩端各有一個巨大的頭。中國版本的頭朝外，甚至影響

12. 雙摩羯魚，塔鑾寺（Wat Pha That Luang），寮國永珍。

13. 迪克．普萊斯（Dick Price），瓜求圖族（Kwakiutl），
席席特魯，約 1927 年，彩繪木頭。

了九世紀爪哇和柬埔寨雕塑中海龍和雨龍的形象。[59]

美洲大陸西北海岸的蛇形水族圖像，也有類似的多頭特徵。海蛇席席特魯（*Sisiutl*）的身體兩端各有一個像是狼或熊的頭，而中央通常是一個人頭，明確地將二元對立定位在腦中（圖13）。

05 蛇形水族：或善或惡或醜或美

雙重性或二元對立是人類認知的基礎。水既然具備了創造與破壞的雙重能力，蛇形水族自然也傳達了許多概念上的雙重性，其中包括秩序和混亂的基本兩極。儘管各個歷史和文化脈絡都對秩序的構成有自己的看法，但是我們通常認為一個秩序良好的世界擁有某種程度的物質穩定性。正如人類學家瑪麗．道格拉斯（Mary Douglas）所觀察到的，「這意味著只有一組兩種情況，一種是有秩序的關係，另一種則是違反該秩序」。[60] 關於福祉的想法同樣建立在物質完整性或「整體性」（在字源上與「健壯」、「精力充沛」和「健康」有關）的概念之上。保持「整體」是一種對穩定的願景，與水的流動性是對立的。流動性就是無形、無序，代表隨時都會陷入混亂——英文的 chaos（混亂）一字源自希臘文的*khaos*，意思是指「深淵」——這個詞彙也出現在地球的另一端，也就是毛利語的*Te Kore*，同樣表示無形與無生命狀態。

不被信任的流動性

政治學者漢娜・鄂蘭（Hannah Arendt）認為，現代性已經讓「智人」（*Homo sapiens*）被「創造人」（*Homo Faber*）所取代，前者的目的只是要**生活在**這個世界，而後者的目標則是對這個世界**採取行動**，以實現特定的秩序願景。這種轉變最明顯的例子，就是希望透過興建基礎設施來重塑土地和引導水流，藉以符合人類的利益，達成控制物質環境的欲望。[61]人類學家安清（Anna Tsing）認為，正是這場主張父權秩序觀念的長征，導致當前的地球危機。[62]蛇形水族在當代政治論辯中所講述的故事，對於全心投入這種日益強制的手段提出挑戰，並且證明還有其他方法可以實現穩定且更永續的生活方式。但是對於強烈依賴基礎設施控制的社會來說，水流的極端變化（由於氣候變遷、相同的基礎設施和不良的土地管理而加劇）被重新定義為「波動性」。[63]沒有水，導致動物和農作物死亡；當水一來，就是難以控制的大洪水，又會將結構的確定性一掃而空。波動性威脅到社會和物質布局的穩定，若是到了臨界點，就可能引發地理學家賈德・戴蒙（Jared Diamond）所說的「大崩壞」。[64]

其他類型的流動也可能是失序的：正如水可以帶著污染物質突破實質邊界一樣，流動的人口或信息可能讓人和思想「格格不入」。[65]人類恐懼惡臭洪水，像是對污水流入住宅的反感，而同樣的情緒也出現在用來描述流動與污染的語言上，尤其是應用在從外地傳入的事物，例如：移民形成威脅，可能「淹沒」本地人，或是另類的政治和宗教思想，可能造成「污染」等等。[66]

流動性很容易變得不穩定，超越了維持形式的邊界。在高度寄望人類的能動性會帶來秩序的社會中，水是無法信任的。因此，考古學家馬修・艾吉沃斯（Matthew Edgeworth）將水描述成大地的「暗物質」。[67]像是沼澤位在穩定形態（旱地）和絕對流動的水之間，處於一種模糊地帶，所以不論在字面上或是認知上，都會令人感到不安。資源豐富的濕地向來是狩獵採集民族熟悉和重視的地方，但是到了農業社會，總是尋求能夠安全排水的封閉土地，因此認為濕地是危險而不受歡迎的。[68]另外，還有人認為沼澤是惡臭瘴氣的來源和危險的「下層」區域，這樣的想法對維多利亞時代的想像力產生了特別強大的影響，甚至與失控的女性情慾和其他像是戀母情結的不安全感和焦慮混為一談。

對水的恐懼形諸怪物

但是對於濕地、水以及可能潛伏其中之怪物的焦慮——無論是弗洛伊德式或是其他形式的焦慮——在人類歷史中根深蒂固。即使是比較不願意對非人類世界施加控制手段的社會，也害怕水的暗黑破壞力，而這種恐懼就表現在蛇形水族可能化身為「怪物」的能力上。

英文中的 monster（怪物）一詞源自拉丁語的 *mōnstrum*（預兆、怪物、奇蹟），後來又衍生出*monstrare*，意為「展示」或揭露。怪物跟蛇形水族一樣，都潛伏在各種文化和歷史脈絡下，也同樣與時俱進，滿足每一代的需求，適應不斷變化的社會和物質環境。[69]儘管怪物可能很嚇人，但是卻有至關重要的社會功能，表達了對離開已知和熟悉領土、進入陌生地方的焦慮。古羅馬博物學家老普林尼（Pliny the Elder）說到古希臘羅馬人在穿越帝國途中經常遇到可怕的生物，中世紀的製圖師根據這些記載，在標示已知世界邊界之外的地區時，毫不猶豫地寫下HIC SVNT DRACONES（這裡是龍）。[70]或許科學已經挑戰了中世紀對於怪物真實存在的確信不疑，將他們連同蛇形水族一起轉移到想像的領域，但是無論民間傳說、虛構小說，還是將其視為一種隱喻代名詞，代表現實世界裡發生的可怕事件，怪物仍然是社會恐懼的化身。[71]

在民族誌中——就如同在古典故事裡——怪物經常潛伏在邊緣。民族音樂學家安東尼．席格（Anthony Seeger）觀察巴西中部的蘇亞部落（Suya），發現在他們的多層同心宇宙模型中，從村落中心到「遙遠的森林」區域都與特定類型的人或活動相關，「從人類到怪物不等」。[72]同樣研究南美信仰體系的彼得．里維埃爾（Peter Rivière）指出，儘管怪物可能不時出現在人類可見的世界，但是他們往往居住在肉眼看不到的領域。[73]針對怪物的人類學研究強調他們的文化特殊性，著重在他們社會角色的複雜性。在雅絲敏．穆夏巴許（Yasmine Musharbash）和杰爾．普雷斯特魯斯頓（Geir Presterudstuen）所編纂的民族誌例證中，澳洲的食人怪物固然威脅到原住民社群，卻也讓他們更團結，並肯定他們的文化遺產。馬來西亞砂拉越的吸血怪物讓村民驚恐萬分，但同時也解釋了災難並維護禁忌。在斐濟，鬼魂出現是因應對氣候變遷及其有能力破壞脆弱精神世界的擔憂。在某些情況下，怪物會變得無害：例如，隨著殖民的變化，可怕的澳洲水怪本耶普（*bunyip*）變成了紐澳版的小熊維尼。不過，在大多數情況下，怪物還是表達了人類最深層的恐懼（圖14）。[74]

14. 阿茲特克人的閃電火蛇，特諾奇提特蘭城（Tenochtitlan），1325-1521 年，玄武安山岩。

怪物和蛇形水族的黑暗面之間有相當大的家族相似性。水族跟怪物一樣，通常都具備在人類和非人類形態之間轉換的變形能力；怪物也通常跟水有關，生活在地下巢穴、沼澤或河流、湖泊和海洋的深處。怪物與蛇形水族都是混合體，因此在本體論上超越形式的疆界，體現不知如何替他們分類的不確定性，同時代表了「人類無法控制的一切」。[75]他們揭示了某種潛在的混亂，威脅到社會和物質世界的穩定性，帶來了火災和洪水，而且通常有下巴和牙齒，反映了他們的吞噬和消化的能力。

蛇形水族化身怪物的能力同樣無遠弗屆。他們可以潛伏在個人的心靈，代表內在本能與情感的沸騰海洋，又或者反映社會層面的緊張與造成失序的流動能力，像是戰爭或革命所代表的混亂（就像法國國王路易十五說的：「我死後，哪管洪水滔天！」）。[76] 在宇宙層面，他們可以代表世界末日事件——大洪水、火山爆發、地震、海嘯。在各個層面上，他們都代表了非人類領域以狂野流動的混亂，壓倒社會與物質秩序的能力。

人類神話中到處都有洪水故事，可能是長期口述歷史的支持，讓人回想起一萬年前，最後一個冰河時期末期，海平面上升將許多沿海社區推向內陸的情況。例如，在澳洲北部，與海岸線附近部落合作的民族誌學者，就記錄了好幾個洪水故事，描述了海水侵蝕造成卡本塔利亞灣（Gulf of Carpentaria）的傳說。然而，即便沒有物質基礎，洪水本身就是一個原型隱喻。無論是因為神靈懲罰，或是因為人類中心主義造成的氣候變遷，洪水在本質上代表了水將有形化為無形、將秩序變為混亂的能力。

既可怕又能賦予生命的生物

因此，有關蛇形水族的敘事將他們描述成可怕卻又能夠賦予生命的東西。據說日本地下有一條不安分的蛇形生物，會引發地震和海嘯。在馬拉威，有一條名為納波羅（Napolo）的蛇形生物在地底蠢動，造成洪水和土石崩塌。在古挪威傳奇敘事中，有一種會吞噬船隻的海中怪獸克拉肯（*kraken*），意思就是「扭曲的東西」，而在十三世紀的冰島史詩《奧瓦歐德傳奇》（*Örvar-Oddr*）裡，海上的旅人則是永遠迷失在會將人吞噬的「海霧」（*hafgufa*）之中。[77]

地底世界也有多元的文化。自然文學作家羅伯特·麥克法倫（Robert Macfarlane）在寫到「大地之下」時，發現在古代世界，黑暗的地下世界是一種消極的概念，跟精神上「提升」到光明的想法形成對立。[78] 地下通常被視為混沌怪物的源頭，不過卻也是泉水、地下水和各種形式的礦物「資源」所在。[79] 這些可能加劇對環境的剝削，但是至少對那些從採礦獲利的人來說，隱藏在土地下可以創造財富的能力，跟許多地底世界生產力量的傳統觀念，在象徵層面上也有強烈的共鳴。[80]

因此，蛇形水族是「人類想像與認知能力的強大且壓縮的象徵」，[81] 在他們形成的過程中，世界和水本身的物質性發揮了至關重要的作用。他們屬於怪物的一面，表達了社會混亂和失序的世界末日景象。然而，蛇形生物以其奇妙而可怕的形式，也提供了應對此類恐懼的方法，並且意識到混亂也是一種創造力的來源。他們變化多端的流動性，蘊藏著新生命的潛能。他們蘊含的自然元素力量會受到人類重視並加以利用，或者只是讓人感到恐懼，在很大程度上取決於社會是否將非人類世界視為基本上無害且互惠的夥伴，或者視為一種具有威脅性、對立的「荒野」，必須予以馴服，使其符合工具性的秩序概念。對這個問題的看法改變，也對人類看待蛇形水族的角度以及人類與水的接觸產生了重大影響。

02 原始生命 Original Beings

人類社會共同面臨著根本性的存在提問。這個世界是如何形成的？面對洪水、乾旱、地震和火山爆發等世界末日的威脅，它是否可靠？又或者我們需要面對某種末世深淵？身為有實體、有意識的人類，**我們**是如何產生的呢？當物質形態崩解時，轉瞬即逝的生命火花又去哪了？或者像西元四世紀時，在中世紀詩人之間流行的大哉問：在我們之前的人都去了哪裡？（*Ubi sunt qui ante nos fuerunt?*）[1]任何宇宙學體系都必須回答這些問題，解釋物質存在的創造與消失，並提出「有序」的社會和環境再生模型。

人類在形塑此類體系上，曾經展現驚人的想像力，而且因為水族完全適合代表流動和運動，所以他們在許多宇宙創世的論述中，佔有中心地位。因此，本章主要探討形容巨蛇生物創世造物能力的敘事轉喻，也是透過這樣的敘事轉喻，才能「生成」整個世界以及生活在其中的人類和非人類生命。然而，跟水一樣，這種流動性也有「陰暗面」——代表死亡和毀滅的能力。

許多考古遺址都描繪了蛇形生物的創造力，而在早期的書面記載中，最常見的圖像是一條宇宙蛇從原始海洋中出現，然後創造了生命，這些記述可能是重複利用了在文字出現之前的新石器時代的概念。這種圖像也是《巴比倫創造史詩》（*Enuma Elish*）的中心內容，講述在西元前一七五〇年至西元前五三九年之間蓬勃發展的巴比倫文明起源。[2] 根據這個大約寫於西元前一一〇〇年的故事，世界是一片黑暗的原始海洋，既沒有光也沒有空氣，只有水流向四面八方。[3] 然而，水既是宇宙的基本物質，也是生命的本質，由代表男性淡水靈魂的阿普蘇（Apsû）和代表女性鹹水靈魂的提阿馬特（Tiâmat）共同組成。[4] 這種原始混沌和創造潛力組合在一起的概念，在希伯來語的 *tohu wa-bohu*（混沌）概念中得到呼應，描述原始物質的無形特性（《創世記》，1:2）。[5]

在這樣的創世觀中，天空是分隔無限水域的蒼穹，因此當巨蛇出現時，就「形成」了世界，並在水的天界和地下界之間創造出陸地——也就是物質秩序——其中可能有多個層次或面向。例如，在古埃及，世界誕生於名為努恩（Nun）的原始水域，造物主阿圖姆（Atum）就是在這裡「形成的……像是一條蛇或鰻魚」，而他的對手，會吞噬靈魂的阿波菲斯（Apophis），也是一樣。[6] 因此，「蛇就是二元性的象徵……同時具有創造力和破壞性」。[7]

> 在古代近東地區的蛇……是生命力和繁殖力的象徵，同時也代表混亂和死亡。埃及《亡靈書》（*Book of the Dead*）中有關蛇的陳述，總結了這種生與死的綜合體：「你在愛神與恨神之間搖擺不定。」[8]

據稱與希臘羅德島的希羅尼穆斯（Hieronymus of Rhodes）有密切關聯的奧菲斯神學中，有一條名為科羅諾斯（Khronos）的有翼龍（*Χρόνος*，意思是「不朽的時間」），從河神歐開諾斯（Okeanus）的水及水中所含物質提煉出地球（稱之為「蓋」〔Ge〕或「蓋亞」〔Gaea〕），體現了雌雄之理，衍生萬物。[9]

世界成形自原始水域

在許多文化和歷史脈絡中，反覆出現世界從原始水域成形的觀點。在毛利人的創世故事中，世界也是從流動的混沌中出現的：「歐洲作家大多將 *Te Kore* 翻譯為『虛無』或『空』，但是在毛利人的心中，*Te Kore* 是萬物的源泉……物質始終存在……在 *Te Kore* 之中，存在著無限的『生命』潛力，只是沒有組織的形式。」[10]

毛利人的祖先，半人半神的毛伊（Maui），從大海的創世混沌中撈出了一條大魚，形成紐西蘭／奧特亞羅瓦（Aotearoa）的北島[11]，然後由好幾個神（*atua*）共同承擔創造世界的集體過程。這些神各自代表環境中的各個層面，透過毛里（mauri）——一種充滿活力的生命力量——連結起來，並由瑪那（mana），也就是「眾神持久而堅不可摧的力量……像無始無終的聖火」，賦予他們力量。[12]神將身體和精神結合起來組成人類，在超自然的生命中，有一個原始的人物：

> 伊歐（Io）從 *Te Kore* 的元素中形塑了一切有生命的東西……伊歐是至高

無上的存在，擁有眾多不同的名稱：Io-taketake（萬物來自何人）、Io-matangaro（隱藏的面容）、Io-te-waiora（生命的賜予者）、Io-te-wānanga（全知）、Io-te-whiwhia（全知全能，深不可測）、Io-matāho（一閃而逝的面容）……伊歐在混沌元素中施加力量，從混沌中產生了萬古的黑暗，並從黑暗中放射出光芒。從這些形式的能量、光明和黑暗中，演化出了Ranginui（天父）和Papatūānuku（地母）。[13]

天父和地母的一個主要後裔就是唐加羅瓦（Tangaroa），他是海洋、湖泊和河流之神。唐加羅瓦與其他水神一樣，既是生命之源，也是潛在的破壞力。儘管還有一個地震和火山之神盧奧摩科（Rūaumoko）居住在更深的地下世界，不過海洋提供了毛利宇宙中主要的「另一個世界」，是一個流動性的領域，也是世界與人類第一次出現的地方，同時是精神生命的居所：

根據傳統，人死後，靈魂會翻山越嶺，來到雷恩加角（Te Reinga），然後潛入大海，沿著海洋女神希尼莫阿納（Hinemoana）的路徑，到達各個遙遠的故鄉，直到靈魂在精神世界安息。這個精神世界就是人類靈魂來到今世之前居住的地方，稱之為哈瓦基（Hawaiki）。[14]

在這個宇宙起源的故事中，蛇形水族，又稱為塔尼瓦，扮演了創造者的核心角色。例如，有兩個塔尼瓦，分別叫做瓦泰泰（Whātaitai）和戛克（Ngake），想要從附近的湖泊到達庫克海峽時，挖出了威靈頓港的海灣。再往北方一點，一個名叫阿萊特魯（Āraiteuru）的雌性塔尼瓦，護送一艘祖先的獨木舟從哈瓦基出來，在途中生了十一個兒子，他們挖出壕溝，成了赫基昂加港（Hokianga Harbour）的分支。她與她的伴侶紐瓦（Niua）從此留下來，居住在洞穴深處，守護著那片水域。[15]

在古典馬雅文化的創世故事裡，也有類似的模型，其中「世界就放在蛇或蜥蜴類生物的身上，介於地下世界與天國之間」。[16]在馬雅的宇宙觀中，「天體鬣蜥」伊察姆納（Itzam Na）從流動的原始混沌中誕生，將世界背負在背上，[17]其外形呈雙頭狀，通常一端是蛇頭，另一端是人形神祇的頭。[18]

宇宙蓮花的創世類比

宇宙創世的另一個關鍵因素是光，它照亮了宇宙，創造出「一個清晰有序的泡泡」。同樣是在古埃及，「光、生命、大地和意識」，都是透過巨蛇昂首，或是在視覺上類似的宇宙蓮花出現而形成的。根據早期的象形文字，蓮花花蕾綻放之後，才釋放出世界之光（圖15）。[19]

蓮花意象在埃及圖像中出現之後，傳遍亞洲和中美洲，與富有創造力的蛇形水族形成重要的類比。[20]馬雅文化中的睡蓮蛇跟水域世界和神聖的地下世界緊密連結在一起，象徵海洋以及睡蓮賴以生長的湖泊、沼澤和運河。有時用魚（*xoc*）來表示，但是在本質上卻是一種蛇形生物，「能夠幻化為龍」。[21]也有傳說指稱所有其他神靈都是由此誕生的。[22]馬雅的起源故事中講述了一種蛇形水族，稱之為古庫馬茲（Q'uq'umatz），相當於阿茲特克傳統中長了綠色羽毛的羽蛇神奎查寇特：

15. 馬雅圓柱容器上的睡蓮蛇圖案，瓜地馬拉貝登省（Petén）東北部，650-850年，泥釉陶器。

> 在眾神創造天地（*kajulew*）之前，什麼都沒有……上方只有天空，下方則是一灘平靜的湖海（*chopalo*）。漆黑空曠的宇宙充滿了深邃無邊的寂靜。在湖海之間，水神身上像是披了綠咬鵑羽毛衣，閃爍著藍綠色的光芒，在海面灑下粼粼波光……在天空中，颶風——天國之心——凝視著空無一物的宇宙虛空，感到心中煩躁。於是颶風落在湖海上，向尊貴的羽蛇神古庫馬茲大神（Tepew Qukumatz）提出了心中的憂慮，問道：「我們該如何播撒

創世的種子，讓宇宙的黎明到來？」

最後，眾神一致同意，湖海必須分家，騰出空間給陸地，然後其他的創造物就會接踵而至。神明說的話有強大的力量，祂們只需說出「陸地」二字，陸地就會像旋轉的輕霧一樣，在祂們的眼前自然形成。於是，山脈從湖海中拔地而起，用鋒利的邊緣雕塑大地表面，銳利得像一把祭刀。陸地上又長出了森林，溝壑和峽谷中積聚了水，變成河川與溪流。[23]

蛇的中介角色

創世故事經常描述天體或太陽生命與水神之間豐富的相互作用，如馬雅文化中的颶風和古庫馬茲等，這反映了人們理解到水和光是有機生命的先決條件。在整個美洲，蛇通常被視為天界、凡世和地下領域之間的中介，同時也具備創造生命的能力，衍生出其他各種生物。在亞馬遜，狩獵採集的德薩納族將曾經容納全人類的巨蟒描述為「發酵胎盤」。[24]對他們來說，

> 在循環繁殖模式中賦予生命活力的能量，同樣可以移動星辰，並依序設定季節。幾乎所有一切都遵循天體週期——天氣、植物的生長、魚類供應、獵物的豐富程度等——因此，不管在任何時間，天空都是世界狀況的關鍵。……他們說，他們的母國中心是由太陽父親決定的，當時間開始時，他選

擇了一個放下直立手杖卻沒有任何陰影的地方。在那裡，有個地球子宮的漩渦入口，太陽父親讓大地受孕，德薩納人和他們的鄰居就是從那裡出現，由活的蟒蛇獨木舟運送到他們沿河的定居點。在象徵層面，來自天穹的陽光為地球提供了生育的能量。[25]

06 啟蒙生物：賜予人類智慧

除了從流體混沌中創造物質秩序之外，蛇形水族通常讓人聯想起知識和智慧。他們不但確實發揮了「啟蒙」作用，也透過「說話」、提供「文字」和替萬物命名等的行為，表達人類意識的出現。在金字塔文獻中，蛇提及其創世造物的角色：

我從太古洪水中流出來，
是從水裡出現的生命。
我是盤成圓圈的蛇，
「提供屬性」。
我謄寫了聖書，
講述過去的事情以及對未來的影響。[26]

蛇與智慧的特殊連結

在埃及的宇宙觀中，普遍認為啟蒙源自努恩的流體領域，也就是「原始海洋的化身……由於努恩具備創造生命的潛力，因此也被視為造物主（*demiurge*），是一種走向意識的本能運動」。類似的化身也出現在托特（Thoth）身上，他是智慧和祕密知識之神，創造了語言。常被形容為「聖醫」的他，據說是從太陽神拉神（Ra）的嘴唇中誕生的，又或者說是「混亂之神塞特（Seth）吞下了對手荷魯斯（Horus）的精液之後，從塞特的額頭上生出來的」，特別強調生殖力和意識之間的關係。[27]

西元前三世紀，巴比倫作家貝羅索斯（Berossus）描述了波斯灣內的水族歐涅斯（Oannes，希臘文為Ὠάννης），他為人類傳遞了智慧。英國亞述學家史蒂芬妮・戴利（Stephanie Dalley）也寫到，在古代的美索不達米亞，七賢人以鯉魚的形態從水中出現，「為人類帶來了城市文明的藝術與工匠技藝」：

> 水與智慧有著特殊的連結。偉大的《吉爾伽美什史詩》（*Epic of Gilgamesh*）開宗明義就說：「誰發現（字面意思是『看到』）*nagbu*——意指萬物的深處——就能得到完全的智慧。」詩中所說的*nagbu*可以指湧出泉水的深處，或是完整的知識。埃亞（Ea）是統管淡水的神，也是智慧與工藝之神。[28]

在希臘故事中，阿波羅殺死巨蟒並奪取德爾斐神諭，在這個過程中，不但侵占也重新編排了蛇的知識。[29]宙斯（其前古典形式是一條「仁慈的蛇」）從他的頭上生下了雅典娜，而斯多葛派（Stoic）哲學家將創造性理性稱之為*lógos spermatikós*[4]，強調了言語、意識和創造力之間的密切關聯。[30]

在印度西部和南部，蛇被視為「守護神」，而且「佛教的蛇擁有知識的寶藏」。[31]根據人類學家弗朗西斯・赫胥黎（Francis Huxley）的說法，「許多傳統都描述了火神攪動深淵裡的水，又因為火光而能視物。在這種情況下，印度教的奧義書（Upanishads）說，火神渴望地看著自己——這樣的行動（在希臘語中稱之為「*derkesthai*」，意為「猛然一瞥」）正是龍之所以得名的由來」。[32]

在亞洲各地反覆出現的那伽崇拜，同樣也是以啟蒙為核心。印度的那迦透過印度教、佛教和耆那教傳播到尼泊爾、柬埔寨、寮國、馬來西亞、印尼和菲律賓等地，並在這些社會的圖像和文學中佔據主導地位。他們通常結合人類和蛇的形態，並且常呈多頭狀，由好幾個眼鏡蛇頭組成一個像是彎拱兜帽的樣子（圖16參見頁8）。在歷史上，崇拜那迦的儀式中有時會用到蘇摩（*soma*），這是一種由植物製成的飲品，據說在青銅時代（西元前二三〇〇－一七〇〇年）由中亞的社會傳入早期印度宗教，有令人陷入狂喜或產生幻覺的功效，用在吠陀儀式中，據信可以帶來永生和啟蒙。[33]《梨俱吠陀》（*Rigveda*）更直接將蘇摩與蛇的智慧連結在一起：「蘇摩的作用如湧泉般流瀉而出，就像蛇從蛻皮中爬出來……我們飲用蘇摩，得到永生，獲得眾神發現的光明。」[34]

在非洲，蛇形水族也同樣與啟蒙連結在一起。在西非的達荷美（Dahomey，現為貝南共和國），「巨蟒神是智慧、塵世福祉和慈愛之神，創世的第一對男女是盲人，但是他替他們開了眼」。[35]傳到加勒比海地區的非洲信仰與海地的前基督教傳統相結合，其中描述了創造之神丹巴拉（Damballah）——一條巨蛇——扭動身軀，釋放出地球、所有天體和阿伊達・維都（Ayida Wedo），也就是彩虹，並與她「生下了有生命的活血靈魂」：「蛇與彩虹……教導人類一起參與領受鮮血為聖禮，這樣他們就可以成為靈魂，擁抱蛇的智慧。」[36]

蛇擁有智慧的主題也在中美洲傳統中反覆出現。對阿茲特克人來說：

> 當羽蛇神奎查寇特在地球上出現時，帶來了許多事物的知識。他向人類展示了由太陽控制的時間模式，並賜給他們神聖的曆法，其中的年分日期都有占卜的符號。他還賜予他們玉米，讓他們永遠不會挨餓；更教導他們不同的技能，讓他們善於寫作、鍛造金銀、珠寶加工和治病。[37]

4 譯註：在希臘文中，*lógos* 是指「話語」，而 *spermatikós* 則是指「精液」，二者合起來代表「種子似的話語」，像種子一樣，為沒有形體的事物賦形，同時賦予意義。

17. 卡巴蘇克夫人召喚出狄奧蒂華肯（Teotihuacan）蛇，亞斯奇蘭門楣浮雕，編號 25 號，墨西哥恰帕斯州（Chiapas），600-900 年，雕刻石灰岩板。

進入水世界精神智慧的儀式

在古典馬雅時期（西元三至九世紀），人類透過放血儀式進入靈視狀態，並獲得精神智慧（圖17）。著名的亞斯奇蘭（Yaxchilán）遺址門楣浮雕顯示，卡巴蘇克夫人（Lady K’ab’al Xook）用編入黑曜石刀片的繩子穿過她的舌頭放血，將浸滿鮮血的紙張放在籃子裡，再從中召喚出雙頭幻影蛇。上面那個蛇頭的嘴裡坐著亞斯奇蘭王室的祖先尤阿特·巴拉姆（Yoaat B’alam），下面則是馬雅文明的雨神查克（Chac），將幻影蛇與水和馬雅人的「伊茲」（*itz*）信仰聯結在一起。伊茲是一種生成宇宙的流體，代表多種液態物質，包括露水、樹汁、樹脂、精液和牛奶。這種流體在宇宙層面上代表了*ch’ul*，用來描述靈魂的「本質」，直至今日，馬雅的索西族（Tzotzil）仍然沿用這個詞彙（以*ch’ulel*的形式出現）；[38]這個詞彙也有「夢想或想像」和「聖潔至善或神聖不可侵犯」的意思。亞斯奇蘭門楣圖像之間的聯繫，重點在「伊察姆」（*itzam*）一詞，意思是「薩滿」或是「操縱伊茲的人」。[39]在另外一幅圖像中，薩滿伊察姆納·巴拉姆二世（Itzamnaaj B’alam II）拿著一盞燈，照亮卡巴蘇克夫人的放血儀式。因此，伊茲就是從原始海洋中出現的精神知識和意識的源泉，而創造世界的蛇就是伊察姆納。

馬雅語中代表死亡的詞彙是*och-ha*，也就是「進入水中」的意思，表示在地底下存在一個非物質生命的水世界，並從中產生了意識和生命。[40]「進入眾神的世界」或進入其他非物質領域的概念，在許多薩滿儀式也是司空見慣。例如，可以經由神聖的*cenote*（也就是有水的大型滲穴）或是據信為雨神查克和其他水族居住的洞穴和水池，進入馬雅文明中的九重冥界席巴巴（Xibalba）：

〔*cenote*〕不但是水的源頭，也同時是神聖和象徵的空間、通往神話領域的神奇門戶以及宗教和祖靈崇拜的中心。據信只要將祭品投入其中，再舉辦相關的儀式，就可以促成日常世界和神聖世界之間的溝通，從而保證生命、死亡和重生的自然循環可以長存。[41]

18. 奇坎納遺址，蛇口之家，結構二，墨西哥坎佩切州（Campeche），約600-830年。

薩滿儀式使用的鏡子，代表水體熠熠發光的表面，是通往地下世界的入口。[42]宗教領袖可以經由動物形態的裂縫或囟門——代表蛇用來吞噬食物的嘴，所以跟知識和意識產生連結——進入席巴巴。[43]因此，神殿是通往席巴巴的門戶，奇坎納遺址（Chicanná）的蛇口（Serpent's Mouth）就格外清楚地表達了這一點（圖18）。[44]在不同世界之間移動和召喚幻象蛇的過程中，可能需要使用從睡蓮提煉的鴉片製劑，這一點在其他文化和歷史脈絡也是一樣的。[45]

在墨西哥市附近的狄奧蒂華肯（Teotihuacan），羽蛇神殿座落在太陽金字塔和月亮金字塔旁，神殿的羽蛇圖像裝飾，似乎描述他們在宇宙創世和曆法調節中的創造性角色。這些雕刻和附屬結構顯示其為政治權威的中心。考古學家在金字塔下發現了一百多具屍骨，推測是在神殿落成時（約一五〇－一二〇〇年）獻祭的祭品。[46]到了二〇〇三年，又發現了一條地下隧道，裡面都是精巧複雜的儀式物品，包括一個微型地圖，上面還有液態汞做成的水池，代表精神世界中的湖泊或河流。[47]

某些*cenote*，如奇琴伊察遺址（Chichen Itza）裡的上帝之井（Well of God），跟聖水場址和通往古代歐洲石陣和木陣的大道一樣，也經常與重要的神廟相連。奇琴伊察在字面上的意思就是「嘴」（chichen）和「井」（itza），從字源上看，不僅跟源起蛇「伊察姆納」有關，也跟液態的生命物質「伊茲」相關。

中美洲的建築也跟古希臘的神殿一樣，與天體保持一致，這樣才能在春分時，精確地引導陽光打開通往地下世界的通道。陽光也會讓神聖金字塔階梯上的巨大石蛇變得活躍起來，像是河流一樣扭動著身軀，從山上傾瀉而下（圖19）。

在乾旱地區，由於蟻丘的下方有水，所以被視為「進

19. 庫庫爾坎（Kukulkan），墨西哥奇琴伊察遺址的羽蛇，約700-1100年。

入蛇體」的途徑。有個馬雅的啟蒙儀式，就要求參與者「坐在蟻丘旁，讓一條從蟻丘出現的大蛇將他吞下肚，然後再透過排便，離開蛇體，透過這樣的過程，就會賦予他超自然的薩滿力量」。[48]在印度，傳統故事同樣將蟻丘描述為「懷孕的蛇」和彩虹的源頭，代表「因陀羅之弓」[5]，直至今日，蟻丘仍在崇拜蛇形水族的儀式充當祭壇。在印度教和佛教的故事中，蟻丘提供了一個入口，蛇形生物就是從這裡流入那迦的地下世界，稱為地下界（Pātāla）或水下界（Rāsatala），位於人類世界的深處。[49]

薩滿巫師充當中間人

在南美洲，德薩納族的祭司使用具有強大迷幻麻醉效果的植物，例如製造死藤水的卡皮木（*Banisteriopsis*），重新進入宇宙巨蟒「懷孕蛇」的體內，以便達到死亡再重生的目的。這種儀式多半在晚上舉行，透過穿越天蟒（銀河），進入不同的世界和時空維度。[50]跟許多亞馬遜部落一樣，這種儀式在本質上，就是利用薩滿的力量，在共存的可見和不可見世界之間來回穿梭，而這種力量的來源則是進入「另一邊」世界的能力。[51]

在澳洲原住民傳統中，也可以看到類似這樣透過吞噬再反芻來賦予力量的過程，在那裡，創造生命的彩虹蛇也是所有知識或「法則」的來源。在原住民族中最重要的一個儀式，就是啟蒙儀式，將參與者浸入水中，而水則代表了這條最強大的蛇形水族。透過「穿越彩虹」，他們就可以成為「聰明的醫生」，獲得祕密、神聖的知識，包括祈雨儀式所需的知識。

這種前往其他世界的旅程賦予薩滿巫師權力，使他們能夠發揮領導作用，就像是考古天文學者埃德溫・克魯伯（Edwin Krupp）所描述的「生態中介者」，充當人類與超自然力量溝通的中間人，並主導族人與非人類世界的關係。[52]在某些文化和歷史脈絡中，特別關注與蛇形水族相關的流體物質，認為攝取這些物質可以進入其他世界，這就與馬雅信仰中關於伊茲的觀念相互呼應：

> 《沃爾松傳奇》（*The Saga of the Volsungs*）講述了可追溯到歐洲史前時期的怪異故事……席格蒙（Sigmund）和他的兒子辛菲特利（Sinfjotli）在森林中發生的事，以及傳奇中其他類似的故事，反映了自然與文化之間以及人類世界與超自然世界之間的不確定界線。傳奇故事經常提到跨越這些分界線，不僅披露恐懼和夢境，也揭示了長期被遺忘的信仰和邪教習俗。其中很重要的一段就是席格蒙喝了龍血，從而獲得了理解鳥類語言的能力。[53]

據說挪威的奧德爾鍋（Odhrerir）裡裝著蜜酒，是「睿智的」克瓦希爾（Kvasir）的血液，他是亞薩神族（Aesir）與華納神族（Vanir）共同以唾液創造出來的人物。《散文埃達》（*Prose*

5 譯註：因陀羅（Indra）又稱為帝釋天（Śakra），是印度教的神明，被視為眾神之首。

Edda）裡提到，喝了蜜酒的人就會變成吟遊詩人或學者。在其中一個故事中，亞薩神族的主神奧丁（Odin）將自己變成一條蛇，吞下大鍋裡的蜜酒，然後回到亞薩神族的神域阿斯嘉（Asgard），再吐到一個容器裡，將地下界與天界連接起來。[54]史詩《夢中之歌》（*Draumkvedet*）描述了穿梭在北歐不同世界之間的旅程：

我曾經穿過神聖的海洋
越過陡峭的山谷，
聽到水聲，看到未知
在地底流動。
我曾經穿越天際，
跌落到漆黑的溝渠裡，
我曾經見過酷熱的地獄，
那也是天朝的一部分。[55]

凱爾特族社會也有類似的大鍋，具有盛水的功能，與聖井的作用相互呼應，據傳都是可以通往地下世界的管道。凱麗德溫（Ceridwen）與布麗姬（Brigid）等女神，就是「大鍋的守護者」（後來又重塑為聖餐杯或茶杯），而從「重生的大鍋」中飲酒，是「接受偉大治療、生育和營養的隱喻」。[56]

啟蒙蛇連結光、水、生命

在其他傳統背景中，重點則放在光的身上，就像原始海洋中出現的蓮花花蕾帶來光一樣，「火蛇」也帶來智慧和啟蒙。正如我們在前一章所述，火與水並非總是被視為不同的元素類別。雖然像噴火龍之類的火蛇，乍看之下不是水族，但是他們卻是水文神學循環的一部分，在天界與地界之間傳遞光明和意識。從埃及早期王朝的圖像到希臘羅馬時代，火蛇都曾經出現過。在法老王拉美西斯四世（Rameses IV）的墳墓上，火焰的化身奈斯雷特（Nesret）被描繪成一條昂首而立的眼鏡蛇，她的角色類似其他的女神，例如同樣以蛇形現身的伊西斯（Isis），協助冥王歐西里斯（Osiris）照亮黑暗的地下世界。[57]女神哈索爾（Hathor）向來與母性和生育力連結在一起，她跟天空女神努特（Nut）一樣，有時以牛的特徵現身，象徵著愛和養育，但是因為她有如此強大的生育能力，所以也是「一位熾熱的太陽神……有多種顏色」，也代表「神聖能量和力量的工具」。[58]

有鑑於光、水和生命本身之間的重要連結，自然會引導出蛇形生物與健康之間的連結。文學史學者家凱倫・喬內斯（Karen Joines）發現古埃及的思想延續到了希臘敘事中。「希臘的健康女神希吉亞（Hygieia）可以化身為一條蛇」，這「或許是埃及將蛇杖，也就是醫藥之神阿斯克勒庇俄斯（Aesculapius）的權杖傳給了希臘」。[59]阿斯克勒庇俄斯的醫學知識被視為「蛇的智慧」，而權杖上的雙生蛇仍然是他們療癒能力最常見的表徵（圖20）。[60]

「啟蒙」蛇的視覺圖像在一神教中持續存在。在西元前八世紀的猶太人印章中，就描繪了「會飛的毒蛇」。[61]寫於西元前一二〇〇年至一六五年之間的早期聖經文本，以六翼天使撒拉弗或熾天使（seraphim或saraphs）的正面形象，描繪帶來光明的蛇形生物，即「燃燒者」，其雷鳴般的聲音震動了神殿（《以賽亞書》，6:2-6）。雖然這些天界神靈後來被重塑為天使和「神的使者」，但是他們最初的形象卻是「火蛇」（《民數記》，21:6-8）。

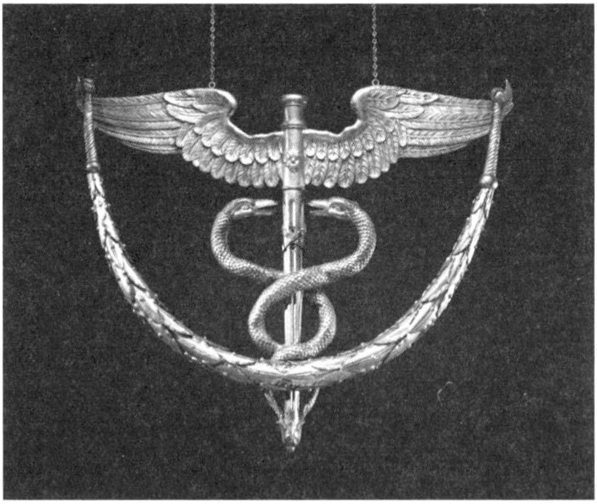

20. 有翼蛇杖，藥房的標誌，法國，1840-1910年，鍍金木材和石膏。

摩西的蛇杖

以諾（Enoch）的第二本書可能寫於西元前一世紀，6[62]描述了同時代表水和「太陽飛行元素」的天蛇，正如他們的希臘名字*chalkydri*所示，結合了*khalkós*（銅或黃銅）和*hýdra*（水蛇）這兩個字，[63]中世紀學者一看就能理解他們的啟蒙角色。誠如中世紀哲學家兼神學家托馬斯・阿奎那（Thomas Aquinas）所說：

> 「撒拉弗」這個名字不僅來自於慈善，而且是過度的慈善，用熱情或火焰這個詞來表達。因此，狄奧尼修斯[7]……根據火的性質，詮釋了「撒拉弗」這個名字，表示包含了太多的熱。現在，我們看到火，會聯想到三件事。第一是向上且持續的運動，表示他們是直接通往上帝，不會拐彎抹角。其次是「熱」這種主動力量，不只存在於火，而是……由這些天使的行動，將這股力量強而有力地施加在那些受其影響之人身上，激發他們產生同樣的熱情，並用這股熱的力量洗滌心靈。第三，我們會想到火的清晰或明亮；這意味著這些天使本身具有不滅的光芒，也完美地啟發他人。[64]

當耶和華指示用銅來製造一條蛇時，最強大的一條「銅」蛇出現了，「摩西在曠野舉起蛇」，醫治了受圍困的以色列人（《民數記》，21:6-9；《約翰福音》，3:14）（圖21）。也有其他圖像和文

---

6 原註：這個文本的日期和權威性並不清楚，不過似乎影響了中世紀對宇宙的看法。

7 譯註：狄奧尼修斯（Dionysius），又稱為亞略巴古的狄奧尼修斯（Dionysius the Areopagite），是大約西元一世紀的雅典人，曾經擔任亞略巴古的法官，後來皈依基督，被教會推崇為雅典的主保聖人。到了西元五世紀末、六世紀初，一位基督教神學家和哲學家，自稱為「亞略巴古的狄奧尼修斯」，創作了一系列神祕主義著作，後世稱之為偽狄奧尼修斯。

物表現出知識豐富的蛇，包括一根桿子盤著一條神聖毒蛇，這在上埃及和下埃及都是常見的圖案；朱比特阿蒙[8]的三叉戟上纏繞的那條蛇；托特的權杖；赫米斯．崔斯莫吉斯提斯[9]的權杖。[65]凱倫．喬內斯也強調了摩西的銅蛇在不同信仰體系之間的權力鬥爭中，在政治上所扮演的關鍵角色：

> 耶和華將摩西的手杖變成了蛇，私下向摩西揭示了祂的力量（《出埃及記》，4:2-3）。後來亞倫將摩西的杖丟在法老面前，它又變成了一條蛇（《出埃及記》，7:9及其後章節）。對埃及人來說，手杖或木杖代表力量……當摩西的蛇杖吞噬了埃及魔法師的手杖時，證明摩西及其上帝擁有更強大的力量。[66]

摩西的蛇杖除了帶來啟蒙和維護他的宗教權威之外，還賦予了跟水有關的生命力。在基督教和伊斯蘭教（將摩西稱為穆薩）的敘事中，摩西用蛇杖分開了紅海，讓以色列人能夠逃離埃及軍隊的迫害（《出埃及記》，14:16）。另外，摩西也用蛇杖在沙漠中尋找水源，創造了一個形象原型，在後來的許多基督教聖徒故事中反覆出現：「摩西舉手，用杖擊打磐石兩下，就有許多水流出來，會眾和他們的牲畜都喝了。」（《民數記》，20:11）。

儘管蛇後來在聖經文本中遭到妖魔化，但是靈知派（Gnostic）基督徒仍然堅持將其描述

21. 摩西的蛇（Colonna del Serpente），拜占庭，四世紀（到了十一世紀才放到柱子上），青銅，米蘭的聖安布羅喬大教堂（Basilica of Sant'Ambrogio）。

為「神聖智慧的天才」。[67] 即使在伊甸園，蛇雖然邪惡地傳授了禁忌知識，卻仍然「比任何野獸都要難以捉摸」、「狡猾」又「奸詐」（《創世記》，3:1）。喬內斯也提醒我們，「在《創世記》的第三章中，蛇也代表超自然的智慧……早在他勾引夏娃之前就已經知道上帝的禁令，卻假裝跟上帝一樣了解這棵樹會『讓人產生智慧』（《創世記》，3:4-5），所以才會被明確地形容為『高明』，通常用來表示智慧。」[68] 蛇讓夏娃和亞當意識到自己赤身露體，讓他們「看見自己」，同時也給他們帶來了反省的意識，所以馬太才會對基督徒說：「你們要靈巧像蛇。」（《馬太福音》，10:16）

8 譯註：朱比特阿蒙（Jupiter Ammon）是結合了希臘神朱比特和埃及神阿蒙的綜合神，代表古代世界的宗教融合。

9 譯註：赫米斯．崔斯莫吉斯提斯（Hermes Trismegistus）是一個綜合神，結合了希臘神赫米斯與埃及神托特，其名字在字面上的意思是「三倍的赫米斯」，代表「偉大無比的赫米斯」。

22. 可能是曾我二直菴的《龍》，日本雲龍六曲屏風，代表風與水元素，約1600年代早期至中期，紙本水墨淡彩、金銀絲箔。

07 蛇族變形：體現物質轉變的時間觀

除了帶來「啟蒙」意識之外，蛇形水族還帶來物質形式，藉以證明這種意識。無論是從天界降下，還是從混沌的原始海洋升起，他們實際上都是由水形成的。這種德勒茲式（Deleuzian）的湧現概念，在一幅十七世紀可能是曾我二直菴（Soga Nichokuan）所作的日本雲龍畫中，完美地表現無遺（圖22）。[69]畫中的龍由雲和水組成，不過還是在「形成」的階段，尚未完全具體成形。

從混沌到有序，從無形到有形，然後再從有形回到無形，蛇形水族讓人得以想像物質和精神在時空中的運動。蛇族變形的過程從「形變」或「形成」開始，以「不變」或「失去外形」結束。這種變化的規模可能大至宇宙性的轉變，例如，當「天上的窗戶都開了，地的根基也震動了」（《以賽亞書》，24:18）時，世界從虛無變為存在，又重新陷入世界末日的混沌。但變化也可能只是個人的轉變，承載著人類精神往返於可見的物質生命領域與不可見的非物質地下世界或天國的異世界之間，同時伴隨著人格、記憶和意識的創造和消失。[70]

蛇形生物特別強調與水相關的認知思維邏輯，因為他們在物質性與非物質性之間轉換的能力，反映了水在有形與無形之間的物理性變化。[71]中國哲學家認為，龍就像水一樣，可以隱身，也可以像雲一樣消散。[72]早期中國作家的作品中寫到：「龍……擁有變形的力量以及讓自己現形或隱身的天賦……在春天，他飛上天空，到了秋天就遁入水中。」[73]中國學者何新將龍定義為雲神的「生命形式」，並描述了一套關於轉變的複雜想法：「『龍』從『隱』到『現』，再從『躍』到『飛』……這不只是講龍的一種行進狀態，而主要是講萬物發展和變化的規則，從小到大，由弱至強……最終達到巔峰之後又會回復（原來的狀態）。」[74]

時間循環的表現形式

這讓人特別關注到蛇形水族的一個角色，就是提供一個方法，讓我們可以設想所有生物的存在週期。各個社會對時間性的概念，就跟他們更廣泛的宇宙信仰同樣的多樣化，[75]其中包括高度本土化的水文神學循環、更大的輪迴視角，以及現代比較線性思考的「時間之箭」。然而，在所有的時間觀中，水的物質屬性——以蛇形水族的形式來表現——證明了運動和流動的概念。

時間變化很容易藉由明暗之間的轉變來表現。正如蛇形水族吞噬和反芻薩滿與「聰明醫生」象徵他們的啟蒙與重生一樣，這個過程也代表了創世、死亡和復活之間更廣泛的時間流動。在埃及，有個著名的例子就是天空女神努特，這個名字「可能源自古埃及語中的水（*nw*）一詞，而她的象徵就是一個水壺」。[76]有時，她被視為銀河，擁有的頭銜包括「萬物女王」、「擁有一千個靈魂的人」和「保護者」。努特闡釋了不同世界之間水文神學循環的上半部，因為努特不僅將成為星辰的靈魂聚集到她的體內，還每天吞噬太陽神阿圖姆。阿圖姆被吞進了地底下的冥界，一片汪洋的水世界，必須對抗吞噬靈魂的蛇阿佩普（Apep），才能在每天清晨從努特的體內重生，回到天上，藉此調節晝夜時間。[77]

太陽化身為各種神明的形象，如阿圖姆／拉神阿圖姆／拉神或荷魯斯，經常被蛇包圍（圖23）。冥王歐西里斯有時被形容為「閃亮的蛇」（Ob-El）或「蛇太陽」（Pytho-Sol），統治著複製人間凡世的地下天國。金字塔文獻中描述了他的形象，外表像蛇，內在包容：「您是偉大的，您是綠色的，以您的大綠（海）之名；看哪，您像歐開諾斯大圓圈一樣的圓；看哪，您在旋轉，您像環繞愛琴海的圓圈一樣的圓……您將萬物納入懷中。」[78]可能是植基於前王朝時期對於孕育生命的信仰，歐西里斯以多種形式現身，但是跟他的女性對手伊西斯一樣，總是跟每年氾濫的洪水及其孕育生命的能力，還有春天代表的重生緊密相連。[79]在某些敘事中，這位「綠色之神」被他邪惡的孿生兄弟塞特／堤豐（Typhon）吞噬，必須穿越冥界逃脫，才能完成重生的循環。故事中，他從蛇尾進入蛇的身體，並從蛇口出來，而他的出現則標誌著春分。這種週期性的循環更新，在美索不達米亞神祇伊南娜（Inanna）和杜穆茲（Dumuzi）以及弗里吉亞（Phrygian）的農業之神阿提斯（Attis）等角色身上，也同樣顯而易見。

23. 描繪底比斯古城第二十五王朝的何特帕姆（Hotepamun）銘碑，西克莫無花果木。
在彎曲的天穹標誌和一輪帶翼的太陽底下，房子的女主人何特帕姆站在右側，
崇拜一條直立的蛇，拉－哈拉胡提（Ra-Horakhty），與歐西里斯。

吞嚥和反芻的敘事也是農曆的由來。在印度的宇宙觀中，太陽神因陀羅經常吞噬並吐出月亮弗栗多（Vritra）。在中國故事中，龍吞下了珍珠月，再吐出來產生雨水。因此，以各種形式出現的蛇形水族，代表了時間的循環，標誌著日、月、季節的循環，帶來生命的週期更新。

08 銜尾蛇：代表死亡與重生的無限循環

人類對更新的期望在銜尾蛇的意象中表露無遺：這條嘴裡含著尾巴的圓形蛇代表死亡和重生的永恆流動，世界、季節、歲月、生命在其中不斷更新（圖24參見頁9）。

「吞掉尾巴」的視覺圖像大約在西元前一六〇〇年的埃及出現，「不過可能還要更古老得多……它傳達了一個簡單的訊息：就是造物是一個循環過程——創造、毀滅、再生，或出生、死亡、重生——這樣的模式在這個循環中不斷重覆，永無止境」。[80]主要的神靈也都曾發表過關於無限重生的聲明。如蛇形的埃及女神伊西斯聲稱：「我是過去、現在和將來的一切。」[10][81]煉金術士的銜尾蛇更宣稱：「萬物歸一。」耶穌則是說：「我是阿拉法，我是俄梅戛；我是首先的，我是末後的；我是初，我是終。」（《啟示錄》，22:13）

蛇喚起永生力量的想像

蛇形水族代表生命的無限循環，因此與永生的觀念連結在一起。西元三一四年，早期基督教歷史學家優西比烏（Eusebius）寫道，腓尼基人和埃及人相信蛇可以幾乎無限期地永保青春。埃及《亡靈書》中有個咒語，據說唸了這個咒語之後，人就可以幻化為蛇，獲得永生。「眼鏡蛇，或稱為烏拉烏斯（uraeus），在埃及文字中有『不朽』的意思，而法老的不朽可以用『烏拉烏斯活著的那些年』來形容。」拉美西斯三世（Rameses III）的靈柩上刻著一條巨蛇，其肢體末端相連，代表法老的永生，這條蛇的名字就叫做「數百萬年」。[82]

古代美索不達米亞講述了吉爾伽美什的故事，寫成了阿卡德（Akkadian）史詩，故事中的英雄踏上旅程，尋找在「大洪水」中獲得永生的烏特納皮什提姆（Utnapishtim）。吉爾伽美什深入海底，尋找能夠提供永生的植物，但是當他停下來休息時，一條蛇從水中出現，聞到了植物的香氣，並將其帶走，同時帶走了它所賦予的回春力量。[83]

在希臘羅馬傳統中，銀河之名來自宙斯（Zeus）之妻赫拉（Hera）女神的故事。赫拉的泌乳據信可以讓人永生，因此赫米斯（Hermes）與他同父異母的妹妹雅典娜（Athena）趁著赫拉熟睡時，將赫丘力士（Heracles）放在她的胸前，企圖要讓他吸吮乳汁，獲得永生，但是赫拉臨時抽身，將乳汁噴向天空，形成銀河（Milky Way）。

在希臘神話中，環繞地球的蛇形水族就是河神歐開諾斯的「世界之河」；在印度的代表則是被形容為「蛇道」或「恆河河床」的天河；至於在挪威傳奇《散文埃達》中，生活在水裡的中

---

10 原註：刻在埃及塞伊斯（Sais）一座供奉伊西斯女神的神殿裡的銘文。

土巨蛇——「世界之蛇」耶夢加得（Jörmungandr）——更是以真正的銜尾蛇形態出現：「他嘴裡叼著尾巴，環繞著整個地球。」[84]

銜尾蛇也在現代凱爾特族傳統中持續提供強而有力的象徵，文化歷史學家莎曼珊・李奇斯（Samantha Riches）指出：「凱爾特人長期以來對龍的喜愛，讓龍成為許多文物的裝飾品，特別是以銜尾蛇或吞尾者的形式出現，其功能是喚起永恆以及出生、生育、死亡與重生的持續循環。」[85]

顯然，貫穿人類歷史的蛇形水族正對我們的想像力產生極大的影響。他們提供方法，讓我們得以描述宇宙及其中一切事物的創造（和潛在的毀滅）；人類靈魂在物質與非物質世界之間的流動；意識的出現；知識的取得；所有一切的喪失——以及可能的重生。因此，這幾千年來，他們在人類的心靈和思想中佔據著中心位置，又有什麼好奇怪的呢？

03 生死循環 Living Beings

蛇形水族利用水和光來形塑世界的宇宙創造力，也表現在他們比較接地氣的能力，同樣備受讚揚。他們體現了水最重要的一點：在所有形式的有機生命繁殖中，水都發揮至關重要的作用。這正是蛇形水族在當代永續發展的論述中佔有舉足輕重地位的原因：他們是非人類領域生成能力的典型象徵。

有些水族藉由改變形態來表示他們具有創造所有生物的能力。比方說，馬雅文化中的 *nagual* 是一種會流動、變形的生命，代表多個物種。*nagual* 一詞的直譯是「共同本質」的意思，在多個馬雅語言中，「*nagual* 一詞……跟『蛇』這個字系出同源」，顯示所有生物都是具有生成能力的蛇形生物所產生的。[1] 因此，*nagual* 經常從至高的創世蛇嘴裡出現。

更典型的情況是，蛇形水族結合了他們所產生的各種生物特徵，例如動物的頭、角、鱗片或羽毛等。這種混合的特性可以在中國最早的蛇形生物圖像看到——通常就是指龍——也就是源自黃河沿岸，大約在西元前五〇〇〇至三〇〇〇年出土的新石器時代文物：「在河南濮陽西水坡的仰韶文化遺址出土的貝殼上刻有龍紋，就已經具備馬頭、鹿角、蛇身、鷹爪、鱗

25. 雕龍屏風，圓通寺，中國昆明。

片、魚尾等綜合特徵。」[2]

到了商朝、周朝的後期，當家畜成為經濟生產的中心時，雕刻在青銅器、玉器或獸骨上的水族，就具有豬、牛、羊的特徵。隨著中國皇權的崛起，龍的圖像開始融入更強大的動物，如獅子和馬。到了較晚的宋、明、清三朝，龍就已經具備強烈的裝飾性，通常具有馬頭、沿著背脊或尾部延伸的鬃毛、鹿角以及像鳥類一樣爪子（圖25）。[3]

09 原始神靈表現出「性別互補性」

關於蛇形水族生成能力的想法，很自然地呼應了對人類繁殖的理解。在主要一神教出現之前，超自然生物的圖像通常表現出性別互補性，有的是藉由男女兩性神靈的相互作用，有的則是將兩性特徵結合到造物主身上，變成雌雄同體，並且能夠獨立生殖，例如銜尾蛇就同時擁有代表陽具的尾巴和接受性的「子宮」。這些圖像反映了一個信念，即雌雄同體代表一種「對立的統一」(*coincidentia oppositorum*)，也就是說，人類和神靈只有在兩種性別結合時，才能充分發揮其潛能。[4] 因此，考古學家兼藝術史學家亞瑟・佛羅汀罕(Arthur Frothingham)認為，西元前四〇〇〇年纏繞在巴比倫圓柱體上的成對蛇——即我們耳熟能詳的雙蛇杖前身——最初代表了一位同時體現男女兩性原則的原始神靈，在整個宇宙中繁衍生命。[5]

早期的宇宙觀將彩虹視為具有生成能力的水族，也表現出兩性平衡的概念。在中國，彩虹是兩位雨神的化身——雄虹與雌蜺——有時也會同時出現在空中。[6] 蛇后與龍王同樣也是互補的，後來成為更抽象的陰陽平衡。在中國古代，龍的性別是模糊可變的，但主要還是代表女性屬性的陰。然而，中世紀文獻顯示，隨著父權階級制度開始盛行，加上八世紀的皇權崛起，龍開始逐漸男性化，並且愈來愈代表陽的屬性，而非陰的屬性。[7]

蛇形的女媧就是一個例子，她原本是一位強大的女性造物主。歷史學家愛德華・謝弗(Edward Schafer)指出，「漢族血統使她代表抽象的創造力……『化萬物者』。從她的宇宙觀來看，她也創造了男性」。在後來的記載中，她跟同胞雙生的男子成婚，「這種神靈之間的亂倫配對，在中國南方的少數民族中是眾所周知的」(圖26參見頁10)。[8]

雌雄同體神性

米爾恰・伊利亞德認為，單一的雌雄同體神性或最初的「原始一神論」(Urmonotheismus），是早期人類社會的共同特徵。[9] 由於狩獵採集民族往往是由女性和男性長者領導的老人政治社會，單一的雌雄同體或性別互補，在邏輯上反映了他們兩性平等的社會與政治布局。[10] 大約西元前一二〇〇年，在中南美洲蓬勃發展的社會中，他們的造物之神也有類似的平衡：「這些古代民族的神靈……棲息在原始水域——的的喀喀湖（Lake Titicaca）或馬雅的『湖海』；他們與天國合而為一或是極為古老，老到難以估計，被尊稱為祖父和祖母。」[11] 阿茲特克的神靈奧梅特奧托（Ōmeteōtl）也表現出這種兩性一體的特性，在納瓦特爾語（Nahuatl）中，*ōme* 有雙重或二元性的意思，而 *teōtl* 則是指神。奧梅特奧托居住在佛羅倫斯手抄本（Florentine Codex）所定義的「二元之地」，被形容為結合了兩性生殖能力的造物之神。[12]

維持狩獵採集傳統或小規模農業生活方式的社會，仍然傾向於崇拜雌雄同體或兩性互補的蛇形水族。在澳洲，原住民宇宙觀裡的中心水族——彩虹蛇——可以是雌性、雄性或二者兼具。在非洲，居住在馬拉威的切瓦族（Chewa）相信，彩虹是巨蟒的呼吸所形成的，他們用更抽象的名稱替神——或是「大弓」——命名，其中有男性和女性兩種形式：丘塔（Chiuta）和喬塔（Chauta）。[13] 切瓦人是一個母系社會，他們在十九世紀為了逃避南方的部落戰爭才遷徙到馬拉威。切瓦人取代了當地的狩獵採集民族巴特瓦人（Batwa），開始從事農業耕種，並以農作物（如高粱或小米）進行祭祀儀式，奉獻給多個自然神靈。他們的主神通加（Thunga）是一條雄性彩虹蛇，而神聖的舞蹈儀式奇納姆瓦利（*Chinamwali*）就是以通加對大地之母授精為主題，確保每年降雨如期到來：「他甚至以通加的形式現身，為神祕的蛇信使。姆瓦利（Mwali）

與通加很高興有彼此作伴，而他們的相遇創造了萬物……姆瓦利是我們偉大的母親，她來自遙遠的過去，照顧我們，教導我們學會族人的智慧姆旺波（Mwambo）。」（圖27參見頁11）[14]

非洲達荷美王國的蟒蛇崇拜，也同樣強調蛇形水族為其原始祖先和繁殖力來源的角色。在降雨過多或乾旱的季節，他們會召喚男性和女性的力量，要求回復秩序，其中包括在河流或潟湖岸邊奉獻祭品給「父親和母親」的儀式，因為那裡正是巨蟒神的居所。[15]

中南美洲宇宙觀裡的雙生蛇，也有類似的性別互補性：「在德薩納族的薩滿信仰中，水和陸地分別象徵女性和男性原則，代表母親和父親的意象。」[16]正如前一章所示，德薩納族的敘事也是系出同源，並且明確的描述了一位「太陽父親」，也被稱為「始祖」（The Progenitor），他將代表陽具、會發出聲響的木杖或手杖（*yeegë*），垂直樹立在原始湖／子宮的「中心」——稱之為*ahpikon dia*，也就是「牛奶湖」或「牛奶河」的意思——然後將精液灑入水中。[17]在德薩納族的詞彙中，口水和唾液絕對等同於精液，「吐口水的行為象徵射精」，而「陰道」（*pero*）一詞也意味著「漩渦」。[18]因此，描述蛇形水族「吐出」人類的諸多起源故事，就可以理所當然地視為類比，用來譬喻更基本的繁殖過程。

在美洲西部海岸部落的蛇形水族以及在亞洲各地的摩羯魚圖像中，都可以看到「二合一」的雙頭生物，其中也有性別互補性。摩羯魚張開的下頰主要由蓮花構成，通常顯示他們可以產生人類。蓮花本身具備如「昂首蛇／陽具」的花蕾以及像是接受性器官「陰道」的花，體現了男性和女性的特徵。

由於蓮花的繁殖方式是種子在蓮蓬或花萼內成熟，然後長成新植物，所以用來類比人類的繁殖。而蓮花這種植物也因此被視為承載著繁衍後代子孫的潛力，並被賦予生命循環更新、生命再生、輪迴等意義……蓮花與生育女神拉賈．高莉（Lajjā Gaurī）有關，她的頭上頂著一朵完全成熟的盛開花朵，手中拿著新生的花蕾，恰如其分地象徵不同的世代，代表成人與兒童、子宮與陰莖，或新生命的潛力。[19]

北歐社會的繁殖之神，也表現出雙頭特徵（圖28）。受「生命之樹」概念的影響，十三世紀的北歐散文和詩歌描述了世界之樹（Yggdrasil），其枝條直達天國，而根部則深入智慧之井密米爾（Mimir）和黑暗的地下世界尼福爾海姆（Niflheim），在那裡，有一隻名叫尼德霍格（Niðhöggr）的蛇在啃噬樹根。[20]

凱爾特社會的蛇聯想

這種互補性在其他北方社會也很明顯。凱爾特人

28. 船形雙頭水族，維京時期的盤形胸針，出土於里列萬格（Lillevang）的古墓，丹麥的波恩霍姆島（Bornholm）。

繼承了斯基泰（Scythia）、希臘與色雷斯（Thrace）的傳統，在青銅時代統治了北歐大部分地區、伊比利半島和不列顛，直到一世紀才被羅馬人征服。[21]儘管少有文字紀錄記載他們的祭司階級——德魯伊（Druid）——但是凱爾特人似乎崇拜太陽神靈，包括戈爾貢（gorgon）或太陽神，以及多種蛇形河流生物。根據十九世紀牧師愛德華．戴維斯（Edward Davies）的說法，祭司本身被描述為蝰蛇（*gnadrs*），六世紀的威爾斯詩人塔里埃森（Taliesin）則在一首詩中列舉了他們的頭銜：「我是德魯伊，我是建築師；我是先知；我是一條蛇。」[22]凱爾特神靈的形象通常蘊藏著蛇的聯想；例如，據說威爾斯女神凱麗德溫擁有一輛由蛇拉的車，居住在巴拉湖（Llyn Tegid）畔，而這個湖的名稱源自*lin*一詞，意思就是「蛇」。[23]

與其他蛇神一樣，凱爾特的水族也在創造「地球生命」方面發揮核心作用。[24]紐格萊奇墓的螺旋水岩畫屬於一個更大的結構，而這個結構跟其他古代紀念碑類似，在冬至時會與太陽對齊。凱爾特人最重要的泛部落神——天神和母神——提供了光、熱和生育能力。[25]英國考古學家米蘭達．格林（Miranda Green）說，凱爾特的宗教在本質上是萬物有靈論，其基礎是相信非人類世界的每一部分都是神聖的，也都有各自的靈魂，因此湖泊、泉水和樹木都受到尊崇，直立的樹林與接受性的聖井形成了有性別之分的凱爾特文化景觀，並且複製到巨石陣以及連接巨石陣與聖水場址的道路上（圖29）。

許多位於河流——如塞納河——源頭的神廟，以及投入古代聖井的祭品，也都是凱爾特族水崇拜的證據。許多歐洲河流的名稱都來自河流的神靈，例如：現今多瑙河（Danube）的名字源自女神丹恩（Dan）或達娜（Dana）；迪河（River Dee）的名稱由來是為了紀念迪瓦（Deva，意指「神聖的人」）；塞納河是紀念塞夸納女神（Sequana）；克萊德河（River Clyde）是紀念克洛塔（Clota，「神聖的洗滌者」）；多塞特郡（Dorset）的布萊德河（River Bride）是紀念布麗姬女神；泰晤士河（Thames）則是紀念泰姆撒（Tamesa，即「河神」）。在愛爾蘭，利菲河（Liffey）與香農河（Shannon）的名字來自生命女神（Life）和席娜女神（Sinnann）。在英格蘭，有好幾條河都叫做斯陶爾河（River Stour），其名稱衍生自凱爾特族的一個主要部落，叫做杜羅特里吉（Durotriges）（「dur」就是水的意思，所以這個部落就是「水人」），這個名稱演變成Duro，就是斯陶爾河與其他系出同源的親戚河川名稱的由來。

一些古代遺址也留下了凱爾特蛇神的蹤跡，例如埃夫伯里（Avebury）的「hak-pen」（蛇頭）和位在康瓦爾郡（Cornwall）最南端的「利澤爾」（the Lizard，即

29. 希臘／拉坦諾（La Tène）文化風格的布拉干薩（Braganza）胸針，
飾有一名戴著凱爾特頭盔的戰士，坐在長著水狀卷鬚的蛇像上，西班牙，西元前 250-200 年。

30. 古德斯特拉普銀鍋內側紋飾，凱爾特／色雷斯，約西元前 150 年。

蜥蜴）。從凱爾特語的詞彙中，可以輕易發現這些生物的崇高政治地位，例如「*pendragon*」（指「龍頭／首長」）。在北威爾斯的蘭迪德諾（Llandudno）有兩個陸岬，分別命名為大奧姆（Great Orme）和小奧姆（Little Orme），而「奧姆」一詞源自挪威語，意思為「蠕蟲或蛇」，證明了維京人和凱爾特人之間有些共通的想法。

著名的古德斯特拉普銀鍋（Gundestrup cauldron）是一八九一年在丹麥泥炭沼澤中發現的，為基督教出現之前的世界觀提供了進一步見解（圖30）。這個裝飾精美的銀鍋是由凱爾特人於西元前二世紀或一世紀，在多瑙河下游地區製造的，一般認為主要是祭祀用的貢品，鍋內的紋飾不僅融合了色雷斯、希臘和波斯的圖像，還有來自印度的圖像。其中一個顯眼的圖像是一個頭上長了鹿角的人物，手裡抓著一條蛇，一般的詮釋認為這是凱爾特族中掌管生育和動植物之神科爾努諾斯（Cernunnos），也有人稱之為「角神」或「赫恩」（Herne），與獵戶座、酒神戴歐尼索斯（Dionysus）和掌管醫療的希臘蛇神阿斯克勒庇俄斯有關。

生命一元性概念的形象

羅馬人在征服不列顛時，吸納凱爾特的神靈及其聖地（圖31），在哈德良長城旁的古代女水神遺址——科文堤娜之井（Coventina's Well）——加蓋了密特拉神殿[11]、水精靈神殿和祭壇。科文堤娜的神聖崇拜流傳到西班牙和葡萄牙，其羅馬化的名稱改編自凱爾特語的*gover*，意思是「小溪」和／或可能是*cof*或*cofen*，意思是「記憶」或「紀念」。[26]當中世紀基督教當局對他們認定的偶像崇拜採取更嚴厲的懲罰措施時，科文堤娜之井就被封起來了，直到一八七六年才重見天日，當時在裡面找到了一萬六千多件獻給女神的祭品，包括硬幣、陶器，以及用青銅、骨頭、玻璃、鉛、黑玉、皮革和頁岩製成的文物（圖32）。[27]

雖然隨著時間的推移，布麗姬成了一位重要的基督教聖徒，但是在基督教出現之前，她

31. 羅馬人雕刻的科文堤娜女神像，來自契斯特羅馬堡壘（Chesters Roman Fort）的聖井，哈德良長城，143年。

11 譯註：密特拉神殿祭祀的主神是密特拉（Mithra），原來是雅利安人萬神殿裡共有的崇拜對象，傳入希臘羅馬後形成了一種新的信仰密特拉教，一種混合了東、西方文化的神祕主義宗教。

32. 龍形胸針，羅馬——不列顛，1-2 世紀，銅合金鑲嵌琺瑯。

其實是一位力量強大的異教女神，在頌揚春天到來的詩歌中，以蛇的形式出現：「今天是布麗姬之日……蛇將從洞中出來。」[28]羅馬人將布麗姬與他們的智慧女神密涅瓦（Minerva）聯繫在一起，後者經常以貓頭鷹為代表，但是也曾經出現蛇和橄欖樹的圖像。他們與諸多女神之間有相似之處，例如：伊西斯（借用埃及的歐西里斯神話，負責生命復活）、維斯塔（Vesta，照顧家庭的女神）、蘇爾（Sul）或蘇利斯（Sulis）女神（意思是眼睛或太陽），其神殿位於擁有永恆之火的巴斯溫泉。結合火與水的儀式意在提醒人類，女性水神通常有對應的男性神靈——天體或太陽生命——代表光和水的共同創造力。

因此，羅馬－凱爾特信仰在綜合多種影響的過程中，保留了生命的性別互補性，並透過這種互補性形成了對人類和非人類繁殖的概念。這些概念常以蛇的形式保存下來，並且延續到後來的盎格魯－撒克遜圖像和手工藝品（圖33）。

富有創造力的蛇形生物，以雌雄同體、雙頭生物和雙生子的形式，表現其一元性或雙重性，即便後來有更人形化的神靈取代他們，這樣的特性也未曾消失。埃及造物主阿圖姆「據說在自慰後吞下了自己的精液，以便自我繁殖」，然後又經由打噴嚏或吐口水，繁衍出空氣之神舒（Shu）和雨露之神泰夫努特（Tefnut）。[29]比較人形化的埃及尼羅河神哈匹（Hapi）顯然也是雌雄同體：頭戴蓮花頭冠，而且通常同時有乳房和鬍鬚。[30]古埃及圖像也顯示歐西里斯和伊西斯之間存在著「雙胞胎」或兄妹關係，同時以蛇和人的形式出現。

希臘羅馬信仰中的宙斯，除了在早期的圖像中以蛇的形象出現之外，也因為從額頭生下他的女兒，所以包含了創造生命所需的一切。即使是最著名的人類始祖夫婦亞當與夏娃，也是從單一男性開始，然後取出亞當的肋骨「製成」夏娃，從而創造出女性。[31]處女生子的概念中其實也隱含了原始一元性的遺跡。宗教歷史學家克拉斯．布里克（Claas Bleeker）認為，能夠在沒有異性的情況下受孕的，（除了其他明顯的候選人之外），還包括了希臘女神雅典娜、波斯女神阿納希塔（Anāhitā）以及——關係稍嫌遠了一點的——埃及神哈索爾。[32]正如古埃及研究學者艾莉森．羅伯茨（Alison Roberts）所觀察到的，哈索爾在「女強人與法老統治密不可分」的時代取得顯赫地位，強調宗教和政治布局之間的關係。[33]

33. 阿弗烈珠寶（Alfred Jewel），盎格魯－撒克遜的龍形胸針，內有阿弗烈大帝(Alfred the Great) 的圖像，871-99 年，由黃金、琺瑯和水晶製成。銘文寫著：「阿弗烈下令製造」（AELFRED MEC HEHT GEWYRCAN）。

在後來相對比較人形化的神靈圖像中，這樣的關係往往會延續到傳統的夫妻關係。例如，在印度教和佛教故事中，通常與太陽聯繫在一起的毗濕奴，也與代表流動女性力量的拉克希米（Lakshmi）相互結合，但是兩人的圖像經常是斜倚在雌雄同體的造物蛇舍沙（Shesha）身上。

10 生殖液體，跟政治宗教權威都有關係

蛇形水族的繁殖能力讓我們注意到關於生殖和結締液體的概念，也就是形成萬物和人的物質。「水……往往代表最初的情侶——更是代表著創世之前躺在彼此懷裡的雙胞胎……水是血液，甚至在乳汁流出之前就可以提供養分。」[34]

回到凱爾特族，有一些證據顯示，聖布麗姬節（*Imbolc*）——也就是春天的第一天——「可以有不同的譯法，像是羊奶、分娩、潔淨和淨化……〔而且〕跟餵母乳有關」，同時也跟德魯伊更廣泛的儀式有關，目的是頌揚與生育有關的物質，包括羊水和聖水。[35]

前文提過希臘神話中的銀河故事，呼應了馬雅人的伊茲和生殖體液（精液、乳汁和血液）之間的關聯，甚至身體分解後的液體也被視為具有繁衍生命的潛力。在埃及金字塔文獻中，恢復生命所需的祭酒由歐西里斯體內的「上帝液體」組成，他的「精液、汗水和身體腐爛後的水」，形成了尼羅河的河水。[36]在農耕社會，以水來祭祀的儀式，總是跟生育和復活聯想在一起，當神化的統治者取代了早期的蛇形生物時，他們也繼承了確保每年洪水氾濫的責任。[37]因

此，在古埃及和巴比倫就有圖像描繪國王依照儀式啟動灌溉基礎設施，藉以彰顯王室的仁慈。隨著時間的推移，人民不僅認為統治的君主提供了生命必需的水，更是水之力量的化身，他們的活力牽動著農業的豐收與人民的福祉。[38]

水蛇神代表生育活力

宗教權威與「生殖液體」之間的關係屢見不鮮。克里福德．畢蕭普（Clifford Bishop）認為，宗教儀式昇華了性衝動；而丹尼斯．史萊弗（Dennis Slifer）則提醒我們，在古日耳曼語中，「情慾」（*lust*）一詞指的是「宗教的喜悅」。[39]其他語言上的聯繫還包括：聖經文本中形容雅各家是「從猶大水源出來的」，還說「水要從他的桶裡流出，他的種子要撒在多水之處」。（《以賽亞書》，48:1；《民數記》，24:7）。

史萊弗研究美國西南部早期狩獵採集民族的岩石藝術，

34. 長角的蛇，培布羅族的岩石藝術，加利斯特奧盆地（Galisteo Basin），新墨西哥州。

指出：「有角的蛇或有角的水蛇，被形容為地球內部的一條巨蛇，掌管所有的水域，滋養動物的命脈和植物的汁液。」在阿納薩齊族（Anasazi）、莫戈隆族（Mogollon）以及當代培布羅族（Pueblos）等印地安原住民的岩石藝術中，蛇的角或羽毛代表了它的生殖能力，也總是與水、生育力和健康連結在一起。人們可以召喚蛇的力量來克服不孕或者帶來雨水；蛇居住在水裡或含水的土裡，據說去那裡沐浴的婦女就會懷孕（圖34）。[40]

11 蛇形水族是生命的始祖

正如這些例子所示，有多種多樣的敘事闡明水蛇神代表生育能力的觀念。這些具有神性的主角是男性和女性，或者兩者兼而有之。在概念上，他們與確保生物和生態繁殖的生命液體有關聯，而且是組成所有生命的基本物質。這讓人注意到另外一個反覆出現的重要主題：蛇形水族是生命的始祖。起源故事通常都有強烈的相似之處，就是跟單性生殖有關，在單性生殖中，世界實際上是由原始父母的身體形成的。在美索不達米亞的《巴比倫創造史詩》中，這對父母是代表男性淡水靈魂的阿普蘇和代表女性鹹水靈魂的提阿馬特（「海洋」）。提阿馬特也被稱為「創造萬物的地母（Mother Hubur）」，而關於她的描述特別著重在胸部／乳房和角，表示她是典型的混合物，融合了蛇形水族與其他物種的特徵（此處是母牛或山羊），這些物種對他們的文化造物主來說都很重要。12 [41] 在《巴比倫創造史詩》中，創世過程由馬爾杜克（Marduk）推動，他是「天國的太陽」，擁有強大的力量，「只要動動嘴唇，就會噴出火焰」。[42]馬爾杜克將提阿馬特的泡沫聚集成雲，並用「狂風、暴雨和滾滾的霧氣——都是她唾沫的堆積」，從她身體的兩半分別創造出天與地，又讓底格里斯河（Tigris）與幼發拉底河（Euphrates）從她的眼中流出，讓山脈在她的胸前堆積起來（圖35）。[43]

單性生殖也是中國起源故事的核心，在這些故事中，偉大的造物主盤古從一個巨大的蛋中出現，將天地分開，平息宇宙的混亂：

12 原註：以各種不同形式現身的能力，在埃及諸神中很常見：例如，火蛇女神哈索爾也會以不同的形象出現，比如雌鷹，「西克莫無花果樹夫人」（Lady of the Sycamore Tree）或是一隻「金牛」。

35. 長角的蛇形生物，可能是「龍」形的提阿馬特，是新亞述時期（Neo-Assyrian）線性風格的圓柱印章印痕，西元前900-750年。

他站在那裡，像一根高大的柱子，支撐著天地……如此歷經萬千年，最後終於筋疲力盡，認為天地已然分離，不再需要他的支撐，於是力竭而亡。臨死前，他吹氣成風雲，叱聲為雷霆，左眼化為太陽，右眼化為月亮。他的肌肉化為肥沃的土壤，血液流淌成河川湖泊。他的血管筋腱變成了道路，頭髮化成了天空中明亮的星辰。他的皮膚與身上的細毛變成了美麗的花草樹木，牙齒和骨骼變成了堅硬的石頭和閃亮的金屬，骨髓則變成玉石和珍珠。就連他的汗水也變成了雨滴。[44]

始祖蛇的創造性死亡

雌雄同體的阿茲特克造物神奧梅特奧托也有同樣的創造力。「在男女兩性對立的結合中，誕生了第一個神族……他們共同創造了世界及世界上的生物、神聖的曆法和火。」[45]在阿茲特克的宇宙觀中，初始世界是一片混沌，後來經歷了創造與毀滅的活躍循環，雙生蛇泰茲卡特里波卡（Tezcatlipoca）和羽蛇神奎查寇特從海怪特拉爾特庫特利（Tlaltecuhtli）的身體創造了世界。他們看到特拉爾特庫特利「在原始海洋中移動」，於是：

泰茲卡特里波卡和奎查寇特抓住特拉爾特庫特利……他們將她撕成兩半，一半往上拋，變成了天空，另一半則漂浮在海上，變成了大地。然後她開始變身，帶來了維持人類生命的一切……她的頭髮變成了颯颯作響的樹木和嘆息的小草，皮膚則變成較小的植物。她清澈的眼睛和眼窩變成了水井和洞穴，鼻子成了丘陵與谷壑，肩膀則成了山脈。然而舊日的口腹之欲依然揮之不去，到了夜晚，女神仍然從土壤和岩石深處嚎叫著要飲血。為了確保繼續得到她的關愛，人們用男人的心來餵養她。[46]

對於挪威神話中雌雄同體的造物神尤米爾（Ymir）來說，單性生殖也同樣是個重要的特徵。尤米爾是從埃利伐加爾（Élivágar）的冰冷河流所滴下的「毒液」形成的，[47]他從金倫加鴻溝（Ginnungagap）的混沌深淵中出現，生下了不同的後代，為世界創造了各種實質存在的生命：

在遠古時代，尤米爾的居所
不是沙灘不是海洋，也不是冰冷的波浪；
地球不存在，天國也不存在，
只有一個混沌的深淵，無處可以生草。

尤米爾的肉創造了大地，
他的血成了海洋，

他的骨骼成了山丘，
他的毛髮成了樹和植物，
他的頭顱就是天國；
由他的眉毛產生了溫柔的力量
為人類子嗣創造了中土世界；
但是從他的大腦
卻創造出厚厚的雲層。[48]

造物主原型

這種「創造性死亡」的敘事在許多文化中反覆出現，講述死後肢解的原始生物軀體如何形成宇宙或宇宙的一些重要層面。正如宗教歷史學家布魯斯・林肯（Bruce Lincoln）所說的，造物主的身體因此成了宇宙的「同種異體」（模型），反之亦然。[49]但是，這也是一種跨越不同尺度的「系統移轉」典型，不僅包含宇宙演化的宏觀宇宙（宇宙的創造），還包含社會演化的中型宇宙（社會的創造）和人類演化的微觀世界（人類的創造）。[50]

每個案例的整體要旨就是在身體部位和宇宙的相應部分之間建立一組同源性：眼睛和太陽，肉體和地球等等……以這種同源性相互連結的兩個部分之間，由此假定了一種基本的同質性，因此可以從一個實體的物質本體中創建出另外一個實體。[51]

這樣的敘事建立了一個強大的造物主原型，並將其視為人類真正的實質祖先。這種論述是許多信仰體系的基礎，而在這些信仰體系裡，正是以這種方式來形容蛇形水族。在亞洲，那迦一詞不僅是指會繁衍生命的神聖生物，也是指印度東北部的那加人（Naga）。據說那迦居住在湖泊、池塘和水源地，會帶來對人類有益的雨水，但是據信他們同樣能夠帶來致災的冰雹與洪水，摧毀農業活動（圖36）。[52]

36. 雕刻在天花板上的龍王（Nāgarāja），印度教和耆那教，巴達米（Badami）岩洞寺廟，印度卡納塔克邦（Karnataka），6 世紀。

食人怪物反映生存恐懼

最後這一點提醒我們，儘管蛇形水族可能是原始父母，也因此被視為應該負擔養育責任，然而他們並非永遠都是無害的。他們也體現了社會更深層的緊張和恐懼，其中包括隱藏在親子關係中的複雜權力關係和心理危害。[53]人類學家大衛・吉爾摩（David Gilmore）提出了一個弗洛伊德理論的觀點，指出在整個波里尼西亞群島，特別是在紐西蘭，如怪物般的原始雙生子可能經由直接生產、圖騰式的單性生殖，甚或嘔吐、吐口水或排便等方式來產生原始人類。[54]他認為，這些可怕的祖先與試圖征服他們的年輕英雄之間，有血緣、仇恨和暴力的聯繫，是一種痛苦的伊底帕斯關係。但是，誠如他所說的，「人類無中生有，從思想中創造出怪物，那麼誰是誰的父親呢？」[55]

英國神經學家兼精神分析學家厄尼斯特・瓊斯（Ernest Jones）也借用了精神分析的理論，認為食人怪物代表了「嬰兒原初的施虐性本能，不可避免的同類相殘與被人吃掉的恐懼……反映了原始的口頭攻擊，而怪物兇猛又不受控制的力量，混合了情慾和仇視的衝動」。[56]正如吉爾摩所說的，吃東西的嘴是一個原始圖像，與嬰兒期的最早階段有關（圖37）：

> 〔正是〕這種口腔至上的論述，解釋了與怪物相關的攻擊**形態**：撕扯和分裂、狼吞虎咽的嘴巴、咬牙切齒、又大又深的血盆大口、吃人的同類相殘本身，以及吃人與被人吃掉的同步體驗所帶來的那種令人難以招架的感

覺——涵蓋口腔虐待的各個方面，同時吸納也破壞了嬰兒期那種既有全能力量、又軟弱無助的矛盾。[57]

榮格學派的心理分析提供了一個更理性的視角，認為怪物是無意識本我的原型產物，受到理性自我的約制。[58]亞瑟．叔本華（Arthur Schopenhauer）形容這是盲目破壞的意志與冷靜的理智邏輯之間的較量。[59]以榮格的術語來說，本我就像一片混亂的內在海洋，翻騰的海水隨時都有可能產生令人難以招架的情緒海嘯。

37. 彩虹蛇，原住民洞穴壁畫，博拉戴爾山（Mount Borradaile），澳洲的西阿納姆地（Western Arnhem Land）。

許多社會都設想了一個住滿惡魔生物的危險地方，這些惡魔隨時都可能入侵並控制個人，但是隨著科學對物質世界的除魅，這種恐懼需要新的表現。學者韋斯．威廉斯（Wes Williams）在探討早期現代文學中的怪物時指出，隨著心理內省的出現，怪物轉移到內部空間，因此到了十七世紀，就像是拉辛（Racine）在劇作《菲德爾》（*Phèdre*）寫到的海怪一樣，他們「更有可能表示隱藏的意圖，未說出口的願望」，有「一個日漸內化的過程：跟著怪物從自然史遷移到道德哲學，他們逐漸走出外在世界，進入了人類動機、性和政治認同的戲劇」。[60]

無論是外在還是內化，在蛇形水族最可怕的表現形式中，都代表一種對於受到壓制和吞噬的生存恐懼。這可能跟進化論的觀點有關。對於容易受到陸地和海洋掠食生物攻擊的史前社會來說，這種可怕的命運是真實存在的，因此作家約瑟夫．安德里亞諾（Joseph Andriano）認為，吞噬怪物的圖像反映了對於被吃掉的原始恐懼。[61]蛇形水族很容易表現出這些恐懼：他們擁有巨大的下頦與銳利的鋸齒狀尖牙，隱藏在危險的深處，而且眾所周知，他們有懲罰人類逾越行為的陰暗面，很可能會將人類生吞活剝地吃下肚。會吃人的蛇形生物包括阿茲特克的哈派蛇（*Hapai-Can*）、毛利人的塔尼瓦、阿爾岡昆印地安原住民（Algonquin）的溫迪哥（*windigo*）、澳洲的彩虹蛇、切羅基印地安原住民的角蛇以及中國北部海域的蛟。[62]這些意象背後的生存威脅，同樣也出現在基督教圖像中的大蛇及其血盆大口，它們共同構成了「地獄之口」——這無疑是人類在死亡想像中最可怕的圖像了（圖38）。

38. 受到詛咒的生命在「最後的審判」中被丟進地獄裡，彩繪玻璃窗，布爾日大教堂（Bourges Cathedral），約1215-25年。

「被吐出來」的輪迴隱喻

然而，正如吉爾摩所說的，「心智需要怪物。怪物體現了人類想像中所有危險和可怕的事物。自古以來，人們就發明了各種幻想作品，讓他們可以妥當地安頓心裡的恐懼。」[63]蛇形水族的本質就是循環不息：他們不僅表達了人類對死亡的焦慮，也提供了重生的前景。傳統的蛇口很少是單向的入口，而進入無形狀態並不一定是字面上的「事物的終結」。食人怪物的圖像代表了人類最深沉的生存恐懼，然而，他們也概括了人類最大的希望：就像太陽和月亮從蛇的體內重新出現一樣，人類的精神將從另外一個黑暗的世界回歸，並且重新構建物質形式。

因此，「被吐出來」意味著重生，為精神和／或物質的輪迴提供了隱喻，值得注意的是，「輪迴」一詞源自於拉丁語，意思是「再一次」和 *incarnare*——即「化為肉身」。這種物質之所以「成為」或「不成為」物質的概念，在人類學家傑拉爾多．賴歇爾－多爾馬托夫（Gerardo Reichel-Dolmatoff）針對哥倫比亞北部高基族（Kogi）的水文神學循環研究中，有相當出色的詮釋。這樣的循環形容死亡如何帶來「遺忘」的過程：當靈魂達到了一個階段，必須要忘記所學到的一切時，就進入一種「冷」的狀態，稱之為 *seivake*，在這種狀態下可以放棄所有感官的知覺和情緒。個體在喪失物質自我及其記憶之後，就能回到純真和完美的狀態，稱之為 ish-kuéldyi，然後再從這裡重生，回到可見的物質世界。[64]這樣的靈魂離開又再回歸的循環想像還有很多，即使是最被妖魔化的蛇——他的嘴就是地獄之口——也不能完全排除救贖的可能性。

因此，這種吃人的蛇形水族，與精神和物質在時空中的移動有關，也與人喪失形式與意識然後又失而復得的生命週期有關。他們是吞噬生命的黑暗，也是讓生命得以重生的創造性混沌流體。這種循環的生命繁衍就是他們最基本的作用，也是他們最顯而易見的當代意義。然而，正如我們將在下一章所見，他們也做了很多其他事情，來維繫人類和非人類生命的有序流動。

04 自然生命 Nature Beings

前一章探討了在所有人類社會面臨的「生死」問題中，蛇形水族所扮演的最基本角色：宇宙的生成和可能的毀滅、社會和世界的產生與重生，以及所有生物的繁衍與再生。但是在早期社會以及那些保留狩獵採集或小規模農耕生活方式的社會中，蛇形水族在指引人類生活的各個方面都發揮了更全面的作用。這種宇宙整體論，與當代鼓勵在人類與非人類關係中加入更多「連貫」思維的做法，有相當大的關聯。實際上，蛇形水族深入原住民生活方式的各個層面，提供了一種社會與物質一致性的模型，可以支持永續實踐。

在其他社會及其信仰體系入侵之前，狩獵採集民族通常信奉崇拜非人類神靈的「自然宗教」。然而，這種命名法會誤導：這些社會並沒有將自然歸類為與自身「不同」的事物，也沒有將自然與文化區分開來。這種認知二元論及其階級意義是後來在非常不同的社會脈絡中才出現的，並且對人類與非人類之間的關係產生了深遠的影響。狩獵採集民族將人類與其他生物置於更平等互惠的關係中，並將兩性的非人類圖騰生命尊奉為他們的造物主和始祖。[1]蛇形水族作為超級圖騰生命，通常負責創造所有其他生命，並且在他們生活的各個層面，成為維持有序世界不可或缺的一部分（圖39）。

因此，本章將探討蛇形水族在「以地方為本位」的社會——即人類與其家園有永久且不可剝奪關係之社會——所扮演的角色。我們將以澳洲的彩虹蛇為主要焦點，並結合其他地方的一些例子，討論水族如何調節社會和空間組織、政治治理形式、經濟權利與實踐，以及最重要的，人類與非人類生命和環境之間的關係。

39. 尤文尤文·瑪魯瓦（Yuwunyuwun Marruwarr），《纏繞在樹上的彩虹蛇》，岡巴蘭亞（Gunbalanya），1974 年，赭色的樹皮畫。

狩獵採集社會特點

從智人在約莫二十萬年前出現開始，一直到新石器時代（還不到一萬年前）建立農業，所有人類社會都依賴狩獵和採集。[2]這些生活方式持續了數千年，清楚地顯示這種生活方式具有高度的永續性。儘管有顯著的文化差異以及在不同環境中的適應改變，狩獵採集社會仍然有一些重要的共通點。它們的人口普遍較少，對土地和水採取低度管理模式，資源利用程度較低，因此對物質環境及其他非人類居民的影響也相對有限。這倒也不是說他們的做法沒有長期影響：例如，在澳洲，狩獵導致一些大型動物群的消失，而像燃燒灌木叢促進新草成長和支持狩獵的做法，不但開闢了森林地，也導致耐火植物蓬勃生長。然而這種變化是緩慢而微妙的，讓非人類生命可以共同進化，也讓生態系統保持在健康水平。

人類學家馬歇爾・薩林斯（Marshall Sahlins）根據他在澳洲和非洲所做的研究主張，在「原始富饒的社會」中，狩獵採集民族每天可以在大約三到五個小時內收集到足夠的食物和資源。[3]這並不構成世外桃源般的幸福生活：在現代之前的科技都有嚴重限制，無法提供舒適又健康的物質生活（尤其在嬰兒死亡率方面），並且有證據顯示他們還有一些打鬥與戰爭。[4]然而，這種生活方式顯然在很長一段時間內都是可以持續的。

狩獵採集高度依賴生態專業，人類必須準確地知道哪些資源可以在何時、何地獲得。儘管殖民意象將狩獵採集民族描繪成流浪的「遊牧民族」，但是他們的旅行絕非漫無目的，反而是根據季節和水流的變化、食物和水的供應，以及社會和宗教需求，精心校準的年度活動模式。例如，在澳洲北部，人們會在雨季行動困難時，到沙脊上紮營，因為這個時候這裡的食物種類豐富；然後到了旱季，他們才會去更遠的地方尋找其他資源，與其他群體交流或互通有無，並舉辦社交與宗教活動。

狩獵採集社會通常形成較小的氏族和／或語言群體。他們的政治結構是扁平的，所有長老共同負責決策，並且在世代之間傳遞維持社會和生態秩序所需的知識。雖然絕對不是靜止不動，但是這種生活方式往往偏向保守，而且狩獵採集社會常常比轉向農業的社會保持更長期的連續性，也進一步跟地方維持穩定的特殊關係。共同且不可剝奪的財產所有權，以及認為當地氏族「永遠」住在那裡的世界觀，支持（並且仍然支持）他們對家園的深厚依戀，對那些生活在流動性較高的社會裡的人來說，這是無法想像的。

12 彩虹蛇：澳洲所有圖騰祖靈的源頭

澳洲原住民社會就是這種長期定居的範例。從至少四萬年前開始，數以百計的小型語言群體在整個大陸上建立起密集聚居的家園，主要集中在肥沃的熱帶濕地和主要河口附近，只有少數人口散居在乾旱的內陸地區。[13][5]

澳洲的每個語言群體都有自己一套與其「國家」相關的故事和歌徑（songline），但是所有的故事都講到一個創世的傳命（Dreaming）或故事時代（Story Time），裡面有象徵水的彩虹蛇出現，有時還直接稱之為「彩虹」。這個反覆出現的中心人物受困於地底，是所有其他圖騰祖靈的始祖與源頭，他從彩虹中出現，代表所有的生物，影響到整片平坦、空曠的景觀。這些祖靈形成地景特徵，並告知人類與非人類應該如何生活之後，就在這片土地「坐下來」，保有知覺並持續滋養萬物，成為祖先力量的源泉。

一種水文神學循環

因此，彩虹蛇在澳洲各地都被視為創世的生物和持續的生命源頭。他在傳命中吐出或噴出所有生物之後，會持續產生生命，永不休止。他也是一種典型的混合蛇形水族，由當地環境的各個方面共同組成。除了前文中提到的海龍魚共同特徵之外，他還經常出現像袋鼠或鱷魚的頭，像鱷魚的皮膚或爪子，並且可能還拖著像睡蓮或其他植物的尾巴，例如山芋的葉子。在阿納姆地，傳統的樹皮畫經常充滿交叉線，旨在描繪陽光在水面上閃爍，還有彩虹的顏色與光輝，顯示孕育生命的祖先力量向外擴散。[6]

在原住民的宇宙觀中，彩虹在三個不同的世界之間流動，分別是地下的非物質領域，地面的物質世界，還有天國的天河與星座，形成蛇形祖先和其他圖騰生命，例如鴯鶓。因此，彩虹蛇代表了一個經典的水文神學循環：在世界上產生生命，以物質形式顯現，並且在生命結束之後，將其帶回創世祖先力量聚集的深淵。

這種有序的循環運動反映了人類生命的目的。一個人應該重新經歷祖先的生命，然後隨著時間的推移，與他們的關係越來越近，並透過獲取祕密的神聖知識而成為長老。死後，親人以歌聲將這個人的靈魂送回故鄉，與其圖騰「伴侶」團聚。正如長老們所說的：「我們都來自彩虹。」並且在生命結束時，「他們會將我的靈魂送回這裡，我的其他兄弟（也來自）這同一個地方。我們都會回去。」[7] 因此，彩虹蛇執行了吞嚥和反芻的原型過程（圖40參見頁12）。原住

13 原註：此處討論所用的資料，大多取材自我本人和其他人對高旺亞馬（Kowanyama）原住民群體進行的民族誌實地考察。該群體位於約克角的米切爾河河口附近，包含三個語言群體：石斧族（Yir Yoront）、昆仁族（Kunjen）和柯柯貝拉族（Kokobera）。

民文化景觀中的再生潛力，在他們的親屬稱呼中也同樣清晰可見，孫輩的孩子通常被稱為「小奶奶」和「小爺爺」。

澳洲原住民的多維度宇宙觀

跟南美洲部落的時空模型一樣，澳洲原住民的宇宙觀也將空間與時間混為一談，並提供多個維度，因此相較於歷史的線性時間概念，它與當代量子物理學有更多的共通點。[8]原住民的時間不是由日曆決定的，而是藉由密切觀察相互影響的季節事件來決定。約克角（Cape York）的長老知道，茶樹開花預示著鱷魚產卵，而棉花樹開花則代表「沙袋鼠變肥的季節」。這些生產過程是由祖先的力量驅動的，特別是由蛇形生物帶來的水。[9]例如，在阿納姆地，人們相信閃電蛇會帶來雨季，並導致洪水上漲。[10]

因此，傳命指的是「何處」而不是「何時」，祖先領域是人事物出現的替代維度，僅以物質和意識形式暫時結合。[11]這種身體轉化通常被翻譯成「變得可見」或「變成物質」。[12]彩虹作為「維持法律」的生命，是一條智慧的啟蒙蛇，包含了原住民社會賴以為生的所有知識、信仰與價值觀。變成物質的過程也帶來了意識，瓦爾皮利族（Warlpiri）形容這是在創世祖先時空的無意識混沌（稱之為*tjukurrpa*）與物質「覺醒時間」的意識秩序（稱之為*yijara*）之間的運動。[13]生命從人類抵達物質世界開始，因此在阿納姆地的雍古族（Yolngu）語言中，有*liya gapu-mirr*一詞（*gapu-mirr*意為「有水」），用來形容嬰兒的囟門尚未閉鎖，而且還有脈動，因此已準備好接受聖地水域的祖先知識滲透而入。[14]

除了提供死亡和重生的循環之外，吞噬和反芻的故事還描述了彩虹蛇在成年禮與個人轉變中的作用。成年儀式將男孩與隱藏在蛇體內的女性親屬分開，讓他們得以重生為男人，有時候則是從一個雄性生物分離。[15]彩虹蛇持有祕密的神聖知識，只有在生命的關鍵階段才會向人們揭示。所以，成為人也是一個隨著時間的推移而獲得知識的過程。

最深層的祕密知識——賦予療癒和其他薩滿力量的知識——只能透過身臨其境的「穿過彩虹」並且進入彩虹蛇的隱祕領域才能獲得。就像薩滿進入看不見的另一個世界的其他旅程一樣，進入彩虹蛇流動的創造性混亂也是有危險的，必須冒著過早消融自我的風險。民族誌學者約翰・泰勒（John Taylor）描述了在約克角如何進行這項儀式的傳統（圖41）：

> 想要成為wangath（醫生）的人，前往傳說中有神祕生物出沒的潟湖，用當地的蜂蜜和甜水果擦拭身體之後，開始在水中游泳。受到蜂蜜和水果香味的吸引，彩虹蛇／旋風會游上來，吞掉這位新手，然後在肚子裡帶著新手游到另一個地方。新手的祖靈，尤其是有毒的（具有神奇力量的）祖父卡曼（kaman），會對著神祕生物唱歌，警告他不要讓他們的親人在肚子裡停留太久。後來，這名男子就被吐到潟湖岸邊。當他躺在那裡，從這段經歷中逐漸恢復意識時，紅螞蟻會過來清理新醫生在神祕生物肚子裡沾到的污物。[16]

41. 高旺亞馬（Kowanyama）附近的水坑，米切爾河（Mitchell River），澳洲約克角。

跟其他民族的信仰體系一樣——如高基族——澳洲原住民相信，在生命結束時返回祖先的領域，就意味著物質形態和意識的消失，也是一個遺忘的過程。對於阿納姆地的雍古族來說，前額（buku）代表意圖或意志，或是「刻意取得的知識」，而buku-y-moma則形容「遺忘」或是「在死亡時留下知識」的過程。因此，buku butmarama（「額頭，飛走的原因」）一詞就是指喪葬儀式，人類的精神透過這種儀式，從物質形態解放出來，返回祖先的領域。[17]有一部分的靈魂會朝著太陽，「飛向西方」，承認非物質領域也有天國，但是大部分的精神會回到「地下」他們最初的家園，並且在失去物質形態的情況下，可能會重新獲得原始的非人類圖騰身分：

> 我們死後，精神就會回到errk elampungk……回到他真正的出處，就像澳洲鶴（brolga）一樣——回到初始。因為他是一條鯰魚，或是一隻巨蜥之類的，或沙袋鼠：他又化身變回這些動物了。（昆仁族長老艾爾瑪・華森〔Alma Wason〕）[18]

13 人的實體由地方組成

彩虹蛇在產生每一個人時，也在社會和空間上替他們定位。一個人從氏族土地上的「家」

出現，這個地方通常是某種水體，與特定的祖靈及其故事有關。在約克角，昆仁族（Kunjen）稱這個精神家園為*errk elampungk*，可以分別譯為「地方」（*errk*）、「眼睛」（*el*）和「家」（*ampungk*），這意味著「你意象的故鄉」，表示一個人在從土地出現之前，並沒有物質形態。靈魂的到來為女性子宮內的胎兒帶來了活力，通常會透過一些奇特的事件向父親發出信號：奇怪的鳥叫聲、無法解釋的動物行為，或是發現有異常標記的動物或魚。

> 可能是寶寶在這裡，在這裡〔水裡〕，老爸爸可能會看到他，「哦！我的寶寶在這裡！」因為彩虹就〔在〕這裡……寶寶是從水裡出來的，你看……可能是媽媽在那邊，正坐著煮飯，她不知道寶寶要來了……他看著他的妻子，然後說：「我有孩子了」……他去告訴他的祖母，他的母親。他們現在就等著。然後她的肚子變大。好吧，他們最好稱呼這個地方為……「errk elampungk」。（昆仁族長老左撇子山芋〔Lefty Yam〕和維克多·海伯里〔Victor Highbury〕）

彩虹蛇生成靈魂孩子的方式，凸顯了文化景觀更廣泛的知覺能力，該景觀會對當地居民做出回應。例如，當某個水坑的「老大」去世時，該水坑可能會因悲傷而乾涸，它會將資源留給屬於那裡的人，不會提供給陌生人。

當人們去那些老人〔祖先〕曾經住過的地方，到了那個家裡，在我們捕獲任何獵物之前，必須向他們喊話，請他們給我們一些食物，你知道，就是有魚或烏龜可以抓，然後才可以開始捕獵。如果你是陌生人，去那裡釣魚，你什麼也釣不到，因為你不知道如何與他們交談，而且他們也不認識你。

（艾爾瑪．華森）

傳統上，長老們會舉行「添加儀式」，鼓勵土地和地上的水提供特定資源。特別是針對大蛇舉行的祈雨儀式與人類的繁殖之間，存在著可預見的相似之處。在儀式中，吐出或散落白色石英石的情況很常見，因為據說它們類似精液，人類學家法蘭西絲卡．莫蘭（Francesca Merlan）描述了精液與發光或發亮的儀式物品——例如珍珠貝——之間的祕密神聖關聯。[19]其他民族誌學者也記載了類似的關聯：埃里希．科利格（Erich Kolig）記錄了雕刻成陰莖的石棍用於儀式中；約翰．莫頓（John Morton）描述一種傳統儀式，其中代表陽具祖先的演員用羽絨覆蓋身體，然後劇烈地抖動身體舞蹈，將身上的羽絨撒在地上。這個儀式被稱為*alkngantama*，意思是「丟出種子」：「絨毛……會化作動植物的圖騰……在下一次夏季降雨之後出現。」[20]

在艾克歐康安（Errk Oykangand）國家公園裡，有個叫做「黑暗故事地」的地方，當地有禁止殺蛇的禁忌，而祈雨儀式則需要用到閃閃發光的貝殼，用以控制光明與黑暗：

他們在這裡下起雨來……拿起樹葉，將它們放到下面的水裡。大雨來了，還有強風，強勁的大風，就像旋風一樣，把大家都吹了起來。如果你在這裡走來走去……就會把你吹起來，帶你到那邊，那個主要的地方。（維克多．海伯里）

以故事為生活模板

誠如這些記載所示，儘管透過可見和不可見的水流以及彩虹蛇的力量連接起來，但是原住民文化景觀中的每個地方都是獨一無二的。一個人在某個特定的地方出現，實體上也是由那個地方組成，靠著那裡的食物——還有更重要的是，靠著當地賦予他們生命的水——共同「養大」。因此，地方形成個人身分認同，在社會和實體層面上，將個人置於親屬群體及國家之中（圖42）。

在氏族土地上擁有一個精神「家園」之後，伴隨而來的就是權利與義務。每個氏族成員都享有共同財產的集

42. 昆仁族長老艾爾瑪．華森坐在約克角米切爾河的聖地。

體所有權，由祖先力量聚集的聖地以及與其相關的故事所定義。這些故事——法則——透過歌曲、講古、舞蹈和藝術作品，從彩虹傳承下來，代代相傳，成為了生活的整體模板，其中包含陸地和水域的地圖，對其特徵、聖地和相關氏族的記載，對動植物的描述，以及如何利用和照顧這些東西等等，還包括社會規則：誰應該嫁給誰（表兄弟姐妹結婚很常見），禁止亂倫或「錯誤的」婚姻，血統應該如何追蹤（這可能是母系或父系），誰可以跟誰開玩笑（通常是叔叔），以及在儀式上應該避免的人（通常是岳母）；另外就是關於如何舉行儀式的資訊，像是誰應該在何時、何地舉行儀式等等。許多聖地都需要舉行繁複的儀式來表達對祖先的敬意，並確保他們繼續提供資源。

彩虹蛇也負責執行法律：與其他祖靈一樣，他無所不在地注視著人們。在有感官的文化景觀中行走需要特別小心謹慎。當我與昆仁族人一起進行一些文化測繪記錄有關聖地的詳細資料時，長老們經常會呼喊祖靈，解釋我們在那裡做什麼，並請求允許拍照。[14][21] 小孩子和來到原住民土地的遊客必須接受洗禮，讓住在那裡的祖靈能夠認識他們、保護他們的安全，並為他們提供資源。許多洗禮的做法是用聖地的水潑水，暗示有共同的實體性。這種儀式的早

---

14 原註：原住民在口述的英語中將兩性都稱為男性的「他」，因此主詞性別必須從故事的內容推斷。動詞時態也同樣反映原住民的思維，主要都是現在式，很少包含有關過去或未來的時態，儘管傳命或「早年」確實意味著早期的造物時代和不間斷進行的造物過程。他們的敘事形式同樣是非線性的，通常不是以時間順序循環敘述事件。我在這裡試圖提供一些敘事結構來幫助非原住民讀者，同時保留他們的風格本質。

期形式進一步強調了流體共同實體性的概念，在這種儀式中，當地氏族成員將汗水擦到新來的人身上，這樣祖靈就可以「聞到」他們，並認出他們確實是熟人。

未參加此類儀式或未經許可就擅自闖入聖地的人，可能會受傷或生病。例如，在一個名為「毒蛇故事地」的地方，當地牧場所有人（「某個愚蠢的傢伙」）不顧長老的規勸，決定蓋一座養牛場，最後導致倉儲管理人員受傷：

> 年輕人可能會受傷，公牛可能會撞他，踢他，對，諸如此類的事……我在那裡〔從馬上〕摔下來……就在這裡，在河流交叉處，我死了！我在那裡，被擊倒了……我的大哥來了，他才過來，看著我問：「你還好嗎？」（昆仁族長老田地山芋〔Paddy Yam〕）

嚴重的僭越行為可能會導致一個人被彩虹蛇吞噬。在「水彩虹故事地」（Og Ewarr），15 [22]
昆仁族長老左撇子山芋和查理．平迪（Charlie Pindi）曾經講述過一位漁夫參加了一場儀式（*Bora*），卻沒有做完必要的洗禮就走進神聖水坑，結果被名為「嫉妒」或「厚顏」（危險）的彩虹吞噬。

跟馬雅文化中的*nagual*一樣，澳洲的彩虹蛇有時也會變身，以他本身或其他生物的形態出現。在「兩個女孩故事地」（Molorr Ampungk），一對先祖婦女試圖捕捉以巨型鯰魚形態現身的彩虹蛇，結果被拉到下游吞掉，後來變成了甘藍椰子樹。這些樹很容易辨認，因為受到祖先力量的庇蔭，它們長得特別高大。[16] [23] 在這兩個女孩試圖捕撈鯰魚的潟湖或是有彩虹現身的水坑周圍，都禁止翻動土壤：

> 他〔彩虹〕留在那裡——仍然在那裡。這就是兩個女孩，還有甘藍椰子樹的故事。那裡就是他們結束的地方……我們不碰這個地方……〔如果〕我們驚動他們，對大家都不好。（左撇子山芋和維克多．海伯里）

先祖夜鴞與「彩虹故事地」

雖然與彩虹蛇接觸本質上是危險的，但是有個關於Inh-elar的故事——也就是先祖夜鴞（貓頭鷹或夜鷹）——說明了「穿過彩虹」會得到相當大的力量。在這個由左撇子山芋講述的故事中——他本身就是一個「聰明醫生」——彩虹Ewarr從卡本塔利亞灣過來，在地下翻騰，留下一條大河，然後跟隨先祖綠蛙Elbmelbmal向東穿越半島，他身上背著一個麻繩編織的袋子，

15 原註：與奧爾戈爾語（Olgol）的*Ewarr*一樣，彩虹也被稱為*An-Gamb*，這是一個「更深」的名字（即，在正式的神聖語言中，稱為Uw-Ilbmbanhdhiy）。

16 原註：這種特定樹木的存在或表現是象徵性的，而不是實質的。如果一棵樹死了，祖先生命可以棲息在新的樹上，這不會有任何問題。

裡面裝滿狐蝠：

我們稱之為Ewarr……那是彩虹〔或〕An-ganb。他帶來了狐蝠，很多、很多，說不定有四千隻，裝在一個大麻繩袋裡。

夜鴿跟隨他的蹤跡。雖然彩虹在地下行走，但是他能聽到樹根折斷的聲音，並看到水在他後面冒著氣泡。

沿著同一條小溪走，你知道這裡的水道，那個老傢伙，他們稱之為夜鴿，Inh-elar……「嘿！這是什麼的痕跡？」他看了看，連根部和所有的東西都被他〔彩虹〕拔了出來……水也跟著彩虹一路走來。

Inh-elar飛到前面的水坑，在那裡等著。

那隻小鴿子，夜鴿，他繞著另外一邊。「我在這裡等等看。」他就在這裡等著，拿著長矛，你知道。

夜鴿聽到Elbmelbmal向彩虹呼喚，彩虹也跟著在後面唱歌，走了過來。

老綠蛙喊道：「喂！」綠蛙，他大聲喊道。

「哎呀！」他喊出聲，彩虹也喊出聲：「哎呀！」

「喂！」綠蛙他在前面走著，他一路走著，一個矮個子。他依然跟著他，

彩虹依然跟著他，一路走下去。

Inh-elar讓綠蛙走過去，但是當他看到彩虹，立刻舉起手上的矛，刺穿他的胸膛。

他也有一把好矛……就在這裡刺傷了他……噢！他蜷縮起來；因為他等待彩虹，等了好久！

彩虹將蜷縮起來的身子纏繞在Inh-elar身上，將他困住，使其無法逃脫。

蜷縮的蛇身纏繞在他身上，整個身子覆蓋住他，看不見人了！他無法逃脫：試著想要逃跑。不行，他不能往那邊走，走不通。「我要往哪邊走？

這邊嗎？」他往這邊走——不行。你知道，他〔彩虹〕將他纏住了……

彩虹將身子收縮得更緊一點：

他愈來愈靠近他。「哦！」他就要吞掉他了，你知道，他要吞掉他了！你看，

他環顧了四周……

Inh-elar看到了他用矛在彩虹胸口刺穿的洞，於是就從洞口鑽進去。

是的！那個男孩用矛刺了他，留下那個痕跡，就是用矛刺穿的這個地方。

他鑽進那個洞裡，看到了……那個minya〔生命〕，夜鴿……他也曾經從同

一個地方進來，然後從另外一邊出去，走了！

彩虹再次蜷縮起來，但是Inh-elar逃走了。藉由「穿過彩虹」，他獲得了特殊知識，成為

第一個能夠施展*puri*（即巫術）的「聰明醫生」。

他蜷縮起來，沒了，什麼也沒有——他在那兒！彩虹他想：「他現在到哪

裡去了？」……這就是為什麼Inh-elar今天是一位聰明醫生的原因。

這個時候，綠蛙也跑掉了，將所有的狐蝠都留給彩虹。

老青蛙，他跑掉了，驚恐地跑掉了！他往那邊跑走……他〔彩虹〕仍然跟
牠們一起留在那裡。哦，好大一袋……數以千計的狐蝠。

彩虹大喊道：「他說：『Soooooooooh！』」然後，他放走了所有的狐蝠，讓牠們飛遍了澳洲。

他將麻繩袋留在那裡……狐蝠，牠們從袋子裡出來，爬上了樹，你知道，
就〔在〕那一大片沼澤那裡。直到今天，牠們仍然在那裡，仍然繼續前進，
那些狐蝠，牠們到處都是，你知道。

彩虹留在那個水坑：

Ewarr，他們這樣稱呼他，那個灌木叢的名稱，現在成了水坑的名字，
Ewarr。今天這個地方叫做「彩虹故事」。這個故事到這裡就結束了。

> Inh-elar給彩虹取了神聖的名字An-ganb，以展現他的力量。他很慶幸自己逃了出來。
>
> 他看了看，呃，Inh-elar他現在想了一下：「嗯，就叫An-ganb吧。」他叫他An-ganb，也就是現在的彩虹……「還好，我沒有被他吞掉。還好，我逃跑了。」

因為與這個重要儀式有這一層關係，「彩虹故事地」是一個能量特別強大的場域。如果有人生病了，可以去那裡呼喚彩虹，有時候雨水會治癒他們。

> 他們去那裡bogey（在水中沐浴或游泳），呼叫他的名字，召喚出彩虹。他（對著）那個傢伙說話。他可能病了，那個傢伙。他會治癒他……可能會下點小雨，治癒他的疾病。

照顧聖地的永續責任

正如這些故事所示，聖地必須受到高度尊重，尤其是那些能量強大到被定義為「毒地」的聖地。這些地區往往禁止狩獵或捕魚，因此傳統上會考慮將這些地方劃為「野生動物保護區」，確保資源不虞匱乏。即使澳洲擁有豐富的濕地區域，這裡的生態系仍然脆弱，不但土壤易碎，水流也多變。[24]

在與地方的關係無法分割的文化背景下，原住民的法律包含了強調永續行動責任的主要潛台詞，也就不足為奇了。「照顧國家」包括透過認真的消防管理來保持「清潔」（即有序）。擁有氏族土地的權利伴隨著不過度使用資源的義務：正如上述故事所說的，彩虹蛇會報復的一個常見原因，就是人類未經許可捕魚，或是捕撈過多的魚。祖先的故事講述了保守的做法，比方說，在製作矛的時候要如何砍樹，以確保提供製矛原料的樹木可以再生，又或者是說明在何時、如何採收山芋，以便新的塊莖能夠繼續生長：

> 種植山芋的時間是在第一場雨來臨的時候，因為新芽即將長出。至於那個挖掘的時間呢，那個時間結束了。然後在雨季過後，當山芋的葉子變黃時……那就是再次挖掘的時候。當葉子還綠的時候，不能去挖它。（艾爾瑪．華森）

另外還有一個反覆出現的主題，就是不要驚擾萬物，因為這不僅會影響到景觀的福祉，也會影響原住民的福祉。在「毒蛇故事地」，柯柯貝拉族長老溫斯頓．吉爾伯特（Winston Gilbert）講述他如何告訴歐洲的圍籬承包商不要砍伐在地的聖樹，因為這會讓他——也就是這個地方的主要「老大」——生病然後死亡。在一九九〇年代，前往約克角的遊客數量不斷增加，被視為具有潛在危害，昆仁族長老尼爾森．布倫比（Nelson Brumby）希望禁止遊客進入他的「家鄉」地方：

> 我必須立法保護這個地方，〔防止〕太多人來到這裡。他們也讓我情緒低落——讓我生病……因為這個地方有我的故事，太多足跡踐踏到我的身上……（尼爾森．布倫比）

也有許多資料提到彩虹蛇抵抗新來的人對氏族國土的污染與入侵。莫蘭形容這是一種本土力量，厭惡陌生人的汗水或氣味，攻擊不熟悉的人。[25]

澳洲原住民的聖地抗爭

理解彩虹蛇維護人與地方之間的密切聯繫，等於也闡明了原住民對歐洲經濟做法的反應。在殖民入侵引發暴力事件之後，殖民者將採礦業引入澳洲。陌生人闖入祖先領域造成嚴重創傷，是對景觀及其人民的刺穿一擊。據說，在北領地的凱薩琳鎮（Katherine）有個開發案使用了炸藥，摧毀了在當地現身的彩虹蛇。

難怪礦場和採石場在澳洲觸發了最痛苦的原住民抗爭。在阿納姆地的高夫半島（Gove

Peninsula），由於將採礦權分配給納巴爾可礦業公司（Nabalco），引發了澳洲第一件正式主張原住民所有權的官司。一九六三年，雍古族人向政府提交了一份樹皮請願書（圖126見頁29），陳述道「自古以來，這些土地一直都是伊爾卡拉（Yirrkala）部落狩獵和採集食物的土地」，因此尋求保護「這些對伊爾卡拉族人及其生計至關重要的聖地」。請願書呼籲眾議院進行調解，並確保「不與任何公司達成任何會破壞伊爾卡拉族人生計和獨立的協議」。[26]此後，開始一長串艱苦的法律奮戰，雖然未能阻止採礦，但是開啟了國家接受原住民土地所有權的漫長進程，最終在一九九三年生效。[27]

這些抗爭也為當代原住民批判歐洲人剝削其家園的模式奠定了基礎，這些批判往往針對採礦污染對河流及含水層的影響。約克角是一八〇〇年代末淘金熱的主要地點。淘金除了導致水道渾濁之外，採礦業者還使用氰化物從礦石提煉黃金，甚至還在規模較大的礦場建造大型的尾礦壩，號稱可以容納廢水，但是通常都是讓廢水滲入附近的景觀，其結果可能很嚴重：在一九九〇年代，紅頂金礦（Red Dome）的尾礦壩邊緣散落著死亡動物的腐屍或模糊輪廓。下游的原住民社群機警地意識到這個問題：

> 我們也擔心那家採礦公司，因為看看採礦業，你知道，他們真的會弄髒河流……你知道，在這一端，因為我們知道我們有一條大河，從這裡流過來，我們擔心那件事……我們希望保持那條河流的清潔。（昆仁族長老科林．

勞倫斯〔Colin Lawrence〕）

保持河流「清潔」也意味著不去打擾或阻礙它。傳統的物質文化包括魚梁或是偶爾將水引向可食用植物的小渠道；然而，大型的干預措施，例如歐洲殖民者強加的巨大水壩和灌溉溝渠，則被視為阻礙了正常的水流，也跟原住民對家園的尊重與愛護背道而馳。

因此，對主要蛇形水族的崇拜，同時將此信仰的實踐與概念融入生活的各個領域，並跟水保持高度尊重和互惠的關係，這三者之間存在著至關重要的歷史和當代關係。透過不斷再生的法則，彩虹蛇發揮了引導作用，促進人類與非人類關係的有序發展，而且是長老們所說的，「為了子孫後代」的永續發展。

> 樹木和動物——他們就像我們的兄弟姊妹。我們必須照顧他們，他們也是我們的一部分。當你長大後，你必須考慮到如何愛護土地，愛護你的孩子。
>
> （科林．勞倫斯）

14　水族信仰，維護人類與非人類之間的互惠秩序

對其他狩獵採集社會的民族誌和考古研究，一般都不會關注到他們的蛇形水族如何實現

永續的想法與實踐，但是許多文獻資料顯示，在其他以地方為本位的族群中，也有類似的信仰和價值觀，以及面對非人類世界時抱持的互惠精神。

在加拿大最北部和阿拉斯加，有許多以狩獵採集為生的原住民族，他們有各種不同的稱呼，如愛斯基摩人、因努特人（Inuit）、尤皮克人（Yup'ik）或第一民族（First Nation）等，從史前時代以來，就始終保持社會連續性與生態平衡。[28]儘管該地區的各個民族都有自己的起源故事，不過卻有一再出現的宇宙觀主題，認為世界是由太陽和月亮亂倫所創造的。在經歷了洪水和黑暗的暴力混亂時代之後，光明出現了，形成四個世界：天空世界；由陸地、冰和水組成的世界，居住著各種生物；海底世界；以及海底之下更深的地下世界。[29]所有的世界都有強大的超自然生物居住，包括諸如「巨蛇」之類的神靈，在天空則化身為可以辨識的星座天蠍座，在敘事上與「地下世界」中的蛇形生物也有關聯。

「深海靈魂」賽德娜女神

在這些北國的宇宙學體系中，人類和非人類之間幾乎沒有區別。所有的人都可以在人類和動物形態之間轉換，人類和非人類社會之間的移動也是司空見慣，例如在〈跟海豹一起生活的男孩〉等故事中，就是如此。[30]

許多長老認為世界上住著各式各樣的人，包括人類、非人類（動物）以

> 及超凡或另類的人類……外表往往會騙人。在苔原上遇到的人可能是*incenrraat*（生活在荒野中的變形人）。在草原上奔跑的狼可能是化身為哺乳動物的白鯨。[31]

所有生物，有時甚至包括無生命的物體，都有不朽的靈魂，死後會回到他們誕生的海底流體領域，北極西部的因努特人說這裡是賽德娜（Sedna）的故鄉。在格陵蘭島，賽德娜被稱為「深海靈魂」（*Saituma Uva*），是一位強大的海洋女神，統治著深海的精神世界（圖43）。[32]她經常被描繪成半人半魚或美人魚的形象，在經典的單性生殖創世故事中，賽德娜的斷指變成了因努特人獵殺的鯨魚、海象和海豹。她被廣泛認定為「萬物之母」，所有生命都是從她的身體誕生的，並在「持續的集體化身循環」中，繼續將生命帶入物質世界。[33]賽德娜調解人類和動物之間的互動，要求相互尊重。與巴芬島（Baffin Island）原住民合作的民族誌學者喬治與黛博拉・薩博（George and Deborah Sabo）指出：

> 我們可以將狩獵海洋哺乳動物，解釋為人類、海洋哺乳動物的靈魂與賽德娜之間的社會交易……這項交易的特點是循環流動，因努特人接收海洋哺乳動物的身體，而動物的靈魂則返回賽德娜身邊再生或繁殖。人類可能會因為打破某些禁忌而對這樣的循環產生負面影響，在這種情況下，賽德娜

的反應是切斷食物供應或以其他方式製造問題。[34]

僭越的行為可能包括同時捕獵陸地和海洋動物，而未能維持有序的季節性活動；虐待或不尊重動物；或是未能舉辦與狩獵有關的撫慰儀式等等。[35]補救措施則是請薩滿（*angakok*）使用魔法力量向賽德娜求情，將薩滿的靈魂轉移到她在水裡的居所：「只有最偉大的薩滿才能在與賽德娜直接且親密接觸之後倖存下來。薩滿進入恍惚狀態，在聚集的族人面前，離開自己的身體，頭朝下，鑽進巨大的深淵，到達海底。『道路已為我準備好，這條路已在我面前開啟。』」[36]見到賽德娜之後，*angakok* 開始進行淨化儀式，清除污染她及其家園的人類罪惡。這

43. 皮茲歐拉卡·尼維亞克西（Pitseolak Niviaqsi），《賽德娜》，1991年，滑石。

樣的儀式淨化並修復了有序的關係，恢復了人類和非人類領域之間精神和資源的流動。多種規則和禁忌強烈要求人們表現出對非人類世界的尊重，特別是對那些獻身給獵人的動物。正如一位伊古利克人（Igulik）所說的：

> 生命中最大的危險，就是人類的食物全都由靈魂組成的。所有那些我們必須殺來吃的生物，所有那些我們必須擊倒摧毀才能為自己製作衣服的生物，都跟我們一樣擁有靈魂；這些靈魂不會跟著身體一起滅亡，因此必須加以安撫，以免他們向我們進行應有的報復，因為我們奪走了他們的身體。[37]

代代相傳的循環生活教誨

正如所有動物都有靈魂一樣，環境中的所有事物都具有感知能力，尤皮克人說這是*ella*。這個字可以翻譯成「意識」或「感官」，也可以翻譯為「世界」、「戶外」和「宇宙」。甚至連海洋也「有眼睛」並且「知道正在發生的一切」：「我們的祖先非常關心周遭的一切，因為他們一樣過著生活，充分理解萬物皆有意識。」[38]照顧天地萬物，也包括了照顧其他人類、心存慷慨和慈悲的道德義務。尤皮克人認為，人類思維具有可以推動事件產生負面或正面後果的力量。一個人的感激之情和受傷的情感都同樣具有強大的力量，會在好行為與好天氣或狩獵豐碩之間創造出因果關係。

同樣的，長老們藉由教導年輕一代永續收集資源的方式來維持秩序，這意味著要按季節收穫作物，不要浪費資源或是漫不經心地對待資源。

他們在處理食物時，沒有留下任何食物，也不會以任何方式丟棄食物或是讓食物變得凌亂。他們嚴密地看管食物，並且告誡我們不要踩到食物殘渣或是隨地亂丟骨頭……處理食物不當的人，獲得食物的能力就會愈來愈差……我們從小受到教誨，告訴我們與村莊附近地區有關的一切。他們讓我們知道了哪裡有深湖，哪裡有小河。他們讓我們了解春季狩獵的路線、水流、結冰的地方以及我們應該避開的危險地帶。[39]

與季節週期同步的基礎，就是精神重生的循環觀點，他們跟澳洲原住民一樣，會以死者的名字替新的一代命名，還會使用反映早期關係的親屬稱呼，藉以強調這個觀點。[40]透過這些方式，在超自然生命和力量的引導下，北極地區的有序生活方式得以維持了數千年（圖44參見頁13）。

原住民宇宙觀的永續精神

在第一民族其他原住民群體的宇宙觀與哲學中，也可以看出類似的訓誡。雖然賽德娜和北極的其他水族經常以海豹或鯨魚的形態現身，展現水生神靈適應當地形態的流動能力，但是在易洛魁族（Iroquois）的傳統土地上，五大湖區的水族卻是以蛇形現身。考古學家在水下遺址發現了一些文物，顯示以陶瓷器皿及器皿內的物品來供奉「長尾爺爺」的做法，已經行之有年（超過兩千年），而他們經常被描繪為「豹形或龍形生物」。[41]這個地區的岩石藝術圖像則顯示，這可能與「將鮭魚帶回河中」並確保魚類再生的儀式有關：「易洛魁人對這種超自然存在的信仰，與鄰近講阿爾岡昆語的原住民相似。許多控制著這片水域的長尾爺爺，會為應該得到獎賞的人類帶來好處。人們相信他們居住在海底世界的深層水域。」[42]

比較加拿大和北美原住民與澳洲狩獵採集民族的蛇形水族，彼此之間存在著明顯的共鳴。這些原住民當中有許多以地方為本位的民族，他們的蛇形水族都同樣扮演類似的全面角色，都與生死過程以及精神和物質流動的循環聯結在一起，也總是既強大又危險，卻又是水和資源不可或缺的守護者、療癒者和供應者。他們擁有祕密的神聖知識，並將這些知識賦予那些願意直接與他們接觸的人，賜予他們特殊的力量，成為族群長老權威的核心。他們在歌曲、舞蹈、藝術品和儀式中備受尊敬，嚴格執行法規與道德準則，維護社會秩序以及與非人類世界的互惠關係。他們共同構成維持了數千年的永續生活方式，也是人類與所有生物不可分割的民族精神核心。他們大聲而清晰地告訴我們——顯然與當前的環境危機息息相關——永續價值與實踐不是社會選擇的奢侈「附加物」，而是必須納入所有人類活動中。在其他地方的發展軌跡中，這些聰明的蛇身上所發生的事情，也等於告訴了我們自己是如何忽視了這個現實。

05 農耕 Cultivating Beings

本章探討蛇形水族如何適應新的社會與經濟運作，開始改變他們的角色與形態，尋求對環境採取更用的行動，並將水和資源引導到人類的需求和利益上。一條新的道路開啟了，導致人類與非人類之間的關係變得更加不平等。剛開始的時候，往這個方向邁出的步伐雖然很小，而且是試探性質的，但科技進步總是「令人著迷」，看似提供了富饒與安全。[1]

儘管狩獵採集在數千年間佔據了主導地位，但是其他利用環境的方式也展現了長期的可持續性。在一些熱帶森林地區，例如非洲、南美洲和大洋洲部分地區，當地以地方為本位的族群實施小規模輪耕，這與前一章所描述的生活方式並沒有太大的差異。狩獵採集民族經常施行「在地耕作」，也就是在居住的營地周圍種植食用植物或藥用樹木，相當多的社會同時採用這兩種生產形式。

園藝耕作族群創造了臨時的「森林花園」，在裡面種植果樹和樹薯、玉米、野蕉和蕃薯等作物。等到土壤變得不夠肥沃了，就轉移到其他地方繼續耕作，讓周圍的森林佔領原來的耕地。這些實用性的活動對人口規模或當地環境的影響有限。[2]必要的勞動力投入引出一些關於土地和資源所有權以及性別角色的新觀念，並促進了小村莊定居模式。然而，這樣的社會仍然保持相對平等的社會與政治結構，以及對地方的緊密依賴，同時仍然需要保有全面的生態知識。從宇宙學的角度來看，對超自然現象的信仰仍然集中在多神論，而且大多屬於非人類的神靈。

協調降雨的天蟒

蛇形水族保留了他們主要的繁殖和權威角色，但是這一點略有改變，因為依賴農作物的社會自然更加關注每年降雨的時間，以及預告降雨到來的生態和天體指標。講阿拉瓦克語的族群就是一個例子，他們發源於委內瑞拉西北部，大約在西元前三〇〇〇年擴散到亞馬遜河流域和加勒比海地區。傳統上，他們的生活型態結合了狩獵採集與種植樹薯，而根據季節週期變化的活動重點，就在這些生產方式之間轉換。

阿拉瓦克人的起源故事，跟鄰近的德薩納族一樣，以蛇類祖先為中心（巨蟒和蟒蛇），他們的創世活動將人類後裔安置在有感知力的土地和水域之中。他們非常關注天體生命，夜空的星座圖就是他們圖騰祖先、氏族及其相互之間的社會和空間關係圖。與天蠍座相同的天蟒在調解社會和經濟關係中發揮核心作用，他將萬物分成「兩半」，以便進行人事物的交換。這種調解的角色以天蟒與昴宿星團之間的關係為基礎，昴宿星團的螺旋狀設定以及在黎明和黃昏時分升起，代表了相反和互補的關係。[3]

除了提供社會秩序之外，阿拉瓦克天體蛇形水族的主要作用，是協調每年雨季、旱季和兩個季節之間的生產與儀式活動，例如，告知族人何時需要清理林地空間，開啟新的農業循環。[4]

在大多數阿拉瓦克族群中，天蠍座都是以水蟒（*Eunectes murinus*）命名，並且「宣告十二月的降雨」……根據瓦皮西安族（Wapisian）的傳說，在季節結束時，它會吞下代表心宿二的紅色金剛鸚鵡。而對佩克族人來說，心宿二以蛇腹中的刺鼠形態現身，稱之為「雨水之父」。[5]

儘管有種種殖民、種族滅絕以及強加殖民者信仰和價值觀的故事——我們對這些事情早就耳熟能詳——但是許多南美部落幾千年來一直保留著這樣的生活方式，還有人類與非人類之間的互惠關係，並堅持不懈地努力維持下去。面對西方殖民，他們堅持了好幾十年，原本還可能撤退到大陸廣闊的熱帶雨林深處，但是從一九五〇年代開始，就愈來愈難以避免剝削性經濟入侵他們的故鄉，也阻擋不了義無反顧的基督教傳教士和歐洲疾病的肆虐。

15 小規模農耕社會，仰賴蛇形神靈調節降雨

儘管小規模的輪耕只對人類與環境的關係產生微小的變化，但是當社會更加穩固地定居在某處，並且優先考慮農業時，蛇形水族會帶來雨水的角色，就變得更重要了。然而，只要

45. 長了翅膀和羽毛的響尾蛇，貝殼杯碎片上的雕刻，
奧克拉荷馬州的斯皮羅土丘（Spiro Mounds），1200-1500 年，
仿亨利．漢密爾頓（Henry W. Hamilton）的畫。

農業活動仍然保持較小的規模，透過蛇形水族表達的社會和宗教變化也就相對比較隱晦。

以美國的培布羅族為例，大約在西元前五〇〇年至一四〇〇年代之間，玉米生產成為當地部落經濟的核心，長了角的蛇形水族所扮演的角色，就跟先前探討的狩獵採集社會中的淡水和海洋生物一樣，也跟輪耕社會中的天蟒類似，同樣都跟水和生育力有密切的關係。[6]他們跟天蠍星座和「眼睛星星」有著共同的聯繫，代表這些蛇的圖像呼應了這個星座的形狀。在俄亥俄河谷，有一個長度超過四百公尺的古老蛇丘，似乎在每年的冬至與夏至、春分與秋分都會對齊，顯示早期密西西比農民密切關注天體事件。[7]每年都會出現的巨蛇——帶有紅色寶石或眼睛（心宿二）的天蠍座——只要一出現，就標誌著焦點從地底世界轉向天界。[8]這個地區的角蛇有時還會長翅膀，就像中美洲的羽蛇一樣，顯示他們跟風與水的連繫，以及連接天地領域的水文能力（圖45）。

美國培布羅族的阿凡尤

這個地區有關長角的蛇形水族文化敘事，呼應了更遠處的故事。這些故事通常都有一位被蛇吞噬的英雄，但是他們總是能夠找到武器，殺出一條生路[9]。而且經歷了這趟危險的旅程，來到蛇在水下的「住處」之後，他們就能獲得神聖的知識和薩滿的力量。[10]最重要的是，蛇形水族還要負責調解水文和靈魂的循環，例如聖塔菲（Sante Fe）附近講特瓦語（Tewa）的培布羅族部落所信奉的阿凡尤（Avanyu）（圖47）。

46. 圖薩揚（Tusayan）培布羅族原住民的霍皮蛇（hopi snake）舞（祈雨舞），
亞利桑那州，約 1902 年，照相製版印刷。

47. 瑪麗亞・馬丁尼茲（Maria Martinez）與朱利安・馬丁尼茲（Julian Martinez），
《有阿凡尤的碗》，新墨西哥州聖伊德豐索（San Ildefonso）的培布羅部落，
1925-35 年，上了泥釉的陶器。

阿凡尤居住在泉水、池塘、河流裡，最終回到海洋，所有水體都被視為與地底世界相連。阿凡尤可能會帶來有秩序和重要的年度降雨，或者藉由引發洪水來表達對人類僭越的不滿。[11]阿凡尤最早出現在經典的明布瑞斯（Mimbres）陶器（一一〇〇－一一五〇年），至今仍是當代培布羅文物的一個重要標誌。阿凡尤最常見的形象是尾巴周圍有雲，嘴裡會吐出閃電，除了代表人類相信火會出現在「地下和地上世界」之外，這也跟蛇代表的主要角色有關。閃電被視為可以觸動並說服天體守護者釋放雨水的媒介，而在古代岩畫中，蛇本身有時也被描繪成尖銳的之字形，就像閃電一樣。其他的視覺細節也說明了這種帶來雨水的重要功能：蛇身上的玉米項圈以及在蛇口裡發芽的玉米穗軸，都代表對培布羅族群生存至關重要的農作物（圖48）。[12]

48. 戴著玉米項圈的角蛇，新墨西哥州的特納博（Tenabo）。

對於像特瓦人這樣的小規模農業族群來說，祈雨是複雜的核心儀式，尤其是在乾旱時期。

這些儀式也有助於控管為了爭奪定居點附近最肥沃的農地而產生的社會緊張關係，促使重新分配糧食給那些土地較貧瘠的農民。[13]作家羅絲瑪麗・迪亞茲（Rosemary Diaz）記載了當代培布羅族的祈雨舞，寫到舞者排成一長列，從*kiva*（低於地面用來舉行儀式的凹陷小屋）出現，男士的短裙上還刻著蛇形圖案。舞者在鼓聲和歌曲的伴奏下，以蜿蜒蛇行的方式移動，跳舞祈求每年的降雨，讓農作物得以生長（圖46）。[14]

非洲祖魯族的蛇神

世界各地的其他小規模農業社會也將祈雨儀式放在優先地位。人類學家卡米爾・圖努加（Camille Tounouga）觀察到，在非洲各地的不同族群都會賦予水源地特殊的意義，並構成「精神領域」。[15]在許多小型農業用地旁，都可以看到祈雨神壇，供奉祭品以安撫當地水神。民族誌學者呂克・德赫斯（Luc de Heusch）則描述了祖魯族人（Zulu）在持續乾旱時期舉行的儀式，犧牲一隻與天上彩虹相關的*calao*（犀鳥），藉以說服神靈賜降甘霖：

> 在牠黑色的羽毛底下，隱藏著彩色的羽毛。在嚴重乾旱時期，祖魯族人會前往水源充足的地區活捉犀鳥，並在黎明時分，將牠帶到河邊，扭斷牠的脖子或讓牠窒息，小心翼翼地不讓牠濺血。等到鳥屍冷卻，再將一塊石頭綁在牠的腳上，然後扔進深水中祈求天降甘霖。天空會為他最喜愛的動物

死亡而「流淚」。[16]

在祖魯族的宇宙觀中，宇宙的主權由透過雷霆顯現的天空之主和地上一條黑色蟒蛇神共同持有。巨蟒是雌性彩虹在陸地上的對應生命，作用是控制降雨，在嚴重乾旱時，舉行祭祀巨蟒的儀式是為了引來「溫和且穿透的雨水」。

此程序需要有資格祈雨的人來參與……來自乾旱地區的使者要犧牲一頭全黑的綿羊（有時是山羊）……等宰殺了羊之後，祈雨人必須獨自一人扛著羊皮來到一條溪流，在溪水中央找一塊黑色石頭坐下來，將裝有神奇藥物的羊角放在身旁，並且披上羊皮。有很長一段時間，他都不能動。等到夜深人靜時，一條蟒蛇從深水處鑽出來，舔掉附著在山羊皮上的脂肪。然後，蟒蛇精靈躺在神奇的角上，傳遞自己的清涼。突然間，他又無聲無息地消失了。[17]

跟這一類的其他神靈一樣，非洲的蛇形水族也會維持法律秩序，或是因為不道德行為而受到激怒，帶來懲罰的洪水和山崩土石流。若是遇到這種情況，可能必須獻祭動物來安撫他們。[18] 即便當地社會在傳統信仰中加入了上帝的一神論概念，水族仍然肩負調節水流的功能。他們延續早期自然宗教的性別二元性，觀察到上帝創造出兩條彩虹——一條較窄的雄性彩虹和一條較寬的雌性彩虹——只有共同努力才能阻止降雨過多。[19]

農業社會擴張引動轉變

看來，小規模農耕社會的蛇形水族與狩獵採集社會的同類，在本質上並沒有太大的差異。二者都保留了性別互補性以及在生活各個領域調節水流的責任，但是他們還有一個更關鍵的角色，就是提供足夠的降雨來生產每年的作物，同時防止過度降雨破壞這些作物。他們也證實了這些社會對非人類力量保持著高度尊重的觀點，將主要水族視為可能有益或懲罰性的權威，在必要時可以向他們求助。

然而，在大約一萬至一萬五千年前的大冰河時期之後，出現了一個重要的轉折，引導許多社會走向更實用、更擴張的人類發展軌跡。新石器時代的農民開始建立大規模的村莊，並且從事更密集的農作物生產與畜牧業。[20]這樣的轉變固然形成了更大也更有階級性的社會，不過卻帶來了新的不確定性。儘管最初經歷了一段繁榮時期，但是更狹隘的飲食習慣以及更容易受到環境條件突然變化(例如長期乾旱)的影響，倒也不是始終都對人類有益。[21]經過了一千年可持續的小規模經濟「穩定狀態」之後，有些社會發生了某種形式的「崩解」，[22]風險程度更高也促使人們尋求對非人類領域施加更多控制。對農業的依賴愈大，似乎不可避免地導致人口增長、資源使用增加、對非人類物種和生態系統的負面影響，以及物質世界往更工具性的方向發展。這種重要的方向轉變，也反映在人類與水以及蛇形水族之間的關係上。

16 毛利人的塔尼瓦，反映與非人類關係的轉變

在規模更大、階級劃分程度更高的社會中，蛇形水族開始改變形態。毛利人就是一個例子，他們在十三世紀末至十四世紀中葉從台灣地區橫越大洋洲，抵達紐西蘭／奧特亞羅瓦。[23]雖然他們最初仍然專注於狩獵、採集和捕魚，但是後來在北島的一些社群轉向種植蕃薯，並開始發展農業經濟。這樣的轉變成了人口增長的基礎，並根據祖先的「獨木舟」（*whakapapa*）發展出有血源關係的不同親屬群體（*whenua*），這樣的亞部落或氏族（*hapū*）人數有時多達數千人，通常都屬於較一個大部落（*iwi*）的一部分。這些親族關係排序源自原始祖靈，即創造世界的女性、男性或雌雄同體的神靈，還有他們至今依然存在的後裔，成為生活在河流、森林和水體中「仍然活著的祖先」。

稱為「塔尼瓦」的蛇形水族護衛著聖地和有水的地方（*waahi tapu*）。除了提供維持生命的糧食之外，塔尼瓦還會懲罰那些不尊重聖地和神靈力量（*tapu*）或那些違反社會法律的人，例如通姦者。塔尼瓦的懲罰可能包括吞食人類，或是引發洪水或山崩將人類淹沒，這種二元性從「大白鯊」（*Mangō Taniwha*）即可見一斑。

塔尼瓦跟其他蛇形水族一樣，都融合了當地物種的特徵，尤其是水生生物，最常見的特徵就是魚鱗和彎曲盤旋的身體，像淡水鰻魚——這也是當地熱門的食物來源。他們有時候會長翅膀，或是有兩顆頭，他們的頭多半長得像龍，不然就是有高度的人臉特徵（圖49參見頁14）。

這種朝著更像人類形態發展的轉變至關重要。儘管毛利人的祖靈代表了許多非人類物種，但是卻經常被描繪成人類或半人類的形態，或是具有人臉。這跟狩獵採集和小規模農耕社會所創造的蛇形／非人類水族圖像，在視覺上產生了關鍵性的差異。我認為這反映了毛利人和波里尼西亞社會中更階級化的組織，其中主要的酋長或「大人物」佔據領袖地位，並且有一個「皇家」菁英階級，稱之為*kingitanga*。實際上，個人晉升到擁有更強大權力的地位，不僅是與下層階級區分開來，同時也是人類與非人類的分別。值得注意的是，社會階級的顯著提升，也伴隨著物質工具水準的提高。為了加強農耕活動並協助狩獵，毛利人焚燒並砍伐了大片古老森林，塑造一種新的文化景觀。

英雄塔穆雷對抗塔尼瓦

這種人類與非人類關係的轉變，也反映在毛利人的故事中。這些故事多半宣揚屠龍文化，講述像塔穆雷（Tamure）這樣的英雄事蹟，在紐西蘭各地屢見不鮮，因此當歐洲人來到紐西蘭時，他們也帶來了刻有聖喬治屠龍圖案的金幣，而這樣的圖案很快就被視為文化英雄和塔尼瓦之間的戰鬥。有個關於塔穆雷的毛利人故事講述他擊敗「混沌怪物」的經典情節：

> 不久前……在曼努考角（Manukau Heads）北部的皮哈（Piha）有個水底洞穴，裡面住著一隻可怕的塔尼瓦，名叫凱瓦雷（Kai-whare）。他是介於人類

和爬蟲類之間的怪物，因為他會貪婪地吃人，所以大家都很怕他。他比大多數的塔尼瓦都要聰明：會用詭計狩獵，而不僅僅是靠蠻力。在靜謐的夜晚，他會耐心地等在港口酒吧外的海浪下，等他看到漁民拿著火把，走到淺水區涉水企圖用魚叉捕魚，或是等到獨木舟隨著潮水漂流，漁民在船舷邊撒網到海裡準備捕捉大量的鯛魚和比目魚時，怪物就會悄然無聲地迅速游進港口，抓住專注捕魚的人，或者將粗心的漁夫從獨木舟上拉下來。他會用可怕的牙齒咬住受害者，然後把他們拖到水裡的巢穴，悠悠哉哉地飽餐一頓。這樣的捕獵持續了很久，人們都束手無策。

……

於是他們找上了住在豪拉基（Hauraki）的巨人塔穆雷。他說他會處理塔尼瓦，並告訴他們像往常一樣出海捕魚……第二天，英雄按照計畫，毅然地大步走到海灣，等待那隻怪物出現……那怪物聞到了獵物的氣味，從水底洞穴衝了出來。塔穆雷聽到海底傳來隆隆聲，石塊被拋到一邊，巨浪拍打海岸，塔尼瓦從水面露出他醜陋的頭顱。當怪物全神貫注地尋找受害者時，塔穆雷掄起大棒，猛力敲擊他的頭部，力道之大，讓海水噴濺到半空中，大地也為之震動。受了致命傷的凱瓦雷痛苦地掙扎，捲起驚濤駭浪，拍打懸崖，激起泡沫和水柱。碩大的塔尼瓦甩著巨尾，將岩石和懸崖掃入海中，留下了至今仍清晰可見的光滑岩石表面。[24]

雖然故事講的是敵我對抗，但是關於英雄塔穆雷的故事也不無創意，描述了這場戰鬥如何形成了海岸線的特徵。有些故事還明確地將塔尼瓦描述為受害者的親屬，稱之為「部落的祖先」。帝阿納瓦酋長（Chief Te Anaua）說明了這些祖先的連結：「塔尼瓦是一名非常偉大的酋長，死後成為活在魚體內的靈魂。其中最大的一條魚就是屠泰波若波若（Tutae-poroporo），居住在波圖（Poutou）……他摧毀了一艘獨木舟和船上所有的人，還有一切擋在他路上的東西，直到最後被旺格努伊（Whanganui）部落的始祖奧克胡（Aokehu）毀滅。」[25]因此，毛利人的敘事說明了他們與非人類力量之間——以蛇形水族為代表——有一種更具爭議性的關係，其中有崇敬和祖先一脈相傳的血源關係，也有權力和權威所造成的一些緊張關係，二者並存。

17 水族崇拜，為農耕社群提供水文和社經管理

人類與環境互動關係的進一步重大變化，始於人類開始種植需要灌溉的農作物。大約九千年前，在東南亞的新石器時代農民開始改造沼澤來種植芋頭。跟轉向農業社會的更廣泛變化一樣，水文農耕的轉變最初也很不起眼，僅僅是建造用來阻擋每年洪水氾濫的低矮堤防。類似的技術使得水稻種植從印度東北部的布拉瑪普特拉河（Brahmaputra）上游河谷到中國中部蓬勃

發展，其中一個具有密集水稻栽植痕跡的最古老遺址就是河姆渡，位在靠近長江三角洲的太湖邊緣。至少在八千年前，新石器時代的居民只利用棍棒和石器挖掘，在洪水退去的土地上種植稻米。[26]這些低調的方法跟其他小規模、精心管理的灌溉形式一樣，都相當持久永續。

另外一個有用的例子則是史蒂芬・藍辛（Stephen Lansing）對峇里島水稻種植的著名研究（圖50），研究中發現當地的水稻種植得利於一個持續到二十世紀末的水文利用計畫，由當地宗教領袖透過印度教的形式進行管理，這個形式不僅融合了佛教和濕婆神的思想，還涵括了一種稱為Agama Tirtha（峇里島印度教）的早期自然宗教信仰，即「水的宗教」。[27]以村落為基礎的農民協會（*subaks*）擁有種植水稻的梯田，透過複雜的溝渠網絡和水神廟，從高山湖泊引水灌溉。當地祭司則提供三個關鍵力量：與水神廟供奉的女神對話、水文和生態的專業知識、確保所有農民獲得足夠水源的領導力和權威。透過這種方式，崇拜當地水族的宗教儀式替每個社群同時提供社會、經濟和水文管理，並維護人類與環境之間的永續關係。

50. 峇里島的水稻梯田。

18 灌溉資源脆弱，引發馬雅社會崩解

並非所有的灌溉嘗試都會成功。大約在西元前七五〇年至西元九〇〇年間，中美洲古典馬雅社會的興衰，說明了對灌溉的依賴既帶來成長的力量，也帶來了風險。早期馬雅社會與美國的培布羅族原住民農耕社會有許多共通之處，他們都在大約西元前五〇〇〇年，從狩獵採集轉向農業，也都在農田旁建立了定居點，搭建小型茅屋草房，並在田裡種植玉米。

馬雅圖像揭示了一個與非人類生命有錯綜複雜依存關係的生命世界，民族誌學者麗莎．盧塞羅（Lisa Lucero）說這是一種以宇宙為中心（而不是以人類為中心）的世界觀，其中所有事物都在維持有序的社會和生態環境中發揮作用。[28]神聖的*cenote*（水井）不但定義當地社群認同，同時還提供水源和通往冥界席巴巴的門戶。人類相信，供奉居住在這些水體中的神靈，以及舉行連接神聖世界和日常世界的相關儀式，有助於維持生命、死亡和重生的循環。[29]

統治菁英與神聖領域的維繫

然而，轉向更密集的農業，改變了馬雅人與非人類世界的關係，造成觀念上的一些重要轉變。人類社會摒棄了由更高權威提供的野生獵物和可食用的野生植物，轉而跟其他力量「討價還價」，例如天氣、降雨、土壤侵蝕和土壤品質等。野生動物，如大型貓科動物、掠食性鳥類和毒蛇等，則被賦予了新的意義，不再是危險的敵人和爭奪食物的競爭者，牠們的危險

特性，反而啟發人類對自身優越力量產生了更有自信的想法。[30]

馬雅農民有了新的玉米神，不過跟培布羅人一樣，許多神靈的形象仍然維持代表宇宙創世力量的蛇形水族。[31]季節循環和水文運動由一系列的蛇形生物代表，包括主要的創世神伊察姆納、羽蛇神庫庫爾坎／古庫馬茲、帶來雨水的閃電蛇，還有透過精美的蓮花意象傳達水與生育力之間關係的睡蓮蛇（圖51參見頁15）。

馬雅神靈的圖像演變，顯示了特定的社會發展軌跡。馬雅族群居住的低地環境雖然土壤貧瘠，但是卻擁有豐富的濕地，於是他們挖掘溝渠、填高土地，對濕地進行了密集改造，用來種植酪梨和玉米等農作物。在古典時期，他們的灌溉技術已經發展到可以收集和儲存大量的水，包括像是在古城堤卡爾（Tikal）的大型水壩。他們在濕地之間建造引水渠道，使用沙子過濾，並設有開關閘門，在不同的季節引導水的流動。這種複雜的水力設施支持了相當大的人口增長，據估計，在西元前七〇〇年時，該地區有五百萬人口，這個數字比今天還要大得多。[32]

複雜的灌溉設施也促進了城市中心的發展，從大約西元前二五〇年開始，馬雅政治結構出現新興國家的特徵。考古學家維農·史卡伯勒（Vernon Scarborough）指出：

> 在漫長的旱季期間，水是重要且稀缺的資源，因此在古典時期就受到馬雅菁英的政治操縱，成為集中控制的權力……對水和食物的基本需求——準備和維護土地以便種植作物或日常飲水的需求——讓水資源管理在脆弱和

缺水的環境中，成為另一個強大的組織力量。古馬雅城鎮水系統的建設與維護，將水的質和量都集中到無法自然取得的地步。在古典時期，馬雅人將水及其管理工具置於高高在上的社群中心，讓菁英階級可以操控資源。[33]

由於蓄水和農作物都高度依賴季節性降雨，因此預測雨季的到來成為一項重大挑戰，必須向眾神祈求。[34]宗教領袖借用了早期以家庭和祖先為導向的祈雨和年度再生儀式，將其轉變為賦予新興統治者更大權力的典儀。聖地和水景反映了這些變化。雄偉的宗教紀念碑、金字塔或「水山」代表了神聖的活水山脈（*witz* mountains），也就是流水的源頭，而「馬雅神廟成為明顯的祖先聖地，突出了統治者的血統及其與神聖領域的聯繫」。[35]

與非人類力量競爭加劇

這些神聖的寺廟建築群擴大了宗教儀式習俗，並予以形式化，其中也包括那些與蛇形水族有關的儀式。進出蛇領地的能力不僅賦予祭司權威，同時也賦予政治統治者權力，創造出一個與不朽神靈和水的創造力相關的統治菁英階級，而這些菁英的政治控制也依賴戰爭、財富、強而有力的領導，以及更集中的水資源管理。[36]然而，即使馬雅社會蓬勃發展，群體之間依然存在緊張關係，並對充滿挑戰的環境感到焦慮。儘管有先進的水文基礎設施，但是他們仍然極度依賴季節性降雨和負責降雨的神靈。於是前往聖地朝聖和祭祀祖先的儀式，也就變得至關重要。[37]在乾旱時期，聖池和神廟成為極端儀式的焦點，有時甚至還涉及多種活人祭祀。

與其他不斷擴大的社會一樣，古典時期的馬雅神像演變成人類和動物圖像的精心組合，其中人形化的神像暗示著與非人類力量之間日益激烈的競爭關係。到了古典時期末期，儘管馬雅社會積極維持穩定，卻仍不免經歷森林砍伐、土壤侵蝕和資源過度利用等嚴重問題。到古典時期晚期（大約西元五五〇－八五〇年），長期乾旱引發了嚴重的社會崩解，充分暴露出依賴灌溉發展的不穩定性。[38]

這種旱年的社會崩解，說明了以密集灌溉來支持人口不斷增長的社會發展軌跡，存在較高的風險，同時也闡明了人類社會在與非人類世界的關係中如何自我定位的一些關鍵轉變，從與非人類親屬的互惠夥伴關係，轉向更階級化和對立的關係。在這種關係中，人類或半人類的神靈與其他非人類的神靈彼此競爭，甚至試圖取而代之。

19 控制水的工具能力，誘使人類疏離了生態

馬雅社會經歷的「崩解」是一個有益的警訊，提醒人類：高度工具化的作物灌溉代表一種新的發展軌跡，只不過這個軌跡的問題愈來愈嚴重。與農業擴張相比，有系統地將水引入人類活動的技術，不但促進人口和經濟的快速增長，也進一步加強了人類對土地和資源的利用。

如今，隨著主要基礎設施的建設，世界上有將近百分之七十五的淡水都用於灌溉農作物，供

應全球百分之四十的糧食生產，並且有超過一百萬個灌溉計畫，從小型公共系統到大型的國家主導企業，不一而足。[39]世界銀行預測，為了因應人口不斷增長的糧食需求，我們很快就會需要再轉移地球上百分之十五的淡水來灌溉。[40]這種朝著更工具化生活方式發展的巨大改變，究竟是如何發生的呢？

看來，控制水的工具能力——代表著掌控了生命、健康與財富的神奇元素本質——確實「令人著迷」。[41]因為我們對於隨之而來的社會不平等和衝突，或是會破壞環境，導致許多非人類物種滅絕的生態成本，都沒有完美的後見之明，還有什麼比將水導向直接用於服務人類需求更誘人的呢？這樣的能力看起來似乎有百利而無一害。灌溉支持了糧食生產和財富的大幅增長，並賦予了重要的社會和政治權力。[42]直至今日，這樣的潛力仍然極具吸引力，從人類到現在依然渴望巨型水壩，就顯而易見，因為對某些人來說，這就代表著成功的領導力、國家地位、社會財富和人民福祉。[43]因此，許多社會受到誘惑，放棄保存生態的生活方式，轉而開發愈來愈複雜的方法來改變水流方向，也就不足為奇了。

人類社會更趨擴張發展

即使規模不大，新的灌溉技術也能產生顯著的效果。坎兒井（*Qanat*，來自阿卡德語的「蘆葦」或「管子」）反映了人類對水利基礎設施的興趣日益增長（圖52）。坎兒井透過直達地下水位的豎井連接地下渠道，將水引入當地農田；隨著時間的推移，這項技術變得愈來愈繁複（甚至可以在裡頭建造冰庫和冷卻井），並傳播到亞洲和北非的其他乾旱地區，創造出獨特的生活模式。水車，或稱為*noria*，大約是西元前四世紀出現在埃及，將自然河道的水抽入灌溉渠道或引水管，用來灌溉大片區域。水車也提供動力，最初用於磨坊，但是後來發展出多種用途，最終推動了工業革命（圖53）。

52. 德黑蘭哈屋（Tehrani Ha House）的坎兒井，伊朗古城雅茲德（Yazd）。

灌溉農業的一個主要作用是，就算農耕的規模很小，也可以持續下去，但是大規模的耕種促使社會走上更趨擴張的發展軌跡。史蒂芬·藍辛重新造訪先前提到的峇里島稻農，結果發現：儘管實踐證明傳統的水文工法（即利用水神廟調節水流）可以穩定而有效地管理人類和生態系統，但是接下來由狀態相當不穩定的政府所實施的「發展」計畫，雖然雄心勃勃，卻非常不可靠且問題叢生。[44]蘭辛很有先見之明，早就預見了推動該地區成長和發展可能出現的問

53. 奧倫提斯河（Orontes River）上的古老大水車（*norias*），敘利亞的哈瑪省（Hama）。

題。除了實行比較無法持續的土地和水資源管理之外，國家的願景是繼續鼓勵旅遊業發展，而旅遊產業目前已經使用了峇里島百分之六十的淡水，結果就是造成持續的水資源危機。

因此，這些例子揭示了人類和水與非人類領域之間重要的緊張關係，在保守和擴張的信仰與實踐之間拉鋸。永續的生活方式需要一種謙卑和尊重的立場，這種立場限制了經濟成長以及人類對當地生態系統的影響程度。引導水流的更強大技術工具，似乎鼓勵人類在與環境互動時採取更權威的模式，滿足成長與擴張的想望。[45]引入在結構上不平等和剝削的做法，這樣的軌跡必然導致人類與非人類的疏離——儘管二者共同創造了我們共享的生態系統。因此，更進一步探討蛇形水族在大型灌溉社會的遭遇，可以給我們帶來更大的啟發。

06 灌溉 Irrigating Beings

在更趨於實用取向的社會中，出現了宗教與社會的變革，用半人類的神明取代蛇形水族，或賦予人形的超自然生命更高的地位，而在大規模灌溉的社會中，這樣的變革又更進一步發展。重要的水資源管理規畫養活了更多人口，但是這些規畫也需要投入大量公共勞動力來興建蓄水梯田、儲水池、運河、水壩和水庫等設施；需要公民承擔義務，提供技能與勞動力，或是納稅來支持基礎建設的發展與維護；更需要專家提供水文和專業技術與知識、提出新的財產和權利形式，並加以監管。[1] 這樣的變革擴大了階級和性別的社會不平等，並支持更父權制的政治布局。[2] 透過鼓勵集中治理，灌溉加速了國家的出現，並創造了官僚結構，導致管理和受管理階層的疏離。[3]

隨著政治和宗教菁英被賦予權力，統治王朝的國王和皇帝也擁有愈來愈高的權勢。這些神聖化的領袖成為眾神在俗世的代表，甚或本身受到神化，成為神或半神。因此，大型灌溉社會的宗教和社會政治布局，與那些維持較小規模農耕和傳統生活方式的社會截然不同。跟以往一樣，水是一面完美的鏡子，反映了社會裂解和不斷變化的權力關係，這樣的變化不僅發生在人與人的關係，也存在於人類與非人類之間的關係。[4]

本章所探討的社會通常被稱為「水利文明」。拉丁語的 *civilis* 一詞，指的是「公民」和「城市」，強調主流論述中將技術進步和城市化，與社會進步劃上等號的傾向。這種關於文明構成的假設，仍然是社會努力重塑周圍環境和大規模改變水流方向的基石。

古埃及的水利文明

古埃及就是最早的一個例子，證明人類對這種進步的渴望。古埃及地區擁有青翠的大草原和濕地，幾千年來一直都有狩獵採集民族在此定居。[5]我們對他們的信仰知之甚少，不過他們很可能與其他覓食社會一樣，崇拜那些展現非人類世界力量的神靈。此地也跟其他地方一樣，在新石器時代出現轉向農業的過渡時期。因為氣候變遷和沙漠化，人口逐漸向尼羅河流域遷徙，並於西元前三一〇〇年左右合併成一個統一的國家。[6]接下來的歷代王朝，通常稱為舊王國、中王國和新王國，剛好與青銅時代的幾個關鍵階段相當。埃及公民馴化植物、鴨、鵝和當地的有蹄類動物，並從亞洲進口牛隻。他們創造了精緻的物質文化（包括金飾、陶器和玻璃製品），發展出複雜的象形文字系統，並在整個地區建立了貿易關係。[7]隨著轉向農業社會發展和城市的出現，物質紀錄顯示他們的宗教也轉向更人形化（或半人類）的神靈，不過許多神靈仍保留了非人類特徵，或是繼續在多種人類和非人類形式之間轉變。

為了適應環境壓力，當地人共同努力強化自然排水渠道，並建造小型堤壩攔阻洪水，但是他們很快就臣服於興建更大規模灌溉基礎設施的誘惑。他們的命運就是一場持續的鬥爭：穩定時期與半崩解時期交替出現，其間嚴重的乾旱再加上政府的暴斂橫徵，導致飢荒和政治衝突。[8] 然而，他們並未想到回歸更保守傳統的生活方式：發展於早期托勒密王朝（Ptolemies）的法尤姆文明（Faiyum）歷史紀錄顯示，對於尼羅河的變幻莫測，大有為政府的因應方式就是興建更複雜的人工灌溉系統。[9]

人類建造了大型堤防來攔截尼羅河每年的洪水並用於灌溉農田，同時還舉行重大儀式來慶祝每年一次的重要洪氾，一直持續到十九世紀。他們在尼羅河沿岸設立水位表，記錄每年的洪水水位。這些測量裝置不僅幫助當地社群治理每年的洪氾並維持生計，還讓他們得以預測可能釀災的過量洪水，例如西元前六三八年的那次氾濫，尼羅河谷變成了「原始海洋和一片沒有生命的地區」。[10] 他們根據水位表的讀數和孟菲斯（Memphis）一座瞭望塔的觀測，建立了一套系統，在洪水尚未來臨之前，就派遣快艇槳手划船到下游提出預警。

第一位法老王美尼斯（Menes，約西元前三一一〇－二八八四年）在孟菲斯南方二十公里處，建造了世界上最早的一座大型水壩，長約四百五十公尺，高約十五公尺。尼羅河的河水被改成人工湖泊與河道，同時為這座城市提供了一條防禦用的護城河。兩千五百年後，希羅多德（Herodotus）指出，這條護城河仍然受到精心守護：「直至今日，波斯人仍然小心翼翼地守護著這一彎河水，每年加固大壩，保持水流暢通，因為一旦尼羅河決堤，河水溢出堤防，整個孟菲斯都將面臨洪水氾濫的風險。」[11] 除了防洪之外，大壩還引導水流經過一系列盆地，分配每年的洪水。從亞斯文（Aswan）到地中海沿岸之間，開闢了面積從幾百費丹[17]到超過六萬費丹不等的梯田，這個系統仍然支持埃及的大部分農耕。[12]

主要水利基礎設施的建設和埃及王朝同時出現，說明了社會、政治和技術變革之間的關係。較小的群體合併成為一個水力國家，為人類理解世界的方式帶來了關鍵性的轉變，也反映出人類從史前時代的自然崇拜，轉移到將人類與環境關係概念化的新方式。

古埃及的原始水族信仰

早期的埃及宇宙觀與其他自然宗教信仰相同，其中代表非人類力量的多個神靈分別負責各種事件的趨向。如前文所述，原始的蛇形水族是宇宙創世故事的核心：事實上，許多蛇崇拜正是起源於這個地區，然後流傳到世界各地，其中有創世蛇從「努恩」（水的混沌）中崛起的基礎圖像，以口語的方式「說出」了這個世界，還有類似的蓮花圖像，從水中升起，成為「生命源自暗黑死亡」的象徵。[13]

這些原始水族創造了眾神的萬神殿。太陽神阿圖姆（代表「萬物」）從蓮花中誕生，形成了原始土丘，並誕生了兩隻「雛鳥」：舒（空氣）和泰夫努特（水分）。[14]他們反過來創造了天體女神努特（天空），努特拱起身子，保護她的兄弟／配偶，綠色的神蓋伯（Geb，代表地球）。世界秩序原則瑪阿特（*maat*），化身為長了翅膀的女神瑪阿特（Ma'at）；她的對立面則是一個世界末日的預言，講述失序的「時間終結」——根據埃及的《亡靈書》，「世界將恢復到最初無差

55. 銘碑展示了蛇形的伊西斯和歐西里斯，還有復仇女神涅墨西斯（Nemesis）的獅鷲。

別的混沌狀態，阿圖姆又變回了一條蛇。」[15]因此，埃及的蛇形水族發揮其典型作用，創造了世界，並調解精神與物質的時空流動。負責維持這些生命流動的下一代神靈歐西里斯和伊西斯，也以蛇形出現（圖55）。

在埃及地區，除了最早的銜尾蛇形象象徵無限時間之外，有個最持久的蛇圖像就是不朽的守護神烏拉烏斯。這位女神「化身為一條蛇」、「坐在神殿中或寶座上，接受信徒的膜拜」。[16]在下埃及的布托鎮（Buto），對瓦吉特（Wadjet）的膜拜可以追溯到前王朝時期。瓦吉特是一位強大的女蛇神，名字的意思是「綠色的」或「紙莎草紙的她」。紙莎草紙是用一種濕地莎草（*Cyperus papyrus*）的髓製成的紙張，據說第一株紙莎草植物就是來自瓦吉特的身體。[17]瓦吉特經常被描繪成一條纏繞在紙莎草上的蛇，成為最早的一個蛇與手杖圖像。[18]她纏繞著紙莎草，與地球上的水域產生連結，但是有時也將她描繪成長著翅膀的生物，表明她與空氣和天界有關係，據說她還會噴火（圖54）。因此，

17 譯註：Feddan 是古埃及使用的面積單位，每一費丹約等於〇．四二一公頃。

蛇形生物既具有保護作用，又具有危險性，埃及冥界中的神聖樹林，也同樣由會噴火的烏拉烏斯守護，他會「摧毀任何入侵或不公正的靈魂」。[19]

古埃及的神化人類

古埃及的圖像和文字是多種宗教傳統的精髓，不過都是支離破碎的，呈現出多樣化、有時甚至只是結構鬆散的敘事。儘管如此，從中仍能看出一致的模式：蛇形生物擁有宇宙創世能力，代表水及其生成能力，也代表死亡和重生的無限循環。他們有守護功能也有權威性，能在必要時給予懲罰，並且受到極高的尊崇與膜拜。

然而，隨著宗教領袖取得政治優勢，思想和實際做法都開始改變。原有的儀式也經過調整，反映出赫利奧波利斯（Heliopolis）和孟菲斯的祭司擁有愈來愈高的權力，影響力擴及該國的其他地區，藉以維繫國王的宗教權威，並強化中央集權的進程。[20]隨著宇宙論信仰開始偏向更人形化的神靈，早期宗教的多重生命形態開始融合轉變，獲得了新的名稱與屬性。我們可以看到歐西里斯的圖像逐漸人形化的過程，原本是包羅萬象的「圓形」或「綠色」，不過在塞提一世（Seti I）的石棺上，卻是一個被水吞沒的人形，整個人蜷縮在一起，頭與腳相連，身邊的空白處則刻著這樣的銘文：「這是歐西里斯，環繞著冥界。」[21]因此，經典的蛇形水族開始出現人形，卻又保留了蛇形的關鍵元素以及與更深層領域的連結。他在俗世的對應人物伊西斯，則以蛇的形式出現在同一個石棺上。

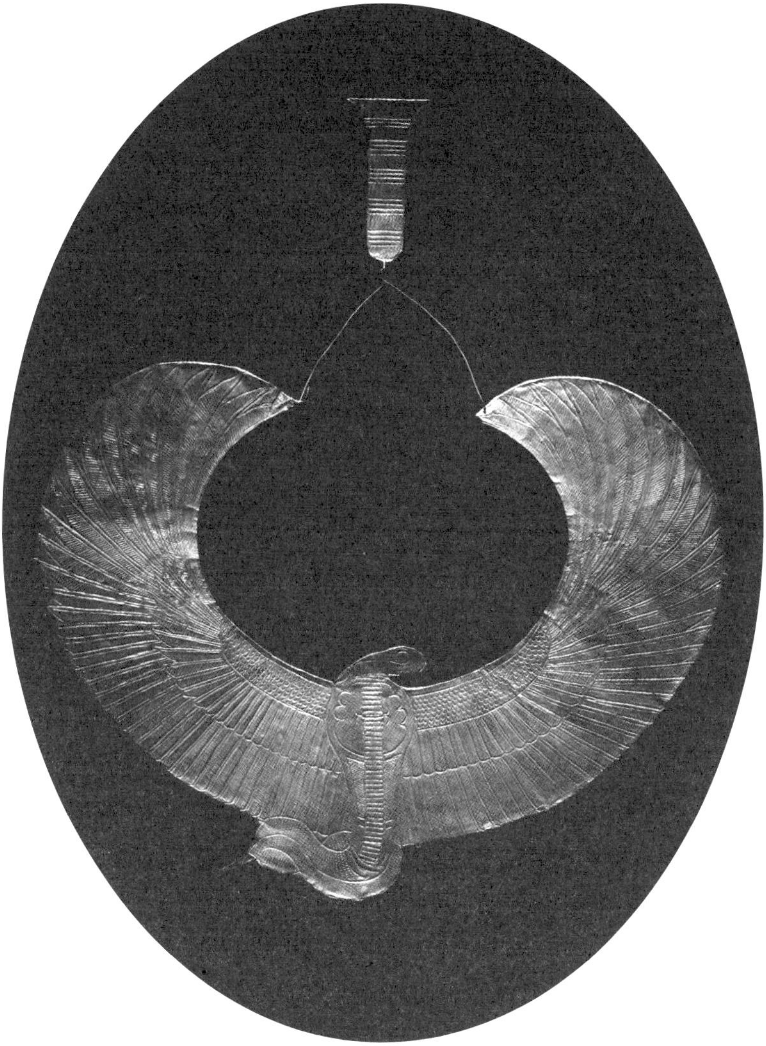

54. 有翼的烏拉烏斯，描繪女蛇神瓦吉特，於埃及圖坦卡門（Tutankhamun）墓出土，第十八王朝，西元前 1332-1323 年，黃金材質。

在後來的圖像中，歐西里斯就完全以人類的形式出現。故事講述他是如何遭到賽特殺害，而他的「妻子」伊西斯——同樣以人形現身——徹夜守在他的屍體旁哀悼。太陽神荷魯斯到冥界找他，釋放了他的靈魂，並產生了俗世（即人類）的君主血統。[22]這個故事中最重要的一點，就是確立法老為太陽神的後裔，是眾神的不朽代表。同時，在人類層面上，則要求他成為道德領袖以及集體活力和力量的源泉，而最明顯的做法，就是確保可靠的水源供應。[23]

法老的肖像也介於人類和蛇形之間，反映出法老取代了早期的蛇形神靈。第一王朝的統治者吉特（Djet），其名稱的意思是「荷魯斯眼鏡蛇」或「荷魯斯之蛇」，而他的墳墓上有代表蛇的象形文字。[24]誠如前文所述，拉美西斯三世的靈柩上有一條銜尾蛇，象徵國王的永生。[25]烏拉烏斯的權威轉移到法老身上，成為一項裝飾品：「在大多數王冠和頭飾中，都有蛇形象的原型，突出在前額上方，代表王權。」[26]這些文化意象的改變，說明了神聖力量和權威移轉的過程，從蛇形神靈轉移到神化人類的手上。

20　神化的巴比倫君主掌控水管理

埃及宇宙觀的思想特徵，與美索不達米亞相互呼應。當埃及在開發大規模的水利基礎設施時，蘇美人也開始灌溉底格里斯河與幼發拉底河之間的洪水氾濫區。他們從西元前三〇〇〇年至一八〇〇年間，就居住在這個地區，此後分別受到阿卡德、西台（Hittite）、亞述和巴比倫社會的控制。後來的人充分利用蘇美人的創新，其中包括刻在泥板上的書寫文字，詳細記錄了信仰與實務的改變，包括從神權政府形式轉向君主制和半民主國家的變化。跟其他地方一樣，他們對農業的依賴促成了對天體領域和年曆發展的濃厚興趣，對整個古代世界都有深遠的影響。[27]

美索不達米亞的灌溉規畫甚至比埃及更有企圖心，因為底格里斯河與幼發拉底河比尼羅河更不穩定，它們沒有可靠的年度洪水，而是不可預測的水流，也讓蘇美地區產生了第一個「大洪水」的故事。蓄水和防洪都需要重大工程，例如納赫瓦恩運河（Nahrawān Canal），該運河吸收了底格里斯河及其支流在夏季的大部分水流。大型運河包含多個控制水流的水閘，建造的規模不下於現代工程。[28]

隨著城市人口快速增長，密集農業面臨巨大的壓力。大約西元前一八〇〇年的巴比倫楔形文字泥板描述了一系列水資源管理的問題和解決方案，例如水鐘、水井和水壩等。對水的競爭愈激烈，就愈可能形成「更複雜的勞動分工、社會分層，並且最終形成國家的上層結構（superstructures）」。[29]巴比倫也制定了最早的一套以水權為焦點的法律體系，為許多後續的監管制度提供了範本。大約西元前一七九二至一七五〇年間在位的巴比倫國王漢摩拉比（Hammurapi，通常寫作Hammurabi）制定了《漢摩拉比法典》（Hammurapi Code），鐫刻在一塊逾兩公尺高的石碑上，規定了民眾維護灌溉規畫的責任。「第五十三條。如果有人懶得維修自己的水壩，沒有讓水壩保持在最佳狀態，一旦水壩潰決，導致田地被洪水淹沒，那麼發生潰決的水壩主人將被賣掉換取金錢，用這些錢來賠償因他而損毀的穀物。」[30] 漢摩拉比在一首讚美詩中清楚表明他要強化權威，並將其統治擴展到美索不達米亞的決心，他說：「我是國王，是抓住不法之徒的支柱，使人們團結一致。我是王中的巨龍。」[31]

君主負責大規模灌溉規畫

因此，美索不達米亞證明了高度實用的灌溉規畫所帶來的社會與物質變化，以及因為依賴灌溉而帶來的脆弱性。爭奪水源導致衝突，例如亞述國王西拿基立（Sennacherib，在位時間約為西元前七〇五－六八一年）在幼發拉底河築壩，以釋放懲罰性的洪水，淹沒敵人。西拿基立是一位傑出的水利工程師，發明了用銅鑄的螺旋水泵抽水，並使用這些水泵和溝渠灌溉位於首都尼尼微（Nineveh）宮殿裡的巴比倫空中花園。幾個世紀後，這些花園仍然被希臘作家形容為世界奇觀之一，具體而微地呈現了人類透過工具完全控制水的世界願景。[32]

> 君主在確保自己的土地乃至於整個帝國的豐收上，發揮了至關重要的作用，因此花園在許多方面都象徵肥沃……一個淡水湖……複製了阿普蘇——正是地底下供應河流和水井的水體名稱——及其代表自然力量的化身……正如《巴比倫創造史詩》中的水代表混沌一樣——最後由馬爾杜克控制了提阿馬特與阿普蘇——所以西拿基立改變山裡溪澗的流向，證明了他有

> 控制混亂湍流的能力。但是還不僅止於此，在用螺旋水泵抽水時，逆轉了水往低處流的自然混沌趨勢，也消弭了季節性的乾旱。以尼尼微的緯度來說，花園通常會在盛夏酷暑期間失去綠色植物……但是王宮花園卻因為水源充足，克服了這些自然變化，在整個酷暑夏季的幾個月裡，仍然保持四季如春的翠綠，而周圍卻顯得乾燥、枯黃、塵土飛揚……西拿基立凌駕大自然的力量，在這些方面都是顯而易見的。[33]

西拿基立也將棉花引入亞述，而隨著大規模灌溉規畫成為全能君主的責任，負責水和生命的神靈圖像也相應產生變化。早期的蘇美和阿卡德圖像都是以一棵樹或一根桿子代表世界軸，有兩條巨蛇纏繞其上。但是，就跟埃及一樣，後來的人形化神靈就以這樣圖像作為配件，代表其神聖／凡人的權威。所以，從大約西元前四〇〇〇年開始受到崇拜的蘇美女神伊南娜，就是「手持節杖，兩條蛇纏繞在杖上」。[34]

儘管在埃及和美索不達米亞的整個王朝時期，對蛇形生物的崇拜一直存在，但是這些地區也提供了第一批由蛇代表邪惡化身的圖像，必須由男性文化英雄斬妖除魔。在埃及，「毀滅者」阿波菲斯遭到太陽神智取擊敗，而殺害歐西里斯的賽特則變成了龍或邪惡的蛇，為賽特／撒旦的意象提供了主要的先例與模型。

這些故事可能有一部分源自人類必須殺死「混沌怪物」的固有心理需求（見第三章）。[35]但是在人類本身獲得神性並挪用自然生物之物質、社會和精神力量的過程中，人類與非人類之間出現衝突，也顯示雙邊關係的一些重要變化。

21 印度哈拉帕文明的水治理思維，開始向外傳播

印度河流域的信仰體系也出現了廣泛的神靈人形化模式，這種信仰體系橫越印度大陸，一直流傳到亞洲。與埃及和美索不達米亞一樣，日益嚴重的地區性乾旱讓新石器時代的部落農民聚集在一起，組成了一個更大的灌溉社會，養活了大約五百萬人。[36]我們現在知道，「哈拉帕文明」(Harappan civilization)與蘇美文明有密切的貿易關係，使得這些地區之間的思想得以交流。

與其他早期灌溉社會裡的農民一樣，印度河谷的農民都依賴印度河及其支流每年的洪水氾濫。除了建造堤防之外，他們還擅長興建儲水槽、運河和水庫，例如，西元前三〇〇〇年就在吉爾納爾(Girnar)建造了一系列大型水庫。[37]西元前四世紀的印度文獻提到了*cakkavattaka*(抽水裝置，或稱「轉輪」)，[38]城市也有都市衛生計畫，包括在家中留下洗澡的房間，以及引導廢水流入城市街道旁邊有加蓋的排水溝等。

哈拉帕文明還發明了一種書寫形式(至今仍未破解)和複雜的測量系統，包括全世界的第一個雨量計。他們的社會依賴中央集權的城市管理，用於識別財產和貨物運輸的印章，揭示

了更廣泛的官僚協調。到了哈拉帕文明的後期，即西元前十世紀至六世紀之間，出現了強大的王國。祭司階層將吠陀宗教經典形式化，由此獲得權力並鞏固其權威。

藉國家控制和階級責任尋求穩定

這些發展建立了種姓階級制度，即便時至今日，這種階級制度仍然在全印度建構人與水的關係。18[39]然而，無論是精細的治理還是先進的技術，都無法讓依賴灌溉的社會免於水流變化的影響。哈拉帕社會先是合併了較小的族群來應對日益嚴重的地區性乾旱，不過他們發現，經過一段時期的繁榮和人口快速增長之後，密集灌溉已經不足以應對氣候變遷和長達兩百年的乾旱。[40]歷史學家烏平德·辛格（Upinder Singh）描述了哈拉帕文明晚期的「城市網絡崩解」[41]：城市遭到遺棄，人口流散，散居到農村社群，或是遷移到其他地區。

印度河流域的社會「崩解」之後，哈拉帕文明的思想與實踐流傳到恒河與亞穆納河（Yamuna River）流域，並進一步傳播到印度次大陸。成書於西元前四〇〇年至西元四〇〇年之間的《摩訶婆羅多》文本提到了多條運河（*kanwa* 一詞來自古波斯語的 *kan*，就是「挖掘」的

---

18 原註：迪帕·喬希（Deepa Joshi）和班恩·福塞特（Ben Fawcett）描述了在印度北部丘尼（Chuni）地區水與種姓之間的當代關係。在這個水源充足的村莊裡，有一座供奉賈提毗（jai devi，即水之女神）的古老寺廟，仍然保持傳統灌溉渠道（guls）暢通。據說，上層種姓階級使用的泉水是賈提毗的居所，所以每天都要舉辦儀式來崇敬、膜拜她。但是被視為淨化液體的水也會灑在屬於賤民階級的人身上，據信賤民受到污染，還會污染到旁人，因此他們使用泉水和水井的機會受到限制，任何違規行為都會受到懲罰。

意思），早年孟加拉國王就是切斷運河系統的臨時渠道來控制在洪水氾濫期間的恆河溢流。[42]他們的水資源管理使得該地區的經濟蓬勃發展，到了足以讓孟加拉人與羅馬人進行貿易的程度，而且這種榮景在整個前殖民時期的蒙兀兒（Mughal）統治下持續存在。從總督一路晉升到孟加拉最高統治者的蘇丹吉亞斯丁・伊瓦德・卡爾吉（Sultan Ghias-al-Din Iwad Khalji，西元一二一三－一二二七年在位），就修建了巨大的堤防與橋梁，保護首都拉赫納瓦堤（Lakhnawati）免於洪水侵襲。他還建造了一條長約兩百四十公里的高聳主幹道路，其目的不僅是為了控制洪水和便於灌溉，同時也是為了方便通訊聯絡與軍事行動。[43]到了一三〇〇年代，摩洛哥探險家伊本・巴圖塔（Ibn Battūta）乘船從錫爾赫特（Sylhet）前往索納爾岡（Sonargaon），一路上記錄了這個地區的高度繁榮，河流兩岸都有繁盛的村莊與花園。[44]

這樣的穩定仰賴嚴格的國家控制和階級責任。公共工程部門將資金下放給當地的*zamindars*（地主），由他們負責挖掘運河、溝渠，並修復道路和堤防，同時授權給他們向當地居民徵稅，用以支付基礎設施的維護費用，監督當地村落的官員和*gramsaranjami*（志工）完成這些工作。透過這種方式，王國保持了對人民和水的控制。

22　印度蛇形水族，從主要神靈演變成配角

灌溉農業流傳到整個印度次大陸，部落社會也合併為更大的群體，導致宗教信仰出現一

些變化。史前的岩石藝術，例如位在中央邦（Madhya Pradesh）的比莫貝特卡石窟（Bhimbetka Rock Shelters）裡，就有動物圖案顯示該地區早期狩獵採集民族對非人類生物的崇拜。在印度河谷，考古學家在印章和雕刻中看到描繪動物包圍有角人物以及男女性器的圖像，由此推測，後新石器時代的居民崇拜有互補性的男女神靈及其宇宙生成能力，也崇拜神聖化的動植物。[45]哈拉帕文明晚期（西元前一六〇〇－一五〇〇年），印度雅利安人（Indo-Aryan）的吠陀牧民部落遷徙到印度北部，帶來了提婆（*devas*）：以人形現身、象徵非人類世界各方面的神靈，包括代表天氣的因陀羅和代表水的阿帕斯（Apas）。後來從這個地區衍生出來的印度教各個流派，都特別強調女性的母親女神，例如恒河女神。

魔羯魚變成水神坐騎

在這個地區的宗教變遷中，水仍然是精神的中心。人們廣泛使用神聖的浴場，例如在印度河谷一個主要城市朵拉維拉（Dholavira）發現的古老階梯井，[46]這個階梯井建於五千多年前，是印度次大陸最古老也最大的階梯井之一。不過，印度有數以千計的聖井，證明了崇拜水及其生成能力的悠久文化歷史，並且隨著印度教和佛教吸納了早期的宗教思想，一直存續至今（圖56）。

在印度藝術和建築中出現的水族圖像，與本書稍早描述的地方本位「自然宗教」有相似之處。第一章介紹的摩羯魚在整個印度和亞洲的印度教與佛教圖像中反覆出現，具有早期水族的所有形式特徵，並與強大的本土物種結合——像是鱷魚、大象、魚和蛇等（圖57）——藉以

56. 藏傳佛教的龍／海蛇形摩羯魚號角，
20 世紀，黃銅。

57. 禪邸（Kidal Temple，印度教神廟）的摩羯魚，
東爪哇的瑪琅（Malang），約 1248 年。

展現水賦予生命的力量。*makara*（摩羯魚）一詞本身源自梵語，意思是「海龍」或「水怪」，並構成了*magar*這個詞的基礎，代表「鱷魚」（也衍生出英語單字「mugger」，一種沼澤鱷魚，也有搶匪的意思）。摩羯魚最常見的意象就是會吞噬或吐出人類或其他物種，表示他們在精神和物質存在這兩種不同領域之間移動，發揮關鍵的創造性（或破壞性）作用。他們通常有兩個頭，或是以雙生子的形式出現，主要是寺廟門戶的守護者，彎彎地圍著門口或是坐守在門口兩側。在佛教佛塔入口或皇室寶座上，都會看到類似的身影。

然而，有一個重要的區別出現了。在印度教出現之後，摩羯魚就不再是體現水之生成能力的主要神靈，而是變成人形化的水神坐騎（*vahana*），例如恒河女神或海神婆樓拿（Varuna），都被描繪成騎坐在摩羯魚的背上。其他蛇形生物也扮演配角而非主角。如前文所述，毗濕奴及其配偶拉克希米還有佛陀的人形圖像，經常被描繪成斜倚著大蛇，在宇宙海洋中漂浮的形象（圖58參見頁16）。

23 女神拉賈・高莉的蓮花圖像逐漸人形化

女神拉賈・高莉（Lajjā Gaurī）的圖像也明顯出現了類似的人形化轉變。她是主掌生育的主要神靈，最初在印度河谷出現時，屬於前吠陀時代的一個流行教派，後來被主流印度教吸納：「源自一組古老的流行符號……從概念上來說，拉賈・高莉的前身可能——甚至已經確定可以——追溯到西元前二五〇〇至一五〇〇年左右的印度河谷藝術。」[47]

藝術史學家凱若．波隆（Carol Bolon）形容拉賈．高莉早期是無偶像的，她的圖像只是描繪蓮花植物，並以其各個部位在視覺上類比人類的生殖器官，藉以代表創造的概念。然而，隨著時間推移，女神的蓮花植物形態逐漸變成了人形[48]。先是有了人身，不過仍然保留以蓮花為頭（圖59）；到了六世紀，象徵女神的蓮花就消失了。拉賈．高莉以人頭和完全人類的形態出現，不過手中仍然持有陽具形態的蓮花花蕾與蛇臂環，表示她長期以來象徵生育和再生能力的角色。[49]

波隆認為，早期的非人類圖像，無論是佛陀還是拉賈．高莉，都「以超越自然、超越人類的東西，利用有力的宏觀和原始符號，最有效地表達」他們真正的本質。[50]情況可能確實如此，但是我認為，印度圖像中神靈逐漸人形化，也反映了人與非人類之間關係的變化，從低調的狩獵採集、放牧和小規模農耕，轉向對水實施更強的工具性控制，這都是大規模的農業及主要灌溉技術發展的結果。

59. 生育女神拉賈．高莉的雕像，她的頭是一朵蓮花，印度的中央邦，約 6 世紀，砂岩。

24 那迦的變化，顯影人類水利文明敘事模式

在印度及其信仰體系傳播所及的許多地區，最著名的蛇形水族就是那迦。那迦與摩羯魚一樣，都傳遍印度和東方，連結到印度教、佛教和耆那教中有關水和生育的觀念。這些神靈的圖像至少流傳了三千年，正如尚－菲利普．沃格爾（Jean-Philippe Vogel）所說的：「更令人驚訝的是，那迦在印度藝術和文學中以無窮無盡的面貌出現。」[51]他們在最早的吠陀文字中就已經是主要人物，時間約莫是西元前一五〇〇年，這些文字記錄了更古老的口傳敘事。[52]在《摩訶婆羅多》和《往世書》（*Puranas*）等諸多重要的宗教文本中，他們也佔據了中心地位，這些文本材料不斷地重新編寫，一直持續到大約西元八〇〇至九〇〇年間。

印度水文神學的蛇崇拜

《摩訶婆羅多》、《往世書》和《梨俱吠陀》中所描述的那迦，在外形上始終是蛇形（圖60）。他們的身體通常覆蓋著鱗片，並且跟埃及的烏拉烏斯一樣，借用了眼鏡蛇的外形特徵，通常有好幾個頸部有皮褶的頭，帶來雨水、生育能力和啟蒙。[53]當他們以天體生命的形式出現時，其毒液就代表閃電與熾熱，或稱為心光（*tejas*），表示超自然能量，不過他們主要還是存在於地表水體和稱之為「那迦珞卡」（*Nāgaloka*）的地下流體世界中。據信，可以透過蟻丘進入這個領域，因此蟻丘就成了村莊神廟中祭祀那迦的祭壇，並用於安撫這些神靈所需要的儀式。[54]

蛇神殿和崇拜蛇的儀式在印度的農業社群中仍然司空見慣，成為幾個主要年度節日的基礎，如：蛇節（Naga Panchami）和象頭神節終日（Anant Chaturdashi）。慶祝活動包括供奉牛奶（古希臘也用於蛇崇拜）、米和薑黃，焚香和樟腦以及撒花瓣等。[55]在歷史上，這些儀式可能還包括食用蘇摩（soma），這是一種會讓人產生幻覺的飲料，通常是在頌讚那迦「炙熱」和啟蒙能量的儀式中供奉給神靈。[56]

蛇蛻皮的意象也在印度文獻中反覆出現，代表人從世俗（物質）存在或是從罪惡與失德的沉重壓力中解放出來。傳統上認為蛻下的蛇皮具有神奇的力量，而《二十五梵書》（*Tāṇḍya-Mahābrāhmaṇa*，約西元前一四〇〇年）也提到蛇蛻的用法，以及據信可以賦予永生的「蛇祭」。[57]另外，在《夜柔吠陀》（*Yajurveda*，約西元前一二〇〇－八〇〇年）中也有一段文字，說明了同時是水蛇和火蛇的那迦在水文神學運動中的角色：

> 向沿著大地移動的蛇致敬。向天空與天國裡的那些蛇致敬。他們是巫師之箭……向藏在洞裡的那些蛇致敬。向那些在天國光輝中、在陽光照耀下、在水裡安居的蛇致敬。[58]

創世蛇的人形化趨勢

佛教基礎文獻描述了蛇王的四個祖先部落。[59]《往世書》提供了八種主要的創世蛇，即八大

60. 那迦，石雕，曷薩拉帝國（Hoysala Empire），10-14 世紀，
沉納克希瓦寺（Chennakeshava Temple），印度卡納塔克邦的貝魯爾（Belur）。

那迦（Ashta Nāgas）。[60]在《薄伽梵往世書》（*Bhagavata Purana*）中，大蛇神桑卡夏納（Sankarshana）早在創世之前就生活在地下界深處，據說擁有摧毀並重建宇宙的能力。經過了一段時間，桑卡夏納變成了宇宙蛇阿難陀。這個名字源自梵語的*anant*，有「無窮」、「無盡」、「無限」的意思，也代表「剩下的東西」：就是當所有其他一切都消失時仍然存在的東西。有時候也會被稱為「舍沙」，因為他是「舍沙那迦」（*Shesha-nāga*），是擁有好幾個眼鏡蛇頭的那迦之王。他跟其他主要的創世蛇形水族一樣，都是知識和啟蒙的來源，因此，《往世書》中說他「講述」了《薄伽梵往世書》，創造了世界，並帶來意識。

關於那迦的文字敘事與印度教吸納早期信仰體系，差不多都在同一個時間出現，代表從崇拜小規模、地方本位社群的本土水族，轉向表達更抽象世界觀的宗教思想。吠陀文獻認為水（*Apah*）具有淨化作用，而且是永恆生命娜拉（Nara）的第一個居所，因此包含了宇宙的基本原則，即*prahtisha*。早期文本也將水定義為女性原則沙克提（Sakti）的體現。[61]

在後來的印度教和佛教敘事與圖像中，蛇神阿難陀與人形化的神同時並存。當毗濕奴和他的配偶拉克希米（財富和繁榮女神）斜倚在阿難陀／舍沙的身體上，漂浮在宇宙海洋時，梵天從毗濕奴腹部長出來的蓮花中出現，因此是梵天創造了地球與天國，而不是大蛇。[62]《摩訶婆羅多》提到舍沙在梵天的指引下居住在地下界，支撐不穩定的地球。

然而，在以轉世觀念為基礎的宗教傳統中，形式與身分是流動的。印度教神靈在化身與生命、蛇形與人形之間自由轉變。大家熟悉的人形女神迦梨（Kali），同時也是「深藍色的」母神，代表萬物誕生的黑暗流動性。[63]她是一種與季節和週期息息相關的「時間力量」，能帶來生命或死亡。[64]在一些故事中，大蛇阿難陀是毗濕奴或其化身奎師那（Krishna）的早期表現形式，《往世書》指出「毗濕奴天神最重要的化身是桑卡夏納，也就是阿難陀。他是這個物質世界中所有化身的起源」（圖61參見頁17）。[65]

隨著時間的推移，這些故事也逐漸演化，而毗濕奴／奎師那的形象不僅傾向於採用人形，而且開始寫入歷史，強調從宗教神話進入人類歷史的一個重要的敘事轉換：「在婆羅門傳說中，他〔奎師那〕可能是一個虔誠的苦行僧；而在佛教傳說中，他甚至可能發展成為克己的聖人。這些不同的類型經常混合在一起，顯得很奇怪。」[66]在一個流傳甚廣的故事中，毗濕奴被逮到在偷聽濕婆神向雪山女神（Parvati）傳授祕密教義，此後，毗濕奴就受命要像聖哲帕坦伽利（Patanjali）一樣，以人形傳授此一知識。[67]類似的人形化趨勢在佛教也很明顯，經過幾個世紀非具象且「非偶像式」（aniconic）的意象之後，受到西元前一世紀的希臘影響，導致佛陀也跟毗濕奴一樣，開始被描繪成人形，由一條大蛇支撐（圖62）。因此，印度的創世蛇形水族敘事，包含一系列的轉變，從最初的蛇形生物演變成人類形態，而原本以抽象形式代表的生命（如佛陀），則更加明確地人形化，並且有順服的蛇形生物相隨。

蛇臣服於人形神靈力量

人類與非人類之間關係的轉變，不僅反映在阿難陀與其他蛇形生物在與人形神靈比較時日益低下的地位，同時也反映在描述二者之間緊張關係的故事裡。有些故事反映了群體之間的衝突：有些人想要保留對那迦的宗教崇拜，而另外一批人則致力於崇拜更人形化的奎師那形象。還有一些關於人類或人形神靈可以管轄或主宰那迦的記載，男性文化英雄以帶有性侵犯暗示的方法來達到這個目的。

例如，在蒂魯瓦魯爾（Tiruvārūr）有個故事說到：「有位國王用長矛刺穿村落女神瑪坦吉

62. 佛陀與目支鄰陀蛇（Mucilinda）雕像，柬埔寨的吳哥窟，12 世紀，青銅。

（Mātangī）的蟻丘家園，發現了她的蹤跡：瑪坦吉從淌著血的蟻丘站了起來，左手握著諸天，右手握著宇宙巨蛇阿蒂西薩（Ādiśesa）」。[68]《吠陀經》描述如何從一條主要的蛇形水族弗栗多手中奪取原始水域的控制權：「弗栗多是一條環繞著原始水域的蛇，不讓水流動。他的名字就是『壓迫者』的意思。」在吠陀傳統中，他的形象是狡猾、出言不馴的，而且不信神……因陀羅揮舞雷霆，就像宙斯大戰堤豐那樣，屠殺了巨龍，從而釋放了被禁錮的水域。[69]

因陀羅佔用大蛇治水的力量，與《薄伽梵往世書》中一個著名的故事相互呼應。故事的標題是〈奎師那嚴懲卡利耶蛇〉（Krishna Chastises the Serpent Kāliya），描述奎師那如何制服有毒的多頭那迦卡利耶，因為他污染了位在沃林達文（Vrindavan）的亞穆納河。[70]「有一個水池，正是卡利耶……的住處，池水因其毒火而沸騰。從池上飛過的鳥兒會掉進水裡〔死掉〕，岸上的所有動植物也都因為接觸到隨風浪飄散的毒氣而亡。」奎師那從一株卡丹巴樹（Kadamba tree）上跳進毒水中，攪動池水翻騰，卡利耶開始嘔吐。巨蛇纏繞著他的身軀，打算將他壓碎時，奎師那膨脹身體變大，直到他的肚子裡承載整個宇宙的重量，並在那迦的好幾個頭上跳舞（圖64參見頁18）。

> 神用腳踢懲戒惡人，讓蛇……從嘴巴和鼻孔吐出可怕的〔有毒〕血液，經歷了極大的痛苦……蛇承受不了奎師那神的腳跟壓在他身上的重量……在神的踐踏之下，像是雨傘一樣的皮褶被踩得支離破碎……他的妻子們也飽

受折磨，紛紛將衣服、首飾、頭髮都獻到原始神的面前……她們把自己的身體和孩子放在神面前的地上……她們彎下腰，雙手虔誠合十，請求神釋放她們罪孽深重的丈夫。[71]

透過這番激烈的戰鬥，奎師那挫敗了蛇，確立了他的權威。在這個故事的某些版本中，卡利耶的臣服將那迦從其蛇形的「詛咒」中解放出來，將非人類的蛇形水族變成尚未完全「文明化」的形式，體現水的力量。在另一個類似的故事中，奎師那進入惡魔蛇的身體來拯救一些牧民（*gopas*）和他們的牛。神的身體不斷膨脹，導致蛇身爆裂，牧民毫髮無傷地重見天日，並禮讚奎師那拯救他們，免於遭到蛇的吞噬（圖63參見頁19）。

我們看到的是具有一致性的敘事模式，其中印度的蛇形水族（以及類比他們的蓮花）要不是本身化為人形，就是被人形化的神靈所征服，這些神靈還佔用他們的力量，控制了水。這些模式在其他「水利文明」中不斷重複，結合宗教與對水的物質控制，發展出更集權和階級化的政治布局，讓神權菁英統治整個社會。其結果除了導致日益擴大的社會不平等之外，還讓這些社會沿著一條軌跡更進一步發展，也就是擴大了對人類實用工具的期望，並凌駕於非人類生物的利益之上，於是後者的棲地與福祉就完全歸入灌溉農業的範疇。

07 遷徙 Travelling Beings

大型灌溉社會的繁榮與勢力橫越大陸和海洋，使印度教和佛教信仰得以傳播到整個東南亞。在西元紀年之初，羅馬帝國、印度和亞洲許多地區之間就已經建立起貿易關係，短短數百年間，位於湄公河下游三角洲的扶南國（Fun Nan）已成為一個重要的商業中心。[1]透過這些貿易路線，起源於印度河谷的蛇形水族流經印度、西藏、尼泊爾，最後進入中國，他們與中國思想結合之後，又繼續流傳到柬埔寨、越南、韓國、緬甸、寮國、泰國、馬來西亞和印尼，一路上遭逢不同的文化脈絡，而且每個文化都為他們之間的互動，帶來了獨特的信仰體系與文化傳統。[2]

印度的蛇形水族帶來的思想，並不一定會取代原住民信仰。這些思想在遇到了地方本位的狩獵採集民族所信仰的「自然宗教」與神靈之後，有時會改扮成更本土化的角色，滲透到有感知力的景觀中，提供雨水和資源，藉此更進一步融入並遵循當地的社會習俗，鞏固生死週期循環的思想。

婆羅洲「部落」族群的信仰……有一部分源自中國的龍和印度的那迦蛇神。這種情況也不無道理，畢竟東南亞——包括婆羅洲在內——與印度和中國之間的緊密關係，已經存在了好幾千年……在〔加拉畢語（Kelabit）的〕詞彙中，用來描述這種生命的是……*menegeg*，似乎是源自 *naga* 一詞……*menegeg* 原本是住在高山或丘陵地底的一條巨蟒，叫做 *menelen*。等到巨蟒長到夠大、夠強壯之後，據說就會幻化成 *menegeg*，然後從地底破土而出，造成山崩，接著他順勢流進河川，再游進深水池內。也有了解內情的人說，*menegeg* 也可能是從鰻魚（*delo*）發展而來的……最後再變成體型和力氣都更大的 *lalau*，而且像中國龍一樣頭上長角。當下大雨和高水位時，*menegeg* 或 *lalau* 會順流而下，甚至游入大海，不過最終還是會回到原來的水池。[3]

在東南亞許多鄉村地區可以發現類似的本土化信仰體系，那裡的蛇形水族經常被形容為祖先，這一點和早期的宗教傳統相互呼應。在越南，有些最古老的文物，例如西元前四〇〇年至西元二〇〇年的東山（Dong Son）銅器，上面有蛟龍的雕刻，是一對代表祖先的蛇形生物。當地的宇宙創世故事——包括當代流行的敘事——都提出解釋，說越南人是龍王和「仙女」（神靈）結合後所生下來的後裔。

韓國的龍

從狩獵採集到新石器時代農業的區域性轉變，也遵循熟悉的模式。在韓國的國家民俗博物館舉辦了一場名為「從自然到人類」的展覽，生動地描述了在舊石器時代和新石器時代，「人類如何學習耕作，利用自然，而不僅僅是適應周圍的環境」。農業生產增加導致了社會階級的出現、土地和資源的衝突，同時產生了第一個國家——古朝鮮（Gojoseon）。[4]

韓國的農村是根據風和水的概念來組成的，理想的聚落必須是「背山臨水」，也就是前面有河，背後有山。然而，海洋資源仍然非常重要，因此提供這些資源的水神也受到高度重視，例如「海水觀音大佛」（圖65）。

65. 龍，韓國釜山的海東龍宮寺（Haedong Yonggungsa Temple），1376 年。

與亞洲其他地區一樣，在韓國，有關實體移動和物質轉變的想法都是以「藏龍」的概念來表達。龍可以隱藏在雲端或水中，也可以化身為魚，然後再變成龍。例如，在釜山附近，由僧侶義湘大師（Uishang）於西元六七八年建造的梵魚寺（Beomeosa Temple），其名稱的原意就是「來自天國的魚」或「涅槃魚的寺廟」。這個典故來自一個故事，講述一條從天國來的魚，乘坐七彩祥雲來到地球，在山頂的井裡嬉戲，讓井水泛出金光。據說這口「金井」永不乾涸，還具有神奇的特性。這一類的故事在這個地區屢見不鮮，故事中這種超自然的魚實際上是一條隱身的龍，寺廟也經常以龍／蛇形水族的圖像裝飾，其中還有一些以魚形「隱身」的龍。

偏遠的農村人口往往保留傳統的世界觀，而透過貿易聯繫起來的城市中心想法則比較變動不定。東南亞菁英階層普遍接受印度的宗教信仰。在西元前三世紀以前的史料紀錄並不完整，但是印度的蛇形水族就已經滲透到整個地區，從寺廟建築中無處不在的摩羯魚和那迦雕刻就可見一斑。韓國寺廟中的摩羯魚經常畫成手持蓮花，而他們的蛇形外表則「結合了中國傳統外觀與隨著佛教從印度傳入的那迦之佛教意義與特徵」。[5] 作家許筠（Heo Gyun，一五六九－一六一八）認為，在韓國寺廟的基本圖像中，「無數的龍鱗暗喻著無限，據說龍的力量深不可測……據信他有控制天氣的能力，能形成雲、霧或露水，也可以啟動或結束降雨。」[6]

日本的人蛇關係

在日本，諸如《日本紀》（Nihongi，西元前七九〇年）和《古事記》（Kojiki，西元前六八

67. 歌川國芳（Utagawa Kuniyoshi），《龍宮玉取姬之圖》，
1853 年，三聯木刻版畫、紙本彩墨。

○年）等古代文獻，都將龍描述為經典的蛇形水族：混合了當地動物群的特徵，展現出水的生成能力（圖66參見頁20）。[7]日本雨神善女龍王（Zennyo Ryūō）的外形要不是龍，要不就是長著蛇尾的人；而掌管生育和農業且會變身的稻荷神（Inari），則被描繪成龍、蛇和狐狸。

在彌生時期（約西元前三○○年至西元三○○年）傳入日本的印度中國佛教蛇形水族，也遇見了神道教早期形式的神靈，其中非人類的「神」，住於山峰、河谷、岩石和樹木裡，展現出自然的力量和氏族祖先的精神。[8]後來因為宗教融合，這些神被佛教的宇宙觀吸納，也日益人格化。因此，現代日語在講到龍的時候，會使用古代日語詞彙 *tatsu* 來指龍，也會使用來自中文的漢字「竜」（*ryū*）和梵文的詞彙「那迦」。[9]

隨著灌溉農業的發展生根茁壯，稻米成為東南亞的主要糧食作物，而關於蛇形水族的敘事轉變，也暗示著人蛇關係從安撫到宰制的變化。[10]在日本的一個故事中，仁德天皇（Emperor Nintoku）意識到人類手段的傲慢，於是以活人為祭品，供奉給一種具有強大力量的河中生物「蛟」（Mizuchi），安撫他對河流工程的不滿。日本最古老的一個傳說則隱含一種更強勢的人蛇關係，這個故事講述了人類試圖控制斐伊川（Hii-kawa River），至今仍在戲劇表演中廣為流傳。在這個故事中，八歧大蛇（Yamata no Orochi）——一條有八頭八尾的巨蛇——遭到人類的「造物主之子」須佐之男（Susano）屠殺。[11]而在其他故事中，海蛇熊鰐（kuma-wani）則是被招降，為仲哀天皇（Emperor Chūai）與神功皇后（Empress Jingū）的船隊領航。還有一些蛇形水族，例如豐玉姬（Toyotama-hime，「夜光珍珠公主」）和事代主神（Kotoshiro-nushi-no-kami）——一條長達八噚（將近十五公尺）的海蛇——被尊為日本第一代天皇的祖先，不但強調他們的祖先角色，也將他們的權力轉移給神化的人類統治者（圖67）。[12]這些變化為後續更趨工具性利用非人類領域的轉變奠定了基礎，並且在二十世紀中葉的快速工業化時期達到巔峰。

25　中國統治者的權威，與龍治水的力量相提並論

來自印度的蛇形生物也與中國古代水神相逢並互相結合。[13]「龍」字出現在商朝（約西元前

一五五六－一〇四六年）占卜用之龜甲和獸骨上所刻的甲骨文中[14]，早期的陶器和玉器也曾出現有魚鱗和鷹爪的龍。[15]愛德華．謝弗指出，在青銅時代，中國的女性「薩滿」或「水女」主持了與生育有關的儀式，其中包括向祖靈祈求為乾旱農田帶來雨水的儀式，顯示在宗教權威上有某種程度的兩性平權。[16]

中國的龍

在最早出現於西元前一〇〇〇年左右的占卜書《易經》中，也可以看到對中國早期蛇形水族的描述。《易經》形容龍是「一種類似蛇的水生動物，冬眠於池，春季再起……他是雷神，出現在稻田（如雨）或是天空（如暗黃色的雲），就會帶來好收成；換言之，就是他製造雨水，滋潤大地。」[17]

西元一世紀的哲學家王充寫道：「龍之所居，常在水澤之中，不在木中屋間……深山大澤，實生龍虵[19]。」後人在注釋中又說：「山致其高，雲雨起焉；水致其深，蛟龍生焉。」[18]王充還說：「龍與雲相招……龍者，雲之類。」[19]其他的古代文本也說：「類固相召，氣同則合……故以龍致雨。」[20][20]

尚－菲利普．沃格爾發現：「毫無疑問的，中國民間傳說和文學中出現的龍，其特性有一

19　譯註：虵，即蛇的異體字。
20　譯註：出自《呂氏春秋》，意思是「物類相同就互相感召，精氣相同就互相投合……所以龍會帶來雨水」。

68. 岳亭春信（Yashima Gakutei），《中國賢人召龍》，
約 1825 年，木版畫（摺物），紙本彩墨。

部分源自印度人對那迦的觀念，認為那迦是重要的神靈，具有掌管水的力量。」[21]在西元五至七世紀之間，前往印度朝聖的早期中國佛教徒，如法顯和玄奘等，交替使用「那迦」與「龍」這兩個詞彙，並且經常提到龍具有控制天象的能力。法顯發現蔥嶺山上有龍，能致風雪雨水；而在僧伽施21，佛教僧人在寺廟裡供奉著會降下慈悲雨露的龍。另一位前往西域取經的信徒宋雲則描述了佛陀試圖讓一位龍王皈依，因為他的憤怒引發了一場猛烈的暴風雨。[22]

中國學者也密切關注龍的起源和演化（圖68）。何新認為龍代表「活體的雲神」。雲雨雷神合稱為「豐隆」（「豐富而壯麗」），同樣的古字可以同時用來表示「隆」與「龍」。[23]他還提出，現已滅絕的「蛇鱷」（*Crocodylus porosus*）就是龍的原型。[24]人類學家朱炳祥指出，中國歷史長期以來一直在尋找龍的「真實形象」，但是他認為這是不可能找到的，因為隨著歷史和文化的變遷，這些符號必然會經過定期的重新詮釋和形式上的變化。[25]

講究宇宙創造性能量的和諧

話雖如此，其中還是有一些重要的一致性。中國龍通常出現在波浪和雲朵中，伴隨著「貴重的珍珠」或是月亮，這是典型的「吞噬和反芻」轉喻，代表他們週期性地吞噬和反芻，藉以產生雨水（圖69）。[26]在中國的宇宙觀中，「貴重的珍珠」是重要的象徵，代表女性、月亮、雨水

21 譯註：Sankisa，位於中印度恆河流域的古國，為佛教八大聖地之一。

和生育之間的關係。在藝術和文學中，女性代表了自然和水循環中滋潤和接受的原則，讓乾燥的土壤跟能夠孕育生命的陽剛陽光產生反應。與水族一起出現的珍珠在本質上代表月亮和女性，以牡蠣體內胚胎的形式，跟著月經週期盈虧。珍珠的形狀代表了微型月亮，而月亮本身又是代表女性的水和冰在天體的化身，因此「女人的眼淚既是月亮又是珍珠……無論在本體上還是象徵的層次上，都是女性世界與龍的世界之間，還有潮汐漲退之間的重要聯繫」。[27]

除了將蛇形水族的角色與生育力和每年農作物產量相提並論之外，中國的世界觀也特別強調水的水文運動，描述由不同神靈統治的天地元素。道教的宇宙是一個水的世界：在天河（也稱為銀

69. 皇族之龍，北海公園，北京，1756 年，琉璃磚影壁。

河）的星光下，大地被怒吼的海洋包圍，天體則依季節分為四象。[28]如前所述，道教傳說中有一條青龍，掌管春天和代表男性原則的陽之生發，而四象中與其相反的另外一象，則是白虎，提供了陰的平衡。[29]這樣的觀點對貫穿整個宇宙的創造性能量進行精密平衡，將秩序轉變成「和諧」的概念，產生了關於吉凶的風水術。風水一詞由「風」（白虎）和「水」（青龍）共同組成，主要是建立水、空氣、能量和精神的有序流動（圖70）。

中國皇帝獲得神聖授權

然而，跟其他地方一樣，在中國，對於什麼才是有序和理想的社會與政治布局，也出現了觀念上的轉變。隨著帝國王朝對不同文化區域施加更大的權威，他們的宇宙創世故事也開始呈現一種更連貫的「中國」（大夏）認同，其中所有的人都成了「天河之子」（銀河之子），有了共同的祖先，也就是在第三章曾經提過的主要蛇形雙生子——伏羲（男性）和女媧（女性）。[30]這種集體化的祖先連結，賦予了皇帝從西元前一三〇〇年代一直到二十世紀初始終統治中國的權力。

中國皇帝跟埃及法老一樣，都獲得了神聖的授權，可以對其統治地區內難以駕馭的水域施予秩序，加以整頓。第一個主要的帝國王朝（夏朝，約西元前二〇七〇－一六〇〇年）就是由水文工程師大禹建立的，據說他將文明帶到了中國；然而，他跟其他古代人物一樣，介於傳奇文化英雄與歷史人物之間。他的主要成就是讓黃河改道，然後將這種對水的控制，擴展

70. 降龍，真武觀（Quán Thánh Temple），河內，越南。

到中國的其他河流，從一開始就在政治治理和水道控制之間建立起重要的關係。[31]中國環境史學者大衛・佩茲（David Pietz）更直接闡明了這一點：

傳說大禹在史前時代就開鑿了淮河、黃河和長江的水道。在曾經是一片巨大的沼澤地裡，有了這些新的水道，人們才得以開墾土地，提供了農業條件，維繫中華之邦與帝國的發展。正如傳說所說：「如果沒有大禹，我們早就變成魚了。22」[32]

安徽省早在西元前五九八年就興建了水壩，是西元三五六年在長江興建的一系列荊江大堤的前身。[33]大型基礎設施的發展過程——特別是中國的龐大運河網絡——讓人民和水都愈來愈受到皇室權威的宰制。[34]權力集中在父系皇室王朝和更有階級區分的社會布局中，這也反映在蛇形水族在性格和角色上的轉變。到了漢朝（西元前二〇六－二二〇年），人們開始擔心陰凌駕於陽，於是開始剝奪女性水神的權力：

中國古代的偉大水神是……蛇后與龍母：她們是龍的化身，正因為她們同

22 譯註：根據《左傳》記載，春秋時代，劉定公來到洛水邊，讚嘆大禹治水的功績，說道：「微禹，吾其魚乎！」

樣是湖泊、霧靄和雨雲的靈魂……在遠古時期，龍的性別是模糊且多變的，以陰和女性屬性占優勢地位。一直到中世紀文學中，陽和男性屬性才開始慢慢地脫穎而出，不過他們卻從未完全取代古老的陰核心。[35]

愈來愈多的藝術家使用非人類神靈的形象來代表中國皇帝的權力和地位。代表皇室的五爪龍與日常生活中的三爪蛇形水族不同。隨著龍出現好戰和男性化的特徵，他們代表非人類繁殖能力的角色，也逐漸轉化成皇帝帶來財富和繁榮的能力。中國統治者的權威與龍治水的力量相提並論：正如主要的天體龍控制了所有形式的水和生命賴以生存的降雨一樣，據信皇帝也有能力守護他的子民，並保障他們在精神、社會和物質上的福祉。[36]

水利影響中國政治和五行思維

在賦予王朝統治權力的同時，中國密集的運河網絡也需要持續的管理，因此跟水建立起一種實用性的關係，這種關係以「水利」一詞概括，即「利用水的方法」。「水利」一詞最早出現在可以追溯到西元前三世紀或二世紀的《管子》，而且一直沿用至今。差不多在同一時期，政府成立了水利部，此後一直負責水資源管理，履行「國家的首要職責」之一。[37]

中國的大運河建成於五〇〇年代末至六〇〇年代初，主要是接送隋朝皇帝楊廣往返於北京與杭州之間，全長近一千八百公里，迄今仍然是世界上最長的運河。運河網絡也擴大了農業貿易，將貢糧運送到首都，並促進了不同地區之間的人員和貨物流動。然而，如此雄心勃勃的水利基礎設施需要動用極度密集的勞力，使人民容易受到工程失敗的影響，甚至用水作為洪水武器。於是帝國王朝又經歷了大家熟悉的模式，也就是一系列的危機與復興，最終整個帝國體系在一八〇〇年代瓦解到無可挽回的地步。

雖然遭遇到這些挫折，這種堅持控制和引導水的努力仍然帶來一些重要的觀念改變。中國的水族很早就表達了人們對水文循環的認知。傳統上，龍透過波浪和雲彩「上升」到天界或從天界「下凡」，或是從「龍泉」湧出，或蜿蜒下山。他們的顏色也反映了不同種類和品質的水。

中國的科學和工程帶來了新的觀念，讓人重新思考水文和水本身。五行理論對所有物質和能量提供了一種系統性的思維，將非人類元素、天氣和季節跟身體器官、健康、知識、情緒、顏色和味道連結起來，因此建構了一個更世俗的哲學世界觀，漸漸遠離超自然生命的宗教信仰。雖然龍在農村仍然保留著重要的水神地位，但是對都市中受過教育的階級來說，科學的出現讓龍淪為民間傳說中的角色。一位在十九世紀末的歐洲傳教士，花了十四年的功夫，想在中國撒下基督教信仰的種子，最後還是以失敗告終，他最後說：「世界上沒有哪個宗教的信徒比受過教育的人更不信神。中國人哪！普遍存在的弊病是不信教。所幸，這種毛病在農民中還沒有那麼普遍。」[38]

26 科學思維，影響古典希臘的創世水族信仰

科學思維影響到人類與水的關係，這在世界上的其他地區也變得愈來愈明顯。古典希臘和羅馬提供了一個比較範例：蛇形水族在形式和意義上的轉變，揭示了新興技術和科學知識對於理解宇宙方面所造成的改變，其中也有明顯的變化模式，也就是宗教信仰從膜拜本土化的始祖水族，轉向崇拜更大、更有階級劃分的蛇神，再從這些神轉向更人形化的神靈（圖71）。

關於希臘宇宙學的分析，多半都集中在古希臘詩人荷馬（Homer）和海希奧德（Hesiod）提供的文本，以及居住在奧林帕

71. 希臘，雅典海馬蛇（Attic hippocamp），陶土製的有蓋鐘形巨爵（調酒器），西元前5世紀末。

斯山上大多屬於人形的眾神，但是在前希臘時期的自然宗教中，還有一個重要的基礎階層。[39]古典希臘信仰與習俗，包含「較古老的青銅時代模式」，其中有一部分是該地區早期居民佩拉斯吉人（Pelasgians）所留下來的遺產，他們的信仰因為與黎凡特[23]的互動，受到當地以創世蛇形水族為主的宗教影響。[40]米諾斯文明（Minoan）的「女蛇神」——描繪女神或女祭司的彩陶人像，其歷史可追溯至約西元前一七〇〇至一四五〇年——與埃及女蛇神瓦吉特有直接的關聯。[41]據詩人兼古典學者羅伯特・格雷夫斯（Robert Graves）推測，以早期佩拉斯吉人敘事為基礎的希臘創世故事中，偉大的俄菲翁（Ophion，即蛇的意思）是由至高無上的母親女神歐律諾墨（Eurynome）創造的，她從原始流體混沌中崛起，[42]因為找不到陸地，於是乘著海浪跳舞，徒手抓住了風（氣），形成俄菲翁，然後俄菲翁裹住了她的軀體，並且讓她懷孕。

接下來，她化成了鴿子的形態，在海浪上沉思，並在適當的時機產下宇宙卵。在她的一聲令下，俄菲翁將這顆卵纏繞了七次，直到它孵化並裂成兩半，掉出了現在存在的萬物，她的孩子：日月星辰、大地山河、花草樹木和所有生物。[43]

23 譯註：Levant泛指今日地中海東部地區，地中海東岸、托魯斯山脈（Taurus Mountains）以南、阿拉伯沙漠以北和上美索不達米亞以西的一大片西亞地區，不包括托魯斯山脈、阿拉伯半島和安那托利亞（Anatolia）。

強大的創世女神

諸多描述強大創世女神的故事讓一些學者認為，歐洲和東方早期農業社會的宗教信仰包含相當大的性別平等。有些新石器時代母系社會的記載，讓文化歷史學家查倫．普斯瑞特奈克（Charlene Spretnak）認為，前古典時期的希臘羅馬信仰，比後來的父權奧林帕斯宗教信仰更加本土化，也更以母系為中心。[44]

古希臘作家海希奧德在大約西元前八〇〇至七〇〇年間的創作中，曾經提到蓋婭（Gaea），說她從水的混沌中出現，誕生了天空、海洋和山脈，並成為「萬物的永恆穩固基座」。[45]蓋婭又被稱為「蓋」或「蓋亞」（羅馬人稱為「大地之母」或「偉大的母親」），[46]在許多祭壇和神廟都受到廣泛崇拜。另外還有其他強大的女神人物，例如掌管荒野、月亮和狩獵的女神阿提米絲（Artemis），是「小亞細亞許多希臘人的主要神靈」。西元前五〇〇年代中葉，在艾菲索斯（Ephesus）有一座主要神殿供奉著她，作家大衛．薩克斯（David Sacks）認為，她跟赫拉和雅典娜一樣，代表早期愛琴海信仰的「宗教遺緒」。[47]美索不達米亞女神伊絲塔爾（Ishtar）源自蘇美人的伊南娜，也扮演類似的女神角色，掌管自然與繁殖。另外，在整個黎凡特都受到崇拜的阿絲塔蒂（Astarte）女神，和希臘女神阿芙羅黛蒂（Aphrodite），兩者都是繁殖能力的擬人化，後者與其羅馬神話中的對應女神維納斯一樣，都跟海洋和生育能力連結在一起。[48]

因此，前希臘思想形成了古典希臘有關宇宙創世的敘事。[49]這些敘事描述了一個虛空的水域，充滿了不成形的創造性混沌，並從中產生了一系列泰坦（Titanic）神族。原始巨蛇俄菲翁被形容為奧林帕斯山的第一位統治者，而環繞世界的歐開諾斯則在《伊利亞德》中被尊為眾神之父。[50] 歐開諾斯的妻子特提斯（Tethys）——泰坦神族中的女神，她的名字在希臘文中有「孕育者」的意思——透過含水層和泉水在地表提供淡水，而他們的後代則包括河神波塔摩伊（Potamoi）以及泉水和噴泉的仙女歐開妮德絲（Okeanides）。[51]

神靈的結合連結水的生成能力

在一些敘事中，長子的角色指派給天神烏拉諾斯（Uranus）和大地女神蓋婭，但是這種結合也跟水的生成能力有關。從字源上看，「Uranus」一詞源自原始希臘語的**worsanós*（Fορσανός）[52]，是從字根「**u̯orsó-*」擴展出來的字，與希臘語的 *ouréō*（小便）、梵文的 *varṣá*（雨）、西台語的 *u̯arša-*（霧氣、霧靄）有關；在印歐語的基本字根是 **u̯érs-*（下雨、濕潤），也可在希臘語的 *eérsē*（露水）一詞中找到。烏拉諾斯的角色與大地之母蓋婭是互補的，是一名「造雨者」，也正是因為這個緣故，法國語言學家喬治．杜梅吉爾（Georges Dumézil）才會認定他跟吠陀的天空和水之神婆樓拿有關係。[53]

在其他希臘故事中，則提到蓋婭女神的兒子堤豐，是她跟偉大的虛空水神塔爾塔洛斯（Tartarus）所生下來的。[54] 羅德島的阿波羅尼烏斯（Apollonius of Rhodes）在他的史詩《阿爾戈英雄》（*Argonautica*）中，寫到由冥界之神奧菲斯（Orpheus）所歌詠的宇宙創世情景：

72. 希臘，雅典赤陶水罐，瓶身顯示赫斯珀里得斯花園中神聖的蛇守護者，
旁邊還有牧神潘恩（Pan）與半人半羊的薩提爾，
表示這裡已成為酒神戴歐尼索斯的神殿，西元前4世紀紀初。

他唱出曾經融為一體的天地海洋，如何在經歷了致命的衝突之後，彼此分離，星辰月亮和太陽的軌跡如何在天空中保持固定的位置，以及山脈如何隆起、響亮的河水及其中的仙女如何成形。[55]

希臘天體生命還有Drakon（也就是羅馬的「Draco」／龍），西元二世紀居住在埃及的希臘羅馬天文學家托勒密，就曾經記錄了這個星座。[56] Drakon與拉冬（Ladon）也有關聯，後者是一條巨蛇，負責在赫斯珀里得斯（Hesperides）花園守護結了智慧金蘋果的樹（圖72）。[57]

奧林帕斯蛇形神祇人形化

許多蛇形神靈經歷了人形化的過程，卻依然保留了創造、智慧和療癒的能力。[58] 醫師兼新柏拉圖主義學者艾歷克斯．懷爾德（Alex Wilder）特別強調蛇與啟蒙之間的長期聯繫，指出療癒之神阿斯克勒庇俄斯既是火神又是一條蛇，他的醫學知識被視為蛇的智慧。[59] 巴比倫人和埃及人使用蛇和權杖的意象，其實也延續到希臘神祇赫米斯的形象，赫米斯身為諸神的信使或神聖使者，經常被描繪成手持「蛇杖」或「雙蛇杖」。

奧林帕斯山上有好幾位著名的神祇，最初也被描繪成蛇形生物。健康女神希吉亞就是一個例子，雖然後來的雕像和圖像都顯示她以人形出現，手上拿著一條蛇。她經常拿著一個碗餵蛇，後來演變成一個著名的家庭儀式，也就是用牛奶、雞蛋、水果、蜂蜜，有時還有松果來供奉蛇，並將蛇視為*agathodaemones*（帶來幸運的使者／蛇惡魔）。[60]

在古典圖像中，歐開諾斯神以半人形的形象出現，具有牛頭、蟹爪角、人類的軀幹和手臂（雙手握住蛇和魚）和蛇身。人形化的特提斯則保留了翅膀，暗示著帶來雨水的風和雲。而且，也有愈來愈多的希臘羅馬蛇形水族在圖像中淪為座騎，被小天使或其他完全人形化的神騎在頭上，這一點也呼應了印度蛇形生物遭到新興的神靈強迫服務的命運。

73. 膜拜巨蛇宙斯／梅里基俄斯還願的人物浮雕，雅典的帕格拉提區（Pangrati），西元前350-300年。

奧林帕斯的天神宙斯，在早期的重要圖像中，以「慈善之蛇」的形象出現（圖73）。[61]古典學者珍．哈里森（Jane Harrison）形容他是以前蛇神梅里基俄斯（Meilichios）的修訂版，並認為雅典的狄阿西亞節（Diasia）呼應了崇拜這種「有求必應」、「親切且平易近人之神」的儀式。[62]宙斯也在另一個重要的故事中以蛇形出現。雖然一般認為亞歷山大大帝是馬其頓國王腓力二世的兒子，不過據說他是由宙斯以蛇／龍的形式孕育的。根據希臘作家普魯塔克

（Plutarch）的記載，當亞歷山大準備出發去征服亞洲時，他的母親奧林匹亞絲（Olympias）告訴他，在她與腓力圓房的前一天晚上，一道閃電（宙斯）擊中了她的腹部，此時，一道光芒閃過，告知她已經懷上了兒子。其他相關的故事則描述腓力國王懷疑他的妻子在練習魔法，因此在她與蛇神結合時監視著她（圖74）。[63]

無論如何，亞歷山大出發前往亞洲，對自己的神力充滿信心，隨著他的帝國擴張，他到錫瓦（Siwa，位在現今埃及和利比亞之間）尋求宙斯－阿蒙神諭（Zeus-Ammon oracle），並且得到確認，證明他的確是一位活生生的神。從這個意義上來說，他驗證了從非人類神靈轉化成人形化始祖生命的模式，從傳說走進歷史。這種轉變在當時並不罕見，比方說，就有傳說指稱，哲學家畢達哥拉斯（Pythagoras）是由蓋婭後裔巨蟒蛇神培冬（Python）所生的，但其實他是一個真實存在的歷史人物。

27 奧林帕斯諸神，突顯由母系意識轉向父權體制

希臘羅馬人的世界觀受到多重因素的影響。在西元前二五〇〇至一〇〇〇年間，隨著愛奧尼亞人（Ionians）、亞該亞人（Achaeans）和多利安人（Dorians）入侵的浪潮，出現更偏向父權制的宗教和社會習俗，而且在第一個千禧年之前的幾個世紀裡，技術發展的工具性日益增強。工程師利用伊特魯里亞文明（Etruscan）對水道的實驗，建造了複雜的輸水道和下水道。

74. 亞歷山大大帝的受孕，
取材自《亞歷山大大帝的歷史》（*Les faize d'Alexandre*）書中的微型畫，
布魯日，約 1468-75 年。

最早的一批輸水道在西元前六世紀建於雅典，其他城市也陸續跟進。通常，此類水道的終點是中央噴泉，例如庇西特拉圖（Peisistratos）在掌權時興建的九口噴泉（Enneacrounos），就位在雅典的主廣場。九口噴泉有九門大型「水砲」，由特別為此發明的紅土水管組成，為當地居民提供飲用水。噴泉是仰賴重力供水，但是希臘工程師也學會了以虹吸的方式汲水，成就了在傳統圖像中經常出現的那種會猛烈噴水的噴泉。[64]

羅馬人廣布水利技術

羅馬人在控制水流方面的企圖心更強烈，他們將水磨坊和控制水的相關技術帶到龐大帝國的許多其他地方。[65]從大約西元前八〇〇年起，羅馬人就開始積極地抽乾羅馬周圍的沼澤地，而主要的下水道和排水系統——即馬克西姆下水道（Cloaca Maxima），號稱羅馬城的「排泄系統」——則可能建於西元前六〇〇年代。為了應對乾旱和持續存在的衛生問題（可能並沒有因為從馬克西姆下水道排入臺伯河而得到改善），羅馬執政官阿庇烏斯・克勞狄烏斯・凱庫斯（Appius Claudius Caesus）在西元前三一二年建造了第一條主要的羅馬輸水道，全長超過十六公里，每天向城市輸送七萬三千立方公尺的潔淨水。

在希臘和羅馬，此類的基礎設施實現了大規模的城市化。到基督誕生時，地中海地區有百分之十到二十的人口居住在城市。跟其他地方一樣，這種多樣化的經濟實踐和社會布局，似乎不可避免地造成階級制度和統治菁英。

對羅馬人來說，這就意味著軍事帝國主義和帝國建設，並且與埃及法老一樣，也愈來愈傾向於認為他們的皇帝擁有神權。[66]在前基督教的霸權入侵後，他們很容易從遭到征服的敵人那裡接納不同的宗教觀念與形象，這種宗教自由主義對照不同宗教裡具有相似角色和特徵的神靈，也造就了廣泛的融合（圖75參見頁21）。[67]羅馬人與希臘人對蛇的崇拜，彼此相互呼應，而龍——就像在中國一樣——也成為皇權的重要象徵，與古代亞述國王旗幟上的「大紅龍」或「火蛇」，以及條頓部落（Teutonic tribes）使用的盾牌與旗幟上所描繪的龍相互輝映。[68]原本居住在黑海西岸後來遭到羅馬征服的達契亞人（Dacians）則提供了「draco」，這是一種形狀像是風向袋的軍旗，旗上有龍紋，高高舉起時會迎風發出可怕的尖叫聲。[69]

希臘人對本質的解構性思考

而對希臘人來說，城市化和中央集權引進了民主治理，儘管這股平等主義推動力並未解放婦女或奴隸，只是讓受過教育的男性菁英有更多的時間和資源來研究物質世界，並提出有關水的解構性問題。例如：水從哪裡來？泉水與河流是如何產生的？水本身又是什麼？

古希臘哲學家泰利斯（Thales，西元前六二四－五四六年）認為，由於水以各種物質形式出現（如雨水、冰雹和露珠），所以也可能變成泥土。古希臘自然哲學家阿那克西曼德（Anaximander，西元前六一〇－五四六年）設想了一種稱為*apeiron*（無限、無垠、不確定）的物質基本形式，並認為生命來自吞沒一切的海洋；另外，他也認知到降雨來自太陽向上吸取的水分。當時的人對火和水有各種臆測，還推測天火是不是由上升到雲裡的水分所滋養的。一種基本物質或稱之為*archē*的概念，引起了極大的興趣。古希臘哲學家赫拉克利特（Heraclitus，西元前五三五－四七五年）認為這是火，其他人則認為是**水和火**。古希臘哲學家恩培多克勒（Empedocles，西元前四九〇－四三〇年）提出了四個基本元素：火、空氣、水和土。古希臘醫學家希波克拉底（Hippocrates，約西元前四〇〇年）則認為水有兩個部分，一部分是稀薄而清澈的，另一部分是濃稠、黑暗和渾濁的，而太陽只吸收較輕薄的那一種，他建立了基本的科學方法，並進行實驗，證明水會蒸發。

古希臘哲學家阿那克薩哥拉（Anaxagoras，西元前五〇〇－四二八年）幾乎闡明了水文循環，他觀察到河流依賴雨水，而地球是空心的，地底的洞裡有水。不過他認為太陽和其他天體都只是熾熱岩石的說法太過異端，因此被判處了死刑，不得不逃離雅典。後來才加入論辯的亞里斯多德（西元前三八四－三二二年）則指出：低溫將地球上方的空氣變成了水，河川與溪流就從塔爾塔洛斯這個巨大的地下水庫流出來。直到古希臘哲學家及科學家泰奧弗拉斯托斯（Theophrastus，約西元前三七一－二八八年）才終於提出了水文循環的完整洞察。

當時的學者也試圖理解水的力量。亞里斯多德曾經提到可怕的海蛇造成船隻遇難：「當船隻駛過時，海蛇襲擊了三列槳戰艦，還有一些海蛇跳進其中一艘戰艦，將船整個掀翻。」[70]他們也考量到水的特性，例如，古希臘自然哲學家阿爾克邁翁（Alcmaeon，約西元前五世紀）率先指出了水質與人類健康之間的關係；希波克拉底（西元前四六〇－三七〇年）撰寫了好幾篇論文，探討不同水源及其對健康的影響。[71]

解構性思維也引發了對意識本質的思考，這對人類與非人類之間的關係具有重要意義。蘇格拉底、柏拉圖和亞里斯多德尋求對宇宙事件的統一科學解釋。阿那克薩哥拉提出了一種理論，強調智性（*nous*）主宰宇宙的原則，質疑神聖力量的假設。儘管宗教信仰依然存在，但是人類重新定位了他們與非人類領域之間的關係。前希臘社會崇拜高度本土化且融入日常生活的神靈，以及富有同情心和滋養人類的母親女神，不過希臘化時代的希臘則將神靈人形化，並將他們高高供奉在遙遠的奧林帕斯山上，可以俯瞰整個世界，並且以批判的眼光宰制凡間居民的命運。

母親女神與蛇形人物的負面改變

儘管奧林帕斯諸神的萬神殿同時有男神和女神，但是查倫．普斯瑞特奈克發現，這種「文明」對以前受人尊敬的女神帶來了一些負面改變。赫拉被描繪成一位憤怒、嫉妒的妻子；雅典娜被形容成一個陽剛、冷漠的女兒；阿芙羅黛蒂變成了一個舉止輕浮、無足輕重的人物；阿提米絲則只扮演阿波羅妹妹這樣一個小角色；至於潘朵拉更是不負責任，人類所有的苦難全都因她而起。正如普斯瑞特奈克所述，性別形象的改變會造成長期影響：「這些原型後來演變成我們童話故事中邪惡的巫婆、殘酷的繼母和被動的公主等等。」[72]

將自然生物轉變為人形化的奧林帕斯諸神也讓「女蛇神」和其他蛇形人物遭到妖魔化。

76. 本韋努托・切利尼（Benvenuto Cellini），
《柏修斯與梅杜莎的頭》（*Perseus with the Head of Medusa*），
1545–54 年，青銅雕塑，佛羅倫斯的傭兵涼廊（Loggia dei Lanzi）。

「巫婆」米蒂亞（Medea）手刃親生的孩子之後，「劈開空氣，渾身滴著殺戮之血」[73]，乘坐一輛由長了翅膀的*drakones*（龍／蛇）所拉的戰車，[74]飛往雅典。梅杜莎（Medusa）是古代西南亞的重要人物，據說是海洋之神的後裔，後來在希臘羅馬敘事中成了一個可怕的蛇髮女妖「戈爾貢」，滿頭都是扭動的毒蛇，只要瞥見她一眼，眾生就會變成石頭。後來，文化英雄柏修斯（Perseus）將她斬首，並侵占了她的力量，利用她的頭顱讓對手全都化成石頭（圖76）。古羅馬詩人奧維德（Ovid）說她是「萬蛇之母」，並暗指毒蛇從她的血液長出來，在柏修斯飛越大地時散落世界各地。[75]這種強大的液體也催生了雙頭蛇（Amphisbaena），據說這種毒蛇專吃小加圖（Cato the Younger）的軍隊在穿越

77. 伊特魯里亞文明的彩繪陶瓶，以赫丘力士（Herakles）殺死勒拿九頭蛇為主題，西元前520-510年，紅土陶器。

利比亞沙漠後留下的屍體。這種蛇的兩端各有一個頭，「彷彿，」老普林尼說：「從一張嘴裡流出毒液還不夠似的。」[76]

屠蛇／龍事件的隱藏意涵

另外還有多起屠蛇事件。赫丘力士（Hercules）擊敗了有再生能力的勒拿九頭蛇（Lernaean Hydra，圖77），也擊敗了守護知識樹的多頭蛇拉冬。傑森（Jason）殺死了守護龍，奪取了金羊毛。卡德摩斯（Cadmus）在底比斯屠殺了一條惹麻煩的龍，又從散落的龍牙中誕生了一支斯巴達軍隊（也有一說是傑森屠龍之後的故事）。福爾巴斯（Phorbas）趕走了在羅德島肆虐的龍，戰士們殺死了在尼米亞（Nemea）守護宙斯神聖樹林的龍。於是，蛇被重新塑造為製造混亂的怪物，必須殺之而後快，讓理性、道德和（男性）人類力量凌駕自然的力量。古典學者諾曼·奧斯汀（Norman Austin）認為這是因為希臘的意識觀念和複雜的技術讓人類感覺更像神，消弭了非人類神靈的權威，並使人類疏離自然，而且這樣明顯的模式也出現在其他歷史與文化脈絡中。[77]

> 蛇從受人尊敬的神變成了令人厭惡的惡魔，這種變化標誌著從母系意識到父系意識的轉變……這位遠古女神，就算沒有完全從宗教經文中抹滅，也已經成了順從父親的女兒……由地球孕育或是受到地球黑暗深處滋養的

龍，是地球的配偶與捍衛者，也是地球巨大生命力的象徵……新誕生的神不但在蛇的身上加入所有非理性和邪惡的標籤，也對自然本身做了審判。認為自然是狡詐、反覆無常、無法無天的信仰，徹底抹黑了海希奧德的宇宙起源觀。自然必須置於新天神的理性、階級控制之下……奧林帕斯山向天國延伸的高度愈高，其蛇類敵人就變得愈可怕……奧林帕斯諸神對理性控制的渴望愈大，對手就愈不理性……奧林帕斯諸神與蛇之間的戰鬥是自我（ego）本身內在的宇宙論……蛇的那些令人厭惡的特徵，表達了自我對潛伏在人類靈魂中的衝動和慾望的恐懼……蛇既是多樣態的欲力（libido），也是超我（superego）強加在欲力的禁忌，不讓欲力進入意識。只要看一眼梅杜莎，就會變成石頭。[78]

透過這些方式，在希臘羅馬歷史和世界上的其他地區，城市化與「文明」，還有日益嚴峻的父權階級制度，導致蛇形水族從富有創造力和孕育力的祖先生命，轉變為威脅生命的混沌怪物。這些轉變也證明了高水準的技術工具與學術成果對揭開世界之謎的影響。科學和工程打開了潘朵拉的思想盒子，將永遠重塑人類與環境的關係。

08 至高無上 Supreme Beings

蛇形水族的故事講到了這個階段，我們已經開始看到廣泛的變化模式，揭示了他們的命運。他們對於小規模社會至關重要，因為這些社會崇拜本地的「自然生命」，跟家園保持親密且恆久的關係，並將有感知力的非人類世界視為生活中積極互惠的夥伴。因農業和灌溉興起的更大型社會，發展出日益工具化的人水關係，同時將超自然生命半擬人化，還把大部分的權力移交給中介的宗教菁英，藉以表達他們對世界更大的——也更像神的——控制感。

隨著社會愈來愈城市化、階級化，也獲得了先進的技術，蛇形水族要不是完全人形化，就是屈從於人形化神靈，他們提供水和引導水的能力，轉移到「神聖」的法老、國王和皇帝身上。在以人形神靈為主的萬神殿裡，性別不平等的情況日益嚴重，過去強大的女性水神要不是遭到降級，不然就是被妖魔化。主要神靈也向上和向外移動，到達更崇高、更遙遠的奧林帕斯山或天國，反映出中央集權和去鑲嵌的國家政府形態。[24][1]本章探討蛇故事的下一個轉

24 原註：經濟人類學家卡爾．波蘭尼（Karl Polanyi）形容這種抽象化和離域化的過程，是一種「去鑲嵌」（disembedding）的形式。

折：新興的一神論如何在社會政治布局以及與非人類世界的關係中，進一步鞏固父權統治，並在文化與自然之間造成疏遠的鴻溝。

新興的一神論

主要的一神教興起於佔領肥沃月彎[25]和阿拉伯的王國。以色列的宗教（後來稱為猶太教）是第一個將所有超自然力量歸於單一男性上帝的宗教，其信徒相信，上帝選擇了「亞伯拉罕的子孫」作為神的子民，這個術語代表該地區早期的始祖宗教。[2]這種新興的一神教在掃羅（Saul）、大衛和所羅門等歷代國王的統治下蓬勃發展，可是他們的王國在大約西元前九二○年解體，於是一神教的信徒便流離失所，分散到各個地方。儘管身處外國統治，但是在先知的帶領下，他們還是在某種程度上重新集結。到了西元前一六七至一六四年間，敘利亞國王塞琉古（Seleucid）企圖將希臘人的宙斯崇拜強加於人民，引發了一場叛亂，短暫重建了一個猶太王國，不過又在西元前六三年被羅馬人征服。這些壓力造成了分裂，一些團體認為他們的祭司撒都該人（Sadducees）與該地區的新興統治者過往太密，因此選擇追隨法利賽人（Pharisees）或專研律法的文士（Scribes）。當耶穌以老師的身分出現時，那些相信祂是彌賽亞的人進一步背離猶太教，建立了基督教。

正如前文所述，宗教的發展隨著王國的擴張或減縮，出現了相當大的潮起潮落。大約在西元前一五五○至一○六九年間存續的埃及帝國，範圍涵蓋迦南、西奈半島和敘利亞，當摩西在大約西元前一二五〇至一二〇〇年間率領群眾離開埃及時，正是埃及帝國勢力如日中天的時候。亞述人在美索不達米亞一直掌權到大約西元前一七六一年，才被漢摩拉比國王領導的巴比倫人征服。到了大約西元前五三九年，巴比倫人的統治又被居魯士二世國王（King Cyrus II）推翻，只不過他建立的波斯帝國很短命。在西元前三〇〇年代末，亞歷山大大帝征服了該地區的大部分領土，讓希臘的影響力擴展到波斯、敘利亞、猶大[26]和埃及，並進入印度旁遮普（Punjab）地區。

因此，發展中的一神教受到其他信仰體系包圍，有時甚至還會被吸納。它們之間一來一往的競爭，催生了對強大文化英雄的需求，藉以擊敗或抵抗「他者」。古希臘的民主理想引入，又帶來了進一步的挑戰，威脅到神聖王室與祭司的權威，企圖以世俗的政治領導取而代之。這也有一部分必須歸功於日漸興起的科學思維，因為科學思維也同樣破壞了宗教信仰。

所以，在某種程度上，新的一神論是對這種威脅的反應，重新確立宗教的權威。在一個變動不斷的地區，這樣的努力必須極度依賴便於攜帶的經文，作為權威的「上帝話語」，成為指引信徒的範本。當然，這些經文都高度簡化，代表男性作者理想化的敘事和願景，排除了其他的聲音以及人際關係和人與非人關係的真正複雜性。然而，跟其他形式的「律法」一樣，

25 譯註：Fertile Crescent，又稱為新月沃土，指西亞地區底格里斯河和幼發拉底河之間孕育了人類文明的肥沃地帶，大約是現今科威特、伊拉克、敘利亞、黎巴嫩、約旦、以色列和埃及等國所在之地。

26 譯註：Judea，又稱 Judaea，指現今巴勒斯坦南部的一個地區。

它們萃取了當時盛行的信仰和信條，並且也跟其他宗教文本一樣，促進早期「傳奇」生物的人形化，並納入歷史脈絡。

一神論從豐富的羊皮紙重寫文獻之中，借用了現有的思想和圖像。[3] 關於信仰體系在適應新的社會和政治現實時，敘事和視覺表現會經歷什麼樣的形式和意義的轉變，已經有許多討論。宗教研究學者伯納德．巴托（Bernard Batto）指出了聖經故事的美索不達米亞與迦南根源，並觀察到「神話幾乎滲透到聖經傳統的每一個層面……聖經作者借用古老的神話，並以新的方式擴展其意義，藉以表達新的神學見解」。[4] 這裡特別值得一提的是，在這個過程中，神靈也會經歷多次轉世，並呈現出新的、日益統一的人類形態。[5]

一神論神祇的蛇形祖先痕跡

從崇拜非人類世界到尋求人類控制非人類世界的最關鍵轉變，可以從神聖力量轉移到人形化的一神論神祇中看出端倪。在轉型的敘事中，希伯來的耶和華和基督教的上帝接掌了早期宗教中蛇形水族的所有責任：宇宙創世，產生所有生物，提供雨水和有序的水流，維護社會規範和賜予知識與智慧的禮物。金字塔文獻中形容蛇神「用言語創造萬物」，這與猶太－基督教對上帝的描述相互呼應，其中提到上帝將光明帶入原始海洋的黑暗，並提供「文字」來創造世界：[6]

大地空虛混沌，尚未成形，黑暗籠罩著深淵；上帝的靈魂在水面上行走。

上帝說：「要有光。」於是就有了光。上帝將光明與黑暗分開。上帝說：「眾水之間要有穹蒼，要讓穹蒼將水分開。」於是上帝開闢了穹蒼，將穹蒼以下和穹蒼以上的水分開。上帝稱穹蒼為天空。上帝說：「天空下的水要聚在一處，使旱地露出來。」事就這樣成了。上帝稱旱地為地，稱水匯聚的地方為海。（《創世記》1:2, 6-10）

儘管如此，這些新神還是留下了許多蛇形祖先的痕跡（圖78）。根據「教會史之父」凱撒利亞的優西比烏（Eusebius of Caeserea）在西元一世紀的說法，祆教以蛇的名字替他們廣闊的天國命名。迦南神巴力因征服蛇形海神雅姆（Yam）而聞名，但是這個屠龍角色出現得比較晚。[7]正如考古學家羅伯特．米勒（Robert Miller）所述，他是第一位、也是最早的風暴之神，是雨水和生育力的源泉，從這個意義上說，他在概念上與其他代表「綠色」生育力的人物有關聯，如：艾哈蒂爾（Al-Khadr）與聖喬治（St George）。[8]早期的耶和華也表現

78. 主教的牧杖，亞美尼亞，17 世紀。

出是帶來雨水的風暴之神，後來被視為主要的神靈。[9]亞捫王（King of the Ammonites）的名字拿轄（Nahash），在古希伯來文中就是蛇的意思。[10]至於最不願意放棄蛇崇拜的靈知派，「靈知派教師摩尼（Mani）宣稱，基督是大蛇的化身，曾經爬行過嬰兒瑪麗的搖籃。」[11]

在希伯來聖經中，女神亞斯他錄（Ashtoreth）象徵水和自然的肥沃力量，有時被形塑成耶和華的原始配偶，暗指她共同擔任父母的角色。二者受到崇拜之地，也類似慶祝歐西里斯和伊西斯帶來年度洪水的活動地點：

舊約聖經通常提到為了向死去的祖先或特定的神靈表示敬意，會豎立masseboth，即神聖的柱子。在一神論時期之前的古以色列人不僅崇拜耶和華，還崇拜一位名叫亞斯他錄的女性配偶，也就是古代的女神阿絲塔蒂。迄今為止，在尼格夫[27]南部和西奈沙漠東部已發現十四處這一類的遺址，其年代可追溯到西元前一一〇〇〇年。[12]

語言及圖像聯繫蛇形祖先

創世人物開始人形化之初，仍然維持祖先的性別互補性，其中最明顯的例子就是亞當和夏娃的形象，儘管神話學家約瑟夫．坎貝爾（Joseph Campbell）認為，「肋骨的傳說顯然是父權的倒置」，扭轉了早期故事中比較理性也符合生理的生育過程。[13]但是所有這些原始夫婦，就跟他們的蛇形前輩一樣，都扮演著「原始父母」的角色。雖然亞當和夏娃的人類形象迅速納入了早期蛇類祖先的形象，但是神學家瑪麗・康德倫（Mary Condren）指出「有力的證據，可以證明夏娃的形象是基於近東神話中更古老的故事，而且夏娃最早也是以蛇形現身。夏娃這個名字*hawwah*，意思是『眾生之母』，但是*hawwah*一詞在許多閃族語言中也有『蛇』的意思」。[14]此一觀點得到神學家阿爾費・卡貝魯（Arvid Kapelrud）的認同，他指出*ādhām*這個名字與地球有關，而*chavvāh*的意思則是「蛇」，可能將夏娃代表「生命」或「眾生之母」的角色，與早期腓尼基人的冥界蛇女神哈瓦特（Havat）連結起來。[15]丹尼斯・史萊弗更進一步指出，「根據早期的拉比傳統，夏娃的月經是在伊甸園與蛇交配後才開始的，而她第一個孩子該隱的父親應該是蛇，而不是亞當」。[16]儘管夏娃與蛇的聯繫仍有爭議，但是這些語言上的聯繫確實表明早期神靈及其生育能力發生了一些變革。[17]

其他關鍵符號也有創新的用法。學者注意到埃及的安卡（*ankh*，生命的神聖象徵）、有頸部皮褶的眼鏡蛇或多頭蛇生物所庇護的東方諸神，以及帶有光環的基督教人物圖像之間，有視覺上的相似性。[18]早期帶來閃電和智慧的「熾熱」天蛇，無疑為摩西的銅蛇手杖及其與水有關的力量提供了潛在的模型（圖79參見頁22）。[19]

蘇美與阿卡德文物描繪了一道在樹上的宇宙軸心（*axis mundi*），由兩條蛇共同守護，這

27 譯註：Negev是位於巴勒斯坦南部的沙漠。

個想法呼應了許多宇宙學者的論述，因為他們也試圖將天、地領域之間的流動概念化。[20]米爾恰·伊利亞德更指出了蛇與知識樹和十字架之間的多重關聯（圖80），他說：

基督教的意象、禮拜儀式和神學同化了世界之樹的象徵意義……十字架由善惡之樹的木材製成，和宇宙樹合而為一，或取而代之；世界之樹被形容成一棵「從地球上升到天國」的樹，一種不朽的植物，「矗立在天地的中心，是宇宙的堅定支撐」。[21]

新的宗教有水族信仰痕跡

有些圖像講述了更早之前的故事，顯示人類受到誘惑，想要獲取神聖知識的慾望。羅浮宮收藏的埃及木乃伊箱上有繪畫描述一名蛇形女子正在向一名男子提供水果，以視覺圖案明確表達他的慾望。[22]大英博物館收藏了一枚大約西元前二二〇〇至二一〇〇年的美索不達米亞圓柱印章，描繪了一男一女的兩位神靈，站在一棵結實纍纍的樹旁，另外還有兩條蛇，這枚印章被稱為「亞當與夏娃」印章——雖然不無爭議——因為一八四〇至一八七六年間在大英博物館工作的亞述學者喬治·史密斯（George Smith）勇敢地提出，這是舊約聖經故事的模型。儘管其他學者否認了這種直接聯繫，但是物質紀錄表明，至少有一些圖像為新的宗教敘事提供了想像力豐富的素材。[23]還有更多的文物圖像將智慧蛇、聖樹和禁果或者熱門寶藏聯繫起

80. 喬治・加勒伯・赫奇蘭（George Caleb Hedgeland），
彩繪玻璃，蛇與十字架，英國諾里奇大教堂（Norwich Cathedral），1854 年。

來，例如伊特魯里亞文明的飲水杯（圖81），描繪了傑森試圖竊取金羊毛的故事。根據西元三世紀學者羅德島的阿波羅尼烏斯所述，金羊毛放在「戰神阿瑞斯（Ares）的陰暗樹林深處，由一條可怕的巨龍看守，那是令人不敢直視的怪物，始終怒目環顧四周，注視著鋪在橡樹頂上的羊毛，無論白天或夜晚，它都不曾休息，不讓自己的眼睛臣服於甜美的睡眠之下」。[24]

許多儀式習俗也一直流傳下來，例如洗禮儀式通常要浸入水中（或是灑水），以象徵精神上的「重生」。聖餐儀式是基督教最核心的儀式之一，就複製了早期崇拜酒神戴歐尼索斯的儀式（那是以蛇形誕生的希臘神靈，通常與歐西里斯的形象聯繫在一起），其中同樣有食用酒和麵包的儀式，象徵身體和血液。[25]

81. 科爾基斯（Colchian）惡龍被雅典娜下藥後反芻出傑森，雅典的希臘紅繪陶杯，應為杜里斯（Douris）的作品，約西元前 480-470 年，伊特魯里亞文明古城切爾韋泰里（Cerveteri）。龍是金羊毛（中間，掛在樹上）的守護者，雅典娜站在右邊。

28 神靈敘事，挪用蛇形水族再生的比喻

蛇形水族最重要的傳統角色就是產生和再生生命，代表物質和非物質世界之間以及地

下、塵世和天界之間精神運動的水文神學循環。隨著宗教有愈來愈多的半人和人類形式神靈出現，保留這種再生能力就至關重要。為了滿足這種需求，出現了兩個主要的（有時也是重疊的）敘事比喻。第一個描述了神靈前往黑暗和流動的地下世界，然後返回肉眼可見的物質世界。

埃及的「綠色之神」歐西里斯穿越陰間，就是一個早期的例子；太陽神阿圖姆的日常循環也是如此。祆教的基礎文獻《阿爾塔維拉夫之書》（*Book of Ardā Wirāz*）則描述了「正義的」維拉夫在喝下了致幻飲料*mang*之後，靈魂出竅，穿越天堂與地獄。[26]美索不達米亞女神伊南娜最著名的故事之一，就是她進入冥界庫爾（Kur）的旅程，雖然她順利從冥界回來，不過她的丈夫杜穆茲和丈夫的妹妹生育和農業女神蓋什提南娜（Geshtinanna）卻被迫替代她，輪流在冥界停留半年，因此才有了季節的循環。[27]在這個故事的早期希伯來版本中，杜穆茲變成了塔木茲（Tammuz），具有類似的「死亡與復活」角色，也肩負生育責任，不過聖經表達了對這些信仰的反對，認為「為異教神塔木茲哭泣」是一種罪（《以西結書》8:14）。

生死循環的希臘敘事

更多的例子來自希臘敘事，其中女神狄米特（Demeter）和她的女兒帕瑟芬妮（Persephone）代表了死亡與重生的季節循環。狄米特——或羅馬人所說的穀神克瑞斯（Ceres）（圖82）——是掌管生育、豐收和農業的母親女神，也是神聖法律的使者。[28]關於她的故事可以追溯到青銅時代後期，大約在西元前一四〇〇至一二〇〇年出土的皮洛斯（Pylos）泥板，將她與海神波塞頓（Poseidon）連結在一起。

狄米特是艾盧西斯祕儀（Eleusinian Mysteries）的焦點，信徒透過每年在艾盧西斯舉辦的入會儀式來崇拜她，據信他們在儀式中使用一種會影響精神行為的飲料*kykeon*，旨在喚起來世的幻象。[29]這個儀式直接涉及生死之間的循環運動，將入會者帶入地下洞穴（下沉和迷失），然後回到重生的光明（上升和喜悅）。

另一個相關的敘事則描述了黑帝斯（Hades）綁架帕瑟芬妮的故事。黑帝斯是死神，也是冥界之王，冥界就是以他的名字來命名的。心煩意亂的狄米特向宙斯求助，最終利用她對水的力量造成乾旱，剝奪眾神預期的祭品，迫使宙斯介入此事。最後宙斯說服了黑帝斯，將帕瑟芬妮送還給狄米特，讓地球上的春天與豐饒復甦。不過黑帝斯卻略施詭計，誘騙帕瑟芬妮吃了來自冥界的石榴籽，於是她每年必須有部分時間回到冥界，而在這段期間，狄米特因為帕瑟芬妮不在身邊而傷心欲絕，大地不再提供糧食，所以才有了冬天。這種敘事比喻的元素也可以在奧菲

82. 穀神克瑞斯的淺浮雕，西元前 50 年至西元 50 年。

斯和尤麗狄絲（Eurydice）的故事中看到。當尤麗狄絲被蛇咬死後，奧菲斯前往冥界，試圖將她帶回人間卻失敗了，因為他無法在看不到的情況下讓她的「陰影」抵達光明，從而恢復肉身。[30]

酒神戴歐尼索斯的敘事類比

在希臘神話中最重要的類比，可能就是酒神戴歐尼索斯（羅馬人稱之為巴克斯）的故事了，他在嬰兒時期被殺，又獲宙斯賜予重生，因此「誕生了兩次」。儘管這個類型在神學上仍有爭議，但是也使他成為典型的「死後復活」之神。[31]對戴歐尼索斯和狄米特的崇拜，都同樣可以追溯到邁錫尼文明（Mycenaean）時期的希臘。西西里的狄奧多羅斯（Diodorus Siculus）創作期間在西元前六〇至三〇年間，他說戴歐尼索斯是狄米特的兒子，同樣與生育力聯繫在一起，只不過在他身上，我們看到一種生育能力的更狂野形式，其中涉及集體狂歡，藉由葡萄酒、舞蹈和音樂產生宗教狂喜和頓悟。[32]

在視覺和敘事表現中，戴歐尼索斯的形象有點女性化，甚或雌雄同體，而他身邊的隨從更進一步體現這種對男女兩性的包容，包括放縱不羈的女性（*maenads*）以及陰莖勃起的薩提爾。在圖像中，他手裡總是拿著酒神杖（*thyrsus*）——那是一根茴香杖，上面纏繞著常春藤（蛇形的象徵），還滴著蜂蜜——這些圖像強調了陽具的聯想。酒神杖是威力強大的物品，可以是賜予恩惠的魔法杖，或者跟其他蛇杖一樣，作為抵抗對手的武器。樹木，尤其是無花果樹，在酒神崇拜中佔據中心地位。而他還有其他的名稱，如「Endendros」（在樹中的人）或「Dendritēs」（樹的人），可能顯示他與其他生命之樹的早期聯繫。[33]

據信戴歐尼索斯可以同時與生者和死者溝通，架起雙方世界的橋梁，甚至還能下到陰間拯救死者，讓他們復活。[34]亞里斯托芬（Aristophanes）的喜劇《青蛙》（*The Frogs*），是西元前四〇五年為了在雅典舉辦的戴歐尼索斯慶典而創作的，以有趣的方式講述了他在冥府之旅所經歷的考驗和磨難。在劇中，戴歐尼索斯原本到陰間要救回劇作家尤里比底斯（Euripides），最後卻選擇了讓另一位劇作家埃斯庫羅斯（Aeschylus）復活。[35]

據說，戴歐尼索斯經由在勒拿（Lerna）的一個無底湖進入冥界，勒拿的名字來自西台語，意思是「泉水」、「井」或「水池」。勒拿位於龐蒂科斯山（Mount Ponticos）的山腳下，擁有多重水源，養活了一批在新石器時代和早期青銅時代定居於此的人群。在古典時期，這裡仍然有一個巨大的湖泊，人們相信湖水具有強大的療癒功效。此湖是舉辦勒拿祕儀（Lernaean Mysteries）的焦點，對狄米特來說，是極為神聖的地方，而它最著名的傳說，就是在此定居的勒拿九頭蛇，這整個地區的人都知道九頭蛇是力量強大的古老蛇形水族。因此，戴歐尼索斯穿越湖泊進入黑帝斯之冥界的旅程，就呼應了許多巨蛇吞噬後又反芻的故事，在這些故事中，英雄必須「穿越」蛇／彩虹，在非塵世領域獲得神聖的知識與力量。

巨蛇吞噬再反芻的轉喻

這個轉喻也在傑森尋找金羊毛的傳說中反覆出現，該傳說除了提供知識聖樹和禁忌寶藏的意象之外，還描述了傑森被守護蛇吞噬，後來巨蛇被米蒂亞催眠或者是被雅典娜下藥（圖81），才又將他反芻出來。

蛇形生物吞噬再反芻的例子，在約拿的故事中又再次出現，鯨魚「吞下了他……然後又將他吐到旱地上」。[36]約翰．戴伊認為吞下約拿的這條「大魚」，就是巴力故事中迦南海蛇的另一個版本。[37]菲利普．加德納和蓋瑞．奧斯本提到環繞蛇的圖像，在視覺上呼應了光輪（mandorla，指圍繞基督教宗教人物頭上的橢圓形光環），同時還進一步指出，在與約拿有關的尼尼微古城中，有灰泥浮雕展示了一個男人從水生生物的嘴裡出現的圖案。[38]約拿的故事在伊斯蘭文化中也有一個平行的版本，主角是尤努斯（Yunus），他也同樣被一個巨大的水族吞噬又反芻出來（圖83參見頁25）。

吞嚥和反芻的故事主要涉及物質與非物質領域之間的移動，從這個意義上來說，像戴歐尼索斯、帕瑟芬妮和奧菲斯等人物，複製了早期蛇形水族的循環和再生流動，他們帶著人們往返於生者的可見世界與死者的冥界之間，提供了心理上必要的復活和回歸願景。因此，與其將戴歐尼索斯和其他人物歸類為「死後復活」的神，還不如思考這些人物如何挪用先前蛇形水族的水文神學循環——生命、死亡和更新的循環——可能更有用。

29 水文神學循環的上升與下降，出現新的共鳴

主要神靈不僅進入了冥界或水族生物體內再回來，而且還向上飛升，進入天國領域，例如，金字塔文獻中提到，死去的國王「乘著托特的翅膀飛向天國」。[39]上升的概念，就像進入地底流體世界的旅程一樣，需要在物質與非物質領域之間移動。從這個角度來說，這是許多蛇形水族的水文神學循環「上半部」，因此也提供了一種新的方式來思考雅各天梯的象徵意義和上升與下降的循環性質。

一神教經文的升天敘事

在一神教的經文中，獲准往返天國與地界的早期例子，出現在但以理（Daniel）看到異象的故事，即「像人子之人」將「駕著天雲」而來，將得到榮耀和國度，而且「統治直到永遠」（《但以理書》7:13-14）。據說先知以利亞（Elijah）是乘坐「由火駒拉的火戰車」，被「旋風」帶到天國（《列王紀下》2:11）。根據天主教和東正教的敘事，聖母瑪利亞升天是因為她的「身體和靈魂」被帶到天國：「聖母無染原罪，永遠的聖母瑪利亞，完成了她在塵世的生活後，讓身體和靈魂進入天國的榮耀。」[40]遭到天國的「吞噬」可以避免死亡的「腐朽」，也不會消融成虛無的不存在：「當必朽的身體要變成不朽的，這必死的要變成不死的時候……死亡就被勝利吞沒了。」（《哥林多前書》15:54）

往返天界的行動經常有天使相伴，天使身上有水族常見的羽毛和彩色翅膀。他們的聲音「像是雷霆」，聖經的描述暗示了他們與彩虹和水的聯繫：「我看見另一位大力天使從天而降。他身披雲霞，頭頂彩虹，臉如太陽，雙腿如火柱。」（《啟示錄》10:1）

耶穌完成了整個水文神學循環（《哥林多前書》15:45）。祂在天使的陪伴下從天國降臨到人間，並有天體預兆暗示祂將化身為物質形體（圖84）。祂死後被埋葬在一個黑暗的洞穴裡，但是上帝讓祂從墳墓中復活，繼續上升，透過光抵達天國。祂留下來的宗教遺產——神聖的三位一體——代表了這段旅程的每一部分：有一位在天國的聖父，一個肉身的聖子，還有一種無形卻無所不在的聖靈，滲透到塵世的領域。

地獄的概念

關於地獄的概念也有敘事的共鳴。本書稍早講述了好幾個創世故事，描述了人類與其他生物從流動的地下世界中出現。在本土化的「自然宗教」中，回歸這些地下領域代表失落和墮落到不存在，但是它們同時也是再生力量的來源。然而，大型社會尋求控制物質世界，並將精神媒介置於崇高的奧林帕斯山上或天上的神祇，因此非人類的地景和水景——及其內部／地下世界——就不再被視為值得信賴的再生來源。

因此，古典希臘人對冥界的想像，將地下世界描繪成一個嚴峻的領域，一旦進到裡面，如果沒有神的干預，幾乎不可能返回。冥界的河流黑暗而陰沉，連名字也有負面的含義：

84. 丹尼爾・格蘭（Daniel Gran）的《新生基督在父神和聖靈面前的榮耀》細部，1751 年，天花板壁畫，維也納的聖安娜教堂（Annakirche）。

有代表仇恨的環繞恨河（Styx），代表痛苦的怨河（Acheron）、代表遺忘的忘川（Lethe）、代表烈焰的火河（Phlegethon），還有代表悲傷與哀號的悲嘆河（Cocytus）。基督教提供了另一個更兩極化的世界，充滿光明與榮耀的天國和永恆詛咒的可怕「地下」世界彼此對立。吞噬蛇的母題得到一個完全黑暗的角色，成為吞噬靈魂的地獄之口，完全將這個先前代表非人類創造力的生命，重塑成製造混沌的怪物，只有上帝能夠拯救他們的靈魂（圖85）。

85.「地獄的痛苦」微型畫，出自附插圖的《基督生平》（*Vita Christi*）一書，約克，1190-1200年，彩色描金蛋彩畫。

30 水的力量轉移給猶太—基督教上帝實現統治

聖經《創世記》的故事與美索不達米亞有關偉大水族提阿馬特與阿普蘇的原始創世神敘述

之間，有一個關鍵的區別：

> 這兩個故事有些普遍的相似之處，包括一個神創造了宇宙以及宇宙最初的原始水狀態。然而，美索不達米亞的記載將海洋和淡水深淵視為原始父母，在創世神誕生之前，就生下了幾對神靈；而在《創世記》中，造物神從一開始就單獨存在。[41]

在《創世記》中，上帝平息了原始水域，強加了秩序，並塑造了世界及世界上的所有生物。透過這種方式，重新配置了一個反覆出現的創世故事，建立了父權統治，同時聲稱人類創造並控制了這個世界及其生成過程。然而，這種挪用無法擺脫一種潛在的恐懼，即人類的力量無法完全控制巨大的水之「深處」——神學家凱薩琳．凱勒（Catherine Keller）將這種恐懼稱為「深淵恐懼症」（*tehomophobia*）。[42]正如她所說的，《創世記》的作者假設宇宙的前身是某種「其他」形式的原始混沌，然後才由造物主創造世界，並賦予秩序，但是後來佔優勢的神學思想拒絕了失序的「他者」力量，反而一心推廣基督教主宰的「主治聖言」（logos of lordship）。[43]

在早期的經文中，是藉由將水元素的力量轉移給父權神靈來實現主的統治。像這樣的人物不只風暴之神巴力一人，與尼普爾城（Nippur）相關的美索不達米亞水神恩利爾（Enlil），也同樣被形容成「給人類帶來災難的洶湧洪水，席捲堤防水壩的洪流，無人能抵擋的猛烈風暴」。[44]關於耶和華的早期敘事也將他描述為水力量的體現，只是在後來的重新想像中，他才被「放大」：

在古希伯來語中，我們看到一個平行的發展，其中耶和華最初是風暴之神，也許也是地震之神，他在閃電中顯現，也在雷霆中聽到他的聲音，後來才被放大為宇宙的創造者，植物的生產者，收穫與農作物的保護者。耶和華跟恩利爾一樣，也來自山區。他的座位在西奈山頂上……早期將耶和華視為風暴之神的概念，在晚期詩篇的隱喻中仍能找到一些蛛絲馬跡，其中描述了宇宙之神的力量：

耶和華的聲音迴盪在水面上，
榮耀的上帝發出雷鳴轟響，
耶和華在大水裡。
耶和華的聲音充滿力量，
耶和華的聲音充滿威嚴，
耶和華的聲音震裂雪松，

耶和華劈裂了黎巴嫩的雪松，
讓他們像小牛一樣跳躍。[45]

上帝主宰水與秩序

從展現水的力量到統治水，這樣的轉變也可以在聖經裡提到上帝的經文中看到：「他一發聲，空中便有多水激動；他使雲霧從地極上騰；他造電隨雨而閃，從他府庫中帶出風來。」（《耶利米書》10:13）。經文也同樣關注上帝控制水和提供充足雨水用於灌溉的能力。

我必按時降雨給你們，使土地長出莊稼、果樹結出果實。（《利未記》26:4）

要在春雨季節向耶和華求雨，向製造暴風雲的耶和華祈求雨水，他就會為世人降下甘霖，賜給每一個人從田間長出來的植物。（《撒迦利亞書》10:1）

錫安的子民啊，你們應當歡喜，要從你們的上帝耶和華那裡得到喜樂，因為他證明你們無罪，所以提早降下甘霖。他為你們降下了豐沛的雨水，賜給你們春雨和秋雨。（《約珥書》2:23）

他必按時降下春雨和秋雨到你們的土地上，使你們收穫穀物、新酒和油。
（《申命記》11:14）

只有「真正的」上帝才能提供水，而帶來雨水的同時，也帶來了精神上的幸福和啟蒙：

在列國供奉的假神中，誰能賜下雨水呢？還是上天能自降甘霖？主啊，我們的上帝，難道不是只有你能行這些事嗎？我們把希望寄託在你身上，因為只有你能賜雨水降甘霖。（《耶利米書》14:22。）

諸天哪，從高處降下甘霖，讓雲彩降下正義，使大地裂開，讓救贖與公義結出果實，讓它們發芽吧；這是我耶和華的作為。（《以賽亞書》45:8）

我要將我的靈澆灌以色列家園，主耶和華這樣說。（《以西結書》39:29）

上帝也呼應了蛇形水族懲罰違法行為的傳統能力，在極端的情況下，不敬神的人會遭遇乾旱或洪水：

地上萬族中若有人不上耶路撒冷敬拜大君王——萬軍之耶和華——他們必將沒有雨水。（《撒迦利亞書》14:17）

七天之後，我要在地上連續降雨四十晝夜，從地表毀滅我所造的一切生靈。（《創世記》7:4）

聖經中的洪水清除了世界的罪惡污染，並重建道德秩序。這是一場再生的洗禮，或者說是大規模的吞噬反芻，使人類沉浸在死亡與重生的過程中。[46]然而，儘管洪水如洗禮般洗淨罪孽（《彼得前書》3:21），這卻代表了上帝的力量和權威，而不是非人類「他者」的作用。[47]

31 伊斯蘭教隨著國家水利文明發展而轉變

在猶太－基督教的敘事中有許多明顯的模式，也在伊斯蘭經文中重複出現，同樣被視為上帝的話語，並由包括諾亞、亞伯拉罕、摩西、耶穌和穆罕默德在內的諸多先知教導。[48]與該地區出現的其他一神教一樣，伊斯蘭教的宗教傳統也包含許多非人類神靈，有些還與早期的先知屬於同一時代的人物。例如，月神瓦德（Wadd），受到居住在現今阿拉伯南部葉門地區（西元前六五〇－一五〇年）的米奈人崇拜，其象徵就是一條蛇。在德丹地區（Dedan，現今沙烏地阿拉伯的阿爾烏拉（Al-'Ula），建有一座寺廟供奉他，當地的奧桑（Awsan）國王還受到神化，被尊為「瓦德之子」。[49]《古蘭經》也寫道，當諾亞還是先知時，瓦德就已經是神，並補充說：「絕對不要離開你們的神，不要離開瓦德，也不要離開蘇瓦（Suwa）。」[50]儘管蘇瓦以女人的形象現身，但是其他神靈都以非人類形式出現，如獅子、馬、鷹等等。根據七世紀伊斯蘭學者阿卜杜拉·伊本·阿拔斯（Abd Allah ibn Abbas）的說法，他們受到「諾亞子民」的膜拜。[51]

胡巴爾（Hubal）是另外一位重要的神祇，據信有占卜能力，是麥加神聖清真寺的卡巴聖殿（Ka'bah）裡的一個偶像，[52]有人描述他是戰士和雨神，有時候也說他是月神。[53]說他是月神的詮釋後來引起爭議，因為一些基督徒學者認為他是真主阿拉的前身，或者認為阿拉以前被當作月神來崇拜。[54]前伊斯蘭銘文也使用「阿拉」這個名字，但是納巴泰人（Nabataean）的銘文卻說這是泛指「神」的通用詞彙，適用於任何神靈。[55]

從多神靈崇拜到一神教

正如基督徒學者拒絕接受女神崇拜的說法一樣，伊斯蘭神學家也對古代世界的女神角色有過一番論辯。然而，考古紀錄顯示確實存在一定的性別互補性，也有多種女性形象，包括阿拉特（Al-Lāt或Allat）（圖86）。她通常被描述為天神，不過偶爾也會說她是冥界的女神，表示她可能在不同的領域之間移動。[56]阿拉特對巴努·塔吉夫（Banu Thaqif）部落來說尤其重要，他們在塔伊夫（Ta'if）蓋了一座神廟供奉她，廟裡有黃金和縞瑪瑙的裝飾；另外，她也因為作為主要男神的配偶或女兒受到更廣泛的崇拜。[57]希臘羅馬對該地區的影響，使她與希臘女神雅典娜和羅馬女神密涅瓦相提並論，同時在希臘銘文中被稱為「偉大的女神」。然而，現在的人普遍認為，她的名字可以泛指所有女性神靈，就像阿拉這個名字代表男性神靈一樣。[58]

86. 阿拉特女神與獅子，巴爾夏明神廟（Temple of Ba'alshamîn），敘利亞的帕爾米拉（Palmyra），2世紀，大理石淺浮雕祭壇。

伊斯蘭經文也提到亞當和夏娃的故事。穆斯林圖像描繪了他們被逐出天堂花園，不過如附圖（圖87參見頁23）所示，在這個敘事中，是由非人類生物——一條蛇和彩色的鳥——帶著他們從花園裡出來，周圍都是色彩繽紛的天使。

本書無意解決他們的爭論，只是從這些學術論辯中收集一些資訊。顯然，前伊斯蘭社會確實崇拜多種非人類的男女神靈，有時也崇拜與水相關的蛇神。然而，當伊斯蘭教在第六位先知穆罕默德（生於約西元五七〇年）的領導下融合起來之後，宗教多元性的空間似乎愈來愈小。穆罕默德下令摧毀供奉這些早期神靈的偶像和神廟，包括在塔伊夫供奉阿拉特的神殿，他說：

> 阿拉是獨一無二的，是人類的創造者、至尊的統治者和審判者。阿拉透過對大自然的直接行動來引導宇宙，透過他的先知亞伯拉罕，與摩西、耶穌和穆罕默德立約，引導人類歷史，並透過這些人建立祂所選擇的社群，即「信道之人」。[59]

跟其他一神教的神一樣，伊斯蘭的造物主分開了天地，用水形成了世界，創造了山脈以提供陸地，並創造了所有生命。「真主偏愛水勝過任何其他造物，並將其作為創造的基礎，正如祂所說：祂用水創造了一切生物。」（《古蘭經》31:30）《古蘭經》的一首詩斷言了真主對原始混沌的權威，其中真主「將祂的寶座放在水上」（《古蘭經》11:7）。正如十二世紀的學者阿爾基塞伊（Al-Kisa'i）所說：「然後祂告訴水：『不要動。』於是水就靜靜地等待真主的命令。這是清澈的水，不含雜質，也沒有泡沫。」[60]

水居於伊斯蘭核心地位

這些宗教的發展反映了生活方式的改變：主要的水利基礎設施建於七世紀；國家正在興

起；「在整個前現代的伊斯蘭世界裡，提供水是政府的一項基本任務」。政府官員需要水利專業知識：

波斯人曾說：「一個人若是不懂得讓水流動的技術；不知道如何在河岸及河尾開鑿缺口、填塞溝壑，不知道水道每天的水位漲落；無法察覺新月以及與其相關的現象；不理解天平磅秤，不會測量三角形、四角形、梯形，也不會架橋築堤或是蓋水車汲水；不了解工人使用工具的狀況和算術的精妙，那麼這個人就不夠格。」[61]

到了十世紀末，伊斯蘭的水資源管理已經變得非常複雜。當時在城市（如哥多華〔Cordoba〕）裡大約有六百個公共和私人浴室，每一間浴室都需要持續的水流，另外在清真寺外還有許多淨身用的噴泉。

水在伊斯蘭教的核心地位，凸顯了一神教共有的概念。在麥加的大清真寺，有個滲滲泉井（Zamzam），現在位於卡巴聖殿下方，前來朝聖的信徒每年都會聚集於此。有關這口井的故事必須追溯到伊斯蘭教出現之前：據說泉水是為了夏甲（Hagar）和她年幼的兒子以實瑪利（Ishmael）才從地底冒出來的，後來是先知穆罕默德的祖父（四八〇－五七八年）重新發現這口井。這兩個故事將伊斯蘭教與亞伯拉罕聯繫起來，「穆斯林認為他是阿拉伯半島一神教的創始人」。[62]

伊斯蘭教的聖訓（*hadiths*）特別強調天使與其他會上升和下降的水族有雷同之處。宗教學者蘇尤蒂（Al-Suyū ī，卒於一五〇五年）收集了七百多篇聖訓，其中天使始終和雨保持密切的關聯。有人說：「天使加百列（Gabriel）每天都沉浸在al-Kawthar（富足、天堂）中，然後他搖晃自己的身體；每顆雨滴都是由天使創造的。」[63]

真主控制非人類世界

對天文學的長期興趣形塑了伊斯蘭教關於天國的觀念，其目的變成了「準備純潔的靈魂並讓他們渴望升天」。[64]後來有關伊斯蘭宇宙觀的著作描述了住在天國的天使，他們代表了宇宙之靈（Universal Soul）的各個層面，藉由結合「原始物質」，讓身體「化可能為實際」。[65]透過這種方式，伊斯蘭思想呼應了其他一神教，都在尋找新的方法來描述物質和非物質領域之間的移動——這原本是由蛇形水族的水文神學所促成的。另外，伊斯蘭經文中也提到了升天（圖88參見頁24）。穆罕默德在麥加的卡巴聖殿被天使加百列從睡夢中喚醒，踏上了夜行旅程（*Isrā*）。他騎著長了翅膀的天使戰馬布拉克（Buraq），展開經典的水文神學循環旅行，穿越天國的多個地區，沿途遇到以前的先知（摩西、亞當和耶穌），並冒險進入地獄深處。他經由升天（或稱為*Mi'rā*）抵達天國，在那裡看到了天堂池*al-Kawthar*，其水「比雪更白，比蜜更甜」（《古蘭經》17:1）。

在乾旱地區，水主導了《古蘭經》中的天堂願景，這一點也不奇怪。那是一個幸福的「異世界」，有無盡的河流、柔和的雨水、水果、鮮花和樹梢掛滿了珍珠與藍寶石的樹木。這些元素經常用在傳統的「花園地毯」，而且藉助水利管理專業知識，形成了伊斯蘭花園設計的基礎，其中噴泉、水池和水井都佔據中心地位。這些概念在哥多華建於七八五至七八六年間的大清真寺附屬花園中展現無遺。

就跟聖經文本一樣，伊斯蘭的經文也將他們的真主描述為水的提供者。祂將大量的水賜給了善良的前伊斯蘭先知呼德（Hud），也用水來施行懲罰（《古蘭經》11:50）。

> 穆斯林不忘，是真主用雨水創造了天空和海洋。如果祂願意的話，可以利用雨水來施加致命的懲罰，並在洪水災難中毀滅人類。比方說，當諾亞的子民拒絕他的訊息時，真主的反應很迅速：「我就以傾瀉的雨水開了許多天門。」（《古蘭經》54:11）《古蘭經》中所描繪的大海也可以是令人驚駭的象徵，代表真主對不信道者的懲罰。他們的行為就像「重重黑暗，籠罩著汪洋大海，大海上波濤澎湃，上有黑雲，黑暗重重疊疊」（《古蘭經》24:40）。對信徒來說，最重要的是要永遠牢記，一切都是真主的賜予，所以祂也能隨時拿走。「想想你們所飲的水，究竟是你們讓它從雨雲中降下的呢？還是我？只要我願意，必使水變得苦澀。」（《古蘭經》56:68-70）[66]

諾亞「在山一般的巨浪中」航行，但是真主平息了波浪。「有人喊道：大地啊！吸乾你的水吧！天空啊！撥開雲霧吧！於是洪水就退了。」（《古蘭經》11:44）就這樣，真主控制了非人類世界，而不是代表非人類的力量；真主創造了無數的奇蹟，只是為了證明祂的存在：

當麥加異教徒要求看到真主存在的證據、徵兆或奇蹟時，《古蘭經》的回應是將他們的目光引向自然的複雜、規律和秩序。因此，《古蘭經》的早期經文廣邀各方來檢視和調查天地之間以及環境中所有可見的一切……由是，《古蘭經》清楚地表明，造物中的一切都是真主創造奇蹟的跡象（āyah）。[67]

以人類男性為中心的一神論

隨著時間的推移，一神教在鄰近地區擴張，穆斯林的影響力蔓延到北非和西班牙，基督教則在整個歐洲和斯堪的納維亞半島取代了早期宗教（圖89）。這些旅程有重要差異，但是都試圖以男性先知與人形化全能男性上帝的權威，來取代對多種非人類力量的崇拜。這些一神教不僅彼此競爭，而且還競相推動「異教」或「異教徒」社會遵守他們的信仰。耶利米就曾經抱怨巴比倫的勢力：「巴比倫王尼布甲尼撒（Nebuchadnezzar）吞噬我、挫敗我，還將我洗劫一空。他像龍一樣吞掉我，用我的美食填飽他的肚子，然後把我趕走。」（《耶利米書》51:34）以

89. 描繪聖喬治與聖母聖子登基的吊飾，衣索匹亞，18 世紀，木材和顏料。

西結則提倡抵抗埃及這條「巨龍」：

> 人子啊，你要面對埃及王法老，說預言斥責他和整個埃及。你要告訴他，說：「主耶和華這樣說，看哪，埃及王法老，你這躺臥在自己河中的大怪物，我要與你為敵……這河是我的，是我為自己創造的……我要將你棄於曠野……讓全埃及人都知道我是主耶和華。」（《以西結書》29:3-6）

更重要的是，一神論宣揚了一種以人類為中心的觀點，賦予人類權利，可以統治「海裡的魚、空中的鳥和地上的牲畜及一切爬蟲」（《創世記》1:26）。非人類世界（尤其是水）則被定義為必須馴服和控制的「他者」，婦女和不同文化群體和信仰體系也是如此，都是一神論想要凌駕其上的對象。然而，要實現這些目標絕非易事。

09 斬妖除魔 Demonized Beings

本章探討主要的一神教如何重新設定人類與非人類之間的關係，在概念上劃分文化與自然，藉以彰顯代表其有序世界願景的父權統治。[1]他們一方面推動社會進一步朝著以人類為中心和工具性生活方式的軌跡發展，同時也樹立了非永續性的剝削模式。尤其是在歐洲，由於更大型的都市化和最終導致工業革命的技術發展，讓這樣的情況愈演愈烈。

文化與自然的分離只能透過異化的過程來實現。於是，非人類生命與物質世界不再是共同創造事物的互惠對象，而是被重新塑造為敵對的「他者」。一神教將（女性的）自然和情感與（男性的）文化和理性放在對立面，將非人類領域定義為潛在的「失控」混亂，或者至少說是「荒野」，需要透化施加男性權威，進行社會和技術的馴化。不可避免地，水也反映這些變化。

一神教的經文經過一個關鍵的轉變，從原本對蛇形生物的正面表述，變成將他們描繪成邪惡的化身。這必須讓早期的敘事整個顛倒過來：「西元前一〇〇〇年的鐵器時代，在希伯來人的父權制背景之下……源自早期新石器時代和青銅時代文明的神話……變得顛倒了，提出了一個與源頭正好相反的論述。」[2]

有翼蛇形象從神聖變邪惡

比較一下早期和晚期的經文，這樣的變化是顯而易見的。最初，「熾熱的」六翼天使撒拉弗（seraphim），是「源自埃及皇家和神聖象徵的有翼蛇」，以天體生命的形式出現，承載著天地間的神聖形象，為人類帶來意識與智慧（圖90）。[3]他們用「燃燒的餘燼」向以賽亞傳達了啟示，於是他看到一個異象，至高無上的生命坐在寶座上，「身邊圍繞著撒拉弗，每個都有六個翅膀」（《以賽亞書》6:1）。這直接反映了在前基督教時期，亞述的至高無上神受到蛇包圍的圖像。例如，拉美西斯五世的墳墓上刻了一條有翼蛇，被描繪成「領袖」，還有銘文指出「是她在領導偉大的上帝」。[4]但是其他聖經文本對水及其人形化的代表提出了更反面的觀點：

> 祢曾經用祢的力量分開海水，折斷水中蛟龍的頭。祢曾經打碎海怪利維坦的頭，將他的肉丟給曠野的禽獸吃。祢曾經開闢泉源和洪水，也曾讓滔滔河水乾涸。（《詩篇》74:13-15）

在聖者約翰（St John the Divine）關於世界末日的啟示中，又有另外一個屠蛇事件：

> 一條紅色巨龍出現，他有七頭十角，每個頭上都戴著冠冕。他的尾巴一掃，掃落了天上三分之一的星辰。巨龍與聖米迦勒（St Michael）之間爆發

90. 由撒拉弗承載的上帝：喬瓦尼・迪・保羅（Giovanni di Paolo），《創造世界與逐出天堂》，1445 年，描金蛋彩木板畫。

戰爭，雙方都有天使支持，一邊是善良天使，另一邊是墮落天使；最後，天國軍隊擊潰了巨龍軍團，將怪物扔到地上。那條當時名為撒旦的巨龍引起了一場滔天洪水，隨後末日的怪獸從海中出現。巨龍將自己的力量和權威賜給了怪獸，但是自己卻遭到天使綑綁，囚禁在深淵裡長達一千年。（《啟示錄》12:3）

伊甸園的蛇

將蛇的意義倒置，最明顯的例子，就是在伊甸園。蛇形水神和生育之神在前基督教的天堂花園中都有正面的角色，例如「綠色之神」歐西里斯住在名為雅盧

（Aaru）的蘆葦田，或水神恩基（Enki）及其妻子母親女神寧胡爾薩格（Ninhursag）在蘇美人的土地迪爾蒙（Dilmun）創造了人類。在最初的納索爾花園（Nasorean Garden）中，有性繁殖的標誌是一棵名為塔瑪（Tamar）的棕櫚樹，她是分娩女神，樹上有藤蔓纏繞並俯瞰著一口井。這個形象被希臘人移植到提洛斯島（Delos），所以泰坦女神勒托（Leto）才能在島上棕櫚樹的樹蔭下生下阿波羅。在前基督教時期將水族視為生命之源的觀念，在聖經文本中，可以清楚地看到這樣的跡象。如前文所述，「夏娃」是*hawwah*的一個版本，意思是「生命」或「蛇」，《創世記》第三章第二十節告訴我們說：「亞當給他的妻子取名為夏娃，因為她將成為眾生之母。」

雖然前基督教時期的蛇形生物在生成生命方面表現出雌雄互補性，但是夏娃卻是在主宰的父權挪用了生育能力之後，才用亞當的肋骨形成的。她的墮落讓婦女受到詛咒，必須飽嘗分娩之苦，也讓人類受到死亡的懲罰。她曾獲告知，那條蛇將永遠是夏娃及其後裔的敵人，他們會把它的頭踩在腳下（《創世記》3:15）。蛇的智慧變得「狡猾」：它違背了上帝的旨意，「罔顧禁令，並質疑吃樹上的果實就會死亡的神聖主張」。[5]

夏娃成了破口，蛇趁著亞當不在的時候，誘惑了她。這裡又出現了另一種敘事倒置：僅僅幾百年前，宙斯蛇在亞歷山大大帝的故事中還是強大的生殖生物，而到了伊甸園中的蛇，卻變成了邪惡的誘惑者。此一母題也在約瑟夫發現瑪利亞懷孕的故事中得到了回響，《馬太福音》重述了這個過程：「是誰在我家裡做了這件壞事，玷汙了處女？……就在亞當感恩之後，蛇來了，發現夏娃獨自一人，就誘騙了她。同樣的事情也降臨到我身上。」（《馬太福音》1:18-

21）。彌賽亞的降臨，更進一步加深了蛇是邪惡的概念。儘管耶穌認知到「蛇的智慧」，但是仍勸告門徒要「征服蛇類生物」（《馬太福音》10:16；《路加福音》10:19）。

蛇神崇拜持續

儘管有這些敘事倒置，新的一神教並未能輕易地實現宗教霸權。建築史學家詹姆斯・佛格森（James Fergusson）發現，樹與蛇的崇拜反覆出現了好幾個世紀，「在尼哥拉黨（Nico-laitans）、靈知派，尤其是稱之為奧菲特教派的幾個宗教流派中，再次爆發奇妙的榮景。」（圖91）另外，他還注意到神學家德爾圖良（Tertullian）的評論：

> 他們甚至喜歡蛇，更勝過喜歡基督，因為前者為世界帶來了善與惡的知識……他們同時也指出蛇的威嚴與權力，還有摩西在曠

91. 帶有獅頭蛇的靈知派寶石，2 至 3 世紀，光玉髓凹雕。

> 野中舉起銅蛇的重要性……他們甚至引用福音來證明基督在模仿蛇，因為據說「摩西在曠野怎樣舉起銅蛇，人子也必照樣被舉起來」。[6]

在基督誕生後的六個世紀裡，摩西的銅蛇都一直保存在聖殿中，「以色列子民仍向它燒香」（《列王紀下》18:4）。隨後，這種做法以及對神聖樹林的崇拜都被視為偶像崇拜。然而，在歐洲和斯堪的納維亞半島的許多地方，儘管王室領導人和政治菁英採納了基督教信仰和習俗，但是對樹和蛇的崇拜仍然持續了更長時間。瑞典神職人員及歷史學者烏勞斯・馬格

92. 伯恩特・諾特克（Bernt Notke），《聖喬治與龍》，
1489 年，彩繪木雕，斯德哥爾摩的聖尼古拉教堂（Storkyrkan）。

努斯（Olaus Magnus）記錄稱，在波蘭，這種習俗一直持續到一五〇〇年代中期；佛格森則指出，瑞典一直到一六〇〇年代都還在崇拜家中的蛇神，而在挪威、愛沙尼亞和芬蘭的偏遠地區，「農民」對蛇的崇拜更是持續到一八〇〇年代。[7]

教會一定要將其他神靈的超自然力量轉移給上帝，並賦予神職人員有調停經文爭議的絕對權威，才能實現教會的至高地位。因為蛇和自然崇拜持續存在，教會更加努力地妖魔化非人類神靈及其信徒，試圖完全抹殺以任何形式表現的蛇（圖92）。

32 屠龍故事，透露基督教抵制自然宗教的勝利

正如前面幾章所述，雖然「自然宗教」崇拜蛇形水族，但是也尊重他們具有懲罰性的潛力。基督教的福音傳教士可以利用大量早期的屠蛇故事來解決這些恐懼，而聖經中擊敗利維坦、紅龍或撒旦本人的勝利，也很容易拿出來類比，說它們呼應了各種屠龍的事蹟，如：烏加里特人（Ugaritic）戰勝海中巨蛇羅坦（Lotan）的故事；描述賽特戰勝蛇神阿佩普的埃及圖像；西台人關於胡帕西亞斯（Hupasiyas）趕走巨龍伊盧揚卡斯（Illuyankas）的記載；還有希臘和羅馬傳說中，男性英雄殺死勒拿九頭蛇、梅杜莎、海蛇、提豐、蟒蛇和噴火怪物奇美拉（Chimera）的故事。[8]

到了西元一世紀，亞歷山卓（Alexandria）的學術與科學中心地位逐漸衰落，助長了只能

從經文獲得知識的主張。儘管如此，基督徒還是遭受了相當大的迫害，直到君士坦丁大帝皈依基督教，教皇才得以在整個地區建立行政基地並開始傳教。接下來是一場日益激烈的接管過程，前基督教的神廟、雕像和學術文本都慘遭摧毀，古典時代就此實質告終。[9]

對其他宗教的抵制與反對不斷增加，也蔓延到了更北部的地區。西元前五五年，羅馬人入侵不列顛，如歷史學家李維[28]等一些羅馬觀察家，形容凱爾特人的儀式習俗為野蠻行為，他們的宗教領袖德魯伊則被誹謗為女巫或巫師，因為據說他們能夠化身為動物形態，還會呼風喚雨。[10]摧毀所有學術秩序成為當時的政策，在大約西元六〇年，不列顛的許多德魯伊都在安格雷斯島（Anglesey）遭到屠殺。[11]然而，在納入羅馬統治之後，凱爾特部落反而能夠相對自由地從事自己的宗教活動，而早期的羅馬基督教圖像也吸納了許多異教形象，包括有人「被一條大蛇環繞……顯然是設想在異教世界蛇之宇宙中運作」。[12]

惡魔之水的恐懼

隨著基督教在羅馬帝國的普及，在不列顛也變得自信果敢起來。水崇拜遭到禁止。大約西元四五二年，一部宗教法規規定：「如果異教徒在主教的領地上點燃火把或崇拜樹木、噴泉或石頭，而他卻未能廢除這種做法，那麼他就必須知道自己犯有褻瀆罪。」[13]教會在凱爾特聖井上方或旁邊興建教堂，基督教聖徒挪用了它們神奇的療癒和占卜力量。基督教還在各地建立前哨基地：五六三年，聖高隆（St Colmcille，又名Columba）在蘇格蘭的愛奧那島（Iona）

上建造了一座修道院，隨後聖艾登（St Aidan）又於六三五年在林迪斯法恩島（Lindisfarne）上建立了一個聖騎士團。[14] 聖奧古斯丁（St Augustine）在五九七年抵達肯特郡（Kent），肩負著讓異教國王埃格伯特（King Egbert）及其子民皈依基督教的使命。當他抵達多塞特郡時，看到對面山坡上雕刻的塞那阿巴斯巨人像（Cerne Abbas Giant），於是效法摩西，用力將手杖插入地面，引起泉水流動，並宣示了基督教上帝控制水的力量。

在中世紀教會中，自然世界透過信徒膜拜樹木、水井和石頭而受到尊崇，但是如今它們的內在力量被轉移到基督教的宗教物品上，例如：聖禮中使用的器皿。教堂洗禮盤（*fons sapientiae*）裡的水取代了聖井，成為知識和啟蒙的來源[15]，這緩解了凱爾特人在皈依之後對於沒有聖井的焦慮。對於中世紀早期的基督徒來說，水若是得到上帝的祝福，可能就是神聖的，但是水也可能是惡魔的棲息地。這種信仰源於對邪惡之水的長期恐懼，像俄利根（Origen）、傑若姆（Jerome）和金口聖若望（Chrysostom）等早期教會的神父，都將非人類領域視為惡魔般的「洪水猛獸」，必須藉由「消弭不當的激情洪流」來制服它們。[16]

相信有惡魔之水的觀念，與墮落自然和女性氣質的想法一致，認為這是對精神純潔的威脅。堅守男性貞潔的禁慾主義者拒絕「肉體歡愉」，其中包括在感官上接觸到象徵性的水、流體物質以及實際的性行為。這種觀念結合了害怕深處的「深淵恐懼」以及厭惡女性身體的女性

28 譯註：Livy 即蒂托・李維烏斯（Titus Livius，西元前六四或五九年—西元一七年），古羅馬歷史學家，最有名的著作就是《羅馬史》。因為英文省略拉丁文的陽性字尾（-us）成為 Livy，故稱「李維」。

93. 聖徒踩踏一條蛇，《聖馬太福音》中的微型畫，
出自《聖加萊主教威廉的聖經》（*Bible of William of St Calais*），1080-96 年。

恐懼，幾百年來一直主導著性別與性的觀念，最後才由佛洛伊德式的性焦慮形式表達出來。[17]

基督教主宰自然生物

從四世紀到十六世紀之間，在不列顛和歐洲撰寫的許多聖徒傳記文本中，也詳細闡述了基督教主宰自然生物的情況。《聖馬太福音》中有一幅九世紀的圖像，描繪聖徒將蛇踩在腳底下，這種踐踏蛇的圖像反覆出現，而且還只是一個縮影而已（圖93）。事實上，基督教的宗教文本中也有聖人、主教、神父、教皇和處女殉道者殺蛇的狂歡聚會。敘事轉喻是一致的：蛇或「龍」（也有愈來愈多的文本說是野獸）潛伏在地下洞穴、沼澤或湖泊等野生水域中，它們會不時出現，恐嚇當地居民或是「吐出毒氣」傷害他們。這個概念——描述龍從天上排出毒液——可能是指污染人心的知識，或者（在一三○○年代）指的是真正有害的黑死病。

關於惡毒噴火龍的想法，顛覆了「熾天使」撒拉弗的正面形象，這可能是因為中世紀時期火山爆發的推波助瀾，火山灰遮蔽了天空，並造成了災難性的農作物歉收。在整個基督教世界中，龍或蛇都被重新形塑成製造混亂和死亡的形象。食人龍／怪物純粹只是吞噬人的生命，而不再象徵物質與非物質領域之間有週期性再生的轉變。

只有基督才能賜予救贖。為了讓當地人民承諾皈依基督教，屠龍聖人將探訪野獸的巢穴，並「以我們主基督的名義」將其召喚出來。有時候在進行驅魔儀式時，聖人會命令怪物淹死在附近的河流中，迫使其服從或乾脆予以消滅。[18]塔拉斯克（La Tarasque）就是一個例子，它是棲息在塔拉斯孔（Tarascon）附近河流的一條蛇，是異教徒抵抗基督教訊息的關鍵象徵。有一個故事直到今日仍在基督教慶典中傳頌，描述聖女瑪爾大（St Martha）趁著蛇在吞噬人的時候，將聖水倒在蛇的身上，讓它不能動彈，然後再予以屠殺。[19]在類似的「淨化」敘事中，「據說聖羅馬諾（St Romanus）在達戈貝爾特國王（King Dagobert）統治時期，曾經在盧昂（Rouen）屠殺了一條龍，他的做法是奇蹟似地引導它走進事先準備好的火裡，活活燒死」。[20]

隔著英吉利海峽，聖派翠克（St Patrick）趕走了愛爾蘭所有的蛇，也遏止了愛爾蘭的蛇崇拜（圖94參見頁26）。有個當地的故事描述了他如何將塔拉國王洛海爾（King Loeghaire of Tara）的靈魂困在黑湖（Dubh-Loch），這個水源地被稱為「通往地獄的捷徑」，據說水裡住著一條「可怕的蛇」。[21]

維京人襲擊與龍

中世紀的動物寓言集顯示，當時的人相信這些生物是真實存在的。像這類的文本中，有一本是由巴塞洛繆．安吉利庫斯（Bartholomew Angelicus）所寫的，他在書中將龍定義為蛇的一種形式，是「所有蛇類中最偉大的」。[22]確實，有時候天空似乎充滿了惡毒的蛇。盎格魯－撒克遜編年史記錄了許多龍的目擊事件，特別是在英格蘭東北部，這可能反映了維京人所引起的恐懼。維京人在七〇〇年代末，乘著龍頭船隻襲擊當地的海岸，其暴力行為導致僧侶們紛紛逃離了聖島林迪斯法恩：

> 西元七九三年，可怕的預警降臨諾森布里亞人（Northumbrians）的土地，人民陷入了極度的恐慌。天空颳起強烈的旋風和閃電，還有人看到火龍在空中飛舞。一場大饑荒很快就摧毀了這些標記。不久之後，在一月十三日的六天前，異教徒蹂躪這片土地，展開掠奪與屠殺，林迪斯法恩的上帝教堂也不幸慘遭摧毀。[23]

有位威懾東北的維京首領被稱為「龍」，而古挪威語中的*ormr*或*orme*，就是「蛇」的意思，後來被英語化之後變為「worm」或「wyrm」（蠕蟲），常常用來指蛇或龍。諾森布里亞因為在維京人的入侵中首當其衝，所以有特別多的故事都是關於可怕的「worm」。有一首民謠叫做〈史賓德斯頓山上的悠閒蠕蟲〉（*The Laidly Worm of Spindleston Heugh*），描述了一位公主變成龍的故事，似乎是源自一個古老的北歐傳奇故事〈*Hjálmþés saga ok Ölvis*〉，講述了「一條飢餓的蛇毀滅了七平方英里的地區，吐出來的猛烈煙霧破壞了莊稼」。[24]

在靠近蘇格蘭邊境的地方有個「蠕蟲巢穴」，裡面住著「林頓的瘋狂蠕蟲」，它被描述為雙足飛龍——一種長了兩條腿的蛇——還有一個帶刺或像魚一樣的尾巴。當地英雄勞瑞斯頓領主（Laird of Lariston）殺死這條蠕蟲時，它痛苦掙扎的身體形成了現今稱為沃明頓（Worm-ington）的山脈。[25]就像在他之前的羅馬人以及許多皇帝和法老王一樣，當地領主也採用龍的形

95. 大蛇（*biscione*）或蝰蛇（*vipera*）正在吞噬（或吐出）一個人，米蘭的維斯康提（Visconti）家徽。這個圖像自 11 世紀以來一直被用作紋章圖案，至今仍出現在愛快羅密歐汽車的標誌中。

象作為家族紋章的圖案，而這種用蛇的臣服象徵征服者權力的做法，在歐洲也屢見不鮮（圖95）。

騎士是屠龍英雄

主教波西（Percy）的《古英語詩集》（*Reliques*）中有個故事強調另外一種信念，也就是蛇即使被砍成碎片，也可以在水中重新組合：

> 一條會隱身的巨龍曾經守護著諾森伯蘭郡[29]朗維頓莊園（Longwitton Hall）附近的三口井。華瑞克伯爵蓋伊（Guy, Earl of Warwick）就是以屠殺此龍而聞名的英雄。他打著「行俠仗義」的名號，命令這條長了翅膀的蛇從巢穴中出來，並且現出原形，而它也照做了。蓋伊爵士打傷了怪獸，導致它的力量因失血過多而開始衰竭，於是它就爬回其中一口井中，將尾巴浸入水裡，療癒傷勢，並恢復活力。伯爵發現長期奮戰不得其果的原因，所以站在龍和水井之間，猛力一擊，刺入龍的心臟，將它殺死。

蓋伊爵士這樣形容他的功績：

> 諾森伯蘭郡的一條巨龍

> 被我在奮戰中摧毀，
> 因為它壓迫人類和野獸，
> 全國都因此感到苦惱。[26]

同樣在東北部，在靠近維京人主要聚居地的索克本蠕蟲（Sockburn Worm），遭到約翰·科尼爾斯爵士（Sir John Conyers）屠殺。現藏於大英圖書館的一份古代手稿中說到，這個故事「是這樣寫的」：

> 騎士約翰·科尼爾斯爵士殺死了那隻可怕又有毒的害蟲……或稱之為werme，它在多次爭鬥中擊敗並吞噬了這麼多人，因為毒氣太濃，無人能夠忍受。在全能上帝的旨意下，這位騎士約翰·科尼爾斯擊敗這個怪物，並殺了它。他只有一個兒子，但是他在完成這項功勳之前，曾經穿著全套盔甲來到索克本教堂，將他唯一的兒子獻給了聖靈。這條巨蛇躺著的地方叫做格雷斯通（Greystone），而這位約翰則穿著諾曼征服英格蘭之前的全套

29 譯註：諾森伯蘭郡（Northumberland）是現代英國的一個行政區，從新堡（Newcastle）以北一直延伸到蘇格蘭邊境，並向西延伸到坎布里亞郡（Cumbria）。而「諾森布里亞」（Northumbria）則是一個古老的中世紀王國（從七世紀開始），範圍從亨伯河（River Humber）一直延伸到蘇格蘭的福斯灣（Firth of Forth）。

盔甲埋骨於索克本教堂。[27]

中世紀晚期故事最顯著的一個特徵，就是屠龍英雄不是聖人，而是騎士，特別強調基督徒使命的軍事性質。例如，「英勇的約翰爵士」（Brave Sir John）就是從巴勒斯坦回來之後，才在杜倫（Durham）屠殺了到處麻煩的蘭姆頓蠕蟲（Lambton Worm），完成此一壯舉。迪厄多內．德．戈松（Dieudonné de Gozon）是因為殺死一條潛伏在沼澤捕捉農民牛群的龍而獲得「屠龍者」的稱號，而他同時也是羅德島騎士團[30]的大團長。[28]

33 英雄殺怪的轉喻，隨十字軍東征爆紅瘋傳

一〇九六年，教皇烏爾班二世（Pope Urban II）發起十字軍東征，企圖統一基督教世界的分裂地區，奪回穆斯林控制下的聖地。志願參與這項事業的人成為「十字架的戰士」，希望他們的罪可以得到寬恕，或是保證將來在天堂能夠佔有一席之地。聖殿騎士團（Knights Templar）在羅德島和馬爾他建立了軍事和經濟基地。教宗的敕令為他們的活動背書，禁止水崇拜，譴責異教，並在一二五二年提倡焚燒「異端」。不過他們的行動失敗了，最終未能統治這個地區，反倒是對北歐的遠征——尤其是波羅的海和普魯士地區——獲得了更大的成功。另外他們也向西方擴張，在一四九一年的「收復失地運動」（*reconquista*）中，從摩爾人手裡奪回了伊

比利亞半島。

所有形式的反教會異端都遭到暴力鎮壓，包括提倡教會改革的揚．胡司（Jan Hus），也於一四一五年在康士坦茲（Konstanz）被燒死在火刑柱上。到了一四〇〇年代末，西班牙宗教裁判所殘酷地強制執行宗教正統觀念。新教徒和天主教徒之間的反感日趨嚴重，德國畫家彼得．戈特蘭（Peter Gottland）在一五五二年創作的一幅版畫，就巧妙地表達這樣的情緒，其中嬰兒基督取代了經典的屠龍者角色，並與一條多頭蛇戰鬥，其中一個頭上還戴著教皇的皇冠。

聖喬治屠龍

然而，中世紀的屠龍圖通常是騎馬的騎士用矛刺向野獸，這種視覺轉喻關係到敵人是蛇形的「邪惡化身」或是冥頑不靈的「異教徒」（圖96）。這些與非信徒的衝突讓英勇的基督教人物大受歡迎，像聖米迦勒或聖喬治，尤其是聖喬治——莎曼珊．李奇斯形容他是「光明和力量的古老象徵，永久都在與黑暗和混亂勢力鬥爭」。[29]

聖喬治是十字軍的超級英雄，是信仰基督教的羅馬士兵，儘管受到殘酷的折磨，卻始終拒絕放棄自己的信仰，從而讓許多旁觀者也跟著皈依基督。喬治屠龍的標誌性圖像在整個基督教世界迅速傳播，他在立陶宛、葡萄牙、德國、希臘和不列顛等地均被奉為守護聖徒

---

30 譯註：在十字軍東征期間，醫院騎士團（Ordre des Hospitaliers）曾經佔領希臘羅德島，後來就改名為羅德島騎士團（Knights of Rhodes）。

（圖97）。他的故事在許多流行敘事中重覆流傳，其中包括雅各．德．佛拉金（Jacobus de Voragine）在一二六〇年左右記載的《黃金傳說》（*The Golden Legend*），到了一四〇〇年代中葉，印刷機發明之後，更是被廣泛傳播。[30] 在後來的故事版本中，他不僅屠龍（最常見的是潛伏在河裡的龍），還救了一位善良賢淑的少女：

> 一條住在水裡的龍一直威脅著利比亞的一個小城，通常稱之為瑟雷那城（Silene）。龍的有害氣息威脅著小城，為了驅龍，城裡的人餵羊給它吃。當羊群的數目開始短缺時，人們同意每天犧牲一個孩子和一頭羊。抽籤的結果最終選出了國王唯一的女兒……於是公主帶著羊

96. 十字軍用矛刺殺蛇和異教徒，聖賈瓦爾吉斯教堂和修道院（Saint Jawarjius Church and Monastery）入口上方的雕刻，以色列的阿克里（Acre）。

97. 佚名藝術家，俄羅斯，《聖喬治的奇蹟》，約 1525-50 年，木板蛋彩畫。

一起去祭龍。她穿著最好的衣服，但是有時候也有版本明確指出她是打扮成新娘的模樣。這時，游俠騎士聖喬治剛好來到小城，並提出要去屠龍。公主提出異議，但聖人堅持與怪物搏鬥，最後用長矛或魚叉傷了那條龍。然後他指示公主將腰帶繫在龍的脖子上，於是她像牽著狗一樣，將龍帶回城裡。每個人看了都非常害怕，但是聖喬治說，如果所有的人都皈依基督教，他就會殺死這條龍……然後他為國王和數千名臣民施洗，並要求建造一座教堂。[31]

隨著中世紀社會接受基督教，許多人開始創作類似聖喬治的作品，不過他們的創作基礎是自己的文化傳統以及對聖經和其他文本的詮釋——包括奧維德的《變形記》（*Metamorphosis*）、斯塔提烏斯（Statius）的史詩《底比斯述記》（*Thebaid*）和荷馬史詩。尤其是維吉爾（Virgil）的《伊尼亞斯紀》（*Aeneid*），更是與貝奧武夫（Beowulf）的故事還有他跟威嚇丹麥人的龍之間的戰鬥聯繫在一起。[32]

凱爾特和盎格魯－撒克遜的故事也受到條頓族與北歐傳奇的影響。這些故事延續了前基督教神靈的形象，例如北歐雷電之神索爾（Thor），他的角色就是擊敗「世界之蛇」耶夢加得，當它的尾巴從自己的嘴裡釋放出來時，也帶來了世界末日，諸神的黃昏（圖98參見頁27）。[33]

文化英雄征服混沌怪物

十三世紀冰島的《沃爾松傳奇》，其根源來自西元四、五世紀日耳曼人和亞洲人對歐洲的入侵，以及更古老的史前故事。變形的奧丁式英雄西格德（Sigurd）與代表陽具意象的古老挪威生育之神沃爾西（Volsi）連結在一起。傳奇故事描述了他如何躲在深坑裡伏擊正要返回水中的巨蛇法夫納（Fafnir）：

> 當蠕蟲爬到水裡時，大地劇烈震動，附近的地面都為之震撼。他邊走邊向面前的所有道路呼出毒氣，但是西格德對此喧囂既不害怕也不擔心。當巨蛇爬過深坑時，西格德拔劍，從底下刺入他左肩下方，劍身全部沒入，只留下劍柄。然後西格德從深坑裡跳了出來，再從蛇的身上拔出劍，他從手臂到肩膀都沾滿了血。當這條巨大的蠕蟲感受到身上的致命傷時，開始猛烈地甩動自己的頭和尾巴，摧毀了阻擋在他眼前的所有東西。[34]

嚐過蛇血之後的西格德能夠聽懂鳥語，鳥兒跟他說，若是他吃了龍心，就會「比任何人都更聰明」。這種聖餐儀式的對比，呼應了更古老的蛇崇拜儀式，在不列顛和挪威的許多西格德雕刻圖像中都可以看得到（圖99）。[35]中古高地日耳曼語詩歌《尼伯龍根之歌》（*Nibelungenlied*，約一二〇〇年）也有類似的古老根源，在浴血屠龍的過程中，龍血賜予齊格飛（Siegfried）神奇的力量，讓他變得像阿基里斯（Achilles）一樣刀槍不入。在丹麥，十三世紀的編年史《丹麥人事蹟》（*Gesta Danorum*）也講述了英雄弗羅索（Frotho）如何追捕並屠殺了一條毒龍，奪取了它守護的寶藏。[36]

這些敘事和圖像描繪文化英雄如何戰勝放蕩不羈的自然，並奪取自然的智慧和寶藏，再經由霸權的十字軍東征、基督教傳道，以及文化和經濟交流，傳播到多個地區。屠龍在不同的文化脈絡裡「爆紅瘋傳」，呼應了當地有關神靈和戰士征服混沌怪物的故事。這與我們稍早提到的一些東方故事有明顯的相似之處：因陀羅向代表原始混沌之水的雲雨巨蛇弗栗多投擲雷電；在經典的「踩蛇」形象中，毗濕奴在有毒的水蛇卡利耶頭上跳舞；另外，在一個與伊朗認同息息相關的故事中，一條可怕的龍被十世紀波斯英雄巴赫拉姆·古爾（Bharam Gur）殺死

99. 西格德殺死法夫納的雕刻，許勒斯塔（Hylestad）木板教堂，挪威的塞特斯達爾（Setesdal），12 世紀。

100.《巴赫拉姆．古爾屠龍》，出自尼扎米（Nizami）的《五卷詩》（*Khamseh*），印度蒙兀兒王朝，約1610年，不透明水彩紙本畫。

（圖100）。[37]

在越南，龍王貉龍君（Lac Long）在深海洞穴對付了一條巨大的「妖魚」：將一根白熱的鐵矛刺入它的嘴裡，然後用劍將它切成三塊。在十二世紀的中國，一種名為「蛟」的水怪，據說會改變身體的顏色作為偽裝，藉以攻擊船隻，後來在錢塘江口被當地英雄殺死。[38]在中美洲，馬雅法典顯示查克神腳下踩著一條蛇。[39]在紐西蘭，英雄皮塔卡（Pitaka）將一隻貪婪的塔尼瓦從洞穴中引誘出來，然後他與戰士們，像法夫納一樣，名副其實地吸納了它的力量：「經過幾天的血戰之後，在它堅韌的皮膚上造成數千處傷口，殺死了它……英雄們為了報復塔尼瓦造成的破壞，迅速肢解了怪物的屍身，從它巨大的身體取出脂肪，然後煮熟，再吃掉其餘的部分。」[40]

象徵生育力的綠色之神

人類征服自然之後，通常就會挪用其賦予生命的能力，有些重要的屠龍英雄還被視為早期的「綠色之神」，其中就包括聖喬治，因為他的名字原意是「耕耘土地的人」。綠葉人面雕飾中的樹葉面容，也被視為前基督教形式的聖喬治，所以有時候稱之為綠喬治，強調他「生育象徵」的角色，在寒冷的冬天之後帶來了春天。[41]早期描述聖喬治與龍交手的記載，只說他用十字架的標誌制服了怪物。屠龍救女是後來才出現的：「最早的聖喬治屠龍像是十一世紀初期出現在聖芭芭拉（St Barbara）教堂，地點在卡帕多奇亞（Cappadocia）的索根山谷（So anh）。」[42]

基督教的聖喬治（或稱為Mar Jirjis）除了與迦南的風暴之神巴力有「宗教膜拜上的連續性」之外[43]，在整個伊斯蘭世界也被通稱為卡德爾（El Khader）或基德爾（Al-Khidr），這兩個人物共享一個節日，即四月二十三日。羅伯特・米勒還注意到，這也是在卡西奧斯山（Kasios Mons）——又名撒分山（Mount Zaphon），巴力的故鄉——向宙斯獻祭的日子[44]。米勒進一步將基德爾與以利亞連結起來，並指出他們在迦密山（Mount Carmel）上共用一座神殿。

> 基德爾也以卡瓦加．基澤爾（Khwajah Khizr）的身分在印度出現，是水手的守護神……他的主要神殿位於印度河（Indus River）上的布庫爾島（Island of Bukkur），位於現在的巴基斯坦。卡瓦加．基澤爾穿著一身綠衣，在水中行走，是泉水的守護者……他像以利亞一樣提供取之不盡的麵包和水，而且是永生不朽的。在卡瓦加．基澤爾的故事中，至少有一些是源自因陀羅和弗栗多之間的吠陀衝突，而這故事本身的譜系，又可以追溯到西台的風暴之神屠龍神話（因此很可能也與巴力有關）。[45]

據說基德爾與亞歷山大大帝一起旅行時，發現了青春之泉或生命之井。當他浸入泉水之後，整個人的皮膚和衣服都變成綠色，所到之處也都留下了綠色的足跡。他的故事也進一步呼應了其他故事，如歐西里斯（「綠色的人」）；希臘海神格勞科斯（Glaucos，即「藍色或綠色之人」的意思），因為食用海邊藥草而獲得永生；以及到海底尋求永生的吉爾伽美什的故事。所有這些人物都跟海洋有密切關聯：記載說巴力和聖喬治拍打大海才得以引水降雨。據說基德爾生活在水裡，在某些印度圖像中，他還騎著一條魚，就像毗濕奴的魚形化身摩蹉（Matsya）。[46]然而，在這些綠色之神之間最重要的聯繫，是與水、生育力、再生和永生相關的核心敘事轉喻。

101. 女性化的蛇與亞當和夏娃的石雕，巴黎聖母院，13 世紀。

34 一神教讓蛇形生物女性化、妖魔化

頌揚天父上帝的宗教佔據主導地位，造成了另一個重大轉變，也就是水變得愈來愈女性化，而大海，尤其是波浪，也重新形塑為女性。[47]接踵而來的就是蛇形水族的女性化，這在中世紀晚期和現代早期的基督教圖像中顯而易見，其中伊甸園的蛇是用蛇的身體和女性的頭和乳房來代表，將罪惡和混亂的責任完全歸咎於女性和自然（圖101）。

女性和自然的誘惑形象

聖經人物莉莉絲（Lilith）也受到了類似的待遇。她的名字源自蘇美語的*lilitu*，意思是「女惡魔」，她最早出現在蘇美史詩和祆教思想中，是誘惑人心的蛇女賈希（Jahi）。但是猶太的拉比文獻卻將她描述為亞當的第一任妻子，她「拒絕服從他」或服從他的命令。莉莉絲是「一個生來與丈夫平等的女人，而不是從他身體側面取下一根肋骨塑造而成的。她……有時被直接認定為是那個給予夏娃禁忌知識的生物，藉此報復她的丈夫和上帝本人」。[48]

自然也同樣被描繪成可能腐化和誘惑人心的形象。就像古典希臘羅馬的賽蓮女妖（Siren）一樣，據信歐洲的許多河流和湖泊也都會引誘人們走向滅亡：

德國的薩爾聰根（Salzungen）有一座湖，大家都知道這座湖在憤怒時會沸

騰，直到有人淹死才會平息。大家也會聽到梅德維湖（Madüe）的水在喊著：「現在，來吧！現在正是時候！」而蘭河（River Lahne）則是高聲喊道：「時間到了，時間到了，人在哪兒呢？」至於艾德堡（Eldberg）的泉水會說：「下來！下來！」而聽到的人就會下去。[49]

一直流傳到十九世紀的故事聲稱，有些特定的河流每年都需要活人祭祀。在威爾斯和英格蘭交界處的迪河，據說每年會奪走三條人命。德文郡則有一首傳統歌謠唱道：「達特河（Dart）、達特河，殘酷的達特河，每年你都奪取一顆心。」[50]河流交匯處——水流湍急的地方——向來被視為特別危險，而可怕怪物的塔拉斯克就居住在塔拉斯孔的隆河（Rhône）和迪朗斯河（Durance）交匯處。

母龍和聖母的兩極對立

在十一、十二世紀，歐洲出現了蛇／龍形象的變體，以雙足飛龍（wyvern）的形式現身。這個名字將中古英語的*wyver*、古法語的*guivre*和拉丁語的*vipera*連在一起。據說雙足飛龍能夠催眠受害者，將他們引誘到自己的嘴裡。《飛龍》（*La Vouivre*）的故事將其描述為一名女性，擁有雙足飛龍的身體，雙眼之間飾有一顆紅寶石，指引她穿越地獄。類似的圖像出現在美露辛（Melusine）傳說的多個版本中。美露辛是在法國西北部、盧森堡和荷蘭廣為人知的凱爾特

102. 萊昂哈德・貝克（Leonhard Beck），《聖喬治鬥龍》，約 1515 年，木板油畫。
除了明顯的外陰部外，這條龍還生了一個嬰兒，不過也已經遭到殺害。

水族。一三八二年，讓．達哈斯（Jean D'Arras）蒐集了這些故事並加以推廣，還翻譯成德語和英語，讓這個半蛇半女人的形象廣為傳播。[51]

遭到聖人英雄屠殺的龍也出現在藝術作品中，它們有女性的陰部、乳房，有時還生了小龍（圖102）。莎曼珊．李奇斯發現：

一般認為，嬰兒在吸奶時不僅吸收了身體營養，還吸收了精神價值……因此，母龍的乳房或乳頭可以解釋成邪惡特徵，而且還不可避免地遺傳給她的後代……我們不應該忽視聖喬治使用的武器所具備的陽具特質，特別是在使用時，經常會指向孔洞本身……這些圖像中女性生殖器的存在，以一種非常具體的方式定義了龍……由是建立了一套複雜的範型，具有侵略性的男性以穿透的方式推翻了女性的情慾（他拒絕與她實際交合），同時昇華了他自己的性慾。這個解讀與我們對聖喬治的理解完全一致……聖喬治的形象就是龍的對立面：人與獸、好與壞、男性與女性……貞潔對比龍明顯的情慾……龍和聖母似乎體現了對立的兩極，代表中世紀晚期對女性、深淵和典型象徵的固有態度；一邊是邪惡的、情慾的、獸性的生物，另一邊則是善良的、處女的、神聖的生物。[52]

一神信仰的女性與獵巫

宗教敘事將善良的女性氣質描繪成純潔順從的「少女」（處女），需要男性的文化英雄來拯救她，或是藉由奉獻給基督而獲得「救贖」，變成聖人的形象。夏娃被認定為誘惑者，總是有可能腐化男性；女人只能透過否定自己的情慾來獲得聖潔。因此，大多數女性基督聖徒都是處女、殉道者或發誓保持貞潔的已婚婦女。[53]然而，正如李奇斯所說，屠龍意象中一再出現的母題都與性有關，涉及對非人類蛇形生物的侵略性穿透刺擊。這可以詮釋為鼓吹對「不守規矩」的女性特質實施厭女暴力，以及以征服蛇形水族所代表的自然力量為目的的抗衡作為。

宗教的基本教義派也激起了消滅巫術和邪術的決心。這就需要聖經的權威：《歷代志》記載了猶大國王瑪拿西（Manasseh）如何因沉迷於異教行為而激怒了上帝：

> 他做了在耶和華眼中看來為惡之事，效法耶和華在以色列人面前驅逐的各族人，行可憎之事。他重建了父親希西家王（Hezekiah）所拆毀的丘壇；又為巴力築建祭壇，製作亞舍拉[31]神像……他向星辰頂禮膜拜，崇拜他們。他在欣嫩子谷（Valley of Ben Hinnom）燒死自己的孩子，獻做祭品，還行占

31 譯註：Asherah，又名 Athirat 或 Ashirat，是古代閃族宗教崇拜的一位主要女神，是萬物之母，也是主掌海洋的女王。腓尼基人稱她為阿絲塔蒂（Astarte），希伯來文聖經中則稱之為亞斯他錄（Ashtoreth）。

卜、巫術、觀兆，求問靈媒和巫師。(《歷代志下》33:2-6)

《利未記》提到來自上帝的直接警告：「不可求問靈媒或巫師，以致被他們玷污了。我是耶和華你們的神。」(《利未記》19:31)《加拉太書》告訴信徒：「肉體的行為是顯而易見的：如淫亂、污穢、邪蕩；拜偶像、行巫術。」(《加拉太書》5:19-20)這些文本授權進行大規模的獵巫，特別是在一五八〇至一六三〇年間的反宗教改革期間，但是也一直持續到一七〇〇年代中葉。超過五萬人被判處巫術罪——其中八成是老婦人——被活活燒死在火刑柱上。[54]

在整個中世紀和近代早期，一神教妖魔化早期宗教中的蛇形水族及堅持崇拜他們的信徒，並加以迫害殺戮。這讓他們能夠克服——或者至少鎮壓——異教的「異端邪說」，並鞏固父權制對社會和自然的控制。從物質角度來說，這種權威始終體現在新的工具技術中：水壩、磨坊、運河和排水系統，它們重塑了景觀，對水進行控制，引導水流來滿足人類的需求和利益。

10 改造 Reformed Beings

基督教信仰主宰了整個中世紀的歐洲，認為上帝的計畫是無法解釋的，而由神職人員居間傳達的經文提供了完全權威的指導。然而，教會面臨的挑戰還不只是本土自然宗教持續存在以及其他一神教的競爭：事實證明，人類的好奇心也難以抑制。盎格魯－撒克遜的博學修道士比德——又稱為可敬的比德（Venerable Bede，六七三－七三五）——和其他學者，受到了希臘自然哲學家的啟發。塞維爾的聖伊西多爾（St Isidore of Seville，五六〇－六三六）拯救了許多古代文獻[1]。另外，還有跟八世紀到十四世紀期間蓬勃發展的伊斯蘭科學持續交流，產生了關於天文學、數學、動物學、化學、物理學和醫學的觀念。[2]在十世紀，賓根的賀德嘉（Hildegard of Bingen）——德國本篤會女修道院院長——奠定了自然史的基礎。[3]在英格蘭，林肯主教羅伯特．格羅斯泰斯特（Robert Grosseteste，一一七九－一二五三）撰寫了有關物理定律支配物質世界的論文。李奧納多．達文西（Leonardo da Vinci，一四五二－一五一九）試圖了解水的物質特性和行為，以及水如何在身體和環境中流動。到了一五〇〇年代初，胡格諾教派（Huguenot）的伯納德．帕利西（Bernard Palissy）更進一步推進了對水文循環的理解。儘管科學思想可能被視為異端——正如伽利略（一五六四－一六四二）所付出的代價——不過它們也勢不可擋。[4]

因此，蛇形水族不僅受制於為了維護基督教至高無上地位的種種作為，還受到科學思維「除魅」的影響。[5]過去，他們在物質和非物質領域之間承載人類精神的角色被一神教的父權神靈所取代；如今，水文學概念也取代了他們在世界各地提供水流的功能。當我們透過格羅斯泰斯特的論文《彩虹》（*De iride*）得知那七彩的拱形橋可以解釋成光譜時，就很難將其視為一條仁慈的蛇形水族了。[6]

人類加強控制物質世界

知識分子試圖揭開物質世界的神祕面紗，在此同時，人類對物質世界的控制也不斷加強，其中包括一些行政性的控制，藉以支持新的、更複雜的治理形式。在諾曼人征服不列顛之後，征服者威廉（William the Conqueror）授權對英格蘭和威爾斯展開「大調查」，完成《末日審判書》（*Domesday Book*，一〇八六），雖然原本的目的是為了徵稅，不過卻記錄了「隱藏的」土地，盤點了三千多個地方的庫存和其他生產性景觀。另外，書中紀錄還顯示對水的物理性調節日益強化，列出了數千個水車磨坊——例如，多塞特郡長達一百一十二公里的斯陶爾河沿岸，發現了六十六座水車磨坊。[7]與世界其他地區一樣，利用水力的方式也出現變革。磨坊承擔多種任務，包括碾磨穀物、縮厚布料、進行鐵加工、碾碎礦石和造紙等。它們代表了向水的工業化運用邁進了重要的一步。[8]

許多重要的泉水和水井都由僧院和修道院接管，院裡的修士都是熟練的水文管理員。他們對水的控制有效地維護了教會的權威，並促進高聳大教堂的建設，這些大教堂在中世紀都是代表權力的紀念碑。建造這些巨大的建築物需要大量的石頭，於是他們將羅馬人開鑿的運河轉變為重要的交通系統，連同農村經濟的機械化，一起推動了經濟成長和城市化。倫敦的人口在十三世紀成長了一倍，達到約五萬人，許多歐洲大陸城市的人口規模更大，只不過在一三〇〇年代中葉爆發了黑死病，大幅減少這些城市人口。

城市衛生的迫切需求，需要協調的水和廢棄物管理。[9]過去對「惡魔」水或「瘟疫」蛇的恐懼不再，取而代之的是物質污染的觀念以及水道中的「瘴氣」或「腐臭氣體」會引起疾病的信念。[10]正如羅馬人建造輸水道將乾淨的水引入城市一樣，市政當局也開始安裝管線，引泉水入城。一四〇〇年代，倫敦大管道的建設激勵了進一步的發展，水利基礎設施成為公共慈善事業和基督教慈善事業的焦點。

技術進步也為歐洲其他地區提供了類似的水資源控管。幾個世紀以來，荷蘭一直在與洪水搏鬥——尤其是一三六二年的聖馬塞勒斯（St Marcellus）大洪水，一口氣奪走了四萬多人的生命——直到荷蘭人開發了堤壩和風車來擊敗「水狼」（他們用這個詞彙來稱呼毀天滅地的海洋）：荷蘭的這場勝利一直延續至今。[11]

35 宗教改革和工業化，改造了社會與水的關係

一五〇〇年代，科學與技術的進步、公眾識字能力的提升和新的經濟實踐，在宗教改革中達到高峰。拒絕對聖人的崇拜以及從早期宗教吸納的儀式，對社會與水的關係產生了重大影響：「清教徒教義鼓勵踏腳實地的勞作，而不是儀式性的工作——指的就是魔法——特別是關乎將聖水視為聖禮的想法。」[12] 喀爾文教派的教義則將聖水擁有神奇力量的信仰斥為「天主教的魔法和迷信」。[13] 一五四七年頒布的禁令，嚴格禁止驅魔；一五六五年，利奇菲爾德和考文垂（Lichfield and Coventry）的邊沁主教（Bishop Bentham）更「命令神職人員廢除所有偶像崇拜和迷信的紀念碑」。[14] 於是他們就用以前的聖水缽來餵豬或是給豬喝水，或當成洗臉盆來使用。

儘管受到當局阻撓，人們依然相信聖水可以保護他們免於惡魔和巫術的傷害，而古老的水井則可以幫助生育和療癒。就連王室成員也參觀過聖井，而一些聖地，例如法國的盧爾德（Lourdes），也繼續吸引信徒前往朝聖。然而，神學觀念正在發生變化，將新的物質理解與神聖創造力的信仰融合起來。自然神學以托馬斯．阿奎那將上帝視為「第一因」的概念為基礎，提出有序的宇宙觀，體現了上帝的計畫。伊斯蘭信仰也同樣表示，啟示錄揭示了自然和宇宙的神聖統一。兩者都融入了希臘羅馬哲學，例如亞里斯多德的理性概念，設想了宇宙領域的神聖思想。

自然生物崇拜轉移為藝術表現

這種超自然「存在」的看法，包含了對早期信仰的微弱迴響，其中蛇形水族產生了生命與意識，創造了祖靈生物居住的感知景觀，同時還訂立並執行法律。但是自然神學並不承認非人類的力量：用他們的話來說，就是宇宙完全由一位人形化的上帝所創造，而洪水、乾旱和瘟疫等失常現象，則是表達了他的判斷。[15]

桀傲不馴的海洋不再被視為創造力的原始源泉，而是代表人類的墮落。神學家托馬斯．伯奈特（Thomas Burnet）形容海洋是「大自然最可怕的景象……滿是殘骸碎片的深淵」。[16]仁慈的水域是賦予生命的（馴化的和有序的）淡水流動，展示了上帝的愛，可靠的水文神學循環則反映了他的智慧。[17]法國小說家及藝評家吉爾伯．拉斯高（Gilbert Lascault）認為，十七世紀末和十八世紀初的啟蒙運動是一個「沒有怪物」的時代，[18]而且宗教圖像也不鼓勵有蛇形生物的圖案：「或許是警覺到人們對真實的或想像的怪奇事物有高度關注，因此到了十七世紀末，歐洲教會開始打擊教會藝術和建築中的此類形象，收到暫時壓制的成效。」[19]

新教徒的工作倫理將伊甸園重新想像為一個多產的農業天堂，阿奎那提出人類主宰自然的實用性目標，則是將世界恢復到墮落前的完美狀態。[20]重塑物質環境的能力逐漸代表了一種道德上的良善，而灌溉尤其體現了上帝的意志，在水利基礎設施中加入了一種至今仍顯而易見的宗教情懷。[21]

這種想法在文藝復興時期的景觀設計中隨處可見。透過精心設計的湖泊和噴泉，社會菁

103. 法國凡爾賽宮（Versailles）花園裡的水族。

英將水的核心意義表達為財富、健康和力量的象徵（圖103）。[22] 在羅馬，修復古代輸水道和創建古典花園，都是為了頌揚教皇的權力。在不列顛，富有的地主建造了帕拉第奧式的豪宅[32]，四周環繞著精心設計的景觀。例如，在威爾特郡（Wiltshire）的斯陶爾海德（Stourhead），就有一個赫赫有名的花園，遊客入園後必須繞著一個大型人工湖走一圈，進行一次精神「旅程」，然後再穿過一座植物園，回到聖彼得教堂（St Peter's Church）。然而，花園裡有個石灰華岩洞，裡面有一座神聖水池，裡面居住的不是聖人，而是希臘羅馬的河神和水精靈。花園的主要特色是古典神廟建築，如阿波羅神廟、神聖樹林、水井和噴泉，其中包括聖彼得泉（St Peter's Pump），匯集了最初形成斯陶爾河源頭的六個湧泉。在許多這樣的花園和代表市民認同的城市水景中，蛇形水族繼續噴水或纏繞在噴泉周圍。透過「無害」轉移到藝術的這種方式，讓頌揚前基督教對自然生物崇拜的圖像和物體，找到了新的表達形式。

關於「活水」的觀念也持續不輟。聖井和泉水化身為健康水療而獲得新生，飲用這裡的水成了一種時尚，而它們的療癒能力也有現代醫學背書，還列舉出水中所含的有益礦物質。[23] 有氣泡的溫泉特別受到歡迎，例如在捷克的卡羅維瓦利（Karlovy Vary）——又名卡爾斯巴德（Carlsbad）——的溫泉，據說查理四世曾於一四〇〇年代在此用溫泉治療受傷的腳，因此聲名大噪。在這些背景下，「療癒之蛇」也是一個反覆出現的主題（圖104）。

---

32 譯註：帕拉第奧式建築（Palladian architecture）是指模仿文藝復興晚期威尼斯建築師安德里亞・帕拉第奧（Andrea Palladio，一五〇八－一五八〇）的建築設計風格。

104. 捷克卡羅維瓦利健康水療溫泉的銅蛇。

蛇形水族存活於民間

蛇形水族存活於許多民間故事中。有驚天動地的俄羅斯巨獸因德里克（Indrik），愛沙尼亞湖泊中的水怪，瑞典的林德蠕蟲（lindorm）——文化歷史學家古納・歐勒夫・西爾騰－卡瓦留斯（Gunnar Olof Hyltén-Cavallius）在一八八三年說它是一種會發出嘶嘶聲的有毒生物，黑黃色的身體有鱗片，舌頭分叉。水手們——尤其是那些冒險進入陌生海域的人——帶著海蛇的故事回來了，卑爾根（Bergen）主教埃里希・彭托皮丹（Erich Pontoppidan）在一七五五年撰寫的《挪威自然史》（*The Natural History of Norway*）中，報告了數百起此類目擊事件。[24] 一八九二年，荷蘭動物學家安東・科尼利斯・奧德曼斯（Antoon Cornelis Oudemans）對此類生物進行了全面研究，其中記錄了烏勞斯・馬格努斯的描述（圖105）：

有一條蛇，身形龐大，長兩百英尺，粗二十多英尺，習慣生活在卑爾根

105. 挪威海岸附近巨大海蟲和大漩渦的細部圖，
取材自烏勞斯．馬格努斯繪製的《海圖》（*Carta Marina*），1539 年。

附近面向海岸的岩石和洞穴中。在夏日晴朗的夜晚，他會獨自從洞穴出來，吞食小牛、羔羊和豬，不然就是跳入大海捕食水螅〔章魚〕、蝗蟲〔龍蝦〕和各種海蟹。他通常有一腕尺長的頭髮從頸部垂下來[33]，鱗片鋒利，呈黑色，眼睛閃閃發亮。這條蛇讓船主們感到不安，因為他會像柱子一樣高高地昂起頭來，抓住人類，然後把他們吃掉。[25]

33 譯註：腕尺（Cubit）是古代的一種度量單位，指手肘到中指端的長度，通常約四十五公分。

在不列顛，仍然持續發生龍與蛇的目擊事件。一六六八年，在埃塞克斯（Essex），「赫納姆（Henham）龍在距村莊約四分之一英里的地方，吃掉牛隻並攻擊人類，最後在鎮民的齊心協力下才將它殺死，那是一六六八年的事」。隔年（一六六九年）出版的一本題為「飛蛇或是來自埃塞克斯的奇聞怪譚」的小冊子描述了這些事件（圖106）。[26]

在諾里奇，慶祝聖喬治節和殺死「老石奈卜」（Old Snap）的盛會，從一四〇〇年代開始，一直持續到一七九五年。莎曼珊・李奇斯說：

> 我們有許多祖先都相信龍是有血有肉、真實存在的生物，也有真實的力量能夠傳播瘟疫、污染水源，並威脅生命和肢體……一直到一七二五年末，新堡（Newcastle）牧師亨利・伯恩（Henry Bourne）都還寫道，在仲夏夜點燃篝火的習俗源自於嚇走巨龍的願望：這些怪物「在炎熱的季

106.《赫納姆的飛蛇》，木版畫，出自1669年的小冊子「飛蛇或是來自埃塞克斯的奇聞怪譚」。

> 節被挑起性慾，當他們從空中飛過時，會將精液噴灑在水井和湧泉中，而且經常這樣做」。[27]

然而，到了一七〇〇年代，關於蛇形生物的想法愈來愈受到自然歷史和「神祕動物學」學者的主導，表示史前野獸可能在海洋深處倖存下來。此前，化石曾讓希臘旅行者的報導更加逼真。例如，提亞納的阿波羅尼烏斯（Apollonius of Tyana）在西元一世紀造訪喜馬拉雅山時報告說，鄉間到處都是龍，「沒有一座山脊沒有龍」。[28] 一八〇〇年代，根據古生物學家瑪麗・安寧（Mary Anning）的發現和新興的進化論，「怪物」化石一度被認為是侏羅紀遺跡：確實很可怕，但是隨著時間流逝，已經變得無害。

工業化以實用性看待自然

同時，科技繼續擴大社會的物質力量。工業革命帶來了利用水的新方法，就是用來驅動蒸汽機和大規模製造。鐵路在鄉間撒下一張鐵網，汽輪將跨越海洋的距離縮短為一次小小的冒險。對世界分子結構的理解將水轉化為H_2O，在原子和分子之間，超自然生物幾乎沒有什麼生存空間。[29] 新的科學知識強調了水質與健康之間的物質關係，並透過複雜的城市供水系統——以及測量和分配這些供水的官僚「手段」[30]——將水納入治理的技術管理形式之中，從而將人類和非人類世界融合在一起，形成高度功利主義的關係。

隨著工業化將農村工人推往城市，與陌生人一起生活的模式，讓個人化的身體和自我取代了共同的農村認同[31]，從而產生了控制社會和物理界線的焦慮，主要是為了避免受到「他者」的物質或氣味污染，還特別強調健康與衛生，而不是精神層面的考量。[32]搬遷到城市使人們彼此疏離，也疏遠了非人類世界。於是，研究水歷史的學者泰耶・特維特（Terje Tvedt）和伊娃・雅各布森（Eva Jakobsson）提到：「人類從自然或自然的力量中解放出來……將自然從社會中分離出來，從實用性的角度來看待自然先決條件，將其視為一組有待剝削的被動物品。」[33]他們還引用馬克斯的主張，說：

> 資本主義解放了人類，不再是傳統、在地的依賴自然，以及隨之而來的……「自然偶像崇拜」……對人類來說，這是自然第一次成為純粹的物品，變成純粹的實用性問題；不再視為本身擁有什麼力量的存在，認為它有自主法則的理論似乎只是一種手段，將其置於人類需求之下，無論是作為消費對象還是生產手段。[34]

這符合馬克斯・韋伯（Max Weber）的主張，認為新教為資本主義奠定了基礎[35]，而且也支持了歷史學家林恩・懷特（Lynn White）的中心論點，也就是說，儘管有些人的管理觀念比較溫和——其代表人物就是亞西西的聖方濟各（St Francis of Assisi）——不過那仍然是父權制的概念，而基督教仍然褻瀆了自然，摧毀了萬物有靈論信仰，讓人類與其他物種產生區別（或疏離），也將許多社會置於工具性的發展軌跡上，導致現今的生態危機。[36]

36 大型水利工程支持國家成長亦藏危機

人類與環境之間的關係改變，與現代化經濟的擴張同時發生。古代貿易路線將歐洲與印度、印度與東南亞連接起來，也將蛇形水族和半人神靈帶到了遙遠的地區。[37] 現在，這樣的連結也讓一神教、笛卡爾對物質世界的理解，以及導致人與非人關係更加不平等的世界觀得以廣為傳播。穆斯林在爪哇和蘇門答臘建立了據點，讓馬六甲在一四〇〇年代皈依伊斯蘭教。到了一五〇〇年代，馬來半島出現了蘇丹國，另外，蒙兀兒王朝、薩法維王朝[34]（Safavid）和鄂圖曼王朝（Ottoman）都信奉伊斯蘭教。與早期的十字軍東征一樣，基督教國家也面臨激烈的競爭。一四九二年，一條從歐洲出發的新海路開通，馬六甲於一五一一年落入葡萄牙人手中。

殖民澳洲的農業開墾

十九世紀中葉，海軍勢力讓權力平衡向歐洲國家傾斜，也使霸權能夠向殖民領土擴張。[38]

34 譯註：Safavid 是從一五〇一至一七三六年統治伊朗的王朝。這個王朝將伊斯蘭教什葉派正式定為伊朗國教，統一了伊朗的各個省分，是伊朗從中世紀邁向現代的過渡時期。

原住民族的財產遭到剝奪，還被迫接納強加在他們身上的生產方式和新的宗教信仰與習俗。殖民領土被歸入同一性質的科學類別，經過量測繪製地圖、重新命名，並分配給殖民者。這需要法律和有形財產邊界、道路、土地清理，最重要的是，對水資源進行嚴格控制。

歐洲人在澳洲發展農業的歷程，說明了這些手段的作用。殖民者從氣候溫和、水源充足的環境中引進了耕作方法，與長期乾旱、嚴重洪水和容易受到森林砍伐和硬蹄牛群破壞侵蝕的脆弱土壤抗爭。「拓荒者」在自流井盆地鑽井取水，並建造堤壩來留住氾濫的洪水，但是用他們的話來說，當地的景觀仍然充滿敵意，冥頑不靈。到了一八〇〇年代，在建造大型水壩和灌溉系統之後，才實現了「綠化沙漠」的目標。

澳洲作家歐奈絲汀．希爾（Ernestine Hill）的經典文字，描述了梅利－達令盆地（Murray–Darling basin）這個「無水荒地」的轉變，將「馴服河流」形容成由灌溉和工程實現的宗教轉化。[39]她的章節標題都帶有宗教啟示的色彩：「梅利河的奇蹟」、「灌溉的使徒」、「梅利河的烏托邦」、「上帝的作為」和「駕馭河流」等，詳實記錄了灌溉如何幫助農民對抗「法老瘟疫」以及「可怕的乾旱帶來的熾熱氣息」。有位傑出的工程師艾爾弗雷德．迪金（Alfred Deakin），他是「年輕的聖保羅」，其願景是用「工業和智慧將一片光禿禿、日照刺眼的沙漠，轉變成果園和穀浪起伏的田野」。[40]新教徒的工具性基本教義在此一覽無遺：勤奮工作的敬業精神、對土地和水景強加父權權威與基礎設施，還有用純粹關注人類需求與利益的方式讓物質世界變得「多產富饒」的決心。

國家由水驅動繁榮

在十九、二十世紀，這種由水驅動繁榮的願景，成為許多新興國家的核心想像。就像古代水利社會的統治者一樣，政府認識到控制水與政治權力是相互依存的。除了為民眾提供用水並確保他們的健康與福祉之外，水利基礎設施還共同建構了國家，並支持國家的發展和全球影響力。

整個歐洲都在進行河川截彎取直與運河建設的工程。一八五一年，萊茵河工程管理局成立，開展普魯士航運計畫（Prussian Navigation Project），試圖將蜿蜒曲折的河川拉直，促進煤炭和鐵礦的運輸，可以直達萊茵地區（Rhineland）和西伐利亞（Westphalia）。[41]

一九四〇年代末期，在經歷了一場嚴重的乾旱和飢荒之後，史達林提出了改造自然的偉大計畫，其目的是將西伯利亞的河流引到中亞，並將北歐的河流引到窩瓦河（Volge），藉以「糾正自然的錯誤」。他說：「我們正在建立共產主義，我們正在改變地球上的生活。」這個（未實現的）計畫包括用七十八公尺長的大壩控制鄂畢河（Ob River）、興建一座面積達二十七萬平方公里的水庫（比快速消失的鹹海大四倍）、建造八百公里長的運河。「有了水的供應，整個農業能源綜合體將會發展起來，其本身將超過整個資本主義經濟。」如此一來，整體灌溉面積大於日本和埃及的全部灌溉區，其棉花產量將超越美國，水力發電量也將凌駕美國、法國、德國和英國，暢通無阻的水上交通可以開發整個西伯利亞地區。[42]

與其他地方一樣，極端的基礎設施發展也跟進步和發展概念連結在一起。幾個世紀以來的儲水設施建設，還有以社區為基礎的水資源管理，都讓印度受益匪淺，但是由於殖民破壞和東印度公司只著眼於商業考慮，對水基礎設施的投資很少。[43]一九四七年印度獨立之後，印度政府成立了水務部門，啟動新的開發項目，但是與殖民時代的領導人一樣，他們也缺乏地方的生態專業知識，不過試圖透過灌溉合作社的方式，重新納入鄉村社區參與。然而，在一九八〇年代末發生了幾次大規模洪水之後，國際捐助者承諾「以興建大型水壩的形式提供大型解決方案」，儘管當地民眾抗議，但是「水資源的主動權和管理權已經完全從社區移交給了政府，社區參與也被菁英的技術官僚機構所取代」。[44]

中央集權剝奪社區的水資源管理權

在日本，多摩川的命運就是這個問題的縮影（圖107）。[45]在江戶時代（一六〇〇—一八六八），這條河流支撐著東京人口從幾千人發展到了一百萬人。河裡的魚是重要的食物來源，河岸的砂礫對於建築至關重要，河水更供應了周圍地區不斷增長的人口和農業灌溉。一七〇〇年代，水管、運河及引水渠道擴大了農業活動，同時也支援了運輸木材、以松柏樹皮製成的木瓦、紙張、絲綢、菸草、小麥、大麥、棉花、茅草、黃豆、芝麻油和蔬菜。

到了十九世紀，中央集權的帝國政府推動工業革命，並且開放國家展開國際貿易，這導致建築材料的需求增加。過度利用河流的結果就是造成嚴重的水患，其中在一九一〇年的一場洪水，造成了一千兩百三十一人死亡，五十多萬間房屋被大水沖毀。同時，隨著水流不斷

107. 葛飾北齋，《武州玉川》，出自《富嶽三十六景》系列，約 1830-32 年，彩色木版畫。

改道，河川變淺，再也無法運輸貨物，漁業也開始衰退，海水更進一步侵入上游。

在中國，治水推動了「大躍進」，漢學家傅蘭思（Florence Padovani）告訴我們，「在一九五〇年，中華人民共和國將治水視為主要任務」。[46]國民政府與早期的帝國王朝一樣，都是以中央集權為目標，並透過技術實現現代化。他們也與二十世紀的其他政府一樣，認為重大水利工程將促進農業和工業的成長與發展，並以此來展示其政治經濟活力。[47]然而，儘管工程進行了數十年，還是有兩萬人在一九九〇年代的洪水中喪生。他們非但並沒有對如此強烈的工具性做法提出質疑，反而將其視為在長江興建三峽大壩的理由，還打算在黃河實施同樣野心勃勃的計畫。報紙開始將中國領導人江澤民形容成「新大禹」。[48]

美國很早就開始建設有競爭力的國家。在一九三〇年代興建於科羅拉多河上的胡佛水壩，是世界上規模最龐大、野心也最宏偉的水力發電計畫之一，為拉斯維加斯居民提供水和電力。在大壩的落成典禮上，內政部長哈羅德．艾克斯（Harold Ickes）誇口說道：「人類驕傲地為征服了大自然喝采。我們告訴自己，憑藉我們的智慧和力量，我們從大地、海洋和天空奪取了複雜的人類文明所需要的必需品、舒適品和奢侈品。」[49]

37 淡水生態系統，因人類經濟擴張而逐漸崩壞

這種只關注工具性的傲慢所造成的後果，很快就顯現出來了。在科羅拉多河的基礎設施建設很快就讓這條河在流到墨西哥時，只剩下「有毒的細流」。[50]這種「液體死亡」凸顯了乾旱地區反覆出現的問題：灌溉將鹽分吸到地表，再加上使用從萎縮的含水層抽取的微鹹水，都導致土壤鹽化，世界上有百分之二十的肥沃土地因此變得貧瘠，平均每天都有兩千公頃的農田因鹽化而消失。[51]

為了擴大農業用地而進行的土地排水與森林砍伐，持續消滅對生物多樣性至關重要的棲地。在澳洲，由於大型灌溉公司轉移了大部分的上游水流，導致梅利－達令盆地嚴重受到危害：濕地遭到破壞，下游農民無水可用，河流經常無法流入大海。[52]布里斯班河因為築壩、過

度使用、過度疏浚，又受到重金屬污染，經常淹沒三角洲地帶的城市，並將污染物傾瀉入大海，對大堡礁造成毀滅性傷害。雪梨附近的霍克斯伯里－尼皮恩河系統（Hawkesbury-Nepean River）也受到了類似的傷害：「從『海草溫床和清潔水源』到遭受廢水、農業污染源嚴重破壞的下水道，再加上為了沙石資源導致過度挖掘，這條河流及其生態記錄了一段無知、貪婪又麻木的歷史。」[53]

這些是最關鍵的淡水問題：一方面，由於灌溉用水的需求不斷增加，出現了「水資源短缺」，過度從河川和含水層抽水，而且隨著全球暖化，冰川退縮，導致全世界山區重要的水儲藏消失。超過一百萬個灌溉系統生產了全球逾百分之四十的糧食，而灌溉用水自一九六〇年代以降，每十年增加一倍，目前使用了超過百分之七十的可用淡水，未來可能很快就會再增加百分之十五，才能為不斷增長的全球人口生產足夠的農作物，世界銀行已經預測糧食供應將出現嚴重短缺。[54]另一方面，有時候水又太多：剝削性的土地利用、森林和濕地遭到砍伐，還有對河川系統過度施加粗暴的工程項目，使得許多下游地區容易遭受重大洪水的襲擊，再加上人為因素造成的氣候變遷，導致天氣型態驟變，發生洪水的頻率正在不斷增加。

礦業和工業化農業帶來毀滅性後果

礦業也對淡水生態系統產生了重大影響，關於這一點，日本又提供了另一個明顯的例子。一八九一年，東京北部渡良瀨川沿岸的農民請願，要求關閉足尾銅山礦區，因為礦場污染了河流與他們的農田。河水變成了藍白色，河裡的魚死亡，吃了這些魚的人也生病了。再加上河水氾濫，讓問題更形複雜：農作物枯萎，農場工人渾身生瘡。然而，這個礦區生產的銅是日本的第三大出口產品，日本明治政府一心想要快速現代化，不願意限制採礦活動。[55]

採礦業是許多工業化國家經濟成長的關鍵驅動力，在某些國家，例如澳洲，更是其經濟的核心；而同樣致力於成長和擴張的工業化農業部門也是如此。即使在亞馬遜等環境關鍵地區，砍伐森林、清理土地以擴大密集農業、伐木和石油勘探，也都視為發展的必要條件。因此，很少有人要求「初級生產者」為其活動所造成的影響承擔責任，而且今天，許多大型礦業和農業公司都是跨國企業，在當地幾乎不承擔任何責任，此一現實更加劇了這種情況。[56]

因此，愈來愈多人相信成長與生產是一種道德善意，隨著這樣的信念在全球傳播，社會進一步沿著向物質世界施加高度指導性統治的軌跡前進，並以資源、資產和「生態系統服務」的形式，構建物質世界。[57]這就需要對各種利益進行優先排序，政治學家詹姆斯・斯科特（James Scott）觀察到，「一切干擾到關鍵商品有效生產的因素，都被無情地消弭了」。[58]這除了殘酷地擴大人類本身的不平等之外，也對非人類領域帶來毀滅性的後果。世界上許多湖泊、河流和含水層都遭到嚴重破壞，土壤、森林以及更廣泛的生態系統，還有空氣品質和海洋，全都不能倖免。非人類物種的大規模滅絕已經是進行式，而且剩下的物種還有將近三分之一徘徊在瀕臨滅絕的邊緣。[59]人類與非人類生物都在加速走向全球性的崩壞。

38 蛇形水族深入本土文化，傳承流布至今

在這樣的情況下，蛇形水族似乎沒有什麼空間。他們的創造性非人類力量，如創造生命和帶來水源，已經移交給人形化的神靈，科學又對水體和水文流動除魅，父權對人類社會和其他物種的主導地位，在政治和物質上也已經根深蒂固。然而，即使在完全工業化的當代社會，蛇形水族仍然持續存在。

他們能夠屹立不搖，有一部分原因是因為他們深入本土文化傳承之中，已經到了無所不在的地步，幾乎每一個國家都有關於他們的故事在流傳。一個典型的例子來自西班牙北部的洛斯皮科斯山脈（Los Picos），那裡的民間傳說講述巨蛇奎勒布雷（El Cuélebre）的故事（有時甚至說它有好幾顆頭），據說它有像蝙蝠般的翅膀、熾熱的眼睛、堅不可摧的鱗片，從湧泉或崎嶇山脈的裂縫現身。[60]它「受到海洋包覆」，並且守護著「鑽石寶藏」，這意味著它的居所位於地下深處，在陸地下的水域中。[61]在一些圖像中，它以古典蛇的方式纏繞在十字架或樹上。

在傳統故事裡，人們用食物來安撫奎勒布雷，但是如果它攻擊牛或人，他們就會將針頭或熱金屬碎片包在麵包或肉裡面，讓它吃了爆炸。在其中一種傳說敘事中，它喝了大量的水來緩解熱金屬碎片帶來的疼痛，嘔吐出來的穢物形成了現今法國上庇里牛斯省（High Pyrenees）的伊薩比湖（Lake of Isaby）。[62]這顯然也有但以理末世故事的蛛絲馬跡。但以理為西元前六〇五至五六二年間統治巴比倫的尼布甲尼撒二世提供預言和諮詢，據說他嘲諷當地安撫

蛇形生物的崇拜儀式，將瀝青、脂肪和毛髮餵給它吃，直到它身體爆炸為止。他用這種方法摧毀了蛇形生物，也宣示他信奉的神有至高無上的權威。[63]因此，一個可能從前基督教時期就開始的水族故事，經過基督教敘事者的重新構思，將其詳細描述成一條妖蛇，必須被更大的（人形化的）神聖力量壓制。然而，奎勒布雷仍然存活在山中，不但當地文學多有著墨，也被導遊視為確有其事的存在，當地人更穿著阿斯圖里亞斯（Asturian）的傳統服飾，舉行儀式來祭祀它。

凱爾特蛇也是英國文化遺產的重要組成部分，尤其是在致力於保護蓋爾地方歷史的區域（圖108）。畢竟，尼斯湖水怪若不是難以捉摸的蛇形水族，那又會是什麼呢？根據愛奧那修道院院長的說法，它在六世紀首次出現在尼斯河。[64]正如中世紀聖徒傳中常見的情況，這條蛇也會怕十字架的符號，這讓當地的皮克特人（Picts）銘記基督教的力量。這份早期的「紀錄」被視為怪物目擊事件的起點，後來又發生了多次號稱目擊水怪的事件，還拍了照片和電影。

英國的蘭姆頓蠕蟲

英國最著名的一條龍就是蘭姆頓蠕蟲，據說十字軍東征時，它棲息在杜倫的威爾河（River Wear）上。它的故事一直流傳至今，有一部分是因為在英格蘭東北部方言喬第語（Geordie）的一首民謠中廣為傳唱。

108. 凱爾特龍雕塑，都伯林堡。

嘿，孩子們！閉上你們的嘴！我來跟你們說個可怕的故事，

嘿，孩子們！閉上你們的嘴！我來跟你們說說那條蠕蟲。[65]

蘭姆頓蠕蟲的起源可能是索克本蠕蟲（在前一章提到過），描述約翰．蘭姆頓爵士（Sir John Lambton）小時候如何從河裡釣到「一條奇怪的蠕蟲」，因為他「懶得將蟲子帶回家」，於是將它丟進一口井裡。年復一年，它長成了一條巨蛇，尾巴繞著「彭蕭山（Penshaw Hill）纏了十圈」。它第一次獵食是在晚上吃了當地的「牛」，但是當它開始吃羊和「活吞小孩」時，當地村民將「這隻神祕又可怕蠕蟲的消息」傳到巴勒斯坦，因為「英勇又大膽的約翰爵士」正在那裡參與十字軍東征。「所以他回家，

109. 約翰．坦尼爾（John Tenniel），「空洞巨龍」，路易斯．卡洛爾的《愛麗絲鏡中奇緣》（*Through the Looking-Glass, and What Alice Found There*, 1871）書中插圖。

抓住這隻野獸，將它砍成兩半。」

這首民謠為杜倫地區的學校戲劇表演提供了一個常年流行的主題，並啟發了小時候曾經住在那裡的路易斯·卡洛爾（Lewis Carroll），寫了《空洞巨龍》（*Jabberwocky*）這首詩（圖109）。[66]不過這也是杜倫主教——英國國教中最有權勢的領導人之一——每年一度的儀式主題。杜倫大教堂由來自林迪斯法恩的修士建造，他們在七九三年因逃避維京人入侵，於是將林迪斯法恩主教聖卡斯伯特（St Cuthbert）的遺體帶到杜倫，並建立了帕拉丁（皇家）領地。[67]這種半自治制度允許主教徵稅，建立自己的軍隊，並實際上管理「北方議會」——在維京人的掠奪和不守規矩的凱爾特人不時從蘇格蘭南下入侵的情況下，這種制度是必要的。

一年一度的儀式又重新開始舉辦了，不過現在以輕鬆的方式進行。新任主教在杜倫大教堂就職之前，必須從杜倫郡最南端的蒂斯河畔克羅夫特（Croft-on-Tees）進入郡內，索克本蠕蟲的故事就發生在那裡。主教在橫越蒂斯河的橋上與當地政要會面，收到一把中世紀的劍或彎刀，而且必須立誓要屠龍（圖110）。後來成為坎特伯里大主教的賈斯汀·韋爾比（Justin Welby），在這個儀式上接受當地市長阿黛兒·馬丁（Adele Mar-

110. 中世紀的劍（彎刀），每個杜倫主教都必須用它立誓屠龍，
約1490年，鋼鐵、黃金、織物。

tin）的熱烈歡迎。「主教大人，」她說：「我在這裡獻給您一把彎刀，科尼爾斯爵士當年曾經用這把刀殺死了蠕蟲、龍或飛天火蛇，因為它們殺害了男人、女人與兒童。」[68]

韋爾比在就職演說中呼籲現代基督徒「在東北部重新點燃基督教信仰，並讓這個地區重新皈依……將基督教帶入每個社區」。[69]他的繼任者保羅．巴特勒（Paul Butler）則將龍形容為「我們在這個世界上所有視為邪惡的東西」。因此，即使在今天，蛇的圖像以及好戰的宗教英雄屠蛇的宣傳，仍然持續維護和宣揚一神教的權威。[70]

聖喬治形象的闡述

聖喬治是屠龍形象的縮影，不過現在他扮演了更複雜的角色，闡明國族和宗教認同的保守觀點。英國及其前殖民衛星國有好幾個聖喬治協會（Society of St George），他們在紋章標誌和相關物質文化中對聖人屠龍的描繪，通常包括十字軍的紅十字符號與英國雄獅，不僅強調了軍事宗教布道的概念，而且提供了英國認同的主要象徵（不過，考慮到聖喬治的地理起源，這不無諷刺就是了）。

對於一些「愛國人士」來說，這是一種排他的願景，代表未受污染的種族或文化「純潔」：也就是說，一個沒有移民的英格蘭，因為移民——用這個常見於種族觀念的流動性術語來說——會像英國前首相瑪格麗特．柴契爾（Margaret Thatcher）所聲稱的，讓這個國家被「不同文化背景的人淹沒」。[71]聖喬治協會成立於一八九四年，旨在「鼓勵並強化英國各階層人民的愛國主義精神，培養並激勵我們的同胞對所有涉及本國人民福祉和他們祖國或祖先土地的偉大事業，都懷有保護祖國的自豪感」。到了一九二〇年，該協會已有兩萬名會員，其中包括小說家魯德亞德·吉卜林（Rudyard Kipling）。一九四〇年，聖喬治普雷斯坦廷公會（Prestatyn Guild of St George）出版的一本小冊子，裡面直接提到了宗教和種族至上：

> 英國人啊！
> 你們知道嗎？——
> 你們的祖先亞當是蘇美文明的第一位雅利安人（Aryan）國王；
> 他創造了文明，推翻了野蠻統治；
> 引入了正義和文學，
> 帶來了安全保障，讓人們可以和平生活；
> 消滅了原始野蠻人的血祭，建立了基於種族本能誠實的純粹宗教；
> 是索爾、亞瑟王和歡樂英格蘭之聖喬治等英雄神話的生命源頭；
> 他的血統、傳統和本能是你們值得驕傲的遺產。
> 想想這一點，然後傳遞下去。[72]

成立於一九七五年的聖喬治聯盟（League of St George），除了宣揚反女性主義和同性戀恐懼之外，還建議應該「遣返」外國人，主張每個國家都應該有一個「民族社區」或「民族國家」，完全由「出於血統而有權利自稱為本地人」的人民組成。

透過這種方式，描述蛇形生物的敘事與圖像，持續闡述關於文化、宗教和民族認同的正反面想法，同時也闡述對於「他者」的焦慮，主張必須予以征服或排除，才能維持心目中認知的秩序。在致力於實用性與成長的新自由主義經濟體系中，這包括非人類世界的「他者」和放蕩不羈的自然。但是，許多當代蛇形水族並沒有朝這個方向流動：他們正逆流而上。

39 當代蛇形水族在藝術找到共鳴

在西方社會，蛇形水族經常在藝術中找到共鳴，在文學、電影和其他媒體表現出戲劇性的非人類力量。可以用一整本書來探討這些新的表述，但僅僅幾個例子，就足以說明他們以前作為「自然生命」的角色和意義是如何延續到當代的世界觀中。

在藝術中，仍然以蛇形水族代表非人類力量的早期角色為基礎。他們仍然與水保持著密切的聯繫，從湖泊或河流現身，棲息在沼澤和濕地，或者是地下洞穴和山壁裂縫中。他們的外形也持續反映出水的流體特徵，以蛇形軀體、閃亮的五彩鱗片和吞噬能力、強而有力的下頜來表現，並且保留了多個物種混合的組合，傳達水作為基本元素的活力。

另外也有一些蛛絲馬跡，可以看到他們代表水文神學流動的角色。電影和書籍描寫了龍的海底世界；飛龍升天；還有龍在星際空間的「流動」。在遊戲設計師基斯・貝克（Keith Baker）為「龍與地下城」（Dungeons and Dragons）打造的戰役世界艾伯倫（Eberron）中，有一條在天際的「蒼穹之龍」（Dragon Above），其殘骸在夜空中形成了一個閃閃發光的圓圈。[73]

保留智慧之蛇的生育與創世能力

水和生育力之間也依舊維持很強的聯結。在今村昌平導演的情色電影《赤橋下的暖流》（*Warm Water under a Red Bridge*）中，女主角佐惠子是「生育力的化身，是讓花朵盛開、動物繁衍生息的女人」。[74]佐惠子將女性情慾和液體生育力的概念融為一體，從體內分泌出溫水，形成了一條河流，裡面「充滿了色彩繽紛的大型魚類」。[75]在杉森秀則的《水之女》（*Woman of Water*，二〇〇二）中，女主角阿涼生活中的情感事件總是會引發傾盆大雨，而她跟一名對火著迷的年輕人發生了關係，實現了男性與女性、火與水的互補平衡。[76]在澳洲青少年奇幻電視影集《人魚奇緣》（*H_2O: Just Add Water*）中，女主角在火山下的奇幻水池沐浴，變成了美人魚，並獲得了控制水的超自然力量。[77]

水蛇帶來生育能力的作用，也體現在電影《白蛇傳說》（*The Lair of the White Worm*）中所頌揚的陽具象徵，這部電影也同樣復興了關於食人蛇需要活人獻祭的觀念（圖111）。[78]莎拉・佩里（Sarah Perry）近期的哥德式小說《迷蛇記》（*The Essex Serpent*，二〇一六），設想了一六六八年在此地看到的「有翼蛇」重新出現的場景，突顯了人類對水能吞噬、毀滅，以及強加道德判

111. 肯・羅素（Ken Russell）電影《白蛇傳說》（1988）的海報。
故事改編自布拉姆・史托克（Bram Stoker）1911 年的同名小說，
與路易斯・卡洛爾的《空洞巨龍》一樣，靈感均來自蘭姆頓蠕蟲的傳說。

斷的原始恐懼。[79]

藝術也堅持蛇形水族作為創世主與原始祖先的主題。在流行的科幻小說中，有些世界實際上是由「祖龍」的骨骸所組成的。[80]蛇形生物被描述為透過孤雌生殖進行繁殖，[81]有些則與人類共存並交換本質，創造出雜交物種。[82]娥蘇拉・勒瑰恩（Ursula Le Guin）的《地海》（*Earthsea*）系列小說，揭示了龍與人類的共同祖先，而龍講的是「創生語」（Language of Creation）。[83]在喬治・馬丁（George Martin）的《冰與火之歌》（*A Song of Ice and Fire*）

系列小說中，與龍的密切關係是皇室家族成員的「血統」證明。[84]另外還有許多龍收養小孩作為親人的故事，其中一個就是根據日本民間故事改編的代表性動畫，描述了一個名叫泉小太郎的男孩騎著他的「母親龍」穿越雲層的故事……後來她為農業發展和小男孩村莊的繁榮而犧牲自己。[85]

他們也永遠都可以在蛇形與人形之間自由流暢地轉換。在勒瑰恩的地海世界中，女性可以化身為龍，反之亦然。日本古代民間傳說的英雄大蛇丸（Orochimaru），也在電影《怪龍大決戰》（*The Magic Serpent*）中變身為一條巨蛇。[86]小說《與黑龍喝茶》（*Tea with the Black Dragon*）講述了一位神祕的亞洲紳士，而他實際上是一條已經有兩千歲的中國龍。[87]至於《龍王》（*Dragonlord*）系列小說則是描述了同時擁有人類和龍靈魂的生物，可以在不同形態之間輕鬆地轉換變形。[88]

蛇的智慧也同樣完整保存下來，還有許多蛇會傳播祕密學問和魔法知識。他們可能擁有神奇的力量，就像澳洲與中國合拍的電視連續劇《神奇山谷》（*The Magic Mountain*）中的生物一樣，他們通常很聰明，或者用聖經的術語來說，很「難以捉摸」。[89]羅伯特・海萊因（Robert Heinlein）在科幻小說《行星之間》（*Between Planets*）裡，講述了一顆金星上住著對科學研究有極濃厚興趣的龍，當他們發現人類無法唸出他們的名字時，他們會採用一些頂尖科學家的名字，如：艾薩克・牛頓爵士（Sir Isaac Newton）等。[90]托爾金筆下《哈比人》和《魔戒》中以狡猾著稱的史矛革（Smaug），也體現了蛇的洞察力（圖112）。[91]

112. 托爾金，「與史矛革對話」，
《哈比人》書中的水彩插圖（1937）。

蛇的形象反映社會轉變

在魯德亞德・吉卜林的小說《叢林奇譚》（*The Jungle Book*）中有一條蟒蛇名叫卡奧（Kaa），他「非常古老，非常狡猾」，猴子們非常怕他：「只要低聲呼喚他的名字，就讓他們邪惡的尾巴發冷。」儘管毛格利也覺得他很可怕（「卡奧像水似的在地上湧流」），但是這條蛇後來卻成了守護他的朋友和精神導師。[92]然而，在一九六七年的迪士尼電影中，卡奧以一條惡蛇的形象出現，意圖迷惑並吞噬毛格利。而在二〇一六年的電影中，卡奧則是一條雌蛇，也同樣試圖催眠並吞噬毛格利，這顯示敘事轉喻的一致性——女性化的蛇形生物代表一種會吃人的混沌狀態，威脅到男性秩序、文化和理性。[93]

因此，藝術也反映了社會的轉變，從崇拜有創世和保護能力、兼具男女兩性特質的蛇形水族，到信奉一神教，並將他們重新塑造成放蕩不羈的女子「天性」表現。作家和電影製片人直接借用了聖經中關於蛇的概念，還有希臘和羅馬經典、《貝奧武夫》、《沃爾松傳奇》、《美露辛》和《黃金傳說》等文本。魯益師（C.S. Lewis）的《天路回歸》（*Pilgrim's Regress*），與約翰・班揚（John Bunyan）在十七世紀寫的原創寓言一樣，都是講述一次宗教啟蒙的旅程。[94]托爾金筆下的地景充滿了道德意味，他們的龍必須由堅定而強壯的英雄屠殺，同時還要暗指這位英雄是基督徒。十九世紀末和二十世紀初的作品傾向於直接屠殺「惡蛇」，例如，在路易斯・卡洛爾的《空洞巨龍》中，「洋洋得意的男孩」親手殺掉蛇：「他手中握著斬首劍，搜尋可怕的敵人許久……」（圖109）。[95]

常見的怪物蛇主題

「混沌怪物」蛇也是隨處可見。由賴瑞・柯恩（Larry Cohen）執導的電影《翼蛇Q》（*Q: The Winged Serpent*，一九八二）講述在紐約有個祕密的阿茲特克教派，該教派的活動導致雌性的羽蛇奎查寇特佔據克萊斯勒大廈樓頂，還吞噬當地居民。後來當地的英雄摧毀了這個怪物和她產的卵，但是影片的最後一個鏡頭卻拍到一顆尚未被人發現的卵，留下了未來製造更多混亂的伏筆（當然還有未來的續集）。[96]在東尼・狄特里奇（Tony DiTerlizzi）和荷莉・布萊克（Holly Black）合寫的小說《奇幻精靈事件簿》（*The Spiderwick Chronicles*）中，毒龍是由食人魔飼養長大，用來當做大規模殺傷性武器；而第二個系列的重點則是殺死蛟龍王（Wyrm King）——一條多頭蛇／九頭蛇。[97]

像怪物一樣可怕的自然，有時候還會跟可怕的技術結合在一起：在小說家雷・布萊伯利（Ray Bradbury）的故事「龍」（The Dragon，一九五五）中，兩名騎士出發去殺死一條獨眼龍，但是最後殺死他們的野獸卻是一列蒸氣火車[98]；小說家哈利・托特達夫（Harry Turtledove）的《黑暗》系列（*Darkness*，一九九九－二〇〇四）以第二次世界大戰為類比，燒殺擄掠的惡龍暗指戰鬥機。[99]在《冰與火之歌》中，龍對主角來說，是駭人的武器，就像在吉姆・懷諾斯基（Jim Wynorski）執導的《飛天聖戰》（*Cry of the Winged Serpent*，二〇〇七）裡一樣，中美洲英雄神奇地召喚了一條蛇來懲罰謀殺他家人的販毒集團。[100]

人類主角使用龍作為武器或是奴役龍，反映了早期的宗教圖像，一些人形化的神，如婆樓拿，騎在蛇身上，象徵著人類控制自然的權威。在作家珍．尤倫（Jane Yolen）的《坑龍》（*Pit Dragon*）三部曲中，人類訓練龍去戰鬥，就像訓練在「坑」裡的巨型公雞一樣。[101] 而在詹姆斯．卡麥隆（James Cameron）的《阿凡達》（*Avatar*，二〇〇九）中，英雄騎著最危險的「女妖翼獸」（納美語稱之為 *ikran*），躋身類人的納美人行列，並帶領飛龍騎士去戰鬥。[102]

人類與蛇形生物和解的深意

馴服龍和蛇形生物，並非一定要動用暴力，可以透過「溫和」手段擊敗怪物，馴服他們。在兒童故事中，不乏以龍為寵物的例子，例如，在戴安娜．韋恩－瓊斯（Diana Wynne-Jones）的《魔法的條件》（*Charmed Life*）和克瑞希達．科威爾（Cressida Cowell）的《馴龍高手》（*How to Train Your Dragon*）（圖113）書中，龍都是乖順聽話的寵物。[103] 在二十世紀的故事中，伊蒂絲．內斯比特（Edith Nesbit）在《最後的龍》（*The Last of the Dragons*）書中寫道，英格蘭的最後一

113. 克瑞希達．科威爾的《馴龍高手》封面（2003）。

條龍厭倦了戰鬥和吃掉少女，因此當最後一位公主和她的未婚夫來到黑暗的洞穴拜訪他時，可憐兮兮地啜泣著，並坦誠地說「我很溫馴」：「就是這樣，除了妳之外，沒有人知道。我溫馴到可以從妳手中吃東西。」[104]

這些和解的故事通常由女性書寫，顯示當代人渴望回歸與非人類世界更富合作精神與同理心的接觸。在安・麥考菲利（Anne McCaffrey）的《神龍紀元：飛龍騎士》（*The Dragonriders of Pern*）系列小說中，蛇形生物透過在孵化時就與騎士建立的心靈感應來幫助人類（圖114）。[105]他們有一個共同的目標，那就是擊敗入侵的「線菌根」（Thread）——這裡顯然是指資本主義——它會吃掉農作物、動物、人類，甚至是擋在他們路上的所有一切。勒瑰恩筆下的地海龍對自由與擁有財產之間的平衡，曾經有一場引人深省的論辯。史蒂芬・布洛斯特（Steven Brust）的《刺客伏拉德傳奇》（*Vlad Taltos*）系列小說（一九九〇年至今）中，出現了帶有觸手的蛇形生物，可以接收心靈意念。[106]

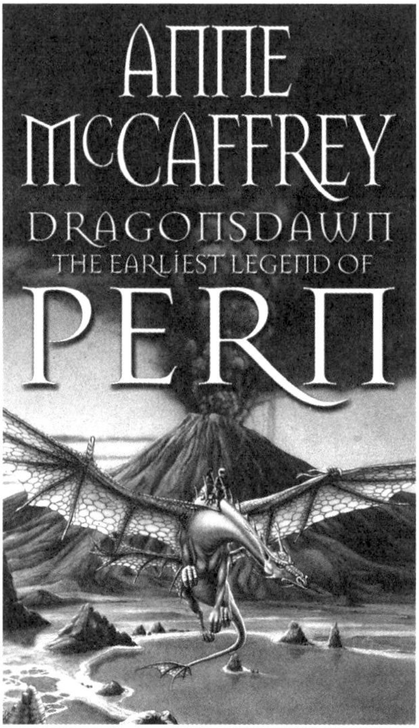

114. 安・麥考菲利的《龍之黎明》（*Dragonsdawn*, 1990）封面，《神龍紀元：飛龍騎士》系列的第九本書。

115. 詹姆斯・卡麥隆導演的電影《無底洞》（1989）中，
琳賽・布里格曼（Lindsey Brigman）和巴德・布里格曼（Bud Brigman）和水族相遇，
兩個角色分別由瑪麗・伊莉莎白・馬斯特蘭托尼奧（Mary Elizabeth Mastrantonio）
和艾德・哈里斯（Ed Harris）飾演。

在伊莉莎白・克納（Elizabeth Kerner）的《寂靜中的歌聲》（*Song in the Silence*，一九九七）書中，坎特里龍（Kantri dragon）具有心靈感應能力，女主角跟它們重新建立了人與龍之間的聯繫。[107]吉勒摩・戴托羅（Guillermo de Toro）則在電影《水底情深》（*The Shape of Water*）片中設想了人與水生物之間比較情色的重聚[108]。而在詹姆斯・卡麥隆導演的電影《無底洞》（*Abyss*）（圖115），外星智慧生物在海洋深處現身，其外形如蛇，顯然是由水組成的，敏感而好奇，會改變形狀以反映電影女主角的臉。[109]

因此，蛇形水族在藝術中依

然生氣蓬勃，同時代表著人類與非人類世界及其力量互動的新舊模式。他們反映了早期對非人類生物及其共同創世機制的崇拜，同時也反映出變化的軌跡，這些變化讓社會生活方式改弦更張，也宣示了人類對「他者」的主導權。自一九六〇年代以來，這樣的圖像表述一直受到環境、女性主義和民權運動的影響，因此也反映了對社會和生態正義更廣泛的關注，並且認知到人類與非人類關係的範式早就應該轉移卻遲遲沒有發生所帶來的危險。因此，本書最後一部分將探討在批判人類與環境之間的剝削性關係上，以及運動人士試圖讓人類與水的關係發生浩瀚變革所做的種種努力當中，蛇形水族的圖像是如何重新發揮至關重要的象徵性作用。

11 轉型 Transformational Beings

蛇形水族作為社會和生態永續象徵的當代角色，其實是他們代表生命生成和生命更新循環之歷史能力的合理延伸。在所有物種的再生都受到威脅的時候，這一點尤其重要。如今，若是還不進行轉型的變革，人類的生產和消費模式將導致全球生態和社會秩序的混亂崩潰，這是令人感到痛苦的真相。然而，儘管現在已經廣泛認同這份憂慮，但是社會還需要再加把勁，才能將發展軌跡轉向更永續的方向。

在推動必要的變革時，許多環保組織受到了原住民生活方式的啟發。在保育運動的初始階段，這種影響產生了相對單一的觀點，而十八世紀關於「高貴野蠻人」的觀念，正好為想像中人類墮落前的純真以及與自然的和諧，提供了方便的簡化版。[1]然而，大多數的保育運動人士現在都明白：現實更為複雜，而且在思考解決方案時也必須加以考慮。幾千年來，地方本位民族透過謹慎管理他們與非人類領域的關係，以多樣化的獨特方式，與家園保持著永續性的參與互動。一般來說，這涉及限制其人口成長和資源利用，並避免大型社會發展軌跡特有的強化工具性模式。最重要的是，他們依賴對當地生態系統的深入了解，並將永續原則全面融入生活的各個層面。

當代原住民社群訴求的永續

當代原住民社群試圖將這些原則直接帶入人類與非人類關係的辯論。在這個過程中，他們肯定了自己的文化傳統，但也同樣關注形塑未來。他們希望這能反映他們的核心信念與價值觀，而這些觀念與「西方」的想法和實踐經常形成鮮明對比。他們對土地、水和資源遭受殘酷剝削感到憂心，所以經常會強烈渴望保護自己的家園和賴以生存的生態系統，同時也希望自己在這些環境的權益得到保障。他們的目標不是恢復浪漫的刻板印象，而是恢復——同時促進——健康且富有生產力的生活方式，以確保當代和後代子孫的福祉。

誠如前面章節所示，這些社群的宇宙論有一個反覆出現的主題：物質環境及其非人類居民對人類來說並非「他者」。人類處於這個世界之中，與世界的其他地方或多或少都有聯繫。其他生物是我們祖先的親屬，也共同創造了我們的日常生活，無論基於道德或是務實之必要，都必須與他們、與物質世界建立平等互利的夥伴關係。然而，我們現在所處的世界是以更工具性的方式思考，並據此對這個世界採取行動，因此當代原住民社群面臨的挑戰，就是如何在這樣的世界裡維持他們的信念和價值觀。許多人透過與更大、更強的社會對話——有時候是在人類學家的幫助下——尋求傳達並發揚他們的傳統。

例如，在阿拉斯加和加拿大北部的北極與亞北極地區，當地的原住民社群被稱為「原始生態學家」。[2]族中長者對民族誌學者安・范納普－里歐丹（Ann Fienup-Riordan）說道：「我們與你交談，因為我們愛你。」[3]——這樣的評論說明了他們努力傳達一種世界觀，即人類和非人類共同承擔維護社會和生態秩序的責任。

今天的尤皮克人認為自己生活的世界，仍然是一個本土的、面對面的關係，這與非原住民世界的國家和匿名關係截然不同。著名的尤皮克口頭教誨指出：「他們說世界上沒有他者，只有人。」這通常就證明了所有的人——包括人類和超人類——都息息相關，所以應該受到尊重。[4]

人類和動物共有的人格特質為相互和必要的尊重奠定了基礎。尊重一詞有正面和負面的意義，包括愛和恐懼。他們最常用的詞彙或許就是*takar-*（害羞、尊重和／或害怕）。[5]

環境保護的觀點衝突

在北極地區，因為氣溫上升速度是地球其他地方的兩倍，永久凍土正在消融，所以更迫切需要推動永續的生活方式。村莊所在的土地正在融解成泥——無論從象徵或字面上的意義來說，都是歸於無形——迫使沿海社群轉移到其他土地更堅固的地方生活。在族內長老的眼中，這就是因為更大的社會未能尊重海神母親賽德娜所創造的非人類世界。

這些問題在有關狩獵和捕魚的爭論中清晰地浮現出來。[6]原住民的活動以儀式和習俗為框架，旨在「協作互惠」，而不是遵循西方關於配額和管理的理念，這就與後來的專家產生了一些緊張關係。法律哲學家南希·杜布爾黛（Nancy Doubleday）指出，北極的世界觀「代表了與西方自然和環境保護傳統的長期衝突，在這種衝突中，人類的位置與環境是分開的」，因此就出現了「永續性、發展和正義相互競爭的觀點」。[7]

馬歇爾·薩林斯指出，原住民觀點可能會讓其他人質疑他們自己關於人類統治的假設，並創造出

> 某種東西，像是社會學和文化學的哥白尼革命。我指的是一種觀點上的轉變，從原本將人類社會視為宇宙中心，並將自己的形式投射到宇宙裡……轉向一種民族誌的現實，也就是人類依賴包羅萬象的超人類——他者，由他們來統治塵世的秩序、福祉和存在。[8]

隨著民權運動的興起，同時也拜現代通訊技術的互聯互通所賜，許多原住民群體已經能夠在公共領域講述他們的價值觀。他們與其他尋求社會和生態正義的反對運動人士，形成跨國網絡和聯盟，建立了文化中心和機構，並參與如世界水資源論壇、地球高峰會、聯合國氣

候變化綱要公約締約方會議等國際活動。一九九二年在里約熱內盧舉行的聯合國環境會議提出建議，將傳統知識與實踐列為永續發展的支柱，而此一前提現已成為國際論辯環境議題的一部分。

40 水族保留創造性「地方精神」啟發人心

蛇形水族透過這些努力繼續循環再生。即使受到一神教的壓迫或是殖民政權的鎮壓而被迫轉入地下，仍以充滿想像力的暗流在地底下流動。如今，他們正在復興，傳達人與環境關係的不同觀點，從中重新獲得強大的力量。他們支持對剝削行為的批判，並促進永續的生活方式。

在某些情況下，儘管蛇形水族被政治菁英邊緣化，淪為「民間傳說」，但是他們在日常生活的可見度仍然很高，尤其在亞洲許多地區格外明顯（圖116）。然而，即使蛇形水族無所不在，未必意味著人們對他們的崇拜不受到干擾。如前文所述，在中國，他們在新石器時代社會中作為強大創世者的原始角色被皇帝所挪用，皇帝試圖控制供水，並利用龍的圖像來表達自己的神性。這在上個世紀帶來了重重特殊挑戰，不過，人類學家胡宗澤記述了中國北方一個名為十里店的村莊崇拜九龍神的艱苦過程，為水族的韌性提供了絕佳範例。他在文中描述了國民黨和共產黨領導的政府發起的「反迷信」運動，如何對村裡這位重要神靈的長期地位構成嚴峻挑戰。[9]

116. 北京紫禁城內的琉璃裝飾，顯示中國龍的升天與下凡。

十里店村的龍神崇拜

九龍神是負責雨水、湖泊、河流和海洋的主神，唐朝（六一八年建立）時在中國萬神殿中首次出現，到了清朝（一六四四－一九一二）中葉左右，對聖母及其九個龍子的崇拜在該地區盛行，而九龍神在十里店村格外重要，因為那裡經常難以獲得足夠的水源。一九一一年清帝國滅亡後，新文化運動（一九一五－一九二三）提倡現代性、理性和世俗性：「不同形式的宗教信仰，包括祈雨等儀式，被歸類為『迷信』，並視為創建現代社會的障礙。」[10]中國各地的宗教雕像遭到毀損，寺廟挪作他用。

然而，直到一九三〇年代末，十里店村的居民仍繼續舉行祭祀九龍神的儀式。到了一九四〇年代，政府採取了更多鎮壓措施來遏止宗教活動。儘管發生嚴重乾旱，共產黨官員還是禁止舉行儀式向龍神求救。神像被砸毀，一名村民（同時也是共產黨官員）折斷了九龍神雕像的鼻子，阻止遊行進行。第二年，他的小米和玉米歉收，被視為龍神的懲罰，而且「由於龍神的報復」，其他災難也接踵而來。[11]後來村民修復了那尊殘餘的神像，並且偷偷藏了起來，然後在接下來的二十年間，與共產黨官員玩捉迷藏來保護神像。這不僅使宗教活動得以繼續祕密進行，也削弱了毛澤東政權的權威，因為政府官員受到愚弄，公開摧毀的只是神像的複製品。一九六〇年代，當《人民日報》呼籲中國公民「掃除一切妖魔鬼怪」，衝突開始升級。[12]到了一九七一年，龍神像終於被發現並且砸碎。隨後則發生了嚴重的乾旱，雖然挖一口足夠深的水井供水給村莊，但是也只能稍稍緩解旱象。

到了一九八〇年代，國家的宗教政策稍微鬆綁，龍神崇拜又暗暗回流。在十里店村，村民製作了牌匾來崇拜九龍神和聖母，還重建了龍神神龕，只是密封起來。「在接下來的四年裡，領導人兩度祕密向龍神祈雨，龍神也兩次都回應了他們的請求。」到了第三次，他們承諾要蓋一間廟取代密封的神龕，結果就下起了傾盆大雨。於是龍神廟就蓋起來了。一九九三年，附近一些村民將幾尊神像安置在神龕內，卻沒有受到懲罰。一九九四年，十里店的村民興高采烈地為三座新雕像開光啟用，並恢復了對九龍神的公開崇拜。

當代日本水族影響政府環境政策

在日本，水族也在當代論辯中發揮了作用。如果我們回過頭來看東京和多摩川，會發現在一九〇〇年代初期，當日本政府提出修建水壩的計畫時，就遇到了阻力，不僅是因為成本、風險以及遷村問題，還因為當地的寺廟和神社將會就此消失。村民在冰川神社抗議，一直到一九三六年才妥協。小河內水壩終於開始興建，並舉行了神道教儀式，來「淨化打算興建水庫的場址」。[13]一九五七年水壩竣工時，東京人口已達八百萬人。到了一九〇〇年代末，這座城市擁有一千萬居民，人們也愈來愈關注集水區的福祉，並開始「清理和恢復河流的『原始』美景及其『自然』生態系」。[14]儘管大壩建設仍在持續，但是政府的基礎設施政策，已經轉向「貼近自然」的河川建設。

多摩川的相關爭論反映出人們的關注更為廣泛，除了關切日本在一九五〇和六〇年代快速工業化的影響，也擔心持續致力於追求經濟成長會將成本轉嫁到非人類領域。當代神道教透過儀式和習俗促進人類與非人類世界之間的和諧關係，每年都會舉辦儀式來讚頌一種名為「產靈」[35]的神聖生長力量，並根據風水和相關天體神龍的原則，將大片森林納入「宗教林業標準」的保護傘下。

日本的文化景觀擁有超過八萬座神道教神社和數千個供奉水族的龍泉。寺廟由主掌水的龍守護，遊客可以用水淨化自己。景觀生態學家森本幸裕（Yukihiro Morimoto）認為，神社和寺廟區提供的微型景觀也有實際用途，可以紓解洪水並集中生物多樣性。[15]因此，蛇形水族保留了創造性「地方精神」的重要作用，而欣賞寺廟、公園和花園的神聖景觀，感受非人類世界的精神「活力」，仍然是人們日常生活的中心。[16]從這個角度來說，日本的蛇形水族也鼓勵了政府的環境政策改革。[17]

41 蛇形水族，成為原住民維護家園的象徵性基礎

在亞洲其他地區，新信仰體系的湧入和宗教國家的建立，在中央政府和決心保留本身文化傳統的地方社群之間，引發了複雜的拔河與妥協。爪哇島的一個主要蛇形水族是南海女神拉都・蘿拉・姬都爾（Ratu Lara Kidul），她是一位前印度教的佛教人物，環境歷史學家彼得・布姆賈德（Peter Boomgaard）形容她是多面向且複雜的生命，承擔了在其他地方由多個專門的神靈所扮演的角色。她也有好幾種不同的名字，例如妮亞・布洛榮（Nyai Blorong），在峇里島傳統中被描述為擁有控制大海力量的「美人魚」（圖117參見頁28）。儘管現在普遍以人形描繪這位強大的海洋女神，但是她早期形象在本質上更接近蛇形。

35 譯註：在日本神道教中，「むすび」的漢字可以寫成「産靈、産巣日、産日、産魂」，是指創造天地萬物，並使其生長與完成的靈性運作力量，也代表生命的連續性或重生的意義。

亞洲的水族信仰接納新習俗

西元九世紀的紀錄形容拉都．蘿拉．姬都爾是一位力量強大且難以預測的神，到現在大家都還說她會帶來瘟疫，連吹海風都有風險。她是「一位危險的神，住在海底的一座宮殿裡，這座宮殿是她用受害者的頭髮和骨頭搭建而成的……然而，海神也有很多貢獻，因為他們掌握著海洋財富的鑰匙。有心想要尋寶的人若是知道如何與這位女神打交道，就會得到海神的幫助」。[18]在印尼群島的海洋環境中，許多創世故事都描述了當地人的祖先來自海洋。[19]海洋是繁榮和混沌的主要根源，在爪哇人的宇宙觀中，被視為「人類無法控制的荒野」，充滿超自然力量。[20]因此，當地人與海洋的關係揉合了崇拜、依賴，以及對海洋的恐懼。

然而，其他的世界觀也湧入這個地區。東南亞的海路交通便捷，「使其非常容易受到強大外部勢力的政治控制」。[21]許多世紀以來，這裡受到印度和中國的影響，而當穆斯林入侵者在十七到十九世紀之間建立起中央集權的爪哇國家馬塔蘭（Mataram）時，也將伊斯蘭教信仰強加給當地居民。新政府知道他們必須與原住民族強大的海神保持聯繫，因此，一種新的宗教習俗應運而生，也就是讓拉都．蘿拉．姬都爾在一年一度的儀式上嫁給該國的穆斯林統治者。

這種特別的宗教安排在東南亞很常見，讓當地居民能夠繼續崇拜非人類神靈。例如，在緬甸，據說當地的女水神曾經擰乾頭髮來造成洪水，幫助佛陀擊敗入侵的軍隊。[22]在峇里島，當地運動人士正在推廣在地版的印度教——「聖水宗教」（Agama Tirtha），啟動一項水保護計畫，邀請人們認養和保護水井與河流，旨在「提高人們對水議題的認識，並支持大眾與企業的永續作為」。正如支持者所說：「這是我們向聖水宗教和峇里島諸神表示敬意的機會。」[23] 在亞洲其他地區也可以看到水族與環境行動主義之間的類似聯繫，從對水生哺乳動物的宗教崇拜，延續到利用這些動物做為自然保護和抵抗環境退化的象徵。[24]

非洲的一神教傳播引入蛇形祖先

在非洲也可以看到本土與外來宗教信仰之間的妥協，當地的主要一神教持續霸權傳教，在許多小鎮上，都可以看到清真寺和教堂隔著塵土飛揚的街道遙遙相望。跟世界上的其他地區一樣，非洲的殖民化也引入了更多的父權結構，以至於婦女權利遭到雙重剝奪，失去了作為太后和酋長的重要領導角色，也失去了經商的經濟角色。[25]

儘管如此，本土信仰依然堅韌不拔。例如，在馬拉威，天主教會就融合了當地切瓦族人對母親女神馬克瓦納／姆瓦利（Makewana / Mwali）和彩虹蛇形天神通加的信仰。在馬拉威中部穆亞傳道所的天主教堂裡，祭壇上有一座求雨神龕，神龕後面的牆壁上畫著一條包含多種生命形式的創生彩虹（圖118參見頁30）。附近的康哥尼藝術中心也舉辦慶典來祭祀切瓦族的神靈，並透過藝術品和舞蹈講述他們的故事。除了保留傳統敘事之外，這些表演還蘊含道德寓言，宣揚天主教的行為觀念，包括性愛的限制——他們認為，必須如此才能應付愛滋病的破壞性影響。

還有造雨的祖先，例如：據說能夠化為蛇形的姆博納（Mbona）。為了傳播基督教，歷史上也將其重新塑造為黑人的彌賽亞：「很明顯，人們將姆博納視為聖經中基督的對應人物，稱他為『黑人耶穌』。他們說上帝有兩個兒子，一個是照顧歐洲人的白人兒子，一個是照顧他們的黑人兒子。」[26]而姆博納也跟耶穌一樣，被敵人殺死之後又復活：

兇手砍下了他的頭，丟進一片森林裡……然而，彷彿奇蹟一般，鮮血不斷從體內噴湧而出，大量鮮血形成了一座小湖，最後又形成了一條河流。幾天後……姆博納在暴風中現身，並透過靈媒之口表示他想要一座以他為名的聖殿。於是當地村民聽從了他的命令，埋葬了他的頭，並在這個地方建造了一座聖殿。[27]

許多人來到神廟參拜，並參加一年一度的祈雨儀式。到了一九三〇年代，當地人又以姆博納為號召，抵制政府要求他們採取更密集農業的政策。人類學家孟諾．韋琳（Menno Welling）表示，從那時起，「一直到今天，姆博納都廣泛用於民眾抵抗運動中」。[28]

非洲水族承擔新的批判角色

馬拉威另一個重要的蛇形水族，也經過類似的過程，重新概念化。納波羅（Napolo）跟許多本土的蟒蛇神一樣，都在地下流動，帶來由山中神靈供給的水，但是當神靈不高興時，他就製造洪水和山崩泥流，「因為我們人類的行為不檢點……人們不再按照他們的文化要求行事。例如，現在我們有濫交的現象」。[29] 因此，在當代的馬拉威，納波羅表達了對愛滋病造成社會混亂的擔憂，以及人們對於環境因商業目的而遭到破壞的恐懼。[30]

馬拉威詩人宗迪韋・姆巴諾（Zondiwe Mbano）描述了納波羅在傳遞社會和生態混亂方面的作用：

我們一直害怕這個
隨著菸草田辣手摧毀
如雨般古老的森林，
長老教導青少年
在黑暗中玩著碰了就跑的遊戲
遵守保險套包裝上的規定
納波羅沒有讓山搖地動嗎？
沒有讓大水沖掉岩石
掃除整座村莊？[31]

在一九四六年和一九九二年，松巴（Zomba）和法隆貝（Phalombe）分別發生山洪暴發，奪走了許多人的生命，姆巴諾召喚納波羅，對於環境的過度工程化，提出非人類的反應：

直到故鄉盧孔科比（Lukonkobe）緊急召喚我們
重新耕種父母遺棄的田地……
否則我們會在這裡，等待納波羅再一次
從湖中咆哮，掏空無常的山
山上到處散落著計畫與工程
讓山洪暴發流至穆倫古茲大壩（Mulunguzi）
掃除我們所有的學位和學術
外衣，並將它們埋在渾濁的奇爾瓦湖（Chilwa）。[32]

非洲的其他蛇形水族也承擔了新的角色。在賴索托，傳統治療師*lethuela*在水中與蛇形生物接觸，藉以跟看不見的祖先和其他超自然神靈交流。儀式與河流保持著和諧的關係，當地民眾現今特別強調這些儀式，凸顯地方社群疏遠水體的社會與精神成本，同時反對將賴索托大部分的水出售給南非。[33]

119. 蘿拉・詹姆斯（Laura James），《瓦塔媽咪》，2011 年，繪畫。

非洲瓦塔媽咪的多元詮釋

最廣為人知的非洲水族，就是在非洲大陸西海岸受到崇拜的瓦塔媽咪（Mami Wata，圖 119）。正如她的名字所示，這位當代女神反映了十五世紀非洲與歐洲相遇時的思想交流。她通常以美人魚的形式現身，融合了歐洲半人水族的形象，而且跟馬拉威的姆瓦利一樣，出現時經常跟著一條（雄性的）蟒蛇。[34] 然而，在她現代化的名字與形象底下，是以關於水神的長期本土觀念為基礎。她既然是蛇形水族，傳統上就會跟產生雨水和生育的能力聯繫在一起，而在當代環境中，這個能力轉化成更廣泛的概念，涵括了繁榮、生產力、財富與健康。根據藝術史學家亨利・德魯瓦爾（Henry Drewal）的說法，她的名字指涉——

> 一位特定的非洲水神，也指涉一個跨文化、也橫跨非洲－大西洋的水神「學派」，其中大多數是女性，不過有時也是男性——如瓦塔爸比（*papi wata*）……瓦塔媽咪就像水本身一樣，無所不在而且形態易變——只有歷史、文化和社

會習俗的框架，以及藝術家與觀眾的詮釋才賦予她特殊性、定義、身分和意義……對某些人來說，瓦塔媽咪主要在經濟問題上提供協助，會賜予好運和地位……對其他人來說，她幫忙解決生育問題，像是不孕、性無能或嬰兒死亡率的問題。有些人因為她令人難以抗拒的誘惑而受到吸引，因為與精神力量發生情愛關係，會產生快樂和力量，所以「夢遺」就不折不扣是瓦塔媽咪製造出來的……瓦塔媽咪是跨性別的生物，可以同時幫助男性和女性解決性慾和性喜好的問題。瓦塔媽咪也為女性提供了一條精神（和專業）途徑，讓她們成為強大的女祭司以及心理／精神和生理疾病的治療師——在普遍由男性主導的社會中伸張女性的作用。跨文化的瓦塔媽咪無所不在，也無孔不入。雖然她在某一特定的地方會有一套特定的屬性，但是她與廣濶的非洲大陸，乃至於非洲以外地方的其他水中神靈，也有一些共通的屬性。[35]

瓦塔媽咪在整個殖民時期和後殖民時期都受到崇拜，但是最近卻受到了福音教會的五旬節教派基督徒（Pentecostal Christians）和穆斯林基本教義派的攻擊。「對這些人來說……瓦塔媽咪已經成為不道德、罪惡和詛咒的化身，因為她／他被視為撒旦最強大的存在之一，其工作是引誘女人和男人遠離正義的道路。」[36]在這種情況下，瓦塔媽咪是女性化、野性和腐化自然的典型化身：一場厭女者的失序噩夢。

瓦塔媽咪也引起了對失控消費主義的批判。在市場經濟中，她的形象經常用來代表商品中的「財富」：化妝品、珠寶和食品。但是身為誘惑和危險的象徵，她還有另外一個重要的新角色，就是表達對資本主義意識形態進入非洲那種愛恨交織的矛盾心理。最近，奈及利亞又利用她來闡述奧戈尼（Ogoni）文化的身分認同，藉此抗議殼牌公司的石油開採以及對尼日河三角洲的破壞。當地民眾成立一個名為「瓦塔老媽」（Mammy Wata）組織，組織中的靈媒與「戰士」攜手合作，尋求社會和生態正義，他們利用藝術和儀式來崇拜瓦塔媽咪，旨在喚醒世界正視氣候變遷的現實，同時必須尊重水賦予生命的神聖力量。[37]

阿茲特克人透過旅遊業傳播水族母題

對於地方本位的社群來說，全球旅遊業無疑是一把雙面刃[38]，不過同時也提供了重要的發言機會。人類學家克勞斯・戴梅爾（Claus Deimel）和博物館民族學者埃爾克・魯瑙（Elke Ruhnau）描述了惠喬族（Huichol，又名Wixáritari）——一群居住在墨西哥馬德雷山脈（Sierra Madre）的當代阿茲特克人——如何從西班牙征服中美洲以來，一直堅決抵制天主教會的傳教，並試圖透過藝術與表演來表達他們自己的宇宙觀：

> 惠喬族的節慶和儀式，用儀式化戲劇手法，將宇宙描繪成一種持續的再創

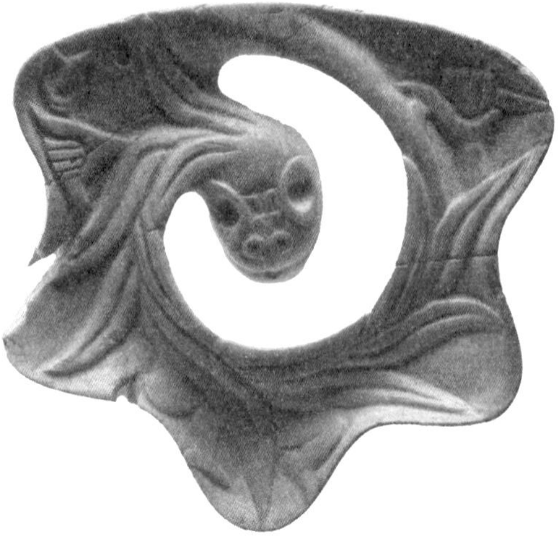

120. 阿茲特克人的「風之寶石」（*ehecacozcatl*），跟奎查寇特－埃埃卡托（Quetzalcoatl-Ehecatl）有關，是阿茲特克神話的創世神和風神，14-16 世紀，雕刻的海螺殼。

> 造過程……自然宇宙被認為是始終存在的事件，並與人類有直接的聯繫……因此，惠喬族的宇宙是一個異常豐富的世界，其中的一切都以某種方式與其他萬物聯繫在一起。[39]

水神藝術品存在於阿茲特克文化已有悠久歷史（圖120），蛇形水族的形象藉此得以貫穿惠喬族的藝術和物質文化。在服裝和手工藝品上，都可以找到蛇的母題，代表可能變形的動植物。在視覺呈現上，蛇形的物體，例如搖曳的草、火或煙，也都與蛇有關。基於他們跟水在宇宙學上的關係，蛇就象徵著玉米作物和人類福祉所繫的雨水，同時也象徵日夜、季節和年分的時間流動。因此，雙頭巨蛇泰提伊波（Tatei Ipou）據信是環繞著地球：到了晚上，它吞噬了太陽神和其他萬物，直到黎明才以「上升雄鷹」的形式將太陽帶回來。[40]

旅遊業提供了多種方式向來自世界各地的遊客傳達

這些想法，墨西哥的古代考古遺址也提供了重要的教育機會。春分及秋分時節，成千上萬的人聚集在奇琴伊察遺址，觀看羽蛇庫爾庫坎沿著大金字塔的北側階梯蜿蜒而下，進入人類世界。甚至有更多的本地和國際遊客，參加在墨西哥城附近狄奧蒂華肯舉行的年度節慶，攀登太陽金字塔慶祝春分，並祈求神靈賜予他們能量和健康。

在美國南部各州，培布羅族原住民的古代岩石藝術描繪噴著閃電的羽蛇或角蛇，同樣吸引了絡驛不絕的遊客。隱含在這些圖像中的思想，透過物質文化和表演進一步傳播出去。以阿凡尤和其他蛇形水族為特色的當代陶瓷藝術交易十分活絡，遊客們還可以參加在第五章描述過的祈雨舞蹈。

安地斯社群保留傳統宇宙觀

公開演出也不只是針對觀光客。對許多地方本位的社群來說，這也是他們跟想要管理和使用當地水道的其他群體（政府機構、非政府組織、非原住民農民）互動的關鍵元素。例如，在南美洲的安地斯山脈，舉行儀式來崇拜支持本土農業的小型灌溉渠道，不只是將思想傳遞給下一代，同時也是傳遞給其他人。安地斯社群從他們印加祖先建立小規模公共灌溉計畫以來，就一直在管理這些灌溉方案，甚至連可以追溯到西元前二〇〇〇年的祕魯拉加爾加達遺址（La Galgada），都發現到納入這個灌溉計畫的梯田。[41]

除了傳入的天主教之外，安地斯山區的艾力烏社群（*allyu*）還保留了他們傳統的「卡伊

121. 莫切文明（Moche）的鼻飾，上面有蛇和長頸鳥的圖案，
祕魯，約 100-300 年，金銀合金。

帕查」（Kay Pacha）宇宙觀，其中自然生物棲息在有感知力的土地和水景中，稱之為「帕查媽媽」（Pachamama）——即地球、時間和萬物的母親女神。[42]水從聖山流下，串連精神世界和物質世界，而灌溉用水的詞彙*yaku yachachisqa*則表現出水族的互惠合作，意思是「受到教誨的水」（圖121）。[43]

這些生物必須受到尊敬，才能維持人類與非人類之間的有序關係，而且他們跟其他地方的水神一樣，也可能會施予懲罰。例如，祕魯的瓦羅奇里（Huarochirí）人相信，從泉水中出現的彩虹是危險的，如果毫不尊重地亂指彩虹，可能會傷害孕婦子宮內的胎兒。[44]風雨也都擬人化，因此在智利北部，「人們說，風是強大的生物，會跟雨爭奪霸權」。[45]

在安地斯山上，與水生物的適當接觸包括日常儀式習俗，還有按季節清洗灌溉渠道。[46]當地語言用*pago*一詞來描述與非人類世界的儀式交流，這個詞彙源自西班牙語的*pagar*，也就是「支付」的意思。通常，此類儀式需要在水庫旁的土地上挖一個小「口」，然後將玉米、酒和菸草等用來祭祀帕查媽媽的供品放入其中，再焚燒芳香植物，讓煙霧將*pago*帶到山上。[47]

南美洲原住民發聲的「宇宙政治」形式

然而，這些「土地儀式」也會在原住民的抗議活動公開進行，例如反對採礦活動和政府挪用水源等。這就是哲學家伊莎貝爾・絲丹傑（Isabelle Stengers）所說的一種「宇宙政治」形式，將山、水和土壤等非人類行為者直接拉進來，參與政治活動。[48]正如文化人類學家瑪莉索・德拉卡德娜（Marisol de la Cadena）所指出的，這種包容性「挑戰了在政治上及其相應的社會契約中，普遍將自然與文化分開來的概念」。[49]

南美洲的社會也同樣積極的在國際上發聲。一九九〇年，高基族原住民社群與英國電視製片人亞倫・艾瑞拉（Alan Ereira）合作拍攝了影片《來自世界之心：老大哥的警告》（*From the Heart of the World: Elder Brothers' Warning*），[50]本片以「給人類的訊息」為框架，對「小老弟」的破壞性活動，表達深切的關注。這部影片引起了大眾的高度興趣，但是卻未能改變事情的發展方向。於是，對進一步的環境開發感到沮喪的高基族人，又在二〇一二年推出另一部影片《阿魯娜》（*Aluna*），旨在傳達他們的「宇宙意識」觀，強調所有生物之間的相互聯繫（圖122）。[51]

最近，南美洲的原住民社群與環保組織聯手組成了「帕查媽媽聯盟」（Pachamama Alliance）。二〇一九年，他們說服教宗方濟各在梵蒂岡舉辦一場亞馬遜世界主教會議（Amazon Synod），原住民薩滿在會中主持了崇拜帕查媽媽的儀式，並將地球母親形容成一名赤身裸體的孕婦。對教會中一些比較保守的成員來說，這一步太過分了。達修．施納德主教（Bishop Athanasius Schneider）從他的哈薩克教區發表了一封憤怒的公開信，引用十誡中的第一誡：「除了我之外，你不可有其他神。」譴責此一儀式，並明確表達了保守派天主教徒對自然崇拜的反對：

> 面對公然違背天主的神聖旨意，及其將對個人靈魂、整個教會甚至整個人類帶來的災難性後果，我不能再保持沉默……天主教徒不能接受任何異教崇拜，也不能接受異教信仰習俗與天主教會的任何融合。[52]

122. 已故的傑夫市長（Jefe Mayor）——哈辛托．薩拉巴塔媽媽（Mama Jacinto Zarabata）——致力於保障導演亞倫．艾瑞拉及其團隊在與高基族人合作拍攝電影時的安全。

施納德主教回顧了雅典那哥拉（Athenagoras）在西元二世紀攻擊「神化自然元素」的宗教，讚揚了那些從附近教堂搶奪「偶像崇拜」雕像並將它們扔進臺伯河的人，以他們的清教主義對比現代教會領袖的「背叛」行徑：

> 這些基督徒的舉動將載入教會史的史冊，因為他們的英雄作為榮耀了基督之名；反之，那些玷污了羅馬基督之名的高級教士，他們模稜兩可的態度、折衷融合的作為，也會因為怯懦和背叛載入史冊。

自一九五〇年代以來，傳教士將福音派基督教（以及毀滅性的歐洲疾病）帶入南美洲社群，但是正如中世紀時期自然崇拜社會抵制強加在他們身上的父權基督教一樣，當代原住民部落也堅持自己的信念與價值觀。面對政治上的「踐踏」，例如透過環境立法進一步向剝削性農業企業開放雨林的做法[53]，他們集體努力的重點是防止因養牛、伐木、石油勘探和其他剝削性企業的森林開發，對其家園造成破壞。

原住民部落向外建立互助聯盟

南美洲的原住民跟澳洲原住民一樣，都發現採用文化測繪（culture mapping）等民族誌的研究方法很有用。二〇二〇年，帕斯塔薩省瓦拉尼族組織（Waorani Pastaza Organization）的首位女性主席內蒙特．內奎莫（Nemonte Nenquimo），使用無人機攝影機和全球定位系統進行文化測繪活動，以法律訴訟途徑，成功制止了在厄瓜多的亞馬遜地區探勘石油（圖123），內奎莫也因此榮獲有「綠色諾貝爾獎」之稱的高曼環境獎（Goldman Environmental Prize）。她鼓勵原住民部落與綠色和平組織等非政府組織建立積極的聯盟：「數千年來，原住民族明智地知道必須保護地球母親。不要等待原住民族為你而戰……我們需要共同努力保護森林。」[54]

在南美洲其他地方也看到類似的努力。在哥倫比亞北部的莫哈那（La

123. 內蒙特．內奎莫提起法律訴訟，反對進一步在厄瓜多亞馬遜地區探勘石油，在官司勝訴之後，與同儕運動人士一起慶祝，2019 年。

Mojana）三角洲，當地社群的農漁業生計都倚靠土地和水，所以就用一種本土的烏龜品種 *hicotea* 來代表這個社群的「兩棲」身分。當地運動人士成立了紅龜網絡（Red Hicotea），旨在發展專注於永續與文化認同的計畫。原住民社群和學術界的專家學者之間也建立了互助聯盟，他們合作利用蛇形生物來闡述和傳遞原住民思想，哥倫比亞人類學與歷史研究所（Instituto Colombiano de Antropología e Historia，簡稱ICANH）的標誌就是最好的例子。該標誌複製了響尾蛇／凱門鱷的古代岩畫，它是泰羅納人（Tairona）的傳統標誌，他們使用黏土印章將蛇形圖像印在自己身上（圖124）。

澳洲原住民社群也同樣認為，非人類生物積極參與原住民行動是理所當然的事。[55]政府官員、國家公園工作人員和其他與原住民領袖會面的人，在到達聖地時都要接受當地長老用水施以「洗禮」，這樣才能獲得祖靈的認可。

> 如果蛇認不出某人的汗水，如果陌生人在踏進蛇的領域之前，沒有經過頭部「澆水」的儀式，像是預告他們將要走進當地水域，那麼蛇一定會生氣。

124. 哥倫比亞人類學與歷史研究所的蛇形標誌，波哥大。

那些冒險進入新領域的人，應該讓屬於這個地區的本地人從水池或其他當地水體中舀水澆洗他們的頭部……同時，當地人還會跟蛇說話，告訴他們有人正在以水澆頭，要求他們不要傷害新來的人。[56]

除了接受關於祖靈權威以及當地長老的明確訊息之外，遊客通常還會獲得一些有關特定遺址的故事資訊，儘管不是更深層的神聖和祕密含義。在公共場合，原住民社群利用歌唱、舞蹈和儀式表演等方式喚起當地祖靈的權威，藉此講述這些故事。他們也經常巧妙地利用人類學家，例如我在做博士研究的田野調查時，大部分時間都與約克角的長老合作，進行主要的文化測繪活動，記錄有關聖地和故事情節的材料，其結果成了支持他們後來努力收復家園的素材。

原住民藝術與環保抗爭運動聯手

在過去這幾十年裡，傳統藝術和物質文化中充斥著彩虹蛇和其他蛇形水族的圖像，成為原住民與他人互動的核心。在世界各地博物館和藝廊展示的文物和圖像，原本的目的只是要將彩虹蛇的「律法」傳遞給下一個世代，如今卻為傳播原住民信仰和價值觀提供了同樣複雜的外部工具。[57]這兩個目的是一致的：原住民藝術的主要目的不僅是傳播文化知識，而且還要透過散發祖先的力量——也就是透過藝術品中閃爍的光與色彩（*bir'yan'*）——來「影響」觀眾。[58]

從這個角度來說，祖靈可以視為直接參與了教育過程。

在對抗性較強的一些情境，超自然神靈也佔據核心地位。在反對採礦和挖掘活動的抗爭中，原住民的蛇形水族圖像與敘事十分重要，因為這極可能侵犯到祖先的冥界。在澳洲北部的凱瑟琳鎮，原住民長老表示，採礦活動將當地的彩虹蛇（*bolung*）挖出來殺死了，毀滅了一條主要的彩虹蛇：「他們就在那裡殺死了那條彩虹，那條彩虹媽媽，那條大彩虹，就這樣殺了它，把它拉出來帶走了。我不知道他們要用它來做什麼，也許用來生產石油。」[59]

彩虹蛇在當地的任何表現形式遭到破壞，都等於消弭了地方對進一步入侵的保護。[60]因此，他們在抵制殖民和經濟霸權這兩方面，都扮演了重要的代表性角色，這也是完全合乎邏輯的。例如，為了抗議高夫半島的採礦活動，原住民在一九六三年向政府提交了著名「樹皮請願書」，其中就有他的身影。在視覺上，請願書的周邊被一圈地方的圖騰生物圖案包圍，兩頁下方都有蛇形生物，包括文件結尾的簽名也是一樣（圖126）。

澳洲原住民的所有權主張

自一九六〇年代原住民獲得澳洲公民身分以來，國家立法已擴大到涵蓋原住民律法的一些原則。[61]《原住民土地權法》（Aboriginal Land Rights Act，一九七六）承認他們與地方有不可剝奪的聯繫，以及對土地和資源的相關權利。而一九九三年的《原住民族土地所有權法》（Native Title Act）則廢除了對「空的」無主地之先占原則，承認在歐洲殖民之前的原住民共同財產制度。這導致了一系列原住民所有權主張和原住民土地使用協議。

事實證明，重建原住民所有權以及關於淡水的權利，不是一件容易的事，特別是在透過水交易計畫實現了實際上的私有化之後。儘管原住民代表已經納入河川流域管理團體，但是他們影響決策的能力仍然很有限。然而，在海洋權方面卻已經取得了一些進展。二〇〇八年，在澳洲北領地一件具有里程碑意義的案件中，高等法院根據描述祖先故事和沿海遺址的樹皮畫，承認雍古族傳統所有者對藍泥灣（Blue Mud Bay）潮間帶水域的權利。[62]

當代原住民藝術強調保護河流和海洋的必要性。最近的一次海洋生命

125. 波姆浦洛郡（Pormpuraaw）藝術家席德·布魯斯·蕭特喬（Syd Bruce Shortjoe）和他的彩虹蛇，「幽靈漁網」雕塑、繩索和塑料，澳洲的北昆士蘭。

展覽就使用了「幽靈漁網」（即漁船廢棄的漁網）做為雕塑的材料，這些漁網目前正危及世界各地的海洋生物（見圖125）。定期在「彩虹蛇」藝術節上表演的原住民儀式、歌曲、音樂和舞蹈，也特別著墨在原住民及其藝術與環保抗爭運動之間的重要聯盟。這些活動都巧妙地利用「彩虹」來強調多樣性，通常會邀請來自太平洋地區、美國和南美洲的原住民團體參與表演，希望促進人類與環境有另類關係的人們，也藉此凸顯在國際上彼此串聯。

美加原住民的環境訴求結合水族信仰觀點

在美國也建立了類似的聯盟。二〇一六年，代表美洲原住民「第一民族」、其他原住民社群以及環境和社會運動組織等數千人，聯合起來反對設置達科他輸油管。這條管線原本的設計是沿著立岩蘇族（Standing Rock Sioux）保留區，每天輸送五十萬桶石油，但是反對運動人士認為，這違反了條約權利，而且會損害地方的水源和聖地。

達科他州首領阿沃爾看馬酋長（Chief Arvol Looking Horse）注意到其他美洲原住民保留區發生的重大石油洩漏事件，特別強調「生命之水」的精神中心地位，並暗示這將顛覆有關創造性蛇形水族的想法，將污染的原油管道描述成製造混亂的「黑蛇」：

> 我們的長輩曾經預言說會有一條黑蛇，還說到如果我們不能阻止這場即將到來的災難，生命之水——「Mni Woc'oni」，我們首要的療癒藥物——將會

受到什麼樣的影響。「Mni Woc'oni」是我們創世故事的一部分，同樣的故事也存在於地球母親的許多創世故事之中。

我們所說的生命之水「Mni Woc'oni」，全世界的人現在開始明白那是一種活的精神：當你用它祈禱時，它有癒癒的功效；但是你若不尊重它，它就會死亡。我們想讓世界知道，我們的先知已經提出警告……據說水如黃金，還說我們的水之靈魂將開始離開我們。

我們正站在一個十字路口。

「立岩」標誌著一場國際運動的開始，將堅持我們的目的，繼續和平且不懈地努力，保護有毒石油管道沿線以及整個地球母親上的水。

……

不只是石油管道威脅到我們水的福祉與未來。在西塞頓．瓦佩登．歐雅塔（Sisseton Wahpeton Oyate）的原住民領域附近，密集的動物飼養活動——或者簡稱為「CAFOS」——正在耗盡土地和水資源，並導致土壤和水質逐漸惡化。結果，空氣有毒，沼澤乾涸，人們本應擁有水權的含水層正逐漸被抽乾……而其他地方——在全南美洲和非洲的礦區污染，還有在福島的污染——人類已經做得太過分了。

水是生命之源，而不是資源……當我們生活的環境生病、痛苦時，我們領導人的想法和決策也會如此。我們必須繼續共同努力，維護水和地球的健康和福祉。在生命的神聖環中，沒有結束也沒有開始。[63]

除了提倡非傳統的替代觀點，蘇族部落還在非營利的環境律師事務所「地球正義」（Earthjustice）的協助下，對達科他輸油管計畫的合法性提出了質疑。該律師事務的名稱由來，是「因為地球需要一位好律師」（圖127）。[64]歐巴馬政府否決了這條輸油管的最終許可，然而勝利卻是短暫的。唐納德·川普投資了這項計畫

127. 2016 年 11 月，反對達科他輸油管的抗議遊行隊伍經過舊金山市政廳前。

背後的公司「能源傳輸夥伴」（Energy Transfer Partners），並從該公司執行長那裡獲得了超過十萬美元的政治獻金，贊助他的競選活動。於是，他在當選的四天後，批准了最終許可證。聚集在奧塞蒂．薩科文營地（Oceti Sakowin Camp）的數千名抗議者，遭到武裝警察驅逐，然而抗議群眾自稱是「保護水的人」，雖遭驅離卻仍不屈服：「關閉營地並不是運動或抗爭的結束，而是一個新的開始，」原住民環境網絡（Indigenous Environmental Network）主任湯姆．戈德圖斯（Tom Goldtooth）說：「他們無法撲滅立岩引發的大火，因為火苗在我們每個人的心中燃燒。」[65]

在國界的另一邊，加拿大原住民在一九八二年通過的《加拿大憲法法案》中取得了一些進展，該法案明訂：「加拿大原住民族現有的原住民權利和條約權利應予以承認和尊重。」同時承諾「重組關於自然資源的權力和責任」，加強環境保護。[66]然而，就跟在澳洲一樣，隨後的右翼聯邦政府尋求改革立法，導致後續衝突不斷。串聯加拿大和美國部落社群的運動「停止空轉」（Idle No More）就「呼籲所有的人加入和平革命，尊重原住民主權並保護土地和水源」。

> 我們的人民和地球母親不能再成為家園工業化競賽中的經濟人質。我們人民站起來的時候到了，我們要奪回管理和照顧這片土地的角色！[67]

塔尼瓦為紐西蘭原住民運動核心

在紐西蘭，蛇形水族（塔尼瓦）長期以來一直是原住民運動的核心（圖128參見頁31）。在一八〇〇年代，他們協助毛利人抵抗殖民主義，當時像帕帕胡里希亞（Papahurihia）這樣的「先知」，領導了一個高瞻遠矚的運動，反對接受基督教傳教士的教義，同時利用聖經中的蛇圖像，來維護毛利人的宗教習俗：

> 他對新教徒的天國提出警告：他說，天國本身比他們的地獄好不到哪裡去……他的教誨有意識地拒絕成文聖經，不過也吸收了其中一些戒律。聖經中的蛇「納卡西」（*Nākahi*）就是神的化身（*ariā*）。納卡西不只是《創世記》裡的蛇，也是摩西神杖上的火蛇……納卡西成了主動介入的媒介，而帕帕胡里希亞召喚蛇的方式，跟以前毛利人宗教領袖（*tohunga*）一樣。[68]

毛利人的信仰設想了一個充滿生機的非人類世界，由各種有感官的生命組成，並居住其間，他們與這些生命保持著互惠的倫理。「活水」有自己的生命力或稱之為毛里（*mauri*），而資源則被視為河川賜予的禮物。毛利人舉行特殊的卡拉吉亞（*karakia*）儀式來迎接這些禮物，並且在收到禮物時感謝河川。居住在河川、湖泊和海洋中的蛇形水族闡述了這種關係：

> 塔尼瓦是一種創造生成的「生命本質」……概括人與地方之間共享物質和社會連結的想法。塔尼瓦的福祉與人民的福祉息息相關……據信，傷害塔尼瓦或他們的家園，也會影響〔人類的〕健康和福祉。[69]

毛利人信仰的塔尼瓦在精神上的重要性，獲得《資源管理法》（一九九一）等立法的認可，該法保護「文化福祉，包括精神傳說與習俗，無論是針對毛利人或是更廣泛的群體」。[70]塔尼瓦以多種表現形式來表達毛利人的世界觀。因此，他們在政治談判中發揮核心作用也就不足為奇了。正如調解員伊恩・麥克達夫（Ian McDuff）提出的問題：「你在談判桌上如何處理塔尼瓦呢？」[71]毛利人經常召喚塔尼瓦來挑戰那些對環境造成重大影響的基礎設施工程，特別是那些破壞水道的項目。他們多次浮出水面，表達了毛利人對環境的擔憂，包括地下鐵路系統計畫可能破壞奧克蘭的一條地下河流、興建一條新的高速公路、在重要的塔尼瓦家園附近蓋新的監獄等等。

毛利社群爭取維護水道傳統習俗

跟許多其他的原住民社群相比，紐西蘭／奧特亞羅瓦的毛利社群在爭取他們的權益時，佔有更大的優勢，因為他們約佔全國總人口的百分之十五，而澳洲原住民的比例約為百分之二・五，加拿大是百分之四・三，而美國和大多數中南美洲國家則為百分之二。簽署於一八四〇年的紐西蘭建國文件《懷唐伊條約》（Treaty of Waitangi，毛利語稱為*te Tiriti o Waitangi*）也對他們的地位有所幫助，因為該條約承認毛利人先前對土地和資源的所有權。

二〇〇〇年代初，汲取世界各地其他原住民社群的經驗，毛利族人尋求重新獲得他們對淡水和海域的合法權利，[72]這項行動的起因是他們對政府試圖將水力發電公司私有化以及大量水資源分配的擔憂日益加深。其中，大部分的爭論都集中在懷卡托河（Waikato River），因為河裡居住著好幾條塔瓦尼，與許多強大的酋長有關聯，有一句諺語說明了這條河的重要性：「懷卡托河有一百條塔瓦尼，每一個河灣，都有一條塔瓦尼。」

正如毛利族評議會（Māori Council）的共同主席愛德華・泰哈庫雷・杜里爵士（Sir Edward Taihakurei Durie）所說的：「這並不是主張對所有水的所有權……而是對專有利益的主張。」[73]然而，這項行動引起了廣泛關注，並引發了關於水資源私有化的激烈爭論。毛利人的訴求先後由懷唐伊仲裁法庭（Waitangi Tribunal）、高等法院和最高法院審理，結果，跟澳洲和加拿大政府一樣，官方將「權利」和「所有權」區分開來，但是承認毛利人擁有一些與水有關的傳統習俗權利：「官方承認毛利人對水擁有合法的權益，但是主張沒有人能夠擁有水，因此最好的辦法不是制定毛利人專有權利的框架，而是加強毛利人在資源管理過程中的作用與權威。」[74]最高法院裁定，任何私有化過程都必須遵守與《懷唐伊條約》原則一致的義務，實質上維護毛利人與水道傳統習俗保持緊密關係的權利。[75]

因此，在不同的文化背景下，蛇形水族為原住民和地方本位社群的信念與價值觀，提供了強有力的圖像支持。無論是化身為塞德娜、九龍神、拉都・蘿拉・姬都爾、通加、納波羅、瓦塔媽咪、泰堤伊波、庫庫爾坎、羽蛇奎查寇特、受到教誨的水「yaku yachachis-qa」、阿凡尤、彩虹蛇、阿魯娜、黑蛇、生命之水「Mni Woc'oni」或眾多的塔瓦尼，他們在原住民爭取傳統習俗權利和保護家園的鬥爭中，都是象徵性基礎。他們提供了對生活方式的洞見，認為人類與非人類不應該疏離，不該分配到不同的自然與文化類別，而是全面投入相互尊重的互惠夥伴關係。如何將這些見解轉化為更廣泛的行動，為人類創造更永續的生活方式呢？

12 力挽狂瀾 Turning the Tide

縱觀人類歷史，蛇形水族在傳達基本思想方面發揮了重要的作用。即使在較大型社會中遭到主流宗教妖魔化，並且在科學上除魅，但是他們仍然在文物、圖像、宗教和世俗建築，乃至於古代遺址中，保留了強烈的敘事存在。他們以天馬行空的活力，流淌在文學、視覺藝術、民間傳說和流行文化中，而且還逐漸進入政治論辯。他們繼續表現水的力量和非人類世界的共創能動性，並且揭露了不同社會如何選擇不同的方式參與非人類領域的事務。這些參與模式的範圍極廣，從慎重而努力地維持人類和非人類利益的永續平衡，到進行工具性且非永續的互動，將人類利益凌駕所有其他利益之上。在當今這個迫切需要改變方向的世界裡，蛇形水族所講述的故事，以及他們展現人類與非人類關係的不同願景的能力，可能正扮演著他們有史以來最重要的角色。

描繪水族的文物和圖像是如何促進永續的概念與實踐呢？這個答案的部分關鍵，在於它們有能力揭示導致許多社會走上非永續發展模式的歷史軌跡。比較水神隨著時間推移所發生的事情，坐實了涂爾幹認為社會政治布局和宗教信仰相互構成、相互影響的論點，也支持了我的主張——即我們需要認知到工具性技術與實踐如何推動社會沿著特定的方向發展，來對這個理論進行多角度交叉驗證。[1]

蛇形水族的敘事啟示

蛇形水族提供的啟示，本質上是在挑戰現狀。他們要求社會質疑現行的政治階級制度，制度將不平等正常化，並將非人類領域定位為次等的「他者」，可以任意利用甚至摧毀這些「他者」來實現人類目標。他們提出了堅持宗教信仰是否明智的敏感問題，因為這些信仰將父權力量和人類例外論化為神聖，並將（男性）文化置於（女性）自然之上。

倡導永續的生活方式，同樣挑戰了經濟成長是必要且可取的意識形態假設。正如伊凡．伊利奇所說的，將我們的活動成本轉嫁給非人類生物，還破壞了生態系統的穩定，使得「永續發展」一詞變得自相矛盾。如果發展意味著「做得更好而非做得更多」，就可以解決這個內在矛盾。[2]儘管新自由主義已經將「成長就是好事」的口號常態化，但值得牢記在心的是，正如我們的蛇形水族所示，社會的長期永續性是透過維持穩定狀態或循環經濟來實現的，而不是展開螺旋式成長與擴張。而且，管理人口數量、提供政治平等以及確保資源和機會的公正分配，似乎對穩定同樣至關重要，不過，這是另一個充滿政治色彩的話題就是了。

蛇形水族提供的明確敘事，也引起人類關注社會如何將「進步」概念化，凸顯出基礎設施的危險誘惑，這些設施給了人類幻想，彷彿可以像神一樣控制水和物質世界，但是卻導致了

「基礎設施暴力」。[3] 儘管這些問題都沒有簡單的解決方案，可是人類愈來愈認知到，徹底改變當前人類與環境的關係已經勢在必行，而這就需要新的思維和行動方式。蛇形水族提供了想像世界的替代模式，並將其他有用的思想暗流串連起來。挑戰在於如何將這些思想納入共同的意識潮流之中，使其強大到足以力挽狂瀾。

42 水崇拜復興：與非人類領域重建連結的渴望

蛇形水族傳達的最重要訊息是，包括人類在內的所有生物，共同創造了一個無法分割的世界並且都居住其間。為了闡明這些概念，人們試過各種途徑。「自然科學」模型包括地球化學家弗拉德米爾．維爾納茨基（Volodymyr Vernadsky）提出的「生物圈」概念，全面性地想像了一個全球生命系統。[4] 演化生物學家琳恩．馬古利斯（Lynn Margulis）的「共生星球」願景，及其合作夥伴詹姆斯．洛夫洛克（James Lovelock）的蓋亞假說，描述了所有生物體對行星系統的集體調節作用。[5] 古生物學家黛安娜與馬克．麥克梅納明（Dianna and Mark McMenamin）的「超海洋」願景則提醒我們，所有的生物全都源自原始海洋，而且至今仍然賴水而生，也與水相連。[6] 演化生物學闡明了人類和非人類物種之間的遺傳共通性，生態學則強調了他們之間的物質流動。從實質角度來看，這些都是可以連結人類與非人類的有用模型，可是，既然這些科學被命名為「自然」科學，就表示其中還是保留了文化和自然類別的二元對立。這些模型掩蓋了物種之間相互關係的社會和政治層面，所以能夠將人類活動的成本轉嫁到非人類的「他者」身上。

對自然－文化二元論的批判論辯

社會科學家認知到物質與社會關係是相互構成的，因此更嚴厲地批判了這種智識上的二元論。人類學將各種不同文化的世界觀導入學術論辯中，包括那些將所有生物視為一個無差別群體的觀點。[7] 社會科技系統（socio-technical systems，簡稱STS）思維[8]和行動者網絡理論（actor-network theory，簡稱ANT）則有效地關注了人類、非人類和事物之間的流動關係。[9] 物質文化研究強調了物件、圖像和物質環境如何傳達意義，並在我們的生活中發揮積極的社會與政治作用。[10] 新唯物主義則進一步強調所有生命和物質參與者在相互作用中的創造性功能，[11] 以及塑造這些相互作用的「摩擦」。[12] 所有這些觀點都有助於我們理解水的物質特性與行為，以及其對所有生物和物理環境的影響，而這些影響是如此的重要而深刻，所以自然而然地導致水崇拜。[13]

批判自然－文化二元論的學者也認知到，將學術格局劃分為「兩種文化」和一系列壁壘分明的專業，並不是對複雜問題提出一致性回應的最佳方式，[14] 大家也愈來愈能接受跨學科合作的必要性。同樣的，在一般大眾層面，政治的反對運動也喚醒了人類，理解到社會正義與生態正義是不可分割的。這並不是什麼新鮮事：儘管在新自由主義的學術界，學科界線已經變得更加嚴格，但是像「地球之友」（Friends of the Earth）這樣長期存在的「環境」組織，始終有明確的社會議程。自然保育運動深植於十九世紀的浪漫主義，也深受民權運動和女權運動的影響，而女權運動很早就意識到性別和種族不平等之間的關係，還有施加在自然身上的父權統治。[15]

許多文化仍慶祝水的力量

對當前論辯的另一個重要影響，則是新的宗教運動興起，表達了與非人類領域重新建立聯繫的渴望。儘管世俗化不斷擴大，但是水卻從未失去其與精神生命的連結。正如詩人菲利普·拉金（Philip Larkin）所說，如果需要建立一種宗教，「我應該利用水」。[16]宗教信仰的變化，顯示人們轉向更以自然為導向的精神信仰。[17]英國在二〇一一年的人口普查顯示，百分之五十九·三的人口是基督徒，比二〇〇一年少了百之十三；[18]二〇一九年的一項調查顯示基督徒人口進一步下降至百分之五十一。[19]在二〇一一年，百分之二十五的人口宣稱自己沒有宗教信仰；到了二〇一九年，這個比例已增至將近百分之四十，而在年輕人當中，該比例更增至百分之五十三·四。與此同時，異教徒的數量在二〇〇一至二〇一一年間成長了一倍，並且在二〇一九年的調查中仍然繼續增加。

和保育組織一樣，新時代或新異教團體也從具有精神活力的非人類世界的想法與實踐中汲取了靈感。大型的水慶典在許多文化中仍然盛行。例如：在印度，印度教大壺節（Kumbh Mela）吸引了數以百萬計的朝聖者前往聖河沐浴；在柬埔寨、泰國和緬甸的新年慶祝活動，都會向參與者歡快地灑水，祈求繁榮和善意；在中國，傣族「潑水節」、龍舟競渡和瀾滄江（湄公河）上放水燈，都包括了浴佛的儀式。

在北半球國家，人們也一直在慶祝水的力量。亞美尼亞人以彼此潑水的方式來慶祝一年一度的瓦達瓦爾節（Vardavar），這原本是一個古老的異教節日，祭拜天地的創世主、水與生育女神阿斯特吉克（Astghik），在全國各地都有無數的神像（蛇石或龍石），標誌著她從史前時期就已經存在。[20]類似的潑水節在波蘭、烏克蘭、捷克和斯洛伐克隨處可見，呼應異教的夏至、冬至儀式，並讚頌斯拉夫的生育神。

自然崇拜復興的現代形式

蛇形水族往往是「自然宗教」復興的核心。例如，威爾斯龍長期以來一直是凱爾特文化遺產的重要象徵（圖129），傳奇領袖卡德瓦拉德（Cadwaladr）的紅龍在六〇〇年代末期出現，後來獲得諸多威爾士國王採用做為標誌。憑藉這樣的歷史權威，這條龍非常適合用來代表當代凱爾特人的身分認同，以及許多凱爾特人所擁護的另類價值觀。

在巨石陣和其他古代遺址的德魯伊儀式，持續闡述前基督教時期的思想，也就是有關巨石或神聖樹林以及與他們互補之水域和神靈的精神意義。[21]在許多英國村莊，每年的盛裝活動都是由社區組織贊助的。這些活動基本上複製了羅馬的「噴泉祭」（*Fontanalia*）儀式，原本是崇拜居住在井水和泉水中的水族，不過後來稍加改革，用來慶祝有關地方**共同體**（*communitas*）

的當代理念。

歐洲各地的古代聖井仍然保留許願祭品，其中許多聖井，如諾森布里亞的科文提娜之井，都與當地水族的故事息息相關。在多塞特郡，聖奧古斯丁之井座落在精力充沛的塞那阿巴斯巨人雕像下方，聖泉周圍的樹木掛滿了人們的許願布條，祈求增強生育能力。就在這口井北方幾公里處，人們參拜斯陶爾河的源頭泉水，現在位於斯陶爾海德一座充滿文藝復興風格的石灰華洞穴中。

歐洲各地的溫泉仍然深受遊客歡迎，他們飲用溫泉水來治療各種疾病。[22]從瓶裝礦泉水持久不消的熱度，可以看出人們的古老信念，認為水具有恢復能量的力量。這些產品的廣告經常呈現宛如火山噴發般的水，或是嬰兒在波浪下嬉戲，直接挪用了水具備生成能力的想法，而這種能力在整個人類歷史中始終維繫不墜。[23]隨著恢復活力的井水和泉水回歸，對神聖樹林的崇拜也以現代形式重出江湖，與水崇拜相輔相成，也就是（源自日本）有關「森林浴」具備治療價值的觀念。[24]

129. 威爾斯的國旗。

而特別相關的是結合了生態和宗教利益的儀式，稱之為生態異教。人類學家強納森・伍利（Jonathan Woolley）描述了一個自然崇拜儀式之啟始式，儀式的名稱是「勇士召喚」：

大約一百二十人聚集在格拉斯頓伯里突岩（Glastonbury Tor）下方舉行儀式，保護紅泉與白泉（以及整個英國的水域）免於水力壓裂和其他形式的非傳統能量之害。〔他們製作的〕織物和木製結構是一條水龍。儀式中有四條天然元素龍——土、風、火、水——每個相應的方向各有一條龍，在儀式開始和結束時，在舉行儀式的地方循環著。

在儀式中，一位女性薩滿會「讓自己陷入恍惚狀態，被新娘女神（白泉之神）附身」；然後，使用從「不列顛群島及其他地區」的井裡收集來的神聖泉水進行祭奠，並「表達了水的意志」。[25]英國現在有很多地方都會舉行這樣的儀式，讚頌水的力量，並希望透過祈禱、「水祝福歌曲」以及向湖泊與河流獻祭，來防止危害生態的活動。

新異教的魅惑

世界其他地區也出現了類似的水崇拜復興現象。在澳洲昆士蘭舉行的潑水節（Splash! Festival），就提供了一個澳洲版的例子，這個節慶在當地一條名為瑪盧奇多河（Maroochydore River）的河中小島上舉行，結合了新時代精神、環保主義和本土信仰的價值，產生了「水之儀式」。儀式有當地原住民團體參與，也受到他們彩虹蛇生命的啟發，居住在這條河川流域的社區民眾，各自從特定的水道取水，並倒入集中的容器裡，進而確認了他們之間的流體連結。潑水節拒絕當代生活方式的疏離，認為這會破壞社會和環境福祉，旨在促進水路聯繫的價值。[26]

近年來，有一種涉及鹼性水解形式的喪葬方式——「水焚葬」——也愈來越愈受歡迎。36 [27] 儘管遭到天主教會的一些保守人士反對，但是在西方國家已經有愈來愈多的人選擇「水焚葬」，主要是因為「更環保」，不過或許也是因為這種做法可以將人還原成水，而不是灰燼。

學者對自然崇拜形式的復興提出了各種解釋。藝術史學家梅根・奧德里奇（Megan Aldrich）和考古學家羅伯特・瓦利斯（Robert Wallis）認為，這種儀式的重塑再生是希望能夠「重新魅惑」世界；而人類學家喬納森・班瑟爾（Jonathan Benthall）則認為，即使是最世俗的社會也依然渴望信仰，因而受到「魅惑」。[28] 因此，新異教形式的水崇拜顯示人類需要在一神教的束縛之外尋找精神慰藉，緩解他們與非人類領域重新建立聯繫的渴望。

43 體驗日常現象：喚起對水的神奇感

並非所有的「水崇拜」都刻意產生精神取向的內容，美學和感官接觸也會引起情感反應並

36 原註：「水焚葬」（resomation）是利用鹼液和熱將屍體還原成化學成分，只會留下少量的骨灰和液體。這個技術最早是在一八〇〇年代末期開發出來的，原本是一種將動物屍體加工成植物肥料的方法，透過現代化的專門機器，這種做法可以減少耗能，比傳統火葬更符合生態永續，產生的二氧化碳和其他污染物質也更少。

喚起神奇感。「神奇感」是一個有用的概念：在歷史上多半與宗教體驗聯繫在一起，因為宗教儀式的目標當然就是引起驚異與敬畏，不過這種體驗絕不局限於宗教脈絡。

透過藝術很容易體驗到一種神奇的感覺，其中景觀設計、繪畫、詩歌和其他媒介都讚頌了水的多重視覺和象徵屬性，在致力於探索「自然奇觀」的科學紀錄片——或者電影——和文學中，也能發現這種神奇感。這些媒介鼓吹要尊重所有生物、植物和物質世界的美麗和複雜，而不預設他們是神聖計畫的產物。正如田野調查時許多受訪者跟我說的，我們可以透過體驗日常現象喚起對水的驚奇和喜悅的感受：在湖畔或河邊散步、在海裡游泳、有機會在本地公園的池塘邊靜靜坐著。無論在哪裡遇到水，都會吸引感官，迷惑眼睛，解放心靈。[29]

這一點很重要，其中有幾個原因。世俗社會中有許多人對重新接納宗教信仰的想法猶豫不決，即使這些信仰更傾向於非人類力量，但是他們對於將自然本身視為「神奇」的評價持開放態度。非人類世界引起神奇感與引人入勝的能力，與人類對於保護其他生物的關注程度之間，也存在著有據可查的關係。[30]

這個過程的關鍵，有一部分跟人類與地方及其非人類居民建立聯繫和共有認同以及表達「親生命」的能力有關。「親生命」（biophilia）一詞，源自亞里斯多德探討以*philia*（友誼）作為互惠關係的一種表現。[31]博物學家艾德華．威爾遜（Edward Wilson）將其定義為一種與其他生命形式建立聯繫的內在衝動；作家理查．洛夫（Richard Louv）則認為，與其他物種疏遠會導致情感上的缺陷。[32]親生命當然就包括了「愛水」，因為水是生命的本質。人類學家黛博拉．伯德．羅斯（Deborah Bird Rose）觀察到澳洲原住民與水的關係提供了一個理想的哲學模型：

原住民的水哲學對水提供了一個廣泛支持生命的定義……第一步是將水置於親生命的範圍內，因為熱愛生命的人顯然也必須熱愛水。也許非原住民的澳洲人也終於到了該發展水哲學的時候，這種哲學也將在互聯互通的模式中維持他們的生命。[33]

44 承認「非人類」和生態系統具有人格

與非人類世界連結的渴望也反映了人類的認知過程，將思想向外延伸，並將人格特質加入其他生物與物質環境中。[34]將意識置於自我之外的傾向意味著，雖然理性可能占主導地位，但是始終都有一片沃土，讓我們想像一個充滿活力且有感知力的非人類領域。當然，將他者擬人化對情感上的連結非常有幫助，而蛇形水族及其展現水之屬性和力量的恆久能力，則是體現這種連結性的典範。

對於「他者」的同理心需要某種共同認同，而關於非人類物種是否應該視同人類，一直有激烈的爭論。有關人與動物關係的人類學著作，已經闡明了人類如何欣然地將馴養的動物（尤其是寵物）視為人和「親屬」。[35]最近，多物種民族誌學者、哲學家和藝術家更進一步拒絕以人類為中心的觀點，大膽躍進非人類生命世界，展開充滿想像力的探索。[36]洛夫也注意到連結與關懷之間的關係，認為「共同的跨物種凝視」既可以改變我們的生活，也可以拯救他們的生命。[37]

人類與非人類未必界線分明

這多半取決於人類和非人類之間要明確劃分到什麼程度。在許多文化脈絡中都沒有這樣的區分，就像尤皮克人認為所有生物都是人一樣。例如，人類學家喬安娜·奧弗林（Joanna Overing）描述了南美洲的皮亞羅（Piaroa）部落如何將叢林動物視為自己的「同類」，並將食用動物視為同類相殘的一種食人形式，必須透過薩滿儀式來將它們的肉體轉化為植物性的物質。[38]許多非西方文化在幾千年來就一直相信圖騰生物和有感知力的地景，完全可以接受將人格擴展到其他生物、地景和水景。

對某些社會來說，這是一個更棘手的問題，尤其是宗教發展軌跡在人類與他者之間建立了壁壘分明界線並嚴格防守的社會。一九九〇年代的「大猿計畫」（Great Ape Project）就引發了相當大的界線焦慮，哲學家彼得·辛格（Peter Singer）和寶拉·卡瓦列理（Paola Cavalieri）領導了反對靈長類動物科學實驗的抗議活動，認為「非人類的人科動物」應該享有生命權和免受酷刑的自由，並且應被視為有感知力的「人」。[39]從那時候開始，動物權利運動及保護其他物種權利的努力就進一步挑戰人類例外論。關於人類與非人類關係的道德問題，順理成章地進一步延伸到有生命的生態系統管理上，也有必要質疑社會是否有權剝削這些生態系統，損害它們的福祉。

此類爭論的核心始終都是水，也不斷湧現相關文獻，聚焦於人類與水之間的倫理關係。[40] 採礦業對國家經濟的巨大貢獻是否成為其污染生態系統的合理藉口？為了支持工業化農業而過度抽取河流及含水層的地下水，是否一定凌駕非人類物種的需求及其棲地的健康？是否應該興建更多的巨型水壩，來滿足對廉價水力發電的渴望？無論目標多麼遠大，任何人──個人、政府或私人公司──有權利改變水流方向以滿足特定需求和利益，甚至不惜犧牲人類和非人類他者嗎？剝削行為往往是因為想要尋求短期解決方案來紓解社會和經濟壓力，然而，過度依賴此類措施反而導致了生態危機，很可能使這些措施徒勞無功。指定非人類物種為人且擁有正式合法權利，則是另闢蹊徑，有可能在決策過程中將他們的需求和利益也納入考量。[41]

河流作為生命實體的權利

在紐西蘭就有一個現成的例子。在將人格延伸到旺格努伊河的法律論辯中，當地的毛利蛇形水族塔尼瓦發揮了核心作用，除了將這條河定義為神聖的（*taonga*）河流之外，當地部落（*iwi*）還使用描述親屬關係的術語，稱之為「祖先河」（*Tupuna Awa*），將其定義為「重要的部落祖先」。[42] 泉水（*puna wai*）在 *whānau*（大親屬群體）中也同樣有這種不可或缺的作用：「從 *whānau* 的 *puna wai* 湧出來的水，被視為在 *whānau* 中的 *taonga*（神聖或特殊的東西），因為它承載著這個 *whānau* 的 *Mauri*（生命力）……每個 *whānau* 的精神生命都是河流的一部分……從這

個意義上說，這條河不僅僅是一條*taon-ga*，而是族人本身。」（圖130）[43]

身為河流精神生命的後裔，毛利部落有責任為後代子孫保護這位「活著的祖先」。二〇一七年，這種祖先聯繫為法律訴訟案的勝訴奠定了基礎，確立旺格努伊河作為「生命實體」的人格，並具有相應的權利。[44]根據一個賦予圖霍伊部落（Ngäi Tuhoe *iwi*）家鄉森林法律身分和權利的早期案例，[45]這個判決定義「河流從山到海，其支流及其所有物質與抽象元素為一個不可分割且有生命的整體……靈魂河（*Te Awa Tupua*）是一個法人，擁有法人的所有權利、權力、義務和責任」。[46]官方和旺格努伊部落的指定代表有責任在法律體系內為河流的管理和使用「代言」。該法案創建了一個新角色「*To Pou Tupua*」，他們「是靈魂河的人形化形象，並以靈魂河的名義行事」。[47]

毛利族評論家表示，希望這項成功的行動能為其他地方的類似改革提供一個模式，[48]而其他地方當然也曾經努力過，想要確認河流作為人或有生命實體的權利。二〇一七年，印度的恆河和亞穆納河都獲得北阿坎德邦（Uttarakhand）高等法院認定為有生命的實體／法人，不

130. 毛利人墜飾，《水族，護衛》，綠蛇紋石（軟玉），紐西蘭。

過最高法院暫緩了這項裁決。二〇一六年，哥倫比亞憲法法庭承認阿特拉托河（Atrato River）為法律主體。[49]

「美好生活」強調集體福祉

在澳洲，金伯利（Kimberley）地區的原住民團體呼籲現代河川管理必須尊重神聖水族所體現的「第一法則」。馬圖瓦拉－菲茨羅伊河議會（Martuwarra Fitzroy River Council）形容古老的蛇形生物Yoongoorrookoo是有生命的祖先，並認定他是公共對話的參與者和共同作者。原住民長老喬．南甘（Joe Nangan）描述了彩虹蛇如何維護法律並體現河流的人格：

> 在尼基納族（Nyikina）原住民的起源（Bookarrarra）故事中，Yoongorrookoo是一條強大而神聖的彩虹蛇，能賜予人類雨水和生命……他可以非常仁慈，為尼基納人——他所選擇的人民——帶來溫和的雨水，填滿水坑。但是當他生氣時，他能引起旋風、洪水，甚至龍捲風。原住民在靠近水坑時總是非常謹慎，生怕冒犯神聖而強大的彩虹蛇Yoongoorrookoo。[50]

在厄瓜多和玻利維亞，原住民團體說服政府在憲法中賦予地球母親帕查媽媽更廣泛的權利，其立論基礎就是*buen vivir*（美好生活／活得美好）——一個已經貫穿整個拉丁美洲論述的廣泛願景。*buen vivir* 援引原住民世界觀，批判了永續發展的主流觀念，並提倡一個替代性的未來，以人類和非人類之間集體且不可分割的福祉為基礎。[51]

許多原住民和環保運動人士認為，承認非人類和生態系統具有人格，將促進包容性思維，從而驅動實踐變革。然而，除了激怒保守的宗教團體外，對於「宗教」試圖重新魅惑非人類世界和重新引入違反科學思維的萬物有靈論，也引起了一些世俗的不安。[52]

45 倡議制訂國際法將「生態滅絕」視為犯罪

雖然將其他生物和生態系統定義為人，可以有效地聚焦在人類與非人類關係的倫理問題上，可是我們也可以簡單地問一個問題：無論是不是「人」，他們是否應該擁有生命與繁榮的合法權利？自一九七〇年代以來，已經沿著這樣的思路提倡一個更抽象的方法，並匯集成更廣泛的生態正義概念。[53] 地球法中心（Earth Law Centre）更誓言成為「自然權利倡議的全球力量」：

> 正如人類擁有基本權利一樣，自然也應該擁有基本權利。地球法的理念是，生態系統有生存、繁榮和發展的權利，而且自然應該也有在法庭上捍衛自己的權利。地球法著眼於地球上導致生態系統和物種破壞的壓力，主張平

衡的做法有利於包括人類在內的整個地球社群。我們憧憬一個人類與自然共同繁榮的未來。[54]

二〇一八年，全球自然權利聯盟（Global Alliance for the Rights of Nature）發布了《世界河流權利宣言》（Universal Declaration of the Rights of Rivers），指出「所有河流都是有生命的實體，也都在法庭上具有法律地位」。[55]該宣言主張河流有權利保有正常的水流和地下水儲存模式、不受污染、維持基本棲地和本地生物多樣性，以及能夠自我再生與復原。但是能做到多少，大半取決於這些權利的強度。正如貝蒂娜・威爾克（Bettina Wilk）及其同僚所觀察到的，從「父親萊茵河」的例子來看，確立河流權利可能會驅動整個流域治理的長期變化，但是從短期來看，人類既得利益的首要地位，使得河流「不太可能在萊茵河水治理問題的決策過程中發揮決定性作用」：

> 在萊茵河流域，確實有些物質權利已經落實。河流的聲音可能會強化這樣的趨勢，但是授予父親萊茵河權利也可能被視為象徵性（「感覺良好」）政策制定的一個例子。在其他流域，因為生態復原的問題尚未解決，因此授予河川權利可能會將新的生態理念納入治理議程。在這種情況下，授予河流權利確實可能會產生不同的結果。但是由於河川需要由人來代表，因此

出現了一個問題：是否可以透過授予河川權利來真正實現以生態為中心的做法。歸根究底，最後詮釋河川可能需要什麼的，終究還是人類。[56]

保護地球的法律

保護非人類的權利需要能夠真正執行且有權威的法律架構。二〇一七年，重要的法律運動人士波莉・希金斯（Polly Higgins，一九六八－二〇一九）共同創立了「阻止生態滅絕國際組織」（Stop Ecocide International），敦促制訂一條將「生態滅絕」視為犯罪的國際法：

生態滅絕是指「造成一個（或多個）特定領域的一個（或多個）生態系統損失、破壞或毀滅，導致此地棲居生物的和平享受已經或將會受到嚴重削減」……生態滅絕是對地球的犯罪，而不僅僅是對人類的犯罪。此外，生態滅絕也可能是氣候犯罪：危險的工業活動**造成**氣候型的生態滅絕。目前欠缺保護的責任。與危害人類罪不同，生態滅絕不僅對人類，而且對**棲居生物**產生嚴重影響。因此，我們需要擴大集體注意義務，以保護自然生物世界和所有生命。國際生態滅絕罪是一條保護地球的法律。[57]

生態滅絕運動引用了《羅馬規約》（Rome Statute）──「世界上最強大的法律之一」，由國際刑事法院（International Criminal Court，簡稱ICC）負責管轄。國際刑事法院將人類最關心的四種犯罪行為置於所有國家法律之上，這些「危害和平罪」包括種族滅絕罪、危害人類罪、戰爭罪和侵略罪。從道德層面來說，基於環境破壞是世界上最常見的衝突原因，鼓吹生態滅絕罪的運動人士認為，「儘管有許多國際協議——行為準則、聯合國決議、條約、公約、議定書等——危害仍在持續升級，這些國際協議沒有一項禁止生態滅絕。生態滅絕罪的力量在於創造了一種法律注意義務，要求人類在刑事法庭上承擔『高等責任』」。[58]二〇二一年，這項運動取得一些進展，國際小組通過了一項法律草案，將生態滅絕定義為「在明知某些行為很可能對環境造成嚴重且廣泛或長期傷害的情況下實施的非法或肆意行為」。如果國際刑事法院採納這條法律，這將成為「自一九四〇年代納粹高階領導人在紐倫堡審判受到起訴以來的第一個新的國際犯罪」。誠如該小組聯合主席英國皇家大律師菲利普・桑茲（QC Philippe Sands）所說的：

> 其他四種犯罪均專門針對人類。這個犯罪當然也是，不過也引進了一種新的非人類中心做法，將環境置於國際法的核心，因此具有原創性和創新性……對我來說，最重要的一點是，這項倡議屬於改變公眾意識的一個過程，更為廣泛，讓我們認識到自己與環境的關係，我們的福祉仰賴環境的福祉，並且我們必須使用各種手段——政治、外交以及法律——來實現環境

保護。[59]

透過確立非人類生命的權利，並在這些權利遭到侵犯時祭出懲罰措施，法律運動人士希望該法律能有效對抗剝削生態的行為。他們的努力強調了一個現實，即法律就像古代宗教文本一樣，代表某種程度的共識，進而提煉出主流的社會信念和價值。因此，他們的目標是引導國際和國內法律走向更進步的理念，不斷地改變社會思考和接觸非人類生命、環境和水的方式。[60]

46 匯合跨領域力量，阻止對地球的傷害

從這裡，我們可以看到反對運動的匯合：原住民運動人士、社會和生態正義運動人士、崇拜自然的宗教團體、法律運動人士，以及來自各個學科領域的學者（圖131）。他們的集體努力已經將環境議題帶入當代辯論的前沿和中心，還特別強調尊重非人類領域並促進與其他生物之間更友好關係的迫切需求。現在的人普遍認識到，人類要阻止對整個地球造成不可逆轉的傷害已經間不容息，並且愈來愈擔心我們正走向全球崩潰。毫無疑問的，我們必須採取實際措施。然而，各國政府卻持續拖延，試圖推遲採取行動，因為他們知道許多選民抵制那些會威脅到既定規範的變革。

我們前進的方向就是走向破壞，可是這份投入已經根深蒂固，成為運動的主要障礙。正是因為如此，我們才需要了解特定的社會軌跡是如何出現的，還有為什麼改變方向會如此困難。正如這個關於蛇形水族命運變化的故事所示，當代社會長期以來一直朝著我們現在所處的位置發展，政治、宗教和技術變革創造了更陡峭的社會政治階級、更疏離的社會和生態關係，以及更工具性的物質實踐。要更改這些軌跡，往正確方向前進的重要轉捩點，就是徹底的改變——不僅在實踐上，也要改變我們的思考模式。正如瑞典環保少女葛蕾塔・童貝里（Greta Thunberg）在二〇一八年的TED Talk演說中所說的：「遵守規則並不能拯救世界，因為規則必須改變。」一切都需要改變——而且必須從今天開始。

131. 新異教徒的水祭，牛津的港口綠地（Port Meadow）。

想要真正的改變方向，需要一種思維模式，否定人類例外論的假設，並認識到所有生物同屬一個相互關聯的系統。這種想法該如何落實到實踐中呢？要能夠產生有意義的影響，這種思維肯定需要滲透到人類活動的所有領域、所有層面，不過，我們先來看看該如何利用它來重建河川流域內的人類與非人類關係，就當做一個例子來說明好了。

47 重新想像一個共同體：走向「泛物種民主」

在回答這個問題時，我借用了政治學家班納迪克．安德森（Benedict Anderson）的知名著作《想像的共同體：民族主義的起源與散布》（*Imagined Communities: Reflections on the Origin and Spread of Nationalism*），書中描述了人類如何想像他們廣泛的社會關係。[61]根據這個概念，我提出「重新想像的共同體」，將共同體的概念擴展到含括河川流域內包含的所有生物種類。這樣一來，除了考慮我們所屬的家庭、職業和娛樂等人類共同體外，我們還將考慮共同棲居在同一個河川流域的非人類社群。[62]因此，我們對河川流域內人類群體之間相互作用的理解，將透過豐富的想像力，擴大到涵蓋與所有非人類生命的關係：從土壤中最小的微生物成分，到同一個生態系統中所有水生和陸生的動植物，不論是野生或馴化的。

這個概念有點呼應到早期有關水資源綜合管理的想法，不過在本體論上從根本改變了文化和自然二分法的觀點，這種觀點限制了早期的治水方法。即使在最近「以生態為中心」或「以生物為中心」的治水方法中，這種二元對立論仍然存在，也持續將自然或生態具體呈現為「他者」，縱使這些方法已經有效地將重點轉移到非人類生命的權利和利益上。「生態民主」的觀念主要是思考如何在論述敘事中呈現生態系統，但即使在這種進步觀念中，也依然看得到殘存的二元論。[63]

泛物種民主的概念與機制

認知我們同屬一個不可分割的世界，促使我們進一步走向「泛物種民主」的概念，也就是在決策過程中給予人類與非人類物種同等的考量，並納入其各自的需求和利益。物理學家及哲學家凱倫・巴拉德（Karen Barad）指出，在那些沒有聲音的物種和代替他們發言的人之間，要維持實質的基本平等，仍是一件難事。[64]不過，泛物種民主顯然否決了自然—文化二元論，並強調非人類生命和生態系統在政治上都同樣佔有一席之地，無論他們是否明確地被賦予選舉權。[65]他們不是被動主體，只能靜待人類為他們的利益發聲：他們積極地參與了跟人類和彼此之間的物質與社會交流，[66]並共同創造人類與非人類共同生活的世界。[67]充分承認他們共同創造了這個有生命的世界，更強化了非人類的權利與民主包容。

一旦完成了這種富有想像力的思想轉變，在不同的文化背景下就可能會出現許多具有代表性的泛物種民主機制。這可能需要任命原住民長老為法定監護人，例如毛利族的*To Pou Tupua*，或《世界河流權利宣言》所設想的監護人。[68]我們可以利用跨學科的諮詢機構，就各個相關領域，對非人類社群的各方面提供專業和本土知識。其中心目標就是要找到方法，確保在構成人類與非人類關係的多重決策過程中，平等地傳達非人類的需求與利益。[69]

我們可以輕易地想像將這些概念應用在河川流域管理上，然而更重要的是，我們必須強調：若只是選擇性地將這種思維應用於名義上處理「環境問題」的決策過程，而「經濟」活動卻還是跟往常一樣踐踏其他生物，以犧牲他們為代價，那是遠遠不夠的。涵蓋所有生命之需求和利益的包容性願景，需要整合到治理和管理的各個領域。這需要結構性的重組，使各個單位不再「部門化」成為互不相干的孤島，並且確保立法和監管等所有領域都能聯合思考。因此，住房或交通政策也要考慮到對所有物種和物質環境的需求和利益可能會造成什麼影響。經濟政策若是不考慮生態影響，就無法施行，每一項基礎設施的發展都必須考慮到這些層面。

由於社會和生態關係是多尺度的，因此這種重新想像也必須全面滲透到地方、區域、國家，乃至於國際層級的領導與決策。讓人類為河川流域的所有**人類及非人類**需求和利益「代言」，可以複製在各個層面上，不但可以在基層的地方實踐中將這些想法「實地」付諸實現，更可以在國家和國際層面落實更高瞻遠矚的領導。

48　發展新的國際協作，維護所有生命共好

唯有透過全球合作，才能找到永續發展的前進道路。[70] 聯合國成立於一九四五年，旨在維護「國際和平與安全」，而這個目標在很大程度上取決於環境穩定。過去這三十年來，聯合國舉辦了年度氣候變遷高峰會（COPS）和多次以生態為導向的活動，企圖激發集體行動，但成

效不彰。有一部分是受限於與會國之間達成國際協議極其複雜，因為各國都有不同的優先考量，而另一部分則是因為討論仍然以傳統的自然和文化視角為框架。聯合國的活動被劃分為獨立運作部門，分開處理「氣候」、「發展」、「環境」和「文化」，這對於否認氣候變遷的人來說，不啻為一份禮物，他們熱衷於推遲任何改變行動，因為這可能影響到他們的利益。[71]

聯合國對水的關注觀點

聯合國對水的關注，最早是聚焦在為弱勢人類社群提供清潔的飲用水和衛生設施。儘管這樣的關注值得稱讚也絕對必要，但是這除了針對影響人類獲取水源供應的問題之外，幾乎沒有考慮到生態問題。在二〇一五年提出的永續發展目標固然比較全面性，不過仍然複製了固有的矛盾，也就是以人類為中心的世界觀，這種世界觀將社會、經濟和生態問題區分開來，主要將水視為一種「資源」，而且仍然致力於以成長為基礎的發展。

二〇一六年，聯合國成立了水問題高階小組（High-Level Panel on Water），旨在闡述與水有關的「文化和精神價值」，鼓勵國家元首優先考量這些價值，[72]其中包括考量人與水之間的多元關係，並反映了原住民觀點日益增長的影響力。[73]後來，在聯合國二〇一八年的《世界水資源開發報告》中明顯取得了一些進展。儘管仍然以傳統的管理式語言表達，但是這項報告建議轉向「以自然為本的解決方案」，默認了非人類系統的主動性，必須以更有同理心的方式與他們互動。[74]

高階小組的工作也持續引進新的觀點。二〇二一年，聯合國年度水資源報告強調，必須認知並尊重人類的多元價值觀，理解人類與水的關係在許多重要方面——特別是水的社會意義——無法量化或是以金錢來衡量；此外，也強調要有「包容性的規劃與決策過程」。到了二〇二二年，年度報告的重點是地下水，還有必須讓人看到水「看不見」的那一面。儘管報告中關注的焦點講得很直白，不過其中提到我們必須了解人類與水接觸的表面之下隱藏著什麼，似乎帶來一些希望的隱喻和弦外之音。

然而，要做的事情還有很多。聯合國可以率先認知到我們需要新的分析範式，這些範式必須有助於人類與非人類之間互惠關係，還要能夠積極回應聯合國保護「自然權利」宣言的要求。[75]不過我們還有一個更根本性變革的目標，就是跟一九四八年的《人權宣言》合併起來，為所有生物制定一個聯合國的聯合權利宣言。這樣的宣言必須有更嚴格的國際法來保護非人類的權益，還要有一個擁有實權的機構來實施這些變革，並與國際法院和政府間氣候變遷專門委員會等機構聯合起來運作。

強化國際領導機制的影響力

有些人懷疑聯合國是否有足夠的凝聚力來有效推動變革，還說全球問題需要一個世界政府來解決。[76]國際事務專家理查．哈斯（Richard Haass）和查爾斯．庫普昌（Charles Kupchan）參酌國際聯盟和世界衛生組織等歷史模式，提出了一種「大國協商機制」（Concert of

Powers）：「由世界上最有影響力的國家組成的非正式指導小組」，以維護穩定為職責。[77]任何形式的共同國際治理，即使是像歐盟這樣較小規模的組織，都難以協調多元化和確保民主平等。可是在全球危機中，我們迫切需要強而有力的機制來支持國際談判、制定國際法。這可能需要加強聯合國的權力，來維護**人類和非人類**的權利，或是發展出新的國際布局來完成此一目標，但是若要看到有意義的改變，任何這樣的努力都必須從最基本開始，也就是重新想像這個世界為一個不可分割的生物共同體。

強而有力的國際領導若是與地方和國家相互配合，共同朝著這個方向採取行動，那就可以幫助社會獲得需要的想像力，並到達實際的轉折點，從而將其發展軌跡轉向更永續、更歡樂的生活方式。全世界的眾多蛇形水族仍然在這些努力中發揮重要作用，正如我希望這本書所揭示的那樣，他們提供了一種引人入勝的敘事手段，可以向多元背景的讀者傳達複雜的想法。他們展現了水的創造力，表達了人類與非人類之間關係的現實，並持續在各個層面闡述關鍵性的社會和生態問題。儘管隨著時間推移，他們的命運發生了變化——也許也正是因為這樣的變化——但他們仍然有很大的潛力，讓非人類領域在決定地球生命未來的論辯和決策過程中，發揮強大的影響力。

譯名對照 Translation Glossary

A Song of Ice and Fire《冰與火之歌》
a-Mantshoña-Tshol 水蛇頭飾
Aaru 雅盧
Abd Allah ibn Abbas 阿卜杜拉・伊本・阿拔斯
Aboriginal Land Rights Act《原住民土地權法》
Abyss《無底洞》
Achaeans 亞該亞人
Acheron 怨河
Achilles 阿基里斯
Acre 阿克里
actor-network theory / ANT 行動者網絡理論
Adele Martin 阿黛兒・馬丁
Ādiśesa 阿蒂西薩
Aeneid《伊尼亞斯紀》
Aeschylus 埃斯庫羅斯
Aesculapius 阿斯克勒庇俄斯
Aesir 亞薩神族
Agama Tirtha 聖水宗教
Agathodaemon 阿格特戴蒙
Aghasura 阿加蘇拉
Akhenaten 阿肯那頓法老王
Akkadian 阿卡德
Al-'Ula 阿爾烏拉
Al-Khaḍr 艾哈蒂爾
Al-Khiḍr 基德爾
Al-Kisa'i 阿爾基塞伊
Al-Lāt / Allat 阿拉特
Al-Suyūṭī 蘇尤蒂
Alan Ereira 亞倫・艾瑞拉
Alcmaeon 阿爾克邁翁
Alex Wilder 艾歷克斯・懷爾德
Alexandria 亞歷山卓
Alfred Deakin 艾爾弗雷德・迪金
Alfred Jewel 阿弗烈珠寶
Alfred the Great 阿弗烈大帝
Algonquin 阿爾岡昆印地安人
Alison Roberts 艾莉森・羅伯茨
allyu 艾力烏社群
Alma Wason 艾爾瑪・華森
Aluna《阿魯娜》
Amazon Synod 亞馬遜世界主教會議
Amphisbaena 雙頭蛇
Anāhitā 阿納希塔
Anant Chaturdashi 象頭神節終日
Ananta 阿難陀
Anasazi 阿納薩齊族
Anatolia 安那托利亞
Anaxagoras 阿那克薩哥拉
Anaximander 阿那克西曼德
Andy Clark 安迪・克拉克
Anglesey 安格雷斯島
ankh 安卡
Ann Fienup-Riordan 安・范納普—里歐丹
Anna Tsing 安清
Annakirche 聖安娜教堂
Anne McCaffrey 安・麥考菲利
Anthony Seeger 安東尼・席格
Antoon Cornelis Oudemans 安東・科尼利斯・奧德曼斯
Aokehu 奧克胡
Aotearoa 奧特亞羅瓦
Apas 阿帕斯
Apep 阿佩普
Aphrodite 阿芙羅黛蒂
Apollonius of Rhodes 羅德島的阿波羅尼烏斯

Apollonius of Tyana 提亞納的阿波羅尼烏斯
Apophis 阿波菲斯
Appius Claudius Caesus 阿庇烏斯・克勞狄烏斯・凱庫斯
Apsû 阿普蘇
Āraiteuru 阿萊特魯
Arawak 阿拉瓦克人
Ares 阿瑞斯
Argonautica《阿爾戈英雄》
Aristophanes 亞里斯托芬
Artemis 阿提米絲
Arthur Frothingham 亞瑟・佛羅汀罕
Arthur Schopenhauer 亞瑟・叔本華
Arvid Kapelrud 阿爾費・卡貝魯
Aryan 雅利安
Asgard 阿斯嘉
Asherah 亞舍拉
Ashta Nāgas 八大那迦
Ashtoreth 亞斯他錄
Astana Graves 阿斯塔納古墓群
Astarte 阿絲塔蒂
Astghik 阿斯特吉克
Asturian 阿斯圖里亞斯
Aswan 亞斯文
Athena 雅典娜
Athenagoras 雅典那哥拉
Atrato River 阿特拉托河
Attis 阿提斯
Atum 阿圖姆
Avanyu 阿凡尤
Avatar《阿凡達》
Avebury 埃夫伯里
Avesta《艾維斯塔》
Awsan 奧桑
Ayida Wedo 阿伊達・維都
Aztec bicephalous 阿茲特克雙頭蛇
Baal 巴力
Bacchus 巴克斯
Badami 巴達米
Baffin Island 巴芬島
Baga 巴加族
Banisteriopsis 卡皮木
Banu Thaqif 巴努・塔吉夫
Barry Powell 巴瑞・鮑威爾
Bartholomew Angelicus 巴塞洛繆・安吉利庫斯
Basilica of Sant'Ambrogio 聖安布羅喬大教堂
Batwa 巴特瓦族
Belur 貝魯爾
Ben Fawcett 班恩・福塞特
Benedict Anderson 班納迪克・安德森
Benvenuto Cellini 本韋努托・切利尼
Beomeosa Temple 梵魚寺
Beowulf 貝奧武夫
Bergen 卑爾根
Bernard Batto 伯納德・巴托
Bernard Palissy 伯納德・帕利西
Bernt Notke 伯恩特・諾特克
Berossus 貝羅索斯
Bettina Wilk 貝蒂娜・威爾克
Between Planets《行星之間》
Bhagavata Purana《薄伽梵往世書》
Bharam Gur 巴赫拉姆・古爾
Bhimbetka Rock Shelters 比莫貝特卡石窟
Bible of William of St Calais《聖加萊主威廉的聖經》
Bilinyara Nabegeyo 畢林亞拉・納比蓋尤
Bishop Athanasius Schneider 達修・施納德主教
Bishop Bentham 邊沁主教
Blue Mud Bay 藍泥灣
Book of Ardā Wīrāz《阿爾塔維拉夫之書》
Book of Kings《列王紀》
Book of the Dead《亡靈書》
Bornholm 波恩霍姆島
Bourges Cathedral 布爾日大教堂
Braganza 布拉干薩
Brahmā 梵天（婆羅門）
Brahmaputra 布拉瑪普特拉河
Bram Stoker 布拉姆・史托克
Brave Sir John 英勇的約翰爵士
Brigid 布麗姬
Bronisław Malinowski 布朗尼斯勞・馬凌諾斯基
Bruce Lincoln 布魯斯・林肯

Bud Brigman 巴德・布里格曼
bunyip 本耶普
Buraq 布拉克
Buto 布托鎮
C.S. Lewis 魯益師
Cadmus 卡德摩斯
Cadwaladr 卡德瓦拉德
Cain 該隱
Camille Tounouga 卡米爾・圖努加
Campeche 坎佩切州
Canaan 迦南
Canaanite 迦南人
Canadian Constitution Act《加拿大憲法法案》
Cape York 約克角
Cappadocia 卡帕多奇亞
Carlsbad 卡爾斯巴德
Carol Bolon 凱若・波隆
Carta Marina《海圖》
Catherine Keller 凱薩琳・凱勒
Cato the Younger 小加圖
Celtic 凱爾特
Ceres 克瑞斯
Ceridwen 凱麗德溫
Cerne Abbas Giant 塞那阿巴斯巨人像
Cernunnos 科爾努諾斯
Cerveteri 切爾韋泰里
Chac 查克
Charlene Spretnak 查倫・普斯瑞特奈克
Charles Kupchan 查爾斯・庫普昌
Charlie Pindi 查理・平迪
Charmed Life《魔法的條件》
Chauta 喬塔
Chennakeshava Temple 沉納克希瓦寺
Cherokee 切羅基印地安人
Chesters Roman Fort 契斯特羅馬堡壘
Chewa 切瓦族
Chiapas 恰帕斯州
Chicanná 奇坎納遺址
Chichen Itza 奇琴伊察遺址
Chief Arvol Looking Horse 阿沃爾看馬酋長
Chief Te Anaua 帝阿納瓦酋長
Chilwa 奇爾瓦湖
Chimera 奇美拉
Chinamwali 奇納姆瓦利
Chiuta 丘塔
Chongoni 瓊戈尼
Chrysostom 金口聖若望
Chuni 丘尼
Claas Bleeker 克拉斯・布里克
Claude Lévi-Strauss 克勞德・李維史陀
Claus Deimel 克勞斯・戴梅爾
Clifford Bishop 克里福德・畢蕭普
Cloaca Maxima 馬克西姆下水道
Clota 克洛塔
Cocytus 悲嘆河
Colchian 科爾基斯
Colin Lawrence 科林・勞倫斯
Cordoba 哥多華
Cornwall 康瓦爾郡
Coventina's Well 科文堤娜之井
Coventry 考文垂
Cressida Cowell 克瑞希達・科威爾
Croft-on-Tees 蒂斯河畔克羅夫特
Cry of the Winged Serpent《飛天聖戰》
Dacians 達契亞人
Dahomey 達荷美
Damballah 丹巴拉
Dana 達娜
Daniel 但以理
Daniel Gran 丹尼爾・格蘭
Danube 多瑙河
Dan 丹恩
Darkness《黑暗》系列
David Chalmers 大衛・查默斯
David Gilmore 大衛・吉爾摩
David Pietz 大衛・佩茲
David Sacks 大衛・薩克斯
Deborah Bird Rose 黛博拉・伯德・羅斯
Deborah Sabo 黛博拉・薩博
Dedan 德丹
Dedza 代扎
Deepa Joshi 迪帕・喬希
Deleuzian 德勒茲式
Delos 提洛斯島
Demeter 狄米特

Dennis Slifer 丹尼斯・史萊弗
Desana 德薩納族
Deva 迪瓦
deva 提婆（印度天界神明）
devi 提毗
Devonport 德文港
Dholavira 朵拉維拉
Diana Wynne-Jones 戴安娜・韋恩—瓊斯
Dianna McMenamin 黛安娜・麥克梅納明
Diasia 狄阿西亞節
Dick Price 迪克・普萊斯
Dieudonné de Gozon 迪厄多內・德・戈松
Dilmun 迪爾蒙
Diodorus Siculus 西西里的狄奧多羅斯
Dionysius 狄奧尼修斯
Dionysus 戴歐尼索斯
Djet 吉特
Domesday Book《末日審判書》
Dong Son 東山
Dorians 多利安人
Dorset 多塞特郡
Douris 杜里斯
Draco 天龍星座
Dragonlord《龍王》
Dragonsdawn《龍之黎明》
Draumkvedet《夢中之歌》
Dreaming 傳命
Dresden Codex《德勒斯登手抄本》
Druid 德魯伊
Dubh-Loch 黑湖
Dumuzi 杜穆茲
Dungeons and Dragons《龍與地下城》
Durham 杜倫
Durotriges 杜羅特里吉
Ea 埃亞
Earthjustice 地球正義
Earthsea《地海》
Eberron 艾伯倫
Ed Harris 艾德・哈里斯
Eddic poems 埃達詩歌
Edith Nesbit 伊蒂絲・內斯比特
Edward Davies 愛德華・戴維斯
Edward Schafer 愛德華・謝弗
Edward Wilson 艾德華・威爾遜
Edwin Krupp 埃德溫・克魯伯
El Cuélebre 奎勒布雷
El Khader 卡德爾
Eldberg 艾德堡
Eleusinian Mysteries 艾盧西斯祕儀
Elijah 以利亞
Élivágar 埃利伐加爾
Elizabeth Kerner 伊莉莎白・克納
Elke Ruhnau 埃爾克・魯瑙
Émile Durkheim 埃米爾・涂爾幹
Empedocles 恩培多克勒
Emperor Chūai 仲哀天皇
Emperor Nintoku 仁德天皇
Empress Jingū 神功皇后
Energy Transfer Partners 能源傳輸夥伴
Enki 恩基
Enlil 恩利爾
Enneacrounos 九口噴泉
Enoch 以諾
Enuma Elish《巴比倫創造史詩》
Ephesus 艾菲索斯
Epic of Gilgamesh《吉爾伽美什史詩》
Erich Kolig 埃里希・科利格
Erich Pontoppidan 埃里希・彭托皮丹
Ernest Jones 厄尼斯特・瓊斯
Ernestine Hill 歐奈絲汀・希爾
Ernst Förstemann 恩斯特・福斯特曼
Errk Oykangand National Park 艾克歐康安國家公園
Essex 埃塞克斯
Etruscan 伊特魯里亞文明
Euphrates 幼發拉底河
Euripides 尤里比底斯
Eurydice 尤麗狄絲
Eurynome 歐律諾墨
Eusebius 優西比烏
Eusebius of Caeserea 凱撒利亞的優西比烏
Eva Jakobsson 伊娃・雅各布森
Fafnir 法夫納
Faiyum 法尤姆
Falnama《預兆之書》
Fertile Crescent 肥沃月彎／新月沃土
First Nation 第一民族

Firth of Thames 泰晤士峽灣
Florence Padovani 傅蘭思
Florentine Codex 佛羅倫斯手抄本
Fontanalia 噴泉祭
Francesca Merlan 法蘭西絲卡・莫蘭
Francis Huxley 弗朗西斯・赫胥黎
Fremont 佛利蒙特
Friends of the Earth 地球之友
From the Heart of the World: Elder Brothers' Warning《來自世界之心：老大哥的警告》
Frotho 弗羅索
Fun Nan 扶南國
Gabriel 加百列
Gaea 蓋婭
Gaia 蓋亞
Galisteo Basin 加利斯特奧盆地
Gary Osborn 蓋瑞・奧斯本
Gāthā 偈陀
Gavrinis 加夫里尼斯墓
Ge 蓋
Geb 蓋伯
Geir Presterudstuen 杰爾・普雷斯特魯斯頓
Geordie 喬第語
Georg Hegel 格奧爾格・黑格爾
George Caleb Hedgeland 喬治・加勒伯・赫奇蘭
George Martin 喬治・馬丁
George Sabo 喬治・薩博
George Smith 喬治・史密斯
Georges Dumézil 喬治・杜梅吉爾
Gerardo Reichel-Dolmatoff 傑拉爾多・賴歇爾—多爾馬托夫
Geshtinanna 蓋什提南娜
Gesta Danorum《丹麥人事蹟》
Gilbert Lascault 吉爾伯・拉斯高
Ginnungagap 金倫加鴻溝
Giovanni di Paolo 喬瓦尼・迪・保羅
Girnar 吉爾納爾
Glastonbury Tor 格拉斯頓伯里突岩
Glaucos 格勞科斯
Global Alliance for the Rights of Nature 全球自然權利聯盟
Gnostic 靈知派
Gojoseon 古朝鮮
Goldman Environmental Prize 高曼環境獎
gopas 牧民
gorgon 戈爾貢
Gove Peninsula 高夫半島
Grand Master of the Knights of Rhodes 羅德騎士團的大團長
Great Ape Project 大猿計畫
Great Orme 大奧姆
Greta Thunberg 葛蕾塔・童貝里
Greystone 格雷斯通
Guillermo de Toro 吉勒摩・戴托羅
Gulf of Carpentaria 卡本塔利亞灣
Gunbalanya 岡巴蘭亞
Gundestrup cauldron 古德斯特拉普銀鍋
Gunnar Olof Hyltén-Cavallius 古納・歐勒夫・西爾騰—卡瓦留斯
Guy, Earl of Warwick 華瑞克伯爵蓋伊
H_2O: Just Add Water《人魚奇緣》
Hades 黑帝斯
Haedong Yonggungsa Temple 海東龍宮寺
Hagar 夏甲
Hama 哈瑪省
Hammurapi / Hammurabi 漢摩拉比
Hammurapi Code《漢摩拉比法典》
Hannah Arendt 漢娜・鄂蘭
Hapai-Can 哈派蛇
Hapi 哈匹
Harappan civilization 哈拉帕文明
Harold Ickes 哈羅德・艾克斯
Harry Turtledove 哈利・托特達夫
Hathor 哈索爾
Hauraki 豪拉基
Havat 哈瓦特
Hawaiki 哈瓦基
Hawkesbury-Nepean River 霍克斯伯里—尼皮恩河系統
He Xin 何新
Heliopolis 赫利奧波利斯
Henham 赫納姆
Henry Bourne 亨利・伯恩

Henry Drewal 亨利・德魯瓦爾
Henry W. Hamilton 亨利・漢密爾頓
Heo Gyun 許筠
Hera 赫拉
Heracles / Herakles / Hercules 赫丘力士
Heraclitus 赫拉克利特
Hermes 赫米斯
Hermes Trismegistus 赫米斯・崔斯莫吉斯提斯
Herne 赫恩
Herodotus 希羅多德
Hesiod 海希奧德
Hesperides 赫斯珀里得斯
Hezekiah 希西家王
Hieronymus of Rhodes 羅德島的希羅尼穆斯
High Pyrenees 上庇里牛斯省
Hii-kawa River 斐伊川
Hildegard of Bingen 賓根的賀德嘉
Hinemoana 希尼莫阿納
Hippocrates 希波克拉底
Hittite 西台
Hokianga Harbour 赫基昂加港
Holly Black 荷莉・布萊克
Homer 荷馬
Horus 荷魯斯
Hotepamun 何特帕姆
House of the Centenary 百歲之家
How to Train Your Dragon《馴龍高手》
Hoysala Empire 曷薩拉帝國
Huarochirí 瓦羅奇里
Hubal 胡巴爾
Hud 呼德
Huguenot 胡格諾教派
Huichol / ixáritari 惠喬族
Hupasiyas 胡帕西亞斯
Hygieia 希吉亞
Hylestad 許勒斯塔
Ian McDuff 伊恩・麥克達夫
Ibn Battūta 伊本・巴圖塔
Idle No More 停止空轉
Igulik 伊古利克人
Illuyankas 伊盧揚卡斯
Imagined Communities: Reflections on the Origin and Spread of Nationalism《想像的共同體：民族主義的起源與散布》
Imbolc 聖布麗姬節
Inanna 伊南娜
Inari 稻荷神
Indigenous Environmental Network 原住民環境網絡
Indo-Aryan 印度雅利安人
Indra 因陀羅
Indrik 因德里克
Indus River 印度河
Instituto Colombiano de Antropología e Historia (ICANH) 哥倫比亞人類學與歷史研究所
International Criminal Court / ICC 國際刑事法院
Inuit 因努特人
Io 伊歐
Iona 愛奧那島
Ionians 愛奧尼亞人
Iroquois 易洛魁族
Isabelle Stengers 伊莎貝爾・絲丹傑
Ishmael 以實瑪利
Ishtar 伊絲塔爾
Isis 伊西斯
Island of Bukkur 布庫爾島
Itzam Na 伊察姆納
Itzamnaaj B'alam II 伊察姆納・巴拉姆二世
Ivan Illich 伊凡・伊利奇
Jabberwocky《空洞巨龍》
Jacobus de Voragine 雅各・德・佛拉金
Jahi 賈希
jai devi 賈提毗
James Cameron 詹姆斯・卡麥隆
James Fergusson 詹姆斯・佛格森
James Lovelock 詹姆斯・洛夫洛克
James Scott 詹姆斯・斯科特
Jami al-Tavarikh《編年史綱要》
Jan Hus 揚・胡司
Jane Harrison 珍・哈里森
Jane Yolen 珍・尤倫
Jared Diamond 賈德・戴蒙

Jason 傑森
Jean D'Arras 讓・達哈斯
Jean-Philippe Vogel 尚—菲利普・沃格爾
Jefe Mayor 傑夫市長
Jerome 傑若姆
Jim Wynorski 吉姆・懷諾斯基
Joanna Overing 喬安娜・奧弗林
Joe Nangan 喬・南甘
Johann Bayer 約翰・拜耳
John Bunyan 約翰・班揚
John Day 約翰・戴伊
John Morton 約翰・莫頓
John Taylor 約翰・泰勒
John Tenniel 約翰・坦尼爾
Jonah and the Whale 約拿與鯨魚
Jonathan Benthall 強納森・班瑟爾
Jonathan Woolley 強納森・伍利
Jörmungandr 耶夢加得
Joseph Andriano 約瑟夫・安德里亞諾
Joseph Campbell 約瑟夫・坎貝爾
Judea / Judaea 猶大
Julian Martinez 朱利安・馬丁尼茲
Jupiter Ammon 朱比特阿蒙
Justin Welby 賈斯汀・韋爾比
Ka'bah 卡巴聖殿
Kadamba tree 卡丹巴樹
Kai-whare 凱瓦雷
Kali 迦梨
Kaliya / Kāliya 卡利耶
Kantri dragon 坎特里龍
Karen Barad 凱倫・巴拉德
Karen Joines 凱倫・喬內斯
Karen Kennedy 凱倫・甘迺迪
Karl Polanyi 卡爾・波蘭尼
Karlovy Vary 卡羅維瓦利
Karnataka 卡納塔克邦
Kasios Mons 卡西奧斯山
Katherine 凱瑟琳鎮
Katsushika Hokusai 葛飾北齋
Kay Pacha 卡伊帕查
Keith Baker 基斯・貝克
Kelabit 加拉畢語
Ken Russell 肯・羅素
Kent 肯特郡
Khamseh《五卷詩》
Khronos 科羅諾斯
Khwajah Khizr 卡瓦加・基澤爾
Kimberley 金伯利
King Cyrus II 居魯士二世國王
King Dagobert 達戈貝爾特國王
King Egbert 國王埃格伯特
King Loeghaire of Tara 塔拉國王洛海爾
king of the Ammonites 亞捫王
Knights of Rhodes 羅德島騎士團
Knights Templar 聖殿騎士團
Kogi 高基族
Kojiki《古事記》
Kokobera 柯柯貝拉族
Konstanz 康士坦茲
Kotoshiro-nushi-no-kami 事代主神
Kowanyama 高旺亞馬
kraken 克拉肯
Krishna 奎師那
Kukulkan / kulkucán 庫庫爾坎
kula ring 庫拉圈
kuma-wani 熊鰐
Kumbh Mela 大壺節
Kungoni Centre 康哥尼藝術中心
Kunjen 昆仁族
Kur 庫爾
Kvasir 克瓦希爾
Kwakiutl 瓜求圖族
La Galgada 拉加爾加達遺址
La Mojana 莫哈那
La Tarasque 塔拉斯克
La Tène 拉坦諾
La Vouivre《飛龍》
Lac Long 貉龍君
Ladon 拉冬
Lady K'ab'al Xook 卡巴蘇克夫人
Laird of Lariston 勞瑞斯頓領主
Lajjā Gaurī 拉賈・高莉
Lake Guatavita 瓜塔維塔湖
Lake Madüe 梅德維湖
Lake of Isaby 伊薩比湖
Lake Titicaca 的的喀喀湖
Lakhnawati 拉赫納瓦堤

Lakshmi 拉克希米
Lambton Worm 蘭姆頓蠕蟲
Language of Creation 創生語
Larry Cohen 賴瑞・柯恩
Laura James 蘿拉・詹姆斯
League of St George 聖喬治聯盟
Lefty Yam 左撇子山芋
Leonardo da Vinci 李奧納多・達文西
Leonhard Beck 萊昂哈德・貝克
Lerna 勒拿
Lernaean Hydra 勒拿九頭蛇
Lernaean Mysteries 勒拿秘儀
Les faize d'Alexandre《亞歷山大大帝的歷史》
Lethe 忘川
Leto 勒托
Levant 黎凡特
Leviathan 利維坦
Lewis Carroll 路易斯・卡洛爾
Lichfield 利奇菲爾德
Life 生命女神
Lilian Lancaster 莉莉安・蘭卡斯特
Lilith 莉莉絲
Lillevang 里列萬格
Lindisfarne 林迪斯法恩島
Lindsey Brigman 琳賽・布里格曼
Lisa Lucero 麗莎・盧塞羅
Little Orme 小奧姆
Livy 李維
Lizard 利澤爾
Llandudno 蘭迪德諾
Llyn Tegid 巴拉湖
Loggia dei Lanzi 傭兵涼廊
Longwitton Hall 朗維頓莊園
Los Picos 洛斯皮科斯山脈
Lotan 羅坦
Lourdes 盧爾德
Luc de Heusch 呂克・德赫斯
Lucy Qinnuayuak 露西・昆努阿越克
Lukonkobe 盧孔科比
Lynn Margulis 琳恩・馬古利斯
Lynn White 林恩・懷特
Ma'at 瑪阿特
Macassan 望加錫
Madhya Pradesh 中央邦
Mahābhārata《摩訶婆羅多》
Makewana / Mwali 馬克瓦納／姆瓦利
Malang 瑪琅
Mama Jacinto Zarabata 哈辛托・薩拉巴塔媽媽
Mami Wata 瓦塔媽咪
Mammy Wata 瓦塔老媽
Manasseh 瑪拿西
Mani 摩尼
Manukau Heads 曼努考角
Māori Council 毛利族評議會
Marduk 馬爾杜克
Margaret Thatcher 瑪格麗特・柴契爾
Maria Martinez 瑪麗亞・馬丁尼茲
Marisol de la Cadena 瑪莉索・德拉卡德娜
Mark McMenamin 馬克・麥克梅納明
Maroochydore River 瑪盧奇多河
Marshall Sahlins 馬歇爾・薩林斯
Martuwarra Fitzroy River Council 馬圖瓦拉—菲茨羅伊河議會
Mary Anning 瑪麗・安寧
Mary Condren 瑪麗・康德倫
Mary Douglas 瑪麗・道格拉斯
Mary Elizabeth Mastrantonio 瑪麗・伊莉莎白・馬斯特蘭托尼奧
Mātangī 瑪坦吉
Mataram 馬塔蘭
Matsya 摩蹉
Matthew Edgeworth 馬修・艾吉沃斯
Maui 毛伊
Mawalan Marika 毛瓦蘭・馬瑞卡
Max Weber 馬克斯・韋伯
Mbona 姆博納
Medea 米蒂亞
Medusa 梅杜莎
Megan Aldrich 梅根・奧德里奇
Meilichios 梅里基俄斯
Melusine 美露辛
Memphis 孟菲斯
Menes 美尼斯
Menno Welling 孟諾・韋琳
Metamorphosis《變形記》

Mimbres 明布瑞斯
Mimir 密米爾
Minaean 米奈人
Minerva 密涅瓦
Minoan 米諾斯文明
Miranda Green 米蘭達・格林
Mircea Eliade 米爾恰・伊利亞德
Mitchell River 米切爾河
Mithra 密特拉
Mizuchi 蛟
Moche 莫切文明
Mogollon 莫戈隆族
Mount Borradaile 博拉戴爾山
Mount Carmel 迦密山
Mount Ponticos 龐蒂科斯山
Mount Vesuvius 維蘇威火山
Mount Zaphon 撒分山
Mua Mission 穆亞傳道所
Mucilinda 目支鄰陀
Mughal 蒙兀兒
Muisca 穆伊斯卡人
Mulunguzi 穆倫古茲大壩
Murray–Darling basin 梅利—達令盆地
Mwali 姆瓦利
Mwambo 姆旺波
Mycenaean 邁錫尼文明
Nabalco 納巴爾可礦業公司
Nabataean 納巴泰人
Naga 那加人
nagā 那迦
Naga Panchami 蛇節
Nāgaloka 那迦珞卡
Nāgarāja 龍王
Nahash 拿轄
Nahrawān Canal 納赫瓦恩運河
Nahuatl 納瓦特爾語
Nākahi 納卡西
Nancy Doubleday 南希・杜布爾黛
Napolo 納波羅
Nara 娜拉
Nasorean Garden 納索爾花園
Native Title Act《原住民族土地所有權法》
Nebuchadnezzar 尼布甲尼撒
Nefertum 奈夫頓神
Negev 尼格夫
Nehushtan 銅蛇
Nelson Brumby 尼爾森・布倫比
Nemea 尼米亞
Nemesis 涅墨西斯
Nemonte Nenquimo 內蒙特・內奎莫
Neo-Assyrian 新亞述時期
Nesret 奈斯雷特
Newcastle 新堡
Newgrange 紐格萊奇墓
Ngāi Tuhoe 圖霍伊
Ngake 戛克
Ngataringa 恩塔林加
Ngati Awa 安堤阿瓦族
Ngati Maru 安堤馬魯人
Nibelungenlied《尼伯龍根之歌》
Nicolaitans 尼哥拉黨
Níðhöggr 尼德霍格
Niflheim 尼福爾海姆
Nihongi《日本紀》
Nine Mile Canyon 九英里峽谷
Nineveh 尼尼微
Ninhursag 寧胡爾薩格
Nippur 尼普爾城
Niua 紐瓦
Nizami 尼扎米
Norman Austin 諾曼・奧斯汀
Northumberland 諾森伯蘭郡
Northumbrians 諾森布里亞人
Norwich Cathedral 諾里奇大教堂
Nun 努恩
Nut 努特
Nyai Blorong 妮亞・布洛榮
Nyikina 尼基納族
Oannes 歐涅斯
Ob River 鄂畢河
Oceti Sakowin Camp 奧塞蒂・薩科文營地
Odhrerir 奧德爾鍋
Odin 奧丁
Ogoni 奧戈尼
Okeanides 歐開妮德絲
Okeanos / Okeanus 歐開諾斯
Olaus Magnus 烏勞斯・馬格努斯

Old Snap 老石奈卜
Olgol 奧爾戈爾語
Olympias 奧林匹亞絲
Ōmeteōtl 奧梅特奧托
Ophion 俄菲翁
Origen 俄利根
Orochimaru 大蛇丸
Orontes River 奧倫提斯河
Orpheus 奧菲斯
Orphite 奧菲特教派
Örvar-Oddr《奧瓦歐德傳奇》
Osiris 歐西里斯
Ottoman 鄂圖曼王朝
ouroboros 銜尾蛇
Ovid 奧維德
Pachamama 帕查媽媽
Pachamama Alliance 帕查媽媽聯盟
Paddy Yam 田地山芋
Pahlavi treatises 巴勒維論文
Palladian 帕拉第奧式
Palmyra 帕爾米拉
Pan 潘恩
Pangrati 帕格拉提區
Paola Cavalieri 寶拉・卡瓦列理
Papahurihia 帕帕胡里希亞
Papatūānuku 地母
papi wata 瓦塔爸比
Parata 帕拉塔
Parvati 雪山女神
Pātāla 地下界
Patanjali 帕坦伽利
Paul Butler 保羅・巴特勒
Paul Taçon 保羅・塔森
Peisistratos 庇西特拉圖
Pelasgians 佩拉斯吉人
Penshaw Hill 彭蕭山
Pentecostal Christians 五旬節教派基督徒
Percy 波西
Persephone 帕瑟芬妮
Perseus 柏修斯
Perseus with the Head of Medusa《柏修斯與梅杜莎的頭》
Petén 貝登省
Peter Boomgaard 彼得・布姆賈德
Peter Gottland 彼得・戈特蘭
Peter Rivière 彼得・里維埃爾
Peter Singer 彼得・辛格
Phalombe 法隆貝
Phariseеs 法利賽人
Phèdre《菲德爾》
Philip Gardiner 菲利普・加德納
Philip Larkin 菲利普・拉金
Phlegethon 火河
Phorbas 福爾巴斯
Phrygian 弗里吉亞
Piaroa 皮亞羅
Picts 皮克特人
Piha 皮哈
Pilgrim's Regress《天路回歸》
pipefish 海龍魚
Pit Dragon《坑龍》
Pitaka 皮塔卡
Pitseolak Niviaqsi 皮茲歐拉卡・尼維亞克西
Pliny the Elder 老普林尼
Plutarch 普魯塔克
Polly Higgins 波莉・希金斯
Pope Urban II 教皇烏爾班二世
Pormpuraaw 波姆浦洛郡
Port Meadow 港口綠地
Poseidon 波塞頓
Potamoi 波塔摩伊
Poutou 波圖
Prestatyn Guild of St George 聖喬治普雷斯坦廷公會
Prose Edda《散文埃達》
Prussian Navigation Project 普魯士航運計畫
Ptolemies 托勒密王朝
Ptolemy 托勒密
Pueblo 培布羅族
Punjab 旁遮普
Puranas《往世書》
Pylos 皮洛斯
Pythagoras 畢達哥拉斯
Python 培冬
Q: The Winged Serpent《翼蛇 Q》

Qanat well 坎兒井
Qazvin 加茲溫
QC Philippe Sands 英國皇家大律師菲利普・桑茲
Quán Thánh Temple 真武觀
Quetzalcoatl 羽蛇奎查寇特
Quetzalcoatl-Ehecatl 奎查寇特—埃埃卡托
Q'uq'umatz 古庫馬茲
Ra 太陽神拉
Racine 拉辛
Ra-Horakhty 拉—哈拉胡提
Rameses III 拉美西斯三世
Rameses IV 拉美西斯四世
Ranginui 天父
Rāsatala 水下界
Ratu Lara Kidul 拉都・蘿拉・姬都爾
Ray Bradbury 雷・布萊伯利
Red Dome 紅頂金礦
Red Hicotea 紅龜網絡
Reliques《古英語詩集》
Rhineland 萊茵地區
Richard Haass 理查・哈斯
Richard Louv 理查・洛夫
Rigveda《梨俱吠陀》
River Bride 布萊德河
River Clyde 克萊德河
River Dart 達特河
River Dee 迪河
River Durance 迪朗斯河
River Lahne 蘭河
River Liffey 利菲河
River Rhône 隆河
River Stour 斯陶爾河
River Wear 威爾河
Robert Graves 羅伯特・格雷夫斯
Robert Grosseteste 羅伯特・格羅斯泰斯特
Robert Heinlein 羅伯特・海萊因
Robert Macfarlane 羅伯特・麥克法倫
Robert Miller 羅伯特・米勒
Robert Wallis 羅伯特・瓦利斯
Rome Statute《羅馬規約》
Rosemary Diaz 羅絲瑪麗・迪亞茲
Rouen 盧昂
Rūaumoko 盧奧摩科
Rudyard Kipling 魯德亞德・吉卜林
Sadducees 撒都該人
Safavid 薩法維王朝
Saint Jawarjius Church and Monastery 聖賈瓦爾吉斯教堂和修道院
Śakra 帝釋天
Sakti 沙克提
Salzungen 薩爾聰根
Samantha Riches 莎曼珊・李奇斯
San Ildefonso 聖伊德豐索
Sandy Sullivan 珊迪・蘇利文
Sankarshana 桑卡夏納
Sankisa 僧伽施
Sante Fe 聖塔菲
Sarah Perry 莎拉・佩里
saraphs 熾天使
Saul 掃羅
Scribes 文士
Scythia 斯基泰
Sedna 賽德娜
Seine 塞納河
Seleucid 塞琉古
Sennacherib 西拿基立
Sequana 塞夸納女神
Serpent's Mouth 蛇口
Setesdal 塞特斯達爾
Seth 塞特
Seti I 塞提一世
Shannon 香農河
Shesha 舍沙
Shu 舒
Siegfried 齊格飛
Sierra Madre 馬德雷山脈
Sigmund 席格蒙
Sigurd 西格德
Silene 瑟雷那
Sinfjotli 辛菲特利
Sinnann 席娜女神
Sir Edward Taihakurei Durie 愛德華・泰哈庫雷・杜里爵士
Sir Isaac Newton 艾薩克・牛頓爵士
Sir John Conyers 約翰・科尼爾斯爵士
Sir John Lambton 約翰・蘭姆頓爵士

Siren 賽蓮女妖
Sisiutl 席席特魯
Sisseton Wahpeton Oyate 西塞頓・瓦佩登・歐雅塔
Siwa 錫瓦
Smaug 史矛革
Society of St George 聖喬治協會
socio-technical systems / STS 社會科技系統
Sockburn Worm 索克本蠕蟲
Soga Nichokuan 曾我二直菴
Soğanlı 索根山谷
Sonargaon 索納爾岡
Song in the Silence《寂靜中的歌聲》
Spiro Mounds 斯皮羅土丘
Splash! Festival 潑水節
St Aidan 聖艾登
St Augustine 聖奧古斯丁
St Barbara 聖芭芭拉
St Colmcille / Columba 聖高隆
St Cuthbert 聖卡斯伯特
St Francis of Assisi 亞西西的聖方濟各
St George 聖喬治
St Isidore of Seville 塞維爾的聖伊西多爾
St John the Divine 聖者約翰
St Marcellus 聖馬塞勒斯
St Martha 聖女瑪爾大
St Michael 聖米迦勒
St Patrick 聖派翠克
St Peter's Church 聖彼得教堂
St Peter's Pump 聖彼得泉
St Romanus 聖羅馬諾
Standing Rock Sioux 立岩蘇族
Statius 斯塔提烏斯
Stephanie Dalley 史蒂芬妮・戴利
Stephen Lansing 史蒂芬・藍辛
Stephen Oppenheimer 史蒂芬・奧本海默
Steven Brust 史蒂芬・布洛斯特
Stop Ecocide International 阻止生態滅絕國際組織
Storkyrkan 聖尼古拉教堂
Stourhead 斯陶爾海德
Styx 恨河
Sul / Sulis 蘇爾／蘇利斯
Sultan Ghias-al-Din Iwad Khalji 蘇丹吉亞斯丁・伊瓦德・卡爾吉
Sultan Muhammad 蘇丹穆罕默德
Susano 須佐之男
Suwa 蘇瓦
Suya 蘇亞部落
Syd Bruce Shortjoe 席德・布魯斯・蕭特喬
Sylhet 錫爾赫特
Synesius 辛奈西斯
Synosius《辛諾西斯》
Ta'if 塔伊夫
Tairona 泰羅納人
Taliesin 塔里埃森
Tamar 塔瑪
Tamesa 泰姆撒
Tamil Nadu 泰米爾納德邦
Tammuz 塔木茲
Tamure 塔穆雷
Tāndya-Mahābrāhmaṇa《二十五梵書》
Tangaroa 唐加羅瓦
Taniwha 塔尼瓦
Tarascon 塔拉斯孔
Tartarus 塔爾塔洛斯
Tatei Ipou 泰堤伊波
Taurus Mountains 托魯斯山脈
Te Reinga 雷恩加角
Tea with the Black Dragon《與黑龍喝茶》
Tefnut 泰夫努特
Tehrani Ha House 德黑蘭哈屋
Temple of Ba'alshamîn 巴爾夏明神廟
Tenabo 特納博
Tenochtitlan 特諾奇提特蘭城
Teotihuacan 狄奧蒂華肯
Tepew Qukumatz 古庫馬茲大神
Terje Tvedt 泰耶・特維特
Tertullian 德爾圖良
Tethys 特提斯
Teutonic 條頓人
Tewa 特瓦語
Texcoco 特斯科科
Tezcatlipoca 泰茲卡特里波卡
Thales 泰利斯

Thames 泰晤士河
Thanjavur 坦賈武爾
The Dragonriders of Pern《神龍紀元・飛龍騎士》
The Essex Serpent《迷蛇記》
The Frogs《青蛙》
The Golden Legend《黃金傳說》
The Jungle Book《叢林奇譚》
The Laidly Worm of Spindleston Heugh〈史賓德斯頓山上的悠閒蠕蟲〉
The Lair of the White Worm《白蛇傳說》
The Last of the Dragons《最後的龍》
The Magic Mountain《神奇山谷》
The Magic Serpent《怪龍大決戰》
The Natural History of Norway《挪威自然史》
The Saga of the Volsungs《沃爾松傳奇》
The Shape of Water《水底情深》
The Spiderwick Chronicles《奇幻精靈事件簿》
The Wawilag Sisters and Yulungurr, the Rainbow Serpent《瓦維拉姐妹與彩虹蛇尤蘭嘉》
Thebaid《底比斯述記》
Thebes 底比斯
Theodoros Pelecanos 西奧多羅斯・佩萊卡諾斯
Theophrastus 泰奧弗拉斯托斯
Thomas Aquinas 托馬斯・阿奎那
Thomas Burnet 托馬斯・伯奈特
Thor 索爾
Thoth 托特
Thrace 色雷斯
Through the Looking-Glass, and What Alice Found There《愛麗絲鏡中奇緣》
Thuban 右樞
Thunga 通加
Tiâmat 提阿馬特
Tigris 底格里斯河
Tikal 堤卡爾
Tikapa 迪卡帕
Tiruvārūr 蒂魯瓦魯爾
Titus Livius 蒂托・李維烏斯
Tlaltecuhtli 特拉爾特庫特利
tohu wa-bohu 混沌
Tom Goldtooth 湯姆・戈德圖斯
Tony DiTerlizzi 東尼・狄特里奇
Toyotama-hime 豐玉姬
Treaty of Waitangi《懷唐伊條約》
tunjos 許願祭品
Tusayan 圖薩揚
Tutae-poroporo 屠泰波若波若
Tutankhamun 圖坦卡門
Typhon 堤豐
Tzotzil Maya 馬雅的索西族
Ugaritic 烏加里特人
Uishang 義湘大師
Universal Declaration of the Rights of Rivers《世界河流權利宣言》
Upanishads 奧義書
Upinder Singh 烏平德・辛格
uraeus 烏拉烏斯
Uranometria《測天圖》
Uranus 烏拉諾斯
Ureia 烏雷利亞
Urmonotheismus 原始一神論
Ursula Le Guin 娥蘇拉・勒瑰恩
Utagawa Kuniyoshi 歌川國芳
Utkena 角蛇
Utnapishtim 烏特納皮什提姆
Uttarakhand 北阿坎德邦
Valley of Ben Hinnom 欣嫩子谷
Vanir 華納神族
Vardavar 瓦達瓦爾節
Varuna 婆樓拿
Veda / Vedic 吠陀
Venerable Bede 可敬的比德
Vernon Scarborough 維農・史卡伯勒
Veronica Strange 維若妮卡・史特朗
Versailles 凡爾賽宮
Vesta 維斯塔
Victor Highbury 維克多・海伯里
Vinh Ha Long 下龍灣
Virgil 維吉爾
Visconti 維斯康提
Vishnu 毗濕奴
Vita Chrisiti《基督生平》

Vlad Taltos《刺客伕拉德傳奇》
Volge 窩瓦河
Volodymyr Vernadsky 弗拉德米爾．維爾納茨基
Volsi 沃爾西
Vrindavan 沃林達文
Vritra 弗栗多
Wadd 瓦德
Wadjet 瓦吉特
Waikato River 懷卡托河
Waitangi Tribunal 懷唐伊仲裁法庭
Waorani Pastaza Organization 帕斯塔薩省瓦拉尼族組織
Wapisian 瓦皮西安族
Warlpiri 瓦爾皮利族
Warm Water under a Red Bridge《赤橋下的暖流》
Wat Pha That Luang 塔鑾寺
wedjat-eye 華狄特眼
Well of God 上帝之井
Wes Williams 韋斯．威廉斯
Western Arnhem Land 西阿納姆地
Westphalia 西伐利亞
Whakatane 華卡塔尼
Whanganui 旺格努伊
Whātaitai 瓦泰泰
William Blake 威廉．布萊克
William the Conqueror 征服者威廉
Wiltshire 威爾特郡
windigo 溫迪哥
Winston Gilbert 溫斯頓．吉爾伯特
Woman of Water《水之女》
Wormington 沃明頓
Xibalba 冥界席巴巴
Xiuhcoatl 閃電火蛇
Yagua 亞瓜人
Yajurveda《夜柔吠陀》
Yam 雅姆
Yamata no Orochi 八歧大蛇
Yaminahua 亞米納瓦人
Yamuna River 亞穆納河
Yashima Gakutei 岳亭春信
Yasmine Musharbash 雅絲敏．穆夏巴許
Yaxchilán 亞斯奇蘭遺址
Yazd 雅茲德
Yggdrasil 世界之樹
Yingarna, the Rainbow Serpent《彩虹蛇因迦納》
Yir Yoront 石斧族
Yirrkala 伊爾卡拉
Ymir 尤米爾
Yoaat B'alam 尤阿特．巴拉姆
Yolngu 雍古族
Yukihiro Morimoto 森本幸裕
Yunus 尤努斯
Yup'ik 尤皮克人
Yuwunyuwun Marruwarr 尤文尤文．瑪魯瓦
Zamzam 滲滲泉
Zennyo Ryūō 善女龍王
Zeus 宙斯
Zeus-Ammon oracle 宙斯—阿蒙神諭
Zomba 松巴
Zondiwe Mbano 宗迪韋．姆巴諾
Zongze Hu 胡宗澤
Zulu 祖魯族

原書註 References

導言

1 World Wildlife Fund, *Living Planet Report – 2018: Aiming Higher* (Gland, 2018); Intergovernmental Science-Policy Platform on Biodiversity, 'Nature's Dangerous Decline "Unprecedented": Species Extinction Rates "Accelerating"', media release, 29 April 2019, https://ipbes.net; International Panel on Climate Change (ipcc), 'Global Warming of 1.5° c' (2018), www.ipcc.ch.

2 Barry Powell, *Classical Myth,* trans. H. Howe (Upper Saddle River, nj, 1998), p. 685.

3 Émile Durkheim, *The Elementary Forms of the Religious Life* (New York, 1961).

4 A note on terminology. I have generally made use of the term 'living kinds' to denote all living organisms, as (unlike 'creatures' or 'beings') it more readily includes plants and vegetation. I have avoided terms such as 'living things' or 'life forms' on the basis that these are rather objectifying, which runs against the central arguments in the text. 'Kinds', on the other hand, is literally more kindly, reminding us of the fundamental 'kinship' that links humans and other kinds.

第1章　無所不在

1 Stephen Oppenheimer, *Out of Africa's Eden: The Peopling of the World* (Johannesburg, 2003).

2 Lauriston Sharp, 'Steel Axes for Stone Age Australians', in *Human Problems in Technological Change: A Casebook*, ed. E. Spicer (New York, 1952), pp. 69–92.

3 Bronislaw Malinowski, *Argonauts of the Western Pacific: An Account of Native Enterprise and Adventure in the Archipelagos of Melanesian New Guinea* (London, 1922).

4 Heather Sutherland, 'Geography as Destiny? The Role of Water in Southeast Asian History', in *A World of Water: Rain, Rivers and Seas in Southern Histories*, ed. P. Boomgaard (Leiden, 2007), pp. 27–70 (p. 32).

5 David Hopkins, *Across the Anatolian Plateau: Readings in the Archaeology of Ancient Turkey* (Boston, ma, 2002).

6 Wilfred Hambly, *Serpent Worship in Africa* (Chicago, il, 1931), p. 41.

7 Edward Schafer, *The Divine Woman: Dragon Ladies and Rain Maidens in T'ang Literature* (San Francisco, ca, 1980), p. 13; Peter Boomgaard, ed., *A World of Water: Rain, Rivers and Seas in Southeast Asian Histories* (Leiden, 2007), p. 4.

8 John Day, personal communication with author, 2021; Irving Finkel, *The Ark before Noah: Decoding the Story of the Flood* (London, 2014).

9 Bernard Batto, *Slaying the Dragon: Mythmaking in the Biblical Tradition* (Louisville, ky, 1992), pp. 1–2.

10 Mary Condren, *The Serpent and the Goddess: Women, Religion, and*

Power in Celtic Ireland (San Francisco, ca, 1989), p. 7.

11 Georges Dumézil, *From Myth to Fiction*, trans. Derek Coleman (Chicago, il, and London, 1970), pp. x, vii, ix.

12 Wilfred Lambert, *Babylonian Creation Myths* (Winona Lakes, in, 2013).

13 William Albright, *From the Stone Age to Christianity: Monotheism and the Historical Process* (Baltimore, md, 1946), p. 98.

14 Alex Wilder, *The Serpent Symbol* (London, 1894), pp. 11, 17.

15 James Fergusson, *Tree and Serpent Worship: Illustrations of Mythology and Art in India* (London, 1868), pp. 8–9.

16 Arjun Appadurai, *The Social Life of Things: Commodities in Cultural Perspective* (Cambridge, 1986).

17 Ananda Coomaraswamy, *Yaksas* (New Delhi, 1961). Cited in Carol Bolon, *Forms of the Goddess Lajjā Gaurī in Indian Art* (University Park, pa, 1992), p. 2.

18 Andrew Clark, 'Embodied, Situated, and Distributed Cognition', in *Companion to Cognitive Science*, ed. W. Bechtel and G. Graham (Malden, ma, 1998), pp. 506–17.

19 Veronica Strang, 'Common Senses: Water, Sensory Experience and the Generation of Meaning', *Journal of Material Culture*, x/1 (2005), pp. 93–121.

20 Christopher Chippendale and Paul Taçon, eds, *The Archaeology of Rock Art* (Cambridge, 1998).

21 David Whitley, 'Finding Rain in the Desert: Landscape, Gender and Far-Western North American Rock-Art', in *The Archaeology of Rock Art*, ed. Chris Chippendale and Paul Taçon (Cambridge, 1998), pp. 11–29.

22 Paul Harvey, *The History of Topographical Maps* (London, 1980).

23 Condren, *The Serpent and the Goddess*, p. 25.

24 Howard Morphy, *Ancestral Connections: Art and an Aboriginal System of Knowledge* (Chicago, il, 1991).

25 Claude Lévi-Strauss, *Totemism*, trans. R. Needham (London, 1964).

26 Paul Taçon, Meredith Wilson and Christopher Chippendale, 'Birth of the Rainbow Serpent in Arnhem Land Rock Art and Oral History', *Oceania*, xxxi (1996), pp. 103–24.

27 Frederik Bosch, *The Golden Germ: An Introduction to Indian Symbolism*, trans. A. Fontein ('s-Gravenhage, 1960).

28 Klaus Conrad, *Die beginnende Schizophrenie. Versuch einer Gestaltanalyse des Wahns* [The Onset of Schizophrenia: An Attempt to Form an Analysis of Delusion] (Stuttgart, 1958).

29 Hambly, *Serpent Worship*, p. 37.

30 Schafer, *The Divine Woman*, pp. 12–14.

31 Dennis Slifer, *The Serpent and the Sacred Fire: Fertility Images in Southwest Rock Art* (Santa Fe, nm, 2000), pp. 84, 112.

32 Philip Gardiner and Gary Osborn, *The Serpent Grail: The Truth behind the Holy Grail, the Philosopher's Stone and the Elixir of Life* (London, 2005), p. 15.

33 Robert Clark, *Myth and Symbol in Ancient Egypt* (London, 1959), p. 67.

34 Ibid., pp. 66–7.

35 Bolon, *Forms of the Goddess Lajjā Gaurī*, p. 52.

36 Andrew McDonald and Brian Stross, 'Water Lily and Cosmic Serpent: Equivalent Conduits of the Maya Spirit Realm', *Journal of Ethnobiology*, xxxii/1 (2012), pp. 72–106 (p. 88).

37 Grafton Elliot Smith, *The Evolution of the Dragon* (Manchester, London and New York, 1919), pp. 81–2.

38 Ivan Illich, *h2o and the Waters of Forgetfulness* (London, 1986), p. 5.

39 Job 41:10–13, et 18–21, in John Day, *God's Conflict with the*

Dragon and the Sea: Echoes of a Canaanite Myth in the Old Testament (Cambridge, 1985), p. 71.

40 Charles Hudson, 'Utkena: A Cherokee Anomalous Monster', *Journal of Cherokee Studies*, iii (1978), pp. 62–75.

41 Jean-Philippe Vogel, *Indian Serpent-Lore; or, The Nāgas in Hindu Legend and Art* (London, 1926), p. 15.

42 Scott Atran, *Cognitive Foundations of Natural History* (Cambridge and New York, 1990).

43 Georg Hegel considered dialectical engagement with the environment as an outward projection and reintegration of consciousness. In more contemporary debates, cognitive philosophers Andy Clark and David Chalmers describe a concept of 'extended mind'. Georg Hegel, *The Phenomenology of Spirit*, trans. A. Miller (Oxford 1979); Andy Clark and David Chalmers, 'The Extended Mind', *Analysis*, lviii (1998), pp. 7–19.

44 Atran, *Cognitive Foundations.*

45 Joseph Campbell, *Creative Mythology* (New York, 1968), p. 154. See also Joseph Campbell, *The Masks of God: Creative Mythology* (London, 2001).

46 Daniel Kahneman, *Thinking Fast and Slow* (London, 2011), pp. 76–7.

47 Ron Bacon, *Parata the Taniwha: Another Legend of the Sea* (Auckland, 2004).

48 Hampden DuBose, *The Dragon, Image, and Demon; or, The Three Religions of China: Confucianism, Buddhism, and Taoism* (New York, 1887).

49 Adele Getty, *Goddess: Mother of Living Nature* (London, 1990); Jeremy Narby, *The Cosmic Serpent: dna and the Origins of Knowledge* (London, 1998), p. 54.

50 Ian Ridpath and Wil Tirion, *Stars and Planets Guide* (Princeton, nj, 2001).

51 Susie Green, *Tiger* (London, 2006), p. 39.

52 Bingxiang Zhu, *'Fuxi' and Chinese Culture* (Kunming, 2014), pp. 10–11.

53 Narby, *The Cosmic Serpent*, p. 54.

54 John Day, personal communication with the author 2021.

55 Colin Blakemore, personal communications with the author 2018–20.

56 Jean-Pierre Chaumiel, 'Voir, Savoir, Pouvoir: Le Chamanisme Chez les Yaguas du Nord-Est Péruvien', *Journal de la Sociétié des Américanistes*, lxx (1984), pp. 203–11; Graham Townsley, 'Song Paths: The Ways and Means of Yaminahua Shamanic Knowledge', *L'Homme, La remontée de l'Amazone*, cxxvi (1993), pp. 449–68.

57 Geraldo Reichel-Dolmatoff, 'Brain and Mind in Desana Shamanism', *Journal of Latin American Lore*, vii/1 (1981), pp. 73–113.

58 Claude Lévi-Strauss, *Histoire de Lynx* (Paris, 1991), pp. 295.

59 Schafer, *The Divine Woman*, pp. 12–14.

60 Mary Douglas, *Implicit Meanings: Essays in Anthropology* (London, 1975), p. 50.

61 Hannah Arendt, *The Human Condition* (Chicago, il, 1998).

62 Anna Tsing, *The Mushroom at the End of the World: On the Possibility of Life in Capitalist Ruins* (Princeton, nj, 2017).

63 Veronica Strang, 'The Hard Way: Volatility and Stability in the Brisbane River Delta', *Social Anthropology* Special Issue, ed. F. Krause and T. Hylland-Eriksen (in press) pp. ??.

64 Jared Diamond, *Collapse: How Societies Choose to Fail or Succeed* (New York, 2005).

65 Douglas, *Implicit Meanings*.

66 Veronica Strang, *The Meaning of Water* (Oxford and New York, 2004).

67 Matthew Edgeworth, *Fluid Pasts: Archaeology of Flow* (London, 2011), p. 25.

68 Rodney Giblett, *Landscapes of Culture and Nature* (Basingstoke and New York, 2009), p. 61.

69 Stephen Asma, *On Monsters: An Unnatural History of Our Worst Fears* (Oxford, 2009).

70 See Pliny the Elder, *Naturalis historia: The Historie of the World* [1601] (Cambridge, ma, 1949).

71 Scott Poole, *Monsters in America: Our Historial Obsession with the Hideous and Haunting* (Waco, tx, 2011).

72 Anthony Seeger, *Nature and Society in Central Brazil: The Suya Indians of Mato Grosso* (Cambridge, ma, 1981), pp. 68–70.

73 Peter Rivière, 'Ambiguous Environments', *Tipiti: Journal of the Society for the Anthropology of Lowland South America*, viii/2 (2010) pp. 1–12 (p. 4).

74 Yasmine Musharbash and Geir Presterudstuen, eds, *Monster Anthropology in Australasia and Beyond* (New York, 2014); Yasmine Musharbash and Geir Presterudstuen, eds, *Monster Anthropology: Explorations of Transforming Social Worlds through Monsters* (London and New York, 2019).

75 Peter Dendle, 'Monsters and the Twenty-First Century: The Preternatural in an Age of Scientific Consensus', in *The Ashgate Research Companion to Monsters and the Monstrous*, ed. Asa Mittman and Peter Dendle (Aldershot, 2012), pp. 437–48; David Gilmore, *Monsters: Evil Beings, Mythical Beasts, and All Manner of Imaginary Terrors* (Philadelphia, pa, 2003), pp. 18, 19.

76 Credited to Madame de Pompadour, prior to the French Revolution; Michael Mould, *Routledge Dictionary of Cultural References in Modern French* (London and New York, 2011), p. 43.

77 Richard Boer, trans., *Örvar-Odds Saga* (Leiden, 1888).

78 Robert Macfarlane, *Underland: A Deep Time Journey* (London, 2019).

79 Yasmine Musharbash and Sophie Creighton, 'The Underground Panel', Australian Anthropological Society Conference, Canberra, 2–5 December 2019.

80 Dinah Rajak and Emma Gilberthorpe, 'The Anthropology of Extraction: Critical Perspectives on the Resource Curse', *Journal of Development Studies*, liii/2 (2016), pp. 186–204; Sabine Luning, 'The Underground', in *The Anthropology of Resource Extraction*, ed. Robert Pijpers and Lorenzo d'Angelo (London, 2022).

81 Caryl Johnston, *Consecrated Venom: The Serpent and the Tree of Knowledge* (Edinburgh, 2000), p. 31.

第二章 原始生命

1 'The Book of Baruch', 3:16–19, in the Vulgate Bible, fourth century.

2 Wilfred Lambert, *Babylonian Creation Myths* (Winona Lakes, in, 2013).

3 Ibid., pp. 273–4.

4 Robert Clark, *Myth and Symbol in Ancient Egypt* (London, 1959), p. 36.

5 British Museum, *The Babylonian Legends of the Creation and the Fight between Bel and the Dragon: As Told by Assyrian Tablets from Ninevah* (London, 1931), pp. 14, 16.

6 Geraldine Pinch, *Handbook of Egyptian Mythology* (Santa Barbara, ca, 2002), p. 111.

7 John West, *The Serpent in the Sky: The High Wisdom of Ancient Egypt* (London, 1979), pp. 70–71.

8 Book of the Dead, Chapter xl, 2–3, in Karen Joines, *Serpent Symbolism in the Old Testament: A Linguistic, Archaeological and Literary Study* (Haddonfield, nj, 1974), p. 97.
9 Otto Kern, *Orphic Fragment 54.36* (Berlin, 1922).
10 Cleve Barlow, *Tikanga Whakaaro: Key Concepts in Māori Culture* (Oxford and London, 1991), p. 55.
11 Ibid.
12 Ibid., p. 61.
13 Ibid., pp. 4, 11.
14 Ibid., p. 111.
15 Government of New Zealand, 'Taniwha – Taniwha of the Sea', *Te Ara – The Encyclopedia of New Zealand* (2018), www.teara.govt.nz.
16 Merle Robertson, 'The Celestial God of Number 13', *PaRI Journal*, xii/1 (2011), pp. 1–6.
17 Claus Diemel and Elke Ruhnau, eds, *Jaguar and Serpent: The Cosmos of Indians in Mexico, Central and South America*, trans. Ann Davis (Berlin, 2000), p. 65.
18 Robertson, 'The Celestial God of Number 13'.
19 Clark, *Myth and Symbol*, pp. 66–7.
20 Ibid., p. 67.
21 Linda Schele and Mary Miller, *The Blood of Kings: Dynasty and Ritual in Maya Art* (New York, 1986), p. 46.
22 Eric Thompson, *Maya History and Religion* (Norman, ok, 1970), p. 202.
23 Diana Ferguson, *Tales of the Plumed Serpent: Aztec, Inca and Mayan Myths* (London, 2000), pp. 37–8.
24 Francis Huxley, *The Dragon: Nature of Spirit, Spirit of Nature* (London, 1979), p. 14.
25 Edwin Krupp, *Echoes of the Ancient Skies: The Astronomy of Lost Civilisations* (New York, 1983), pp. 315–19.
26 Pyramid Texts 1146. Cited in Rundle Clark, *Myth and Symbol in Ancient Egypt* (London, 1978), p. 51.
27 Pinch, *Egyptian Mythology*, pp. 172, 209.
28 Stephanie Dalley, *The Mystery of the Hanging Garden of Babylon: An Elusive World Wonder Traced* (Oxford, 2013), p. 154.
29 Norman Austin, *Meaning and Being in Myth* (University Park, pa, and London, 1989), p. 88.
30 Mary Condren, *The Serpent and the Goddess: Women, Religion, and Power in Celtic Ireland* (San Francisco, ca, 1989), p. 16.
31 Jean-Philippe Vogel, *Indian Serpent-Lore; or, The Nāgas in Hindu Legend and Art* (London, 1926), p. 19; Wilder, *The Serpent Symbol*, p. 8.
32 Huxley, *The Dragon*, p. 6.
33 David Anthony, *The Horse, the Wheel, and Language: How Bronze-Age Riders from the Eurasian Steppes Shaped the Modern World* (Princeton, nj, *2007)*.
34 *Rigveda* (8.79:2–6), trans. W. O'Flaherty (London 1981), p. 121.
35 Wilfred Hambly, *Serpent Worship in Africa*, Anthropological Series, xxi/1 (Chicago, il, 1931), p. 11.
36 Wade Davis, *The Serpent and the Rainbow* (London, 1986), p. 177.
37 Ferguson, *Tales of the Plumed Serpent*, p. 53.
38 Evan Vogt, *Tortillas for the Gods: A Symbolic Analysis of Zinacanteco Rituals* (New York, 1976).
39 Ibid.
40 Karl Taube, 'Where the Earth and Sky Meet: The Sea in Ancient and Contemporary Maya Cosmology', in *Fiery Pool: The Maya and the Mythic Sea*, ed. D. Finamore and S. Houston (New Haven, ct, 2010), pp. 202–22.

41 Luis Martos López, 'Objects Cast into Cenotes', in Finamore and Houston, *Fiery Pool*, pp. 223–5 (p. 225).

42 Karl Taube, 'The Iconography of Mirrors at Teotihuacan', in *Art, Ideology, and the City of Teotihuacan*, ed. Janet Berlo (Washington, dc, 1992), pp. 169–204.

43 Schele and Miller, *The Blood of Kings*.

44 David Potter, 'Prehispanic Architecture and Sculpture in Central Yucatán', *American Archaeology*, xli (2015), pp. 430–34.

45 Jose Diaz, 'Ethnopharmacology of Sacred Psychoactive Plants Used by the Indians of Mexico', *Annual Review of Pharmacology and Toxicology*, xvii (1977), pp. 647–75.

46 Ruben Cabrera Castro, 'Human Sacrifice at the Temple of the Feathered Serpent: Recent Discoveries at Teotihuacan', in *Teotihuacan: Art from the City of the Gods*, ed. K. Berrin and E. Pasztory (San Francisco, ca, 1993), pp. 100–107.

47 George Cowgill, *Ancient Teotihuacan: Early Urbanism in Central Mexico* (Cambridge and New York, 2015).

48 John Staller and Brian Stross, *Lightning in the Andes and Meso-America: Pre-Colombian, Colonial and Contemporary Perspectives* (Oxford, 2013), p. 166.

49 Vogel, *Indian Serpent-Lore*, pp. 29–30.

50 Gerardo Reichel-Dolmatoff, *Desana Texts and Contexts*, Series Americana 12 (Wien, 1989), p. 19.

51 Peter Rivière, 'Ambiguous Environments', *Tipití: Journal of the Society for the Anthropology of Lowland South America*, viii/2 (2010), pp. 1–12 (p. 5).

52 Krupp, *Echoes of the Ancient Skies*, p. 317.

53 Jesse Byock, *The Saga of the Volsungs: The Norse Epic of Sigurd the Dragon Slayer* (Berkeley, ca, 1990), p. 5.

54 Philip Gardiner and Gary Osborn, *The Serpent Grail: The Truth behind the Holy Grail, the Philosopher's Stone and the Elixir of Life* (London, 2005), p. 162. See also Anthony Mercatante and James Dow, *Encyclopedia of World Mythology and Legend*, 3rd edn (New York and Oxford, 1988).

55 Joakim Goldhahn, 'Roaring Rocks: An Audio-Visual Perspective on Hunter-Gatherer Engravings in Northern Sweden and Scandinavia', *Norwegian Archaeological Review*, xxxv/1 (2002), pp. 29–61 (p. 49).

56 Gardiner and Osborn, *The Serpent Grail*, p. 176.

57 Joshua Robertson, *The Ancient Egyptian Books of the Earth* (Atlanta, ga, 2012), p. 144.

58 Alison Roberts, *Hathor Rising: The Serpent Power of Ancient Egypt* (Totnes, 1995), p. 8.

59 Joines, *Serpent Symbolism in the Old Testament*, p. 86.

60 Wilder, *The Serpent Symbol*, p. 15.

61 Adele Berlin and Marc Brettler, *The Jewish Study Bible*, trans. Jewish Publication Society (New York, 2014), p. 779. See also Othmar Keel and Christoph Uehlinger, *Gods, Goddesses and Images of God in Ancient Israel* (Minneapolis, mn, 1988).

62 The date and authorship of this text are uncertain, but it appears to have influenced medieval thinking about the cosmos. See Andrei Orlov, *The Enoch-Metatron Tradition* (Tübingen, 2005).

63 Gustav Davidson, *A Dictionary of Angels, Including the Fallen Angels* (New York, 1967), pp. 84, 224.

64 Thomas Aquinas, *Summa Theologiae* (1225–74). Reply to Objection 5. l.108, c.6.

65 Caryl Johnston, *Consecrated Venom: The Serpent and the Tree of Knowledge* (Edinburgh, 2000).

66 Joines, *Serpent Symbolism in the Old Testament*, p. 85.

67 Wilder, *The Serpent Symbol*, p. 14.

68 Joines, *Serpent Symbolism in the Old Testament*, pp. 1, 21.
69 Gilles Deleuze and Félix Guattari, *A Thousand Plateaus* (London, 2004).
70 Veronica Strang, 'On the Matter of Time', *Interdisciplinary Science Reviews*, xl/2 (2015), pp. 101–23.
71 Ibid.
72 Marinus de Visser, *The Dragon in China and Japan* (Amsterdam, 1913), p. 36.
73 Hampden DuBose, *The Dragon, Image, and Demon; or, The Three Religions of China: Confucianism, Buddhism and Taoism* (New York, 1887), p. 315. See also Schafer, *The Divine Woman*, p. 15.
74 He Xin, cited in Bingxiang Zhu, *'Fuxi' and Chinese Culture* (Kunming, 2014), pp. 3–4.
75 Chris Gosden, *Social Being and Time* (Oxford, 1994).
76 Pinch, *Ancient Egypt*, p. 174.
77 Joann Fletcher, *Ancient Egypt: Life, Myth and Art* (London, 1999), p. 43.
78 Pyramid Texts 628–9, cited in James Breasted, *Development of Religion and Thought in Ancient Egypt* (New York, 2010), pp. 18–26.
79 Pinch, *Ancient Egypt*, p. 178.
80 Gardiner and Osborn, *The Serpent Grail*, p. 12.
81 Inscription on temple celebrating Isis, in Sais, Egypt. See also Erik Hornung, *The Ancient Egyptian Books of the Afterlife* (Ithaca, ny, 1999).
82 Joines, *Serpent Symbolism in the Old Testament*, p. 19.
83 Andrew George, trans., *The Epic of Gilgamesh: The Babylonian Epic Poem and Other Texts in Akkadian and Sumerian* (London, 2000); and Andrew George, ed., *The Babylonian Gilgamesh Epic: Introduction, Critical Edition and Cuneiform Texts* (Oxford, 2003).
84 *Prose Edda* 410, in James Fergusson, *Tree and Serpent Worship: Illustrations of Mythology and Art in India* (London, 1868), p. 24.
85 Samantha Riches, *St George: Hero, Martyr and Myth* (Stroud, 2005), p. 152.

第三章　生死循環

1 John Staller and Brian Stross, *Lightning in the Andes and Meso-America: Pre-Colombian, Colonial and Contemporary Perspectives* (Oxford, 2013), p. 166.
2 Bingxiang Zhu, *'Fuxi' and Chinese Culture* (Kunming, 2014), p. 9.
3 Ibid., p. 6.
4 Claas Bleeker, *The Rainbow: A Collection of Studies in the Science of Religion* (Leiden, 1975), p. 214.
5 Arthur Frothingham, 'Babylonian Origin of Hermes the Snake-God, and of the Caduceus', *American Journal of Archaeology*, xx (1916), pp. 175–211. See also Stephanie Dalley, ed., *The Legacy of Mesopotamia* (Oxford, 1998).
6 Edward Schafer, *The Divine Woman: Dragon Ladies and Rain Maidens in T'ang Literature* (San Francisco, ca, 1980), pp. 14, 29.
7 Bleeker, *The Rainbow*, p. 214.
8 Schafer, *The Divine Woman*, pp. 31–2.
9 Mircea Eliade, *Myths, Dreams and Mysteries* (New York, 1961).
10 Émile Durkheim, *The Elementary Forms of the Religious Life* (New York, 1961).
11 Diana Ferguson, *Tales of the Plumed Serpent: Aztec, Inca and Mayan Myths* (London, 2000), p. 22.
12 Bernardino De Sahagún, *The Florentine Codex: An Encyclopedia of the Nahua World in Sixteenth-Century Mexico*, trans. J. Favrot Peterson and K. Terraciano (Austin, tx, 2019).
13 Ben Smith, 'Rock Art in South-Central Africa: A Study Based on the Pictographs of Dedza District, Malawi and Kasama

District Zambi'a, PhD disserta- tion, University of Cambridge, 1995.

14 Claude Boucher and Joseph Kadzombem, museum information at Kungoni Centre of Culture and Art, Malawi, 2014. See also Claude Boucher, *When Animals Sing and Spirits Dance* (Malawi, 2012).

15 Wilfred Hambly, *Serpent Worship in Africa*, Anthropological Series, xxi/1 (Chicago, il, 1931), pp. 9–12.

16 Gerardo Reichel-Dolmatoff, 'Brain and Mind in Desana Shamanism', *Journal of Latin American Lore*, vii/1 (1981), pp. 73–113 (p. 87).

17 Gerardo Reichel-Dolmatoff, *Desana Texts and Contexts,* Series Americana, 12 (Wien, 1989), pp. 10–11.

18 Ibid., p. 513.

19 Carol Bolon, *Forms of the Goddess Lajjā Gaurī in Indian Art* (University Park, pa, 1992), pp. 52–3.

20 *Prose Edda* 410, in James Fergusson, *Tree and Serpent Worship: Illustrations of Mythology and Art in India* (London, 1868), p. 24.

21 Ian Armit and David Reich, 'The Return of the Beaker Folk? Rethinking Migration and Population Change in British Prehistory', *Antiquity*, xcv/384 (2021), pp. 1464–77; Barry Cunliffe, *The Ancient Celts* (Oxford, 1997).

22 Edward Davies, *The Mythology and Rites of the British Druids* (London, 1809).

23 Philip Gardiner and Gary Osborn, *The Serpent Grail: The Truth behind the Holy Grail, the Philosopher's Stone and the Elixir of Life* (London, 2005), p. 176.

24 Karen Joines, *Serpent Symbolism in the Old Testament: A Linguistic, Archaeological and Literary Study* (Haddonfield, nj, 1974), p. 71.

25 Miranda Green, ed., *The Celtic World* (London, 1995), p. 465.

26 Lindsay Allason-Jones and Bruce McKay, *Coventina's Well: A Shrine on Hadrian's Wall* (Gloucester, 1985).

27 Richard Hingley, *Hadrian's Wall: A Life* (Oxford, 2012), p. 192.

28 Mary Condren, *The Serpent and the Goddess: Women, Religion, and Power in Celtic Ireland* (San Francisco, ca, 1989), p. 58.

29 Joann Fletcher, *Ancient Egypt: Life, Myth and Art* (London, 1999), p. 40.

30 Asit Biswas, *History of Hydrology* (Amsterdam, 1970), p. 109.

31 Joseph Campbell, *Creative Mythology* (New York, 1968), p. 29.

32 Bleeker, *The Rainbow*, p. 215.

33 Alison Roberts, *Hathor Rising: The Serpent Power of Ancient Egypt* (Totnes, 1995), p. 2.

34 Ivan Illich, *h2o and the Waters of Forgetfulness* (London, 1986), p. 5.

35 Condren, *The Serpent and the Goddess*, p. 58.

36 Geraldine Pinch, *Handbook of Egyptian Mythology* (Santa Barbara, ca, 2002), p. 179.

37 Aylward Blackman, 'The Significance of Incense and Libations in Funerary and Temple Ritual', *Zeitschrift für Ägyptische Sprache und Altertumskunde*, l/1–2 (1912), p. 69.

38 Grafton Elliot Smith, *The Evolution of the Dragon* (Manchester, London and New York, 1919), p. vii.

39 Clifford Bishop, *Sex and Spirit* (Boston, ma, 1996); Dennis Slifer, *The Serpent and the Sacred Fire: Fertility Images in Southwest Rock Art* (Santa Fe, nm, 2000), p. 9.

40 Slifer, *The Serpent and the Sacred Fire*, pp. 84–5.

41 *Enuma Elish*, Tablet 1:133, in *Babylonian Creation Myths*, trans. Wilfred Lambert (Winona Lakes, in, 2013), p. 459. Such capacities to manifest in various forms was common among Egyptian deities: for example, the fiery serpent goddess Hathor also

appears as a female hawk, as the 'Lady of the Sycamore Tree' and as a 'Cow of Gold'. Roberts, *Hathor Rising*, p. 8.

42 James Pritchard, *Archaeology and the Old Testament* (Princeton, nj, 2012), p. 192; *Enuma Elish*, Tablet 1:96, in *Babylonian Creation Myths*, trans. Lambert, p. 55.

43 *Enuma Elish*, Tablet 5:47–51, in *Babylonian Creation Myths*, trans. Lambert, p. 101; John Day, *God's Conflict with the Dragon and the Sea: Echoes of a Canaanite Myth in the Old Testament* (Cambridge, 1985), p. 4. See also *Enuma Elish*, Tablet 5:57, 59, in *Babylonian Creation Myths*, trans. Lambert, p. 101.

44 Jianing Chen and Yang Yang, *The World of Chinese Myths* (Beijing, 1995), p. 5.

45 Diana Ferguson, *Tales of the Plumed Serpent: Aztec, Inca and Mayan Myths* (London, 2000), p. 30.

46 Ibid., p. 33.

47 Bruce Lincoln, 'The Indo-European Myth of Creation', *History of Religions*, xv/2 (1975), pp. 121–45 (p. 125). 48 Saemund Sigfusson, *The Elder Edda of Saemund Sigfusson*, trans. B. Thorpe (London, Stockholm and Copenhagen, 1866), pp. 3, 24–5.

49 Bruce Lincoln, *Myth, Cosmos and Society* (Cambridge, ma, and London, 1986), p. 2.

50 See Pierre Bourdieu, *The Logic of Practice*, trans. Richard Nice (Cambridge, 1990).

51 Lincoln, *Myth, Cosmos and Society*, p. 3.

52 Jean-Philippe Vogel, *Indian Serpent-Lore; or, The Nāgas in Hindu Legend and Art* (London, 1926), p. 4.

53 Yasmine Musharbash and Geir Presterudstuen, eds, *Monster Anthropology: Explorations of Transforming Social Worlds through Monsters* (London and New York, 2019).

54 David Gilmore, *Monsters: Evil Beings, Mythical Beasts, and All Manner of Imaginary Terrors* (Philadelphia, pa, 2003), p 149.

55 Ibid., p. 36.

56 Ernest Jones, *On the Nightmare* (New York, 1971), p. 151.

57 Gilmore, *Monsters*, p. 187.

58 Joseph Henderson and Maud Oakes, *The Wisdom of the Serpent: The Myths of Death, Rebirth, and Resurrection* (Princeton, nj, 2020).

59 Arthur Schopenauer, *The World as Will and Idea*, trans. R. Haldane and J. Kemp (London, 1906).

60 Wes Williams, *Monsters and Their Meanings in Early Modern Culture: Mighty Magic* (Oxford, 2011), p. 1.

61 Joseph Andriano, *Immortal Monsters: The Mythological Evolution of the Fantastic Beast in Modern Fiction and Film* (Westport, ct, 1999), p. 91.

62 Schafer, *The Divine Woman*, p. 20.

63 Gilmore, *Monsters*, pp. ix, 1.

64 Gerardo Reichel-Dolmatoff, 'Cosmology as Ecological Analysis: A View from the Rain Forest', *Journal of the Royal Anthropological Institute*, xI/3 (1976), pp. 307–18. Gerardo Reichel-Dolmatoff, *The Sacred Mountain of Colombia's Kogi Indians* (Leiden, 1990).

第四章　自然生命

1 Richard Lee, *The Kung San: Men, Women and Work in a Foraging Society* (Cambridge, 1979).

2 Colin Renfrew and Iain Morley, eds, *Becoming Human: Innovation in Prehistoric Material and Spiritual Culture* (Cambridge, 2009).

3 Marshall Sahlins, 'Notes on the Original Affluent Society', in *Man the Hunter*, ed. R. Lee and L. Devore (New York, 1970), pp. 85–9.

4 Lawrence Keeley, *War before Civilisation: The Myth of the Peaceful Savage* (Oxford and New York, 1996).

5 Much of the material discussed here is drawn from my own and others' ethnographic fieldwork with the community of Kowanyama. Located near the estuary of the Mitchell River in Cape York, the community contains three language groups: the Yir Yoront, the Kunjen and the Kokobera. See also Barry Alpher, *Yir-Yoront Lexicon: Sketch and Dictionary of an Australian Language*, Trends in Linguistics Documentation, 6 (Berlin and New York, 1991); Ursula McConnel, *Myths of the Munkan* (London and New York, 1957); Walter Roth, *The Queensland Aborigines* (Sydney, 1984); and Lauriston Sharp, 'Steel Axes for Stone Age Australians', in *Human Problems in Technological Change: A Casebook*, ed. Edward Spicer (New York, 1952), pp. 69–92.

6 Paul Taçon, Meredith Wilson and Christopher Chippendale, 'Birth of the Rainbow Serpent in Arnhem Land Rock Art and Oral history', *Oceania*, xxxi (1996), pp. 103–24 (p. 120).

7 Lefty Yam and Winston Gilbert, fieldwork interviews with the author, 1992.

8 Veronica Strang, 'On the Matter of Time', *Interdisciplinary Science Reviews*, xl/2 (2015), pp. 101–23. 9 Paul Memmott, *Tangkic Orders of Time: An Anthropological Approach to Time Study* (2013), http://scan.net.au.

10 Howard Morphy, 'Australian Aboriginal Concepts of Time, in *The Story of Time*, ed. K. Lippincott (London, 1999), pp. 264–8 (p. 267).

11 Strang, 'On the Matter of Time', p. 104.

12 John Morton, 'The Effectiveness of Totemism: Increase Rituals and Resource Control in Central Australia', *Man*, xxii (1987), pp. 453–74.

13 Nancy Munn, 'The Transformation of Subjects into Objects in Walbiri and Pitjantjatjara Myth', in *Australian Aboriginal Anthropology: Modern Studies in the Social Anthropology of the Australian Aborigines*, ed. R. Berndt (Perth and Canberra, 1970), pp. 23–4.

14 Frances Morphy and Howard Morphy, 'We Think through our *Marwat* (Paintbrush): Reflections on the Yolngu Location of Thought and Knowledge', The Robert Layton Lecture, Durham University, 8 October 2014.

15 Les Hiatt, 'Swallowing and Regurgitation in Australian Myth and Ritual', in *Religion in Aboriginal Australia*, ed. M. Charlesworth, H. Morphy, D. Bell and K. Maddock (Queensland, 1984), pp. 31–56. See also Geza Roheim, *The Eternal Ones of the Dream* (New York, 1945); and Mircea Eliade, *Birth and Rebirth: The Religious Meanings of Initiation in Human Culture* (New York, 1958).

16 John Taylor, 'Of Acts and Axes: An Ethnography of Socio-Cultural Change in an Aboriginal Community, Cape York Peninsula', PhD dissertation, James Cook University, Queensland, 1984, p. 245.

17 Morphy and Morphy, 'We Think through our *Marwat* (Paintbrush)'.

18 Italicized quotes are from transcribed fieldwork inter- views. Veronica Strang 1992–2019.

19 Francesca Merlan, *Dynamics of Difference in Australia: Indigenous Past and Present in a Settler Country* (Philadelphia, pa, 2018), p. 75.

20 Morton, 'The Effectiveness of Totemism', p. 457.

21 Aboriginal English refers to both genders as 'he', and gender has to be inferred from the content of a story. Similarly reflecting Aboriginal thinking, it is also primarily presentist, contain-

ing few indications about past or future, though the Dreaming or 'early days' does imply both an earlier creative era and an ongoing creative process. Narrative forms are similarly non-linear, often circling through events in non- chronological order. Here I have tried to provide some narrative structure to assist non-Aboriginal readers, while retaining their stylistic essence.

22 As well as the Olgol language term *Ewarr*, the Rainbow is also called *An-Ganb*, which is a 'deeper' name for it (that is, in the formal sacred language, Uw-Ilbmbanhdhiy).

23 This inhabitance of, or manifestation as, particular trees is symbolic rather than literal, and if a tree dies it is unproblematic for an ancestral being to inhabit a new one.

24 Nigel Dudley, Liz Higgins-Zogib and Stephanie Mansourian, 'The Links between Protected Areas, Faiths and Sacred Sites', *Conservation Biology*, xxiii/3 (2009), pp. 568–77.

25 Merlan, *Dynamics of Difference in Australia*.

26 Yirrkala Bark Petition (1963), National Archives of Australia.

27 Sandy Toussaint, ed., *Crossing Boundaries: Cultural, Legal, Historical and Practice Issues in Native Title* (Melbourne, 2004).

28 Moreau Maxwell, 'The Lake Harbour Region: Ecological Equilibrium in Sea Coast Adaptation', in *Thule Eskimo Culture: An Anthropological Retrospective*, ed. A. McCartney (Ottowa, 1979), pp. 76–87.

29 James Wright, *A History of the Native Peoples of Canada* (Quebec, 1998), p. 1047. See also Asen Baliki, *The Netsilik Eskimo* (Garden City, ny, 1970).

30 Ann Fienup-Riordan, *The Nelson Island Eskimo: Social Structure and Ritual Distribution* (Anchorage, ak, 1983), pp. 177–81.

31 Ann Fienup-Riordan, *Wise Words of the Yup'ik People: We Talk to You Because We Love You* (Lincoln, ne, 2018), p. 233.

32 Kimberley Patton, *The Sea Can Wash Away All Evils: Modern Marine Pollution and the Ancient Cathartic Ocean* (New York, 2006).

33 Lee Guemple, 'Born Again Pagans: The Inuit Cycle of Spirits', in *Amerindian Rebirth: Reincarnation Belief among North American Indians and Inuit*, ed. Antonia Mills and Richard Slobodin (Toronto, 1994), pp. 107–35 (p. 121).

34 George Sabo and Deborah Sabo, 'Belief Systems and the Ecology of Sea Mammal Hunting among the Baffinland Eskimo', *Arctic Anthropology*, xxii/2 (1985), pp. 77–86 (p. 81).

35 David Pelly, *Sacred Hunt: A Portrait of the Relationship between Seals and Inuit* (Vancouver, 2001).

36 Patton, *The Sea Can Wash Away All Evils*, p. 92.

37 Knud Rasmusen, *Intellectual Culture of the Iglulik Eskimos* (New York, 1976), p. 56.

38 Paul John, quoted in Fienup-Riordan, *Wise Words of the Yup'ik People*, p. 43.

39 Frank Andrews, quoted ibid., pp. 94–5.

40 Mark Nuttall, 'The Name Never Dies: Greenland Inuit Ideas of the Person', in *Amerindian Rebirth*, ed. Mills and Slobodin, pp. 123–35 (p. 121).

41 Wright, *A History of the Native Peoples of Canada*, p. 948.

42 Ibid., pp. 683–4.

第五章　農耕

1 Alfred Gell, 'The Technology of Enchantment and the Enchantment of Technology', in *Anthropology, Art and Aesthetics*, ed. Jeremy Coote and Anthony Shelton (Oxford, 1994), pp. 40–63. See also Penny Harvey and Hannah Knox, 'The Enchantments of Infrastructure', *Mobilities*, vii (2012), pp. 520–36.

2 Jos Barlow, Toby Gardner, Alexander Lees, Luke Parry and Carlos Peres, 'How Pristine Are Tropical Forests? An Ecolog-

ical Perspective on the Pre-Columbian Human Footprint in Amazonia and Implications for Contemporary Conservation', *Biological Conservation*, cl/1 (2012), pp. 45–9.

3 Fabiola Jara, 'Arawak Constellations: A Bibliographic Survey', in *Songs from the Sky: Indigenous Astronomical and Cosmological Traditions of the World*, ed. V. Chamberlain, J. Carlson and J. Young, Proceedings of the 1st International Conference on Ethnoastronomy (Bognor Regis, 2005), pp. 265–80.

4 Ibid., p. 266.

5 Ibid., p. 271.

6 Āke Hultkrantz, *Native Religions of North America: The Power of Visions and Fertility* (San Francisco, ca, 1987).

7 Robert Fletcher et al., 'Serpent Mound: A Fort Ancient Icon?', *Midcontinental Journal of Archaeology*, xxi/1 (1996), pp. 105–43.

8 Kent Reilly and James Garber, eds, *Ancient Objects and Sacred Realms: Interpretations of Mississippian Iconography* (Austin, tx, 2007), p. 132.

9 Ibid., p. 125.

10 Ibid., p. 126.

11 Polly Schaafsma, *Indian Rock Art of the Southwest* (Santa Fe, nm, 1980).

12 Polly Schaafsma and Karl Taube, 'Bringing the Rain: An Ideology of Rain-Making in the Pueblo South- West and MesoAmerica', in *A Pre-Colombian World*, ed. Jeffrey Quilter and Mary Miller (Washington, dc, 2006), pp. 231–85.

13 William Walker and Lisa Lucero, 'The Depositional History of Ritual and Power', in *Agency in Archaeology*, ed. M.-A. Dobres and J. Robb (London, 2000), pp. 130–47 (p. 132).

14 Rosemary Diaz, 'Avanyu: Spirit of Water in Pueblo Life and Art', *Bienvenidos* (2014), www.santafenewmexican.com.

15 Camille Tounouga, 'The Symbolic Function of Water in Sub-Saharan Africa', trans. Odile Brock, *Leonardo*, xxxvi/4 (2003), p. 283.

16 Luc De Heusch, *Sacrifice in Africa: A Structuralist Approach* (Bloomington, in, 1985), pp. 38–9.

17 Ibid., p. 40.

18 Kenneth Little, 'The Mende in Sierra Leone', in *African Worlds: Studies in Cosmological Ideas and Social Values of African Peoples*, ed. Daryll Forde (Hamburg, 1999), pp. 111–37.

19 Günter Wagner, 'The Abaluyia of Kavirondo', in *African Worlds*, ed. Forde, pp. 27–54 (pp. 29, 33).

20 Colin Renfrew and Iain Morley, eds, *Becoming Human: Innovation in Prehistoric Material and Spiritual Culture* (Cambridge, 2009).

21 Amanda Mummert et al., 'Stature and Robusticity during the Agricultural Transition: Evidence from the Bioarchaeological Record', *Economics and Human Biology*, ix/3 (2011), pp. 284–301.

22 Jared Diamond, *Collapse: How Societies Choose to Fail or Succeed* (New York, 2005).

23 Joan Metge, *The Maoris of New Zealand* (London, 1967).

24 Johannes Anderson, 'Myths and Legends of the Polynesians', in *Treasury of Maori Folklore*, ed. A. Reed (Wellington, 1969), pp. 144–6.

25 Thomas Downes, 'Tutae-Poroporo', *Journal of the Polynesian Society*, xlv/177 (1936), pp. 1–4.

26 Jan Christie, 'Water and Rice in Early Java and Bali', in *A World of Water: Rain, Rivers and Seas in Southeast Asian Histories*, ed. P. Boomgaard (Leiden, 2007), pp. 235–58 (p. 235).

27 Stephen Lansing, *Priests and Programmers: Technologies of Power*

in the Engineered Landscape of Bali (Princeton, nj, and Oxford, 1991).

28 Lisa Lucero, 'A Cosmology of Conservation in the Ancient Maya World', *Journal of Anthropological Research*, llxiv/3 (2018), pp. 327–59 (p. 327).

29 Luis Martos López, 'Objects Cast into Cenotes', in *Fiery Pool: The Maya and the Mythic Sea*, ed. Daniel Finamore and Stephen Houston (New Haven, ct, 2010), pp. 223–5 (p. 225).

30 Claus Deimel and Elke Ruhnau, *Jaguar and Serpent: The Cosmos of Indians in Mexico, Central and South America,* trans Ann Davis (Berlin, 2000), p. 14.

31 Ibid., p. 42.

32 Vernon Scarborough et al., 'Water and Sustainable Land Use at the Ancient Tropical Cty of Tikal, Guatemala', *Pnas*, cix/31 (2012), pp. 12408–13; https://doi.org/10.1073/pnas.1202881109.

33 Vernon Scarborough, 'Ecology and Ritual: Water Management and the Maya', *Latin American Antiquity*, xi/2 (1998), pp. 135–59 (p. 135).

34 Lisa Lucero and Andrew Kinkella, 'Pilgrimage to the Edge of the Watery Underworld: An Ancient Maya Water Temple at Cara Blanca, Belize', *Cambridge Archaeological Journal*, xxv (2015), pp. 163–85.

35 Robert Sharer and Loa Traxler, *The Ancient Maya* (Stanford, ca, 2006); Walker and Lucero, 'The Depositional History of Ritual and Power', p. 131.

36 Scarborough, 'Ecology and Ritual', pp. 153, 155.

37 Daniel Finamore and Steven Houston, eds, *Fiery Pool: The Maya and the Mythic Sea* (Salem, ma, and New Haven, ct, 2010).

38 Lisa Lucero, 'A Cosmology of Conservation in the Ancient Maya World', *Journal of Anthropological Research*, xxivi/3 (2018), pp. 327–59 (pp. 327–8). See also Vernon Scarborough, Lisa Lucero and Joel Gunn, 'Climate Change and Classic Maya Water Management', *Water*, Special Issue: *Managing Water Resources and Development in a Changing Climate*, 3 (2011), pp. 479–94.

39 Intergovernmental Science-Policy Platform on Biodiversity, Nature's Dangerous Decline "Unprecedented": Species Extinction Rates "Accelerating"', media release, 29 April 2019, https://ipbes.net.

40 World Bank, 'Water in Agriculture' (2020), www.worldbank.org.

41 Alfred Gell, 'The Technology of Enchantment and the Enchantment of Technology', in *Anthropology, Art and Aesthetics*, ed. J. Coote and A. Shelton (Oxford, 1992), pp. 40–66.

42 Karl Wittfogel, *Oriental Despotism: A Comparative Study of Total Power* (New Haven, ct, 1957).

43 Veronica Strang, 'Dam Nation: Cubbie Station and the Waters of the Darling', in *The Social Life of Water in a Time of Crisis*, ed. J. Wagner (Oxford and New York, 2013), pp. 36–60.

44 Stephen Lansing, 'Balinese "Water Temples" and the Management of Irrigation', *American Anthropologist*, xxxix/2 (1987), pp. 326–41.

45 Karl Wittfogel, *The Hydraulic Civilization: Man's Role in Changing the Earth* (Chicago, Il, 1956).

第六章　灌溉

1 Friedrich Engels, *The Origin of the Family, Private Property and the State* [1894] (London, 1972). See also Arthur Hocart, *Kings and Councillors: An Essay in the Comparative Anatomy of Human Society* [1936] (Chicago, il, and London, 1970).

2 Gayle Rubin, 'The Traffic in Women: Notes on the "Political

Economy" of Sex', in *Toward an Anthropology of Women*, ed. R. Reiter (New York, 1975).

3 Hocart, *Kings and Councillors*; Michael Herzfeld, *The Social Production of Indifference: Exploring the Symbolic Roots of Western Bureaucracy* [1992] (London, 2021).

4 Veronica Strang, 'Infrastructural Relations: Water, Political Power and the Rise of a New "Despotic Regime"', *Water Alternatives*, Special Issue: *Water, Infrastructure and Political Rule*, xi/2 (2016), pp. 292–318.

5 Douglas Brewer, *Ancient Egypt: Foundations of a Civilization* (Harlow and New York, 2014).

6 Jonathan Sutherland and Diane Canwell, *Ancient Egypt* (Rochester, vt, 2007), p. 13.

7 Karl Butzer, *Early Hydraulic Civilisation in Egypt: A Study in Cultural Ecology* (Chicago, il, 1976), p. 4.

8 Ian Shaw, *The Oxford History of Ancient Egypt* (Oxford, 2003).

9 Butzer, *Early Hydraulic Civilisation*, p. 41.

10 Asit Biswas, *History of Hydrology* (Amsterdam, 1970), p. 15.

11 Herodotus, *The Histories*, 2:99, trans. A. Godley (Cambridge, 1920).

12 Frederic Newhouse, M. Ionides and G. Lacey, eds, *Irrigation in Egypt, the Tigris and Euphrates Basin India and Pakistan* (London and New York, 1950), p. 11.

13 Joann Fletcher, *Ancient Egypt: Life, Myth and Art* (London, 1999), p. 131.

14 Paul Nicholson and Ian Shaw, *British Museum Dictionary of Ancient Egypt* (London, 1995), p. 45.

15 Robert Clark, *Myth and Symbol in Ancient Egypt* (London, 1959), p. 52. See also Alexander Broadie and J. Macdonald, 'The Concept of Cosmic Order in Ancient Egypt in Dynastic and Roman Times', *L'Antiquité Classique*, xlvii/1 (1978), pp. 106–28.

16 Ibid., p. 25.

17 Geraldine Pinch, *Handbook of Egyptian Mythology* (Santa Barbara, ca, 2002), p. 211.

18 Nicholson and Shaw, *British Museum Dictionary of Ancient Egypt*, p. 302.

19 William Cooper, *The Serpent Myths of Ancient Egypt* (Berwick, mw, 2005), p. 18.

20 Clark, *Myth and Symbol*, p. 28.

21 James Breasted, *Development of Religion and Thought in Ancient Egypt* (New York, 2010), p. 20.

22 Clark, *Myth and Symbol*, p. 11.

23 Ibid., p. 30.

24 Peter Clayton, *Chronicle of the Pharaohs* (London, 2006), p. 16.

25 Karen Joines, *Serpent Symbolism in the Old Testament: A Linguistic, Archaeological, and Literary Study* (Haddonfield, nj, 1974), p. 19.

26 Nicholson and Shaw, *British Museum Dictionary of Ancient Egypt*, p. 302.

27 Robert Hannah, *Time in Antiquity* (London, 2009).

28 Newhouse, *Irrigation in Egypt*, p. 25.

29 Butzer, *Early Hydraulic Civilisation*, p. 109.

30 Code of Hammurapi, cited in Biswas, *History of Hydrology*, p. 20.

31 Marc Van de Mieroop, *King Hammurabi of Babylon: A Biography* (London, 2005), p. 126.

32 Stephanie Dalley, *The Mystery of the Hanging Garden of Babylon: An Elusive World Wonder Traced* (Oxford, 2013), p. 82.

33 Ibid., pp. 154–5.

34 Stephen Langdon, 'A Seal of Nidaba, the Goddess of Vegetation', *Proceedings of the Society of Biblical Archaeology*, xxxvi

(1914), p. 281.

35 David Gilmore, *Monsters: Evil Beings, Mythical Beasts, and All Manner of Imaginary Terrors* (Philadelphia, pa, 2003).

36 Liviu Giosan et al., 'Fluvial Landscapes of the Harappan Civilization', *Proceedings of the National Academy of Sciences of the United States of America*, cIx/26 (2012), E1688–E1694.

37 Gerald Lacey, 'India and Pakistan', in *Irrigation in Egypt*, ed. Newhouse, Ionides and Lacey, pp. 32–67 (p. 39).

38 Arnold Pacey, *Technology in World Civilization: A Thousand-Year History* (Cambridge, ma, 1991).

39 Deepa Joshi and Ben Fawcett describe the contemporary relationship between water and caste in Chuni, northern India. In this well-watered village, there is an ancient jai devi (water goddess) temple that keeps the traditional irrigation channels (*guls*) flowing. The springs used by the upper castes are said to be the home of the jai devi, and are revered and worshipped in daily rituals. But water, seen as a purifying fluid, is also sprinkled on people belonging to the caste of Dalits, who are believed to be polluted and capable of polluting. Their access to springs and wells is limited, and punishment follows any transgression. Deepa Joshi and Ben Fawcett, 'Water, Hindu Mythology and an Unequal Social Order in India', in *A History of Water*, vol. iii: *A World of Water*, ed. T. Tvedt and T. Oestigaard (London and New York, 2006), p. 12.

40 Emma Marris, 'Two-Hundred-Year Drought Doomed Indus Valley Civilisation', *Nature* (2014), https://doi.org/10.1038/nature.2014.14800.

41 Upinder Singh, *A History of Ancient and Early Medieval India: From the Stone Age to the 12th Century* (Delhi and London, 2008), p. 181.

42 Ahmed Kamal, 'Living with Water: Bangladesh since Ancient Times', in *A History of Water*, vol. i*: Water Control and River Biographies*, ed. T. Tvedt and E. Jakobsson, pp. 194–21 (p. 195).

43 Ibid., p. 196.

44 Ibn Battūta, *The Rehala of Ibn Battūta*, trans. M. Husain (Baroda, 1976).

45 John Marshall, ed., *Mohenjo-Daro and the Indus Civilization* (London, 1931).

46 Ankur Tewari, '5000-Year-Old Harappan Stepwell Found in Kutch, Bigger than Mohenjodaro's', *Times of India*, 8 October 2014.

47 Carol Bolon, *Forms of the Goddess Lajjā Gaurī in Indian Art* (University Park, pa, 1992), p. 3.

48 Ibid.

49 Madhu Wangu, *Images of Indian Goddesses: Myths, Meanings and Models* (New Delhi, 2003), pp. 5–86.

50 Bolon, *Forms of the Goddess Lajjā Gaurī*, p 4.

51 Jean-Philippe Vogel, 'Preface', in *Indian Serpent-Lore; or, The Nāgas in Hindu Legend and Art* (London, 1926), pp. i–ii.

52 Matthew Clark, *The Tawny One: Soma, Haoma and Ayahuasca* (London, 2017).

53 Vogel, *Indian Serpent-Lore*, p. 19.

54 David Shulman, 'The Serpent and the Sacrifice: An Anthill Myth from Tiruvārūr', *History of Religions*, xviii/2 (1978), pp. 107–37.

55 Ravindran Nair, *Snake Worship in India* (New Delhi, 1973).

56 *Rigveda (*ix, 86, 44), trans. W. O'Flaherty (London, 1981).

57 *Tān.d.ya-Mahābrāhman.a* 25:15.

58 *Maitrāyani.sanhitā* ii.7.15, cited in Vogel, *Indian Serpent-Lore*, p. 7.

59 Ibid., p. 4.

60 Nair, *Snake Worship in India*.
61 Joshi and Fawcett, 'Water, Hindu Mythology', p. 121.
62 Partha Mitter, *Indian Art (*Oxford and New York, 2001).
63 Elizabeth Harding, *Kali: The Black Goddess of Dakshineswar* (Newburyport, mA, 1993).
64 Thomas Coburn, *Devī-Māhātmya: Crystallization of the Goddess Tradition* (Delhi, 1984).
65 *Bhāgavata Purān.a,* Canto Ten.
66 Vogel, 'Preface', in *Indian Serpent-Lore*.
67 Dominik Wujastyk, *'The Path to Liberation through Yogic Mindfulness in Early Ayurveda': Yoga in Practice*, ed. D. White (Princeton, Nj, 2011).
68 Shulman, 'The Serpent and the Sacrifice', p. 107.
69 Norman Austin, *Meaning and Being in Myth* (London, 1989), p. 88.
70 *Bhāgavata Purāna*, Canto Ten.
71 Ibid.

第七章　遷徙

1 Heather Sutherland, 'Geography as Destiny? The Role of Water in Southeast Asian History', in *A World of Water: Rain, Rivers and Seas in Southeast Asian Histories*, ed. P. Boomgaard (Leiden, 2007), pp. 27–70.
2 Johannes Gijsbertus De Casparis and Ian Mabbett, 'Religion and Popular Beliefs of Southeast Asia before *c.* 1500', in *The Cambridge History of Southeast Asia*, ed. Nicholas Tarling (Cambridge, 1999), pp. 276–334.
3 Monica Janowski, 'The Shape of Water: The Great Spirit Manifests as a Dragon', Borneo Research Council Conference, Kuching, Sarawak, 6–8 August 2018.
4 Korean National Folk Museum, 'From Nature to Human Beings', information panel, Gyeongbokgung Palace, Seoul, 2012.
5 Heo Gyun, *Korean Temple Motifs: Beautiful Symbols of the Buddhist Faith*, trans. Timothy Atkinson (Seoul, 2005), p. 23.
6 Ibid., p. 34.
7 Marinus de Visser, *The Dragon in China and Japan* (Amsterdam, 1913).
8 Helen Hardacre, *Shinto: A History* (Oxford, 2017).
9 Richard Bowring, *The Religious Traditions of Japan, 500–1600* (Cambridge, 2005).
10 Jan Christie, 'Water and Rice in Early Java and Bali', in *A World of Water*, ed. Boomgaard, pp. 235–58.
11 Francis Huxley, *The Dragon: Nature of Spirit, Spirit of Nature* (London, 1979), p. 15.
12 Emiko Ohnuki-Tierney, 'The Emperor of Japan as Deity (Kami)', *Ethnology*, xxx/3 (1991), pp. 199–215.
13 Bingxiang Zhu, *'Fuxi' and Chinese Culture* (Kunming, 2014), p. 2.
14 Kexin Liu et al., *Radiocarbon Dating of Oracle Bones of the Late Shang Period in Ancient China* (Cambridge 2020).
15 Zhu, *'Fuxi' and Chinese Culture,* p. 9.
16 Edward Schafer, *The Divine Woman: Dragon Ladies and Rain Maidens in T'ang Literature* (San Francisco, ca, 1980), p. 10.
17 De Visser, *The Dragon in China and Japan,* p. 38.
18 Wang Chong, *Lun heng* (first century), cited in Zhu, *'Fuxi' and Chinese Culture*, p. 2.
19 Ibid., p. 6.
20 Lu, *Lü Shi Chunqiu: Mr Lü's Spring and Autumn Annals*, *c*. 239 bce, cited in Zhu, *'Fuxi' and Chinese Culture,* p. 9.
21 Jean-Philippe Vogel*, Indian Serpent-Lore; or, The Nāgas in Hindu Legend and Art* (London, 1926), p. 94.
22 Charles Oldham, *The Sun and the Serpent: A Contribution to the*

History of Serpent-Worship (London, 2013), p. 50.
23 Zhu, *'Fuxi' and Chinese Culture*, pp. 3–4.
24 Xin He, *Dragon, Myth and Truth* (Shanghai, 1989), p. 23.
25 Zhu, *'Fuxi' and Chinese Culture*, pp. 6, 10.
26 Grafton Elliot Smith, *The Evolution of the Dragon* (Manchester, London and New York, 1919), p. 99.
27 Schafer, *The Divine Woman*, pp. 7–8.
28 Jianing Chen and Yang Yang, *The World of Chinese Myths* (Beijing, 1995), pp. 13, 26.
29 Susie Green, *Tiger* (London, 2006), pp. 39–40.
30 He, *Dragon, Myth and Truth*, pp. 2–3.
31 Florence Padovani, 'The Chinese Way of Harnessing Rivers: The Yangtze River', in *A History of Water*, vol. i*: Water Control and River Biographies,* ed. T. Tvedt and E. Jakobsson (London and New York, 2006), pp. 120–43 (p. 120).
32 David Pietz, 'Controlling the Waters in Twentieth- Century China: The Nationalist State and the Huai River', in *A History of Water*, vol. i, ed. Tvedt and Jakobsson, pp. 92–119 (pp. 92–3).
33 Padovani, 'The Chinese Way of Harnessing Rivers', p. 121.
34 Karl Wittfogel, *Oriental Despotism: A Comparative Study of Total Power* (New Haven, ct, 1957).
35 Schafer, *The Divine Woman*, p. 29.
36 Charles Gould, *Dragons, Unicorns, and Sea Serpents: A Classic Study of the Evidence for Their Existence* [1886] (Mineola, ny, 2002), p. 215.
37 Padovani, 'The Chinese Way of Harnessing Rivers', pp. 123–4.
38 Hampden DuBose, *The Dragon, Image, and Demon; or, The Three Religions of China: Confucianism, Buddhism and Taoism* (New York, 1887), p. 47.
39 Jane Harrison, *Prolegomena to the Study of Greek Religion* (Cambridge, 1908). See also Simon Price and Peter Thonemann, *The Birth of Classical Europe: A History from Troy to Augustine* (London, 2011).
40 Joseph Henderson and Maud Oakes, *The Wisdom of the Serpent: The Myths of Death, Rebirth, and Resurrection* (Princeton, nj, 2020), p. 19. See also Marija Gimbutas, *Bronze Age Cultures in Central and Eastern Europe* (Berlin and Boston, ma, 2011).
41 Emily Bonney, 'Disarming the Snake Goddess: A Reconsideration of the Faience Figurines from the Temple Repositories at Knossos', *Journal of Mediterranean Archaeology*, xxiv/2 (2011), pp. 171–90.
42 Knowledge about the Pelasgians is fragmentary, but Homer and Herodotus suggest that they preceded or joined the people they recognized as Greek society. Homer, *Odyssey* 19.177; Herodotus, *Histories* 2.51.1.56, 7.94–5, 8.44.
43 Robert Graves, *The Greek Myths* (London, 1955), p. 27.
44 Marija Gimbutas, Shan Winn and Daniel Shimbaku, *Achilleion: A Neolithic Settlement in Thessaly, Greece, 6400–5600 bc* (Los Angeles, ca, 1989); Heide Goettner-Abendroth, ed., *Societies of Peace: Matriarchies Past, Present and Future* (Toronto, 2009). See Charlene Spretnak, *Lost Goddesses of Early Greece: A Collection of Pre-Hellenic Myths* (Boston, ma, 1992).
45 Hesiod, *Theogony* [*c*. 800–700 bce], 116ff.
46 Plato, *Timaeus* [*c*. 360 bce], 40e.
47 David Sacks, *Encyclopedia of the Ancient Greek World* (New York, 2005), pp. 49–50.
48 Barry Powell, *Classical Myth*, trans. H. Howe (Upper Saddle River, nj, 1998), p. 368.
49 Mark Morford and Robert Lenardon, *Classical Mythology* (New York and Oxford, 1999).

50 Homer, *Iliad*, Book 14.
51 Hesiod, *Theogony* 133.
52 Johann Hofmann, *Etymologisches Wörterbuch des Griechischen* (Munich, 1950).
53 Robert Beekes, *Etymological Dictionary of Greek* (Leiden, 2009), pp. 1128–9. Georges Dumézil, *Ouranos-Varuna: Essai de Mythologie Comparée Indo-Européenne* (Paris, 1934).
54 Campbell, *Creative Mythology*.
55 Apollonius of Rhodes, *Argonautica* [3rd century bce], 1.495f.
56 Ian Ridpath and Wil Tirion, *Stars and Planets Guide* (Princeton, Nj, 2001).
57 Julius Staal, *The New Patterns in the Sky* (Blacksburg, vA, 1988).
58 James Charlesworth, *The Good and Evil Serpent: How a Universal Symbol Became Christianized* (London and New Haven, ct, 2010).
59 Alex Wilder, *The Serpent Symbol* (London, 1894), p. 15.
60 Walter Burkert, *Greek Religion* (Cambridge, ma, 1985), pp. 23, 30.
61 Martin Nilsson, *Die Geschichte der Griechischen Religion* (Munich, 1967).
62 Harrison, *Prolegomena to the Study of Greek Religion*, p. 17.
63 Plutarch, *Life of Alexander* 3.2.
64 Herodotus, *Histories* 1.59.
65 Örjan Wikander, 'The Water-Mill', in *Handbook of Ancient Water Technology*, ed. Örjan Wikander (Leiden, 2000), pp 371–401.
66 Simon Price, *Rituals and Power: The Roman Imperial Cult in Asia Minor* (Cambridge, 1986).
67 Jörg Rüpke, ed., *A Companion to Roman Religion* (Oxford, 2011); Mary Beard, John North and Simon Price, *Religions of Rome*, vol. I: *A History* (Cambridge, 1998). See Arnold Jones, *Constantine and the Conversion of Europe* (London, 1948).
68 Charles Scott-Giles, *The Romance of Heraldry* (London and New York, 1957).
69 Vasile Pârvan, *Dacia: An Outline of the Early Civilization of the Carpatho-Danubian Countries* (Cambridge, 1928).
70 Aristotle, *History of Animals*, Book viii, Chap. xxvii.
71 Aëtius, *On the Opinions of the Philosophers* v.30.1. Hippocrates, *Airs, Waters, Places*: 1, 7, 8, 9; *Internal Affections*: 6, 21, 23, 26, 34, 45, 47; *Diseases I*: 24; *Epidemics II*: 2.11; *Epidemics vI*: 4.8, 4.17; *Aphorisms*: 5.26; *Humours*: 12; *Regimen Iv, or Dreams*: 93.
72 Spretnak, *Lost Goddesses of Early Greece*, p. 18.
73 Valerius Flaccus, *Argonautica* 5.452, trans. Mozley, 1st century.
74 Pseudo-Apollodorus, *Bibliotheca* 1.146, trans. Aldrich, 1st century.
75 Apollonius of Rhodes, *Argonautica* 4.1515; Ovid, *Metamorphoses* 4.770; Lucan, *Pharsalia* 9.820.
76 Pliny the Elder, *Naturalis Historia: The Historie of the World* (Cambridge, ma, 1949).
77 Norman Austin, *Meaning and Being in Myth* (London, 1989), pp. 79–80.
78 Ibid., pp. 98–9.

第八章　至高無上

1 Polanyi describes this process of abstraction and delocalization as a form of 'disembedding'. Karl Polanyi, *The Great Transformation* (Boston, ma, 1957).
2 Francesca Stavrakopoulou, *Land of Our Fathers: The Roles of Ancestor Veneration in Biblical Land Claims* (New York, 2010).
3 Francesca Stavrakopoulou and John Barton, eds, *Religious Diversity in Ancient Israel and Judah* (London, 2010).
4 Bernard Batto, *Slaying the Dragon: Mythmaking in the Biblical Tradition* (Louisville, ky, 1992), p. 1.

5 Arthur Hocart, 'The Origin of Monotheism', *Folklore,* xxxiii/3 (1922), pp. 282–93.

6 Pyramid Texts 1146. Cited in Rundle Clark, *Myth and Symbol in Ancient Egypt* (London, 1978), p. 51; John Day, *God's Conflict with the Dragon and the Sea: Echoes of a Canaanite Myth in the Old Testament* (Cambridge, 1985), p. 49.

7 Batto, *Slaying the Dragon*, p. 131.

8 Robert Miller, *Baal, St George, and Khidr: A Study of the Historical Geography of the Levant* (University Park, pa, 2019), p. 83.

9 Francesca Stavrakopoulou, *God: An Anatomy* (London, 2021).

10 1 Samuel 11. See also Leslie Wilson, *The Serpent Symbol in the Ancient Near East: Nahash and Asherah, Death, Life, and Healing* (Lanham, md, 2001).

11 Wilder, *The Serpent Symbol*, p. 16.

12 Gary Varner, *Sacred Wells: A Study in the History, Meaning, and Mythology of Holy Wells and Waters* (New York, 2002), p. 14.

13 Campbell, *Creative Mythology*, p. 30.

14 Mary Condren, *The Serpent and the Goddess: Women, Religion, and Power in Celtic Ireland* (San Francisco, ca, 1989), p. 7.

15 Arvid Kapelrud in Johannes Botterweck, Heinz-Josef Fabry and Helmer Ringgren, eds, *Theological Dictionary of the Old Testament Iv* (Grand Rapids, mi, 1981), pp. 257–9ff. See also Mark Lidzbarski, *Ephemeris für semitische Epigraphik* [1902] (Berlin, 2020).

16 Dennis Slifer, *The Serpent and the Sacred Fire: Fertility Images in Southwest Rock Art* (Santa Fe, nm, 2000), pp. 111–12.

17 John Day, *From Creation to Babel: Studies in Genesis 1–11* (London, 2013), pp. 54–5.

18 Arthur Basham, *The Wonder That Was India* (London, 1954).

19 William Cooper, *The Serpent Myths of Ancient Egypt* (Berwick, me, 2005), p. 9.

20 Arthur Frothingham, 'Babylonian Origin of Hermes the Snake-God, and of the Caduceus', *American Journal of Archaeology*, xx (1916), pp. 175–211 (p. 181).

21 Mircea Eliade, *A History of Religious Ideas: From Gautama Buddha to the Triumph of Christianity*, trans. W. Trask (Chicago, il, and London, 1982), pp. 401–2.

22 Herbert Cutner, *Jesus: God, Man, or Myth? An Examination of the Evidence* (Escondido, ca, 2000), p. 137.

23 Terence Mitchell, *The Bible in the British Museum* (London, 1988).

24 Apollonius Rhodius, *Argonautica* 2.1267ff., 3rd century bce.

25 Martin Larson, *The Story of Christian Origins* (Washington, dc, 1977).

26 Sarah Stewart, ed., *The Everlasting Flame: Zoroastrianism in History and Imagination* (London, 2013).

27 Charles Penglase, *Greek Myths and Mesopotamia: Parallels and Influence in the Homeric Hymns and Hesiod* (New York, 1994).

28 Martin Nilsson, *Die Geschichte der Griechischen Religion* (Munich, 1967), p. 470.

29 Gordon Wasson, Carl Ruck and Albert Hofmann, *The Road to Eleusis: Unveiling the Secret of the Mysteries* (Berkeley, ca, 2008).

30 Joseph Henderson and Maud Oakes, *The Wisdom of the Serpent: The Myths of Death, Rebirth, and Resurrection* (Princeton, nj, 2020), p. 19.

31 Barry Powell, *Classical Myth* (Upper Saddle River, nj, 1998), pp. 105–7. See also Walter Otto, *Dionysus Myth and Cult* (Dallas, tx, 1981); and Karl Kerényi, *Dionysos: Archetypal Image of Indestructible Life* (Princeton, nj, 1976).

32 Alain Daniélou, *Gods of Love and Ecstasy* (Rochester, vt, 1992), p.

15.

33 Michael Janda, *Die Musik nach dem Chaos* (Innsbruck, 2010).

34 Xavier Riu, *Dionysism and Comedy* (Lanham, md, and Oxford, 1999), p. 105.

35 Kenneth Dover, ed., *Aristophanes, Frogs* (Oxford, 1993), p. 2.

36 Jonah 2:1, et 1:17; Jonah 2:11, et 2:10.

37 Day, *God's Conflict with the Dragon and the Sea*, p. 111.

38 Philip Gardiner and Gary Osborn, *The Serpent Grail: The Truth behind the Holy Grail, the Philosopher's Stone and the Elixir of Life* (London, 2005), p. 171.

39 Geraldine Pinch, *Handbook of Egyptian Mythology* (Santa Barbara, ca, 2002), p. 206.

40 Pope Pius xii, *Munificentissimus Deus: Defining the Dogma of the Assumption* (Rome, 1950), para. 44.

41 Stephanie Dalley, ed., *The Legacy of Mesopotamia* (Oxford, 1998), p. 65.

42 Catherine Keller, *The Face of the Deep: A Theology of Becoming* (Oxford and New York, 2003), p. xvii.

43 Ibid.

44 Morris Jastrow, *Aspects of Religious Belief and Practice in Babylonia and Assyria* (New York, 1910), pp. 71–2.

45 Psalm 29:3–6, cited ibid., p. 73.

46 Terje Oestigaard, 'The Topography of Holy Water in England after the Reformation', in *Perceptions of Water in Britain from Early Modern Times to the Present: An Introduction*, ed. K. V. Lykke Syse and T. Oestigaard (Bergen, 2010), pp. 15–34 (p. 27).

47 Adrian Armstrong and Margaret Armstrong, 'A Christian Perspective on Water and Water Rights, in *A History of Water*, vol. iii: *A World of Water*, ed. T. Tvedt and T. Oestigaard (London and New York, 2006), pp. 367–84.

48 John Reeves, *Bible and Qur'ān: Essays in Scriptural Intertextuality* (Leiden, 2004).

49 Greg Fisher, ed., *Arabs and Empires Before Islam* (Oxford, London and New York, 2015), p. 118.

50 Qur'an 71:23.

51 Maulvi Ali, *The Holy Qur'an, with English Translation and Commentary* (Lahore, 1917).

52 Cyril Glassé, *The New Encyclopedia of Islam* (Walnut Creek, ca, 2001), p. 185.

53 David Leeming, *Jealous Gods and Chosen People: The Mythology of the Middle East* (Oxford and New York, 2004), p. 121.

54 Robert Morey, *The Moon-God Allah in the Archeology of the Middle East* (Newport, pa, 1994).

55 Arthur Jeffrey, *Islam: Muhammad and His Religion* (New York, 1958), p. 85; Timothy Tennent, *Theology in the Context of World Christianity: How the Global Church Is Influencing the Way We Think about and Discuss Theology* (Grand Rapids, mi, 2007), p. 7.

56 Gaston Maspero, *The Dawn of Civilization: Egypt and Chaldæa* (London, 1910).

57 Muhammad Al-Tabari, *The Last Years of the Prophet*, trans. Isma'il Qurban Husayn (New York, 1990); Gerald Hawting, *The Idea of Idolatry and the Emergence of Islam: From Polemic to History* (Cambridge, 1999).

58 John Healey, *The Religion of the Nabataeans: A Conspectus* (Leiden, 2001), p. 136.

59 John Esposito, ed., *The Oxford Encyclopedia of the Islamic World* (Oxford, 2009).

60 Al-Kisa'I, *Qisas Al-anbiya* (Tales of the Prophet) cited in Carole Hillenbrand, 'Gardens between Which Rivers Flow', in *Rivers of Paradise: Water in Islamic Art and Culture*, ed. S. Blair and J.

Bloom (New Haven, ct, and London 2009), p. 27.

61 D. Fairchild Ruggles, ‘From the Heavens and Hills: The Flow of Water to the Fruited Trees and Ablution Fountains in the Great Mosque of Cordoba’, in Blair and Bloom, *Rivers of Paradise*, pp. 81–103 (p. 82).

62 Ahmad Ghabin, ‘The Well of Zamzam: A Pilgrimage Site and Curative Water in Islam’, in *Sacred Waters: A Cross-Cultural Compendium of Hallowed Springs and Holy Wells*, ed. C. Ray (London, 2020), pp. 71–9.

63 Hillenbrand, ‘Gardens between Which Rivers Flow’, pp. 31–2.

64 Seyyed Nasr, *An Introduction to Islamic Cosmological Doctrines: Conceptions of Nature and Methods Used for Its Study* (London, 1978), p. 78.

65 Ibid., p. 81.

66 Hillenbrand, ‘Gardens between Which Rivers Flow’, pp. 27–58 (p. 33).

67 Ibrham Özdemir, ‘Environment’, in *The Oxford Encyclopedia of Philosophy, Science, and Technology in Islam*, ed. Ibrahim Kalin (Oxford, 2014), pp. 198–202 (p. 199).

第九章　斬妖除魔

1 Val Plumwood, *Feminism and the Mastery of Nature* (London, 1993).

2 Joseph Campbell, *The Masks of God: Occidental Mythology* (New York, 1964), p. 17.

3 Karen Joines, *Serpent Symbolism in the Old Testament: A Linguistic, Archaeological, and Literary Study* (Haddonfield, nj, 1974), pp. 43–4.

4 Mary Condren, *The Serpent and the Goddess: Women, Religion, and Power in Celtic Ireland* (San Francisco, ca, 1989), p. 8.

5 Joines, *Serpent Symbolism in the Old Testament*, p. 17.

6 James Fergusson, *Tree and Serpent Worship: Illustrations of Mythology and Art in India* (London, 1868), p. 9.

7 Ibid., p. 24.

8 Norman Austin, *Meaning and Being in Myth* (London, 1989), p. 7.

9 Catherine Nixey, *The Darkening Age: The Christian Destruction of the Classical World* (London, 2017).

10 Ann Ross, ‘Ritual and the Druids’, in *The Celtic World*, ed. M. Green (London, 1995), pp. 423–44.

11 David Rankin, ‘The Celts through Classical Eyes’, in *The Celtic World*, ed. Green, pp. 21–33 (p. 30).

12 Richard Bailey, *England’s Earliest Sculptors* (Toronto, 1996), p. 94.

13 Janet Bord and Colin Bord, *Sacred Waters: Holy Wells and Water Lore in Britain and Ireland* (London, 1985), p. 18.

14 Jonathan Alexander, ed., *A Survey of Manuscripts Illuminated in the British Isles* (London, 1978), p. 9.

15 Terje Oestigaard, ‘The Topography of Holy Water in England after the Reformation’, in *Perceptions of Water in Britain from Early Modern Times to the Present: An Introduction*, ed. K. V. Lykke Syse and T. Oestigaard (Bergen, 2010), pp. 15–34 (p. 16).

16 Peter Harrison, ‘Subduing the Earth: Genesis 1, Early Modern Science, and the Exploitation of Nature’, *Journal of Religion*, lxxix/1 (1999), pp. 86–109 (p. 91).

17 Catherine Keller, *The Face of the Deep: A Theology of Becoming* (Oxford and New York, 2003), p. xvii.

18 Christine Rauer, *Beowulf and the Dragon: Parallels and Analogues* (Woodbridge, 2000), p. 69.

19 Louis Dumont, *La Tarasque: Essai de Description d’un Fait Local d’un Point du Vue Ethnographique* (Paris, 1951), cited in David Gilmore, *Monsters: Evil Beings, Mythical Beasts, and All Manner of*

Imaginary Terrors (Philadelphia, pa, 2003), pp. 157–62.
20 Christina Hole, *English Folk-Heroes* (London, 1948), p. 114.
21 Silas Mallery, 'The Marriage Well at Teltown: Holy Well Ritual at Royal Cult Sites and the Rite of Temporary Marriage', *European Review of History*, xviii/2 (2011), pp. 175–97.
22 Robert Steel, ed., *Medieval Lore: An Epitome of the Science, Geography, Animal and Plant Folk-Lore and Myth of the Middle Ages* (London, 1893), pp. 124–5, cited in Samantha Riches, *St George: Hero, Martyr and Myth* (Stroud, 2005), p. 142.
23 Paul Screeton, *Whisht Lads and Haad Your Gobs: The Lambton Worm and Other Northumbrian Dragon Legends* (Sunderland, 1998).
24 Francis Child, *The English and Scottish Popular Ballads* [1882] (New York, 1965), p. 306.
25 James Somerville, *Memorie of the Somervilles*, ed. W. Scott (Edinburgh, 1815).
26 Thomas Percy, 'Legend of Sir Guy', in *The Reliques of Ancient English Poetry* (London, 1765), pp. 103–11.
27 Screeton, *Whisht Lads and Haad Your Gobs*, n.p.
28 Frederick Hasluck, 'Dieudonné de Gozon and the Dragon of Rhodes', *Annual of the British School at Athens*, xx (1914), pp. 70–79.
29 Riches, *St George*, p. 1.
30 Jacobus De Voragine, *The Golden Legend* [*Legenda Aurea*], *c.* 1260 (London, 1878).
31 Riches, *St George*, p. 3.
32 Rauer, *Beowulf and the Dragon*, p. 13.
33 Riches, *St George*, p. 27.
34 Jesse Byock, *The Saga of the Volsungs: The Norse Epic of Sigurd the Dragon Slayer* (Berkeley, ca, 1990), p. 63.
35 Bailey, *England's Earliest Sculptors*, p. 93.
36 Rauer, *Beowulf and the Dragon*, pp. 42–3.
37 Adam Barkman, *Making Sense of Islamic Art and Architecture* (London, 2015), p. 74.
38 Charles Bright, *Sea Serpents* (Bowling Green, oh, 1991), pp. 4–5.
39 Grafton Elliot Smith, *The Evolution of the Dragon* (Manchester, 1919), p. 85.
40 Gilmore, *Monsters*, pp. 146–7.
41 Riches, *St George*, p. 33.
42 Robert Miller, *Baal, St George, and Khidr: A Study of the Historical Geography of the Levant* (University Park, pa, 2019), p. 8.
43 Ibid., p. 9.
44 Ibid., p. 2.
45 Ibid., p. 4.
46 Ibid., pp. 85–6.
47 Stefan Helmreich, 'The Genders of Waves', *Women's Studies Quarterly*, xlv/1/2 (2017), pp. 29–51.
48 Riches, *St George*, p. 156.
49 Francis Huxley, *The Dragon: Nature of Spirit, Spirit of Nature* (London, 1979), p. 15.
50 Bord and Bord, *Sacred Waters*, p. 114.
51 Jean D'Arras, *Le Livre de Mélusine* [1478], trans. A. Donald (London, 1985).
52 Riches, *St George*, pp. 169–72.
53 Condren, *The Serpent and the Goddess*, p. 5.
54 Éva Pócs, *Between the Living and the Dead: A Perspective on Witches and Seers in the Early Modern Age* (Budapest, 1999). See also Alan Macfarlane, *Witchcraft in Tudor and Stuart England* (London, 1999).

第十章　改造

1 Charles Montalembert, *Les Moines d'Occident depuis Saint Benoît jusqu'à Saint Bernard* [The Monks of the West from Saint Benoit to Saint Bernard] (Paris, 1860). See also Katherine MacFarlane, 'Isidore of Seville on the Pagan Gods', *Transactions of the American Philosophical Society*, llx/3 (1980), pp. 1–40.

2 Seyyed Nasr, *An Introduction to Islamic Cosmological Doctrines: Conceptions of Nature and Methods Used for Its Study* (London, 1978).

3 Judith Bennett and Warren Hollister, *Medieval Europe: A Short History* (New York, 2001).

4 David Whitehouse, *Renaissance Genius: Galileo Galilei and His Legacy to Modern Science* (London, 2009).

5 Katherine Park, 'Women, Gender, and Utopia: *The Death of Nature* and the Historiography of Early Modern Science', *Isis*, xcvII/3 (2006), p. 492. See also Jason Josephson-Storm, *The Myth of Disenchantment: Magic, Modernity, and the Birth of the Human Sciences* (Chicago, Il, 2017).

6 Robert Grosseteste, *Treatises. De colore, De iride*, *c*. 1220, see Amelia Sparavigna, 'On the Rainbow, a Robert Grosseteste's Treatise on Optics', *International Journal of Sciences*, II /9 (2013), pp. 108–13.

7 Veronica Strang, *The Meaning of Water* (Oxford and New York, 2004).

8 Richard Holt, *The Mills of Medieval England* (Oxford, 1998).

9 Roberta Magnusson, 'Water and Wastes in Medieval London', in *A History of Water*, vol. ii: *The Political Economy of Water*, ed. T. Tvedt and E. Jakobsson (London, 2006), pp. 299–313 (pp. 299–300).

10 Marjorie Honeybourne, 'The Fleet and Its Neighborhood in Early and Medieval Times', *Transactions of the London and Middlesex Archaeological Society*, xix (1947), pp. 51–2.

11 Stefan Helmreich, 'Domesticating Waves in the Netherlands', *bomb Magazine* (2019), pp. 153–8, https://bombmagazine.org.

12 Terje Oestigaard, 'The Topography of Holy Water in England after the Reformation', in *Perceptions of Water in Britain from Early Modern Times to the Present: An Introduction*, ed. K. V. Lykke Syse and T. Oestigaard (Bergen, 2010), pp. 15–34 (p. 15).

13 Arthur Gribben, *Holy Wells and Sacred Water Sources in Britain and Ireland* (London, 1992), p. 16.

14 Oestigaard, 'The Topography of Holy Water', p. 20.

15 Keith Thomas, *Religion and the Decline of Magic: Studies in Popular Beliefs in Sixteenth- and Seventeenth-Century England* (London, 1971).

16 Alain Corbin, *The Lure of the Sea: The Discovery of the Seaside in the Western World, 1750–1800* (Berkeley, ca, 1994), p. 7.

17 Yi-Fu Tuan, *The Hydrologic Cycle and the Wisdom of God: A Theme in Geoteleology* (Toronto, 1968).

18 Gilbert Lascault, *Le monstre dans l'art occidental: un problème esthétique* (Paris, 1973), p. 45.

19 David Gilmore, *Monsters: Evil Beings, Mythical Beasts, and All Manner of Imaginary Terrors* (Philadelphia, pa, 2003), p. 63.

20 Peter Harrison, 'Subduing the Earth: Genesis 1, Early Modern Science, and the Exploitation of Nature', *Journal of Religion*, lxxix/1 (1999), pp. 86–109.

21 Veronica Strang, 'Dam Nation: Cubbie Station and the Waters of the Darling', in *The Social Life of Water in a Time of Crisis*, ed. J. Wagner (Oxford and New York, 2013), pp. 36–60.

22 Veronica Strang, *The Meaning of Water* (Oxford and New York, 2004).

23 Susan Anderson and Bruce Tabb, eds, *Water, Leisure and Culture: European Historical Perspectives* (Oxford and New York, 2002).
24 Erich Pontoppidan, *The Natural History of Norway*, trans. A. Berthelson (London, 1755).
25 Antoon Cornelis Oudemans, *The Great Sea-Serpent: An Historical and Critical Treatise* (Leiden and London, 1892).
26 Gilmore, *Monsters*, p. 66.
27 Samantha Riches, *St George: Hero, Martyr and Myth* (Stroud, 2005), pp. 131–2, 141.
28 Adrienne Mayor, *The First Fossil Hunters: Paleontology in Greek and Roman Times* (Princeton, nj, 2000), p. 130.
29 Ivan Illich, *h2o and the Waters of Forgetfulness* (London, 1986).
30 Andrea Ballestero, *A Future History of Water* (Durham, nc, 2019).
31 Jean-Pierre Goubert, *The Conquest of Water: The Advent of Health in the Industrial Age*, trans. A. Wilson (Princeton, nj, 1986).
32 Matthew Gandy, 'Water, Modernity and the Demise of the Bacteriological City', in *A History of Water*, vol. i: *Water Control and River Biographies*, ed. T. Tvedt and E. Jakobsson (London, 2006), pp. 347–71 (p. 347).
33 Terje Tvedt and Eva Jakobsson, 'Introduction: Water History is World History', in *A History of Water,* vol. i, ed. Tvedt and Jakobsson, pp. ix–xxiii (p. xv).
34 Karl Marx, *Grundrisse: Foundations of the Critique of Political Economy*, trans. M. Nicolaus (New York, 1968), p. 410.
35 Max Weber, *The Protestant Ethic and the Spirit of Capitalism* [1905] (London, 2006).
36 Lynn White, 'The Historical Roots of Our Ecological Crisis', *Science*, clv (1967), pp. 1203–7.
37 Kenneth Hall, 'Economic History of Southeast Asia', in *The Cambridge History of Southeast Asia*, ed. Nicholas Tarling (Cambridge, 1999), pp. 185–275 (p. 193).
38 Heather Sutherland, 'Geography as Destiny? The Role of Water in Southeast Asian History', in *A World of Water: Rain, Rivers and Seas in Southeast Asian Histories*, ed. P. Boomgaard (Leiden, 2007), pp. 27–70 (pp. 37, 43).
39 Ernestine Hill, *Water into Gold: The Taming of the Mighty Murray River* [1937] (London, 1958), p. v.
40 Ibid., pp. 38, 40.
41 Mark Cioc, 'Seeing Like the Prussian State: Re-Engineering the Rivers of Rhineland and Westphalia', in *A History of Water*, vol. i, ed. Tvedt and Jakobsson, pp. 239–52.
42 David Duke, 'Seizing Favours from Nature: The Rise and Fall of Siberian River Diversion', in *A History of Water*, vol. i, ed. Tvedt and Jakobsson, pp. 3–34 (p. 4).
43 Ahmed Kamal, 'Living with Water: Bangladesh since Ancient Times', in *A History of Water*, vol. i, ed. Tvedt and Jakobsson, pp. 194–213 (pp. 199–200).
44 Ibid., p. 207.
45 William Steele, 'The History of the Tama River: Social Reconstructions', in *A History of Water*, vol. i, ed. Tvedt and Jakobsson, pp. 217–38.
46 Florence Padovani, 'The Chinese Way of Harnessing Rivers: The Yangtze River', in *A History of Water*, vol. i, ed. Tvedt and Jakobsson, pp. 120–43 (p. 122).
47 David Pietz, 'Controlling the Waters in Twentieth- Century China: The Nationalist State and the Huai River', in *A History of Water*, vol. i, ed. Tvedt and Jakobsson, pp. 92–119 (pp. 92–3, 111).
48 Jiang Zemin was the general secretary of the Communist Party from 1989 to 2002, and president of the People's Republic of

China from 1993 to 2003.

49 Kevin Wehr, *America's Fight over Water: The Environmental and Political Effects of Large-Scale Water Systems* (New York and London, 2004), p. 79.

50 Marc Reisner, *Cadillac Desert: The American West and Its Disappearing Water* (London, 2001).

51 unu Institute for Water, Environment and Health, 'World Losing 2,000 Hectares of Farm Soil Daily to Salt-Induced Degradation' (2014), https://unu.edu.

52 Daniel Connell, *Water Politics in the Murray–Darling Basin* (Annandale, 2007).

53 Bruce Simmons and Jennifer Scott, 'The River Has Recorded the Story: Living with the Hawkesbury River, Sydney, nsw, Australia', in *A History of Water*, vol. i, ed. Tvedt and Jakobsson, pp. 253–76 (p. 254).

54 World Bank, 'Water in Agriculture' (2020), www.worldbank.org.

55 Patricia Sippel, 'Keeping Running Water Clean: Mining and Pollution in Pre-Industrial Japan', in *A History of Water,* vol. i, ed. Tvedt and Jakobsson, pp. 419–36 (p. 419).

56 Veronica Strang, 'Infrastructural Relations: Water, Political Power and the Rise of a New "Despotic Regime"', *Water Alternatives, Water, Infrastructure and Political Rule*, xi/2 (2016), pp. 292–318.

57 James Linton, *What Is Water? The History of a Modern Abstraction* (Vancouver and Toronto, 2010).

58 James Scott, *Seeing Like a State: How Certain Schemes to Improve the Human Condition Have Failed* (New Haven, ct, 2008).

59 International Union for the Conservation of Nature, 'The iucn Red List of Threatened Species' (2019), www.iucnredlist.org.

60 Manuel Llano, *Mitos y Leyendas de Cantabria* (Myths and Legends of Cantabria) (Spain, 2001).

61 Alberto Álvarez Peña, *De las Formas de Matar al Cuélebre* (2008), http://fusionasturias.com.

62 Ibid.

63 Lorenzo DiTommaso, *The Book of Daniel and the Apocryphal Daniel Literature* (Leiden, 2005).

64 Adomnán of Iona, *Life of St Columba, c. 500–600*, trans. R. Sharpe (London, 1995), p. 176.

65 Clarence Leumane, composer, *The Lambton Worm* (Roud Folk Song Index #2337, 1867).

66 Lewis Carroll, *Jabberwocky: From Through the Looking Glass* [1871] (London, 1987). The original Cheshire Cat can also be found in Croft-on-Tees, as a stone carving at St Peter's Church.

67 Jean Scammell, 'The Origin and Limitations of the Liberty of Durham', *English Historical Review*, lxxxi/320 (1966), pp. 449–73.

68 Chris Lloyd, 'Bishop Crosses River for Sword That Slew Worm', *Northern Echo*, 26 November 2011, www.thenorthernecho.co.uk.

69 Mark Tallantire, 'Film of Bishop Justin's Installation' (enthronement ceremony), 26 November 2011, www.durham.anglican.org.

70 Veronica Strang 'Reflecting Nature: Water Beings in History and Imagination', in *Waterworlds: Anthropology in Fluid Environments*, ed. K. Hastrup and F. Hastrup (Oxford and New York, 2015), pp. 248–78.

71 Stuart Jeffries, '"Swamped"and "Riddled": The Toxic Words That Wreck Public Discourse', *The Guardian*, 27 October 2014, www.theguardian.com.

72 Riches, *St George*, p. 178.
73 Laurence Michael Yep, *Dragon of the Lost Sea* (New York, 1982); Ryūnosuke Akutagawa, 'Dragon: The Old Potter's Tale', in *Rashōmon and 17 Other Stories* [1919], trans. J. Rubin (New York, 2006), pp. 3–9; Jeffrey Carver, *Dragons in the the Stars* (New York, 1992); Keith Baker, *Eberron* (Renton, wa, 2004).
74 Shōhei Imamura, dir., *Akai Hashi no Shita no Nurui Mizu/Warm Water under a Red Bridge* (2001).
75 Tom Mes, 'Review: *Warm Water under a Red Bridge*' (2001), www.midnighteye.com.
76 Hidenori Sugimori, dir, *Mizu no Onna (Woman of Water)* (2002).
77 Jonathan Schiff, dir., *h2o: Just Add Water* (2006).
78 Ken Russell, dir., *The Lair of the White Worm* (1988). See also Bram Stoker, *The Lair of the White Worm* (London, 1911).
79 Sarah Perry, *The Essex Serpent* (London, 2016).
80 Baker, *Eberron*.
81 Emily Rodda, *Deltora Quest* (Witney, Oxon, 2000–2005).
82 Robin Hobb, *Realm of the Elderlings* series (London 1995–2017).
83 Ursula Le Guin, *Earthsea* series (London and Boston, ma, 1964–2018).
84 George Martin, *A Game of Thrones* (London, 1996). Televised as the *Game of Thrones* series by hbo (New York, 2011–19)
85 Takehiro Watanabe, personal communication with the author, 2022.
86 Tetsya Yamauchi, dir, *The Magic Serpent* (1966).
87 Roberta MacAvoy, *Tea with the Black Dragon* (New York, 1983).
88 Joanne Bertin, *Dragonlord* (London, 1998–).
89 Ron Saunders, Claire Henderson and Xu Pei Xia, Xu Pei, prod., *The Magic Mountain* (Australia and China, 1997).
90 Robert Heinlein, *Between Worlds* (New York, 1951).
91 J.R.R. Tolkien, *The Hobbit* (London, 1937); J.R.R. Tolkien, *The Lord of the Rings* (London, 1954).
92 Rudyard Kipling, *The Jungle Book* (Project Gutenberg ebook, 2006 [1894]).
93 Wolfgang Reitherman, dir., *The Jungle Book* (1967); Jon Favreau, dir., *The Jungle Book* (2016).
94 John Bunyan, *The Pilgrim's Progress* (London, 1678); C. S. Lewis, *The Pilgrim's Regress* (London, 1933).
95 Lewis Carroll, *Through the Looking-Glass, and What Alice Found There* (London, 1871).
96 Larry Cohen, dir., *Q: The Winged Serpent* (1982).
97 Tony DiTerlizzi and Holly Black, *The Spiderwick Chronicles*: *The Wrath of Mulgarak* (New York, 2004); Tony DiTerlizzi and Holly Black, *Beyond the Spiderwick Chronicles: The Wyrm King* (New York, 2009).
98 Ray Bradbury, 'The Dragon', *Esquire* (August 1955).
99 Harry Turtledove, *Darkness/Derlavai* (New York, 1999–2004).
100 Jim Wynorski, dir., *Cry of the Winged Serpent* (2007).
101 Jane Yolen, *Pit Dragon Trilogy* [1982, 1984, 1987] (2005).
102 James Cameron, dir., *Avatar* (2009).
103 Diana Wynne-Jones, *Charmed Life* (London, 1977); Cressida Cowell, *How to Train Your Dragon* (2003–15).
104 Edith Nesbit, *The Last of the Dragons* (London, 1980).
105 Anne MacCaffrey, *Dragonriders of Pern* series (New York, 1967–2022); *Dragonsdawn: The Earliest Legend of Pern* (New York, 1988).
106 Steven Brust, *Vlad Taltos* (New York, 1990–).
107 Elizabeth Kerner, *Song in the Silence* (New York, 1997).
108 Guillermo del Toro, dir., *The Shape of Water* (2017).
109 James Cameron, dir., *The Abyss* (1989).

第十一章 轉型

1 Roy Ellen, 'What Black Elk Left Unsaid: On the Illusory Images of Green Primitivism', *Anthropology Today,* ii/6 (1986), pp. 8–13. See also Shepard Krech, *The Ecological Indian: Myth and History* (New York, 1999).

2 Ann Fienup-Riordan, *Eskimo Essays: Yup'ik lives and How We See Them* (New Brunswick, nj, 1990), p. 167.

3 Ann Fienup-Riordan, *Wise Words of the Yup'ik People: We Talk to You Because We Love You* (Lincoln, ne, 2018).

4 Ann Fienup-Riordan, 'Ella-gguq Allamek Yuituq/ They Say the World Contains No Others, Only Persons', *Hau: Journal of Ethnographic Theory*, vii/2 (2017), pp. 133–7.

5 Fienup-Riordan, *Eskimo Essays*, p. 168.

6 Ibid., p. 167.

7 Nancy Doubleday, 'Sustaining Arctic Visions, Values and Ecosystems: Writing Inuit Identity, Reading Inuit Art in Cape Dorset, Nunavut', in *Presenting and Representing Environments*, ed. G. Humphreys and M. Williams (Dordrecht, 2005), pp. 167–80.

8 Marshall Sahlins, 'The Original Political Society', *Hau: Journal of Ethnographic Theory*, vii/2 (2017), pp. 91–128 (p. 117).

9 Zongze Hu, 'The Travails of the Ninth Dragon God: The Struggle for Water, Worship and the Politics of Getting By in a North China Village', *Human Ecology*, xxxix/1 (2011), pp. 81–91.

10 Ibid.

11 Ibid.

12 Ibid.

13 William Steele, 'The History of the Tama River: Social Reconstructions', in *A History of Water*, vol. i: *Water Control and River Biographies*, ed. T. Tvedt and E. Jakobsson (London, 2006), pp. 217–38 (p. 230).

14 Ibid., p. 233.

15 Yukihiro Morimoto, 'Rain Garden as Sustainable Urban Green Infrastructure Learned from Tradition', Urban Nature, Urban Culture symposium, Sophia University, Japan, 24 October 2021.

16 Lindsay Jones, *Encyclopedia of Religion* (New York, 2005), pp. 5071–4; John Breen and Mark Teeuwen, *Shinto in History* (London, 2000); Young-Sook Lee et al., 'Tracing Shintoism in Japanese Nature-Based Domestic Tourism Experiences', *Cogent Social Sciences*, iv/1 (2018).

17 Hidefumi Imura and Miranda Schreurs, eds, *Environmental Policy in Japan* (Cheltenham and Northampton, ma, 2005).

18 Peter Boomgaard, 'In a State of Flux: Water as a Deadly and a Life-Giving Force in Southeast Asia', in *A World of Water: Rain, Rivers and Seas in Southeast Asian Histories*, ed. P. Boomgaard (Leiden, 2007), pp. 1–23 (p. 5).

19 Stephen Headley, *Durga's Mosque: Cosmology, Conversion and Community in Central Javanese Islam* (Singapore, 2004).

20 Sandra Pannell, 'Of Gods and Monsters: Indigenous Sea Cosmologies, Promiscuous Geographies and the Depth of Local Sovereignty', in *A World of Water*, ed. Boomgaard, pp. 71–102.

21 Boomgaard, 'In a State of Flux', p. 1.

22 Barbara Andaya and Yoneo Ishii, 'Religious Develop- ment in Southeast Asia, *c.* 1500–1800, in *The Cambridge History of Southeast Asia*, vols i–ii: *From c. 1500 to c. 1800*, ed. N. Tarling (Cambridge, 1999), pp. 508–71 (p. 509).

23 Jullen Goalabre, 'Our Duty to Agama Tirtha: The Religion of Holy Water' (2019), www.desaseni.com.

24 Paula Uimonen, 'Whales of Power' (2021), www.hf.uio.no.

25 Felix Meier zu Selhausen and Jacob Weisdorf, ‘A Colonial Legacy of African Gender Inequality? Evidence from Christian Kampala, 1895–2011’, *Economic History Review*, lxix/1 (2016), pp. 229–57.
26 Matthew Schoffeleers, *River of Blood: The Genesis of a Martyr Cult in Southern Malawi, c.a.d. 1600* (Madison, wi, 1992), p. 5.
27 Ibid.
28 Menno Welling, fieldwork interview with the author, 2013.
29 David Nangoma, fieldwork interview with the author, 2013.
30 Steve Chimombo, fieldwork interview with the author, 2013. See also Steve Chimombo, *The Wrath of Napolo* (Malawi, 2000).
31 Zondiwe Mbano. ‘Prayer for Rain’, *Zondiwe's Water Poems,* p. 3. With permission from the author.
32 Ibid., p. 6.
33 Kefiloe Sello, ‘Rivers That Become Reservoirs: An Ethnography of Water Commodification in Lesotho’, PhD thesis, University of Cape Town, 2021.
34 Paula Uimonen, *Invoking Flora Nwapa: Nigerian Woman Writers, Femininity and Spirituality in World Literature* (Stockholm, 2020), https://doi.org/10.16993/bbe.
35 Henry Drewal, *Sacred Waters: Arts for Mami Wata and Other Water Divinities in Africa and the Diaspora* (Bloomington, in, 2008), pp. 1–2.
36 Ibid., p. 2.
37 Ibid., p. 18.
38 Simon Coleman and Mike Crang, eds, *Tourism: Between Place and Performance* (Oxford, 2002). See also Xianghong Feng, ‘Who Benefits? Tourism Development in Fenghuang County, China’, *Human Organization*, lxvii/2 (2008), pp. 207–21; Veronica Strang, ‘Sustaining Tourism in Far North Queensland’, in *People and Tourism in Fragile Environments*, ed. Martin Price (London, 1996), pp. 51–67.
39 Claus Deimel and Elke Ruhnau, *Jaguar and Serpent: The Cosmos of Indians in Mexico, Central and South America*, trans. Ann Davis (Berlin, 2000), p. 153.
40 Ibid.
41 Penny Dransart, ed., *Kay Pacha: Cultivating Earth and Water in the Andes*, British Archaeological Reports, s1478 (Oxford, 2006).
42 Jeanette Sherbondy, ‘Water Ideology in Inca Ethnogenesis’, in *Andean Cosmologies through Time: Persistence and Emergence*, ed. R. Dover, K. Seibold and J. McDowell (Bloomington, in, 1992), pp. 46–66.
43 Dransart, *Kay Pacha,* p. 11.
44 Sarah Bennison, ‘Who Are the Children of Pariacaca? Exploring Identity through Narratives of Water and Landscape in Huarochirí, Peru’, PhD thesis, Newcastle University, 2016, p. 82.
45 Penny Dransart and Marietta Ortega Perrier, ‘When the Winds Run with the Earth: Cannibal Winds and Climate Disruption in Isluga, Northern Chile’, *Current Anthropology*, lxii/1 (2021), pp. 101–9 (p. 101).
46 Barbara Göbel, ‘Dangers, Experience and Luck: Living with Uncertainty in the Andes’, in *Culture and the Changing Environment: Uncertainty, Cognition and Risk Management in Cross Cultural Perspective*, ed. M. Casimir (New York, 2008), pp. 221–50.
47 Rutgerd Boelens and Paul Gelles, ‘Cultural Politics, Communal Resistance and Identity in Andean Irrigation Development’, *Bulletin of Latin American Research*, xxiv/3 (2005), pp. 311–27.
48 Isabelle Stengers, ‘The Cosmopolitical Proposal’, in *Making Things Public: Atmospheres of Democracy*, ed. Bruno Latour and Peter Weibel (Cambridge, ma, 2005), pp. 994–1005.

49 Marisol de la Cadena, 'Indigenous Cosmopolitics in the Andes: Conceptual Reflections beyond "Politics"', *Cultural Anthropology*, xxv/2 (2010), pp. 334–70 (p. 334).

50 Alan Ereira, dir., *From the Heart of the World: Elder Brothers' Warning* (1990).

51 Alan Ereira, dir., *Aluna* (2012).

52 Bishop Athanasius Schneider, open letter, 26 October 2019 (Astana, Kazakhstan), Life Site News, https:// www.lifesitenews.com.

53 Deborah Pinto, '"Stampede" of Legislation Threatens Destruction of the Amazon', trans. Maya Johnson, Unidades de Conservação no Brasil, Institutio Socioambiental, 26 July 2021, https://news.mongabay. com.

54 Anastasia Moloney, 'Amazon Ancestral Land Not Up for Sale Says "Green Nobel" Winner', Thomson Reuters Foundation News, 30 November 2020.

55 Stephen Muecke, 'The Cassowary Is Indifferent to All This', *Rhizomes: Cultural Studies in Emerging Knowledge*, xv/1 (2007).

56 Francesca Merlan, *Caging the Rainbow: Places, Politics and Aborigines in a North Australian Town* (Honolulu, hi, 1998), p. 70.

57 Howard Morphy, '"Not Just Pretty Pictures": Relative Autonomy and the Articulations of Yolngu Art in Its Contexts', in *Ownership and Appropriation*, ed. Veronica Strang and Mark Busse (Oxford, 2011), pp. 261–86.

58 Howard Morphy, 'Art as Action: The Yolngu', in *Up Close and Personal: On Peripheral Perspectives and the Production of Anthropological Knowledge*, ed. Chris Shore and Susanna Trnka (New York, 2013), pp. 125–39.

59 Merlan, *Caging the Rainbow*, p. 70.

60 Ibid., pp. 50–51.

61 Veronica Strang, 'Not So Black and White: The Effects of Aboriginal Law on Australian Legislation', in *Mythical Lands, Legal Boundaries: Rites and Rights in Historical and Cultural Context*, ed. A. Abramson and D. Theodossopoulos (London, 2000), pp. 93–115.

62 Francis Morphy and Howard Morphy, 'The Blue Mud Bay Case: Refractions through Saltwater Country', *Dialogue*, xxviii/1 (2009), pp. 15–25.

63 Chief Arvol Looking Horse, 'Standing Rock Is Everywhere: One Year Later', *The Guardian*, 22 February 2018, www.theguardian.com.

64 Earth Justice (2021), https://earthjustice.org.

65 Julia Wong, 'Police Remove Last Standing Rock Protesters in Military-Style Takeover', *The Guardian*, 23 February 2017, www.theguardian.com.

66 Government of Canada, The Canadian Constitution Act 1982: Section 35 (1982).

67 Eriel Deranger (Athabasca Chipewyan First Nations), www.idlenomore.ca, accessed 30 January 2019.

68 Judith Binney, 'Ancestral Voices: Maori Prophet Leaders', in *The Oxford Illustrated History of New Zealand*, ed. K. Sinclair (Oxford and Auckland, 1990), pp. 153–84 (p. 155).

69 Veronica Strang, 'The Taniwha and the Crown: Defending Water Rights in Aotearoa/New Zealand', *wIRes Water*, 1 (2014), pp. 121–31; Veronica Strang and Mark Busse, *Taniwha Springs – Indigenous Rights and Interests in Water: Comparative and International Perspectives* (Auckland, 2009), p. 5; Veronica Strang, 'Comparative International Claims to Water and Water Management by Indigenous Peoples', wai 2358, Waitangi Tribunal, High Court, Supreme Court (New Zealand, 2012).

70 Rob Harris, 'Marking a Place for Taniwha in Culture and Law', *Resource Management Journal*, xi/1 (2003), pp. 18–22. See also David Round, 'Here Be Dragons', *Otago Law Review*, xi/1 (2005), pp. 31–51.

71 Ian McDuff, 'What Would You Do – With a *Taniwha* at the Table?', *Negotiation Journal*, xix/3 (2003), pp. 195–8.

72 Strang and Busse, *Taniwha Springs*, p. 4.

73 Marae tvnz, 'nz Māori Council Co-Chair Sir Eddie Durie Says Claim Does Not Cover All nz Water', *Marae Investigates*, 13 August 2012.

74 Jacinta Ruru, 'Māori Rights in Water: The Waitangi Tribunal's Interim Report', *Māori Law Review* (September 2012), http://māorilawreview.co.nz.

75 Supreme Court of New Zealand, Ruling Sc 98/2012 [2013] NzSc 6: 'New Zealand Maori Council, Waikato River and Dams Claim Trust vs. The Attorney General, The Minister of Finance, the Minister for State Enterprises', 27 February 2013.

第十二章　力挽狂瀾

1 Émile Durkheim, *The Elementary Forms of the Religious Life* [1912] (New York, 1961).

2 Ivan Illich, 'The Shadow Our Future Throws', *New Perspectives Quarterly*, xvi/2 (1999), pp. 14–18. 3 Dennis Rodgers and Bruce O'Neill, 'Infrastructural Violence: Introduction to the Special Issue', *Ethnography*, xiii/4 (2012), pp. 401–12.

4 Volodymyr Vernadsky, *The Biosphere* [1920] (Santa Fe, nm, 1986).

5 Lynn Margulis, *The Symbiotic Planet: A New Look at Evolution* (London, 1998); James Lovelock, *Gaia: A New Look at Life on Earth* [1979] (Oxford, 1987).

6 Mark McMenamin and Dianna McMenamin, *Hypersea: Life on the Land* (New York, 1994).

7 Veronica Strang, 'A Happy Coincidence? Symbiosis and Synthesis in Anthropological and Indigenous Knowledges', *Current Anthropology*, xlvii/6 (2006), pp. 981–1008.

8 Penny Harvey, Christian Krohn-Hansen and Knut Nustad, *Anthropos and the Material* (Durham, nc, 2019). See also Noortje Marres, *Material Participation: Technology, the Environment and Everyday Publics* (Basingstoke, 2012); Paulo Savaget, Martin Geissdoerfer, Ali Kharrazi and Steve Evans, 'The Theoretical Foundations of Sociotechnical Systems Change for Sustainability: A Systematic Literature Review', *Journal of Cleaner Production*, ccvi (2019), pp. 878–92.

9 Bruno Latour, *Politics of Nature: How to Bring the Sciences into Democracy* (Cambridge, ma, 2004).

10 Langdon Winner, 'Do Artifacts Have Politics?', *Daedalus*, cix/1 (1980), pp. 121–36.

11 Jane Bennett, *Vibrant Matter: A Political Ecology of Things* (Durham, nc, and London, 2009); Diana Coole and Samantha Frost, eds, *New Materialisms: Ontology, Agency and Politics* (Durham, nc, and London, 2010).

12 Anna Tsing, *Friction: An Ethnography of Global Connections* (Princeton, nj, and Oxford, 2004).

13 Matthew Edgeworth, *Fluid Pasts: Archaeology of Flow* (London, 2011). See also Veronica Strang, 'Fluid Consistencies: Material Rationality in Human Engagements with Water', *Archaeological Dialogues*, xxi/2 (2014), pp. 133–50.

14 Charles Percy Snow, *The Two Cultures* [1959] (London, 2001).

15 Carolyn Merchant, *The Death of Nature: Women, Ecology and the Scientific Revolution* (San Francisco, ca, 1980). See also Val Plumwood, *Feminism and the Mastery of Nature* (London, 1993);

Carolyn Merchant, 'Environmentalism: From the Control of Nature to Partnership', public lecture, University of California, 2010; Susan Griffin, *Woman and Nature: The Roaring Inside Her* [1978] (New York, 2015).

16 Philip Larkin, 'Water', available at http:// famouspoetsandpoems.com.

17 Bron Taylor, *Dark Green Religion: Nature Spirituality and the Planetary Future* (Berkeley and Los Angeles, ca, 2010).

18 Office for National Statistics, *Census UK: 2011* (London, 2011).

19 Office for National Statistics, *Population Estimates by Ethnic Group and Religion, England and Wales: 2019* (London, 2019).

20 Yerevan Gagik Artsruni, 'The Pantheon of Armenian Pagan Deities', in *Armenian Myths and Legends: The History of the Mythology and Folk Tales from Armenia,* ed. Charles River Editors (Boston, ma, 2003), p. 107.

21 Barbara Bender, *Stonehenge: Making Space* (Oxford, 1998).

22 Susan Anderson and Bruce Tabb, eds, *Water, Leisure and Culture: European Historical Perspectives* (Oxford and New York, 2002).

23 Veronica Strang, *The Meaning of Water* (Oxford and New York, 2004).

24 Catherine Knight, *Nature and Wellbeing in Aotearoa New Zealand* (Canterbury, nz, 2020).

25 Jonathan Woolley, personal communication with the author (2017).

26 Veronica Strang, 'Making a Splash! Water Rituals, Subversion and Environmental Values in Queensland', Conference of the Association of Social Anthropologists and the Commonwealth (Edinburgh, 2005).

27 Reducing the body to its chemical components using lye and heat, resomation produces a small amount of ash and liquid. Requiring less energy, it is more ecologically sustainable than conventional cremation, and produces less co2 and other pollutants. It was originally developed in the late 1800s as a way of processing animal carcasses into plant food, and was taken up in 2007 by a Scottish biochemist, Sandy Sullivan, who began making contemporary machinery that would perform this function.

28 Megan Aldrich and Robert Wallis, eds, *Antiquaries and Archaists: The Past in the Past, the Past in the Present* (Reading, 2009); Jonathan Benthall, *Returning to Religion: Why a Secular Age Is Haunted by Faith* (London, 2009).

29 Strang, *The Meaning of Water*.

30 Kay Milton, *Loving Nature: Towards an Ecology of Emotion* (London and New York, 2002). See also Arne Naess, 'Identification as a Source of Deep Ecological Attitudes', in *Deep Ecology*, ed. M. Tobias (San Diego, ca, 1985), pp. 256–70.

31 Aristotle, *Nicomachean Ethics* (*c*. 335–322 bce).

32 Edward Wilson, *Biophilia* (Cambridge, ma, 1984); Richard Louv, *Last Child in the Woods: Saving Our Children from Nature-Deficit Disorder* (Chapel Hill, nc, 2005).

33 Daryll Macer and Morita Masuru, 'Nature, Life and Water Ethics', *Eubios: Journal of Asian and International Bioethics*, xii (2002), pp. 82–8; Deborah Bird Rose, 'Fresh Water Rights and Biophilia: Indigenous Australian Perspectives', *Dialogue*, xxiii/3 (2004), pp. 35–43 (p. 41).

34 Andy Clark and David Chalmers, 'The Extended Mind', *Analysis*, lviii (1998), pp. 7–19; Strang, 'Fluid Consistencies'.

35 James Serpell, *In the Company of Animals: A Study of Human–Animal Relationships* (Cambridge, 1996). See also Barbara Noske, *Beyond Boundaries: Humans and Animals* (Montreal, 1997); and

Katherine Wills Perlo, *Kinship and Killing: The Animal in World Religions* (New York, 2009).

36 Eben Kirksey and Stefan Helmreich, 'The Emergence of Multispecies Ethnography', *Cultural Anthropology*, xxv/4 (2010), pp. 545–76. See also Donna Haraway, *When Species Meet* (Minneapolis, ma, 2008).

37 Louv, *Last Child in the Woods.*

38 Joanna Overing, 'Images of Cannibalism, Death and Domination in a "Non-Violent" Society', in *The Anthropology of Violence*, ed. David Riches (Oxford, 1986), pp. 86–102.

39 Peter Singer, *Animal Liberation* (London, 1975).

40 David Groenfeldt, *Water Ethics: A Values Approach to Solving the Water Crisis* (London, 2019). See also Macer and Masuru, 'Nature, Life and Water Ethics'.

41 Gabriel Eckstein et al., 'Conferring Legal Personality on the World's Rivers: A Brief Intellectual Assessment', *Water International*, i (2019), https:// scholarship.law.tamu.edu. See also the International Water Law Project, www.internationalwaterlaw.org, accessed 18 March 2022.

42 Marama Muru-Lanning, 'Tupuna Awa and Te Awa Tupuna: Competing Discourses of the Wakiato River', PhD thesis, University of Auckland (2010), p. ii. See also Marama Muru-Lanning, *Tupuna Awa: People and Politics of the Waikato River* (Auckland, 2016).

43 New Zealand Government, Waitangi Tribunal, 'Te Ika Whenua Report' (Wellington, 1998).

44 Veronica Strang, 'The Rights of the River: Water, Culture and Ecological Justice', in *People and Parks: Integrating Social and Ecological Justice*, ed. H. Kopnina and H. Washington (New York and London, 2019), pp. 105–19.

45 New Zealand Government, 'Te Urewera Act' (Wellington, 2014), www.legislation.govt.nz. See also Christopher Stone, 'Should Trees Have Standing: Toward Legal Rights for Natural Objects', *Southern California Law Review*, xlv (1972), pp. 450–501.

46 New Zealand Government, 'Te Awa Tupua (Whanganui River) Claims Settlement Bill' (Wellington, 2017), www.legislation.govt.nz. See also Liz Charpleix, 'The Whanganui River as Te Awa Tupua: Place-Based Law in a Legally Pluralistic Society', *Geography Journal*, clxxxiv/1 (2017), https://doi.org/10.1111/geoj.12238.

47 New Zealand Government, 'Te Awa Tupua'.

48 Jacinta Ruru, 'Indigenous Restitution in Settling Water Claims: The Developing Cultural and Commercial Redress Opportunities in Aotearoa, New Zealand', *Pacific Rim Law and Policy Journal*, xxii/2 (2013), pp. 311–28, https://digital.law.washington.edu.

49 Philipp Wesche, 'Rights of Nature in Practice: A Case Study on the Impacts of the Colombian Atrato River Decision', *Journal of Environmental Law*, xxxIII/3 (2021), pp. 531–55.

50 Joe Nangan, quoted in Martuwarra RiverOfLife et al., 'Yoongoorrookoo: The Emergence of Ancestral Personhood', *Griffith Law Review*, November 2021, doi: 10.1080/10383441.2021.1996882.

51 Juan Francisco Salazar, 'Buen Vivir: South America's Rethinking of the Future We Want', *The Conversation*, 24 July 2015, https://theconversation.com.

52 Nurit Bird-David, '"Animism" Revisited: Personhood, Environment and Relational Epistemology', *Current Anthropology*, xl Supplement (1999), pp. 67–91. See also Graham Harvey,

Animism: Respecting the Living World (London, 2005).

53 Cormac Cullinan, *Wild Law: A Manifesto for Earth Justice* (Totnes, 2003). See also Brian Baxter, *A Theory of Ecological Justice* (London and New York, 2005); Joe Gray and Patrick Curry, 'Ecodemocracy: Helping Wildlife's Right to Survive', *ecos*, xxvii/1 (2016), pp. 18–27.

54 Earth Law Centre, 'Universal Declaration of River Rights' (2018), https://therightsofnature.org.

55 Global Alliance for the Rights of Nature, 'Universal Declaration of the Rights of Rivers' (2018), p. 4, www.earthlawcenter.org.

56 Bettina Wilk et al., 'The Potential Limitations on Its Basin Decision-Making Processes of Granting Self- Defence Rights to Father Rhine', *Water International*, xliv/6–7 (2019), pp. 684–700.

57 Polly Higgins, 'One Law to Protect the Earth' (2019), https://eradicatingecocide.com.

58 Ibid.

59 Haroon Siddique, 'Ecocide Defined to Establish New Global Crime', *The Guardian*, 23 June 2021.

60 Gray and Curry, 'Ecodemocracy'.

61 Benedict Anderson, *Imagined Communities: Reflections on the Origin and Spread of Nationalism* (London, 2006).

62 Veronica Strang, 'Re-Imagined Communities: The Transformational Potential of Interspecies Ethnography in Water Policy Development', in *The Oxford Handbook of Water Politics and Policy*, ed. K. Conca and E. Weinthal (Oxford and New York, 2017), pp. 142–64. See also Carl Knappett and Lambros Malafouris, eds, *Material Agency: Towards a Non-Anthropocentric Approach* (New York, 2008).

63 Robyn Eckersley, 'Deliberative Democracy, Ecological Representation and Risk: Towards a Democracy of the Affected', in *Democratic Innovations: Deliberation, Association and Representation*, ed. Michael Saward (London, 2000), pp. 117–45. See also Eva Meijer, *When Animals Speak: Toward an Interspecies Democracy* (New York, 2019).

64 Karen Barad, *Meeting the Universe Halfway: Quantum Physics and the Entanglement of Matter and Meaning* (Durham, nc, 2007).

65 Isabelle Stengers, 'The Cosmopolitical Proposal', in *Making Things Public: Atmospheres of Democracy*, ed. Bruno Latour and Peter Weibel (Cambridge, ma, 2005). See also Richard Grusin, ed., *The Nonhuman Turn* (Minneapolis, mn, 2015); Steve Hinchliffe, Matthew Kearnes, Monica Degen and Sarah Whatmore, 'Urban Wild Things: A Cosmopolitical Experiment', *Environment and Planning D: Society and Space*, xxiii (2005), pp. 643–58; Latour, *Politics of Nature*.

66 Stacy Alaimo, *Bodily Natures: Science, Environment, and the Material Self* (Bloomington, in, 2010). See also Andrew Dobson, 'Democracy and Nature: Speaking and Listening', *Political Studies*, lviii (2010), pp. 752–68.

67 Steve Hinchliffe, 'More Than One World, More Than One Health: Re-Configuring Interspecies Health', *Social Science and Medicine*, cxxix (2015), pp. 28–35. See also Astrida Neimanis, *Bodies of Water: Posthuman Feminist Phenomenology* (London, 2017).

68 Earth Law Centre, 'Universal Declaration of River Rights'.

69 Veronica Strang, 'A Sustainable Future for Water', *Aqua: Journal of the International Water Association* (2020), https://doi.org/10.2166/aqua.2020.101.

70 Veronica Strang, 'Leadership in Principle: Uniting Nations to Recognize the Cultural Values of Water', in *Hydrohumanities:*

Water Discourse and Environmental Futures, ed. R. Faletti, I. López-Calvo and K. De Wolff (Berkeley, ca, 2020), pp. 215–41.

71 Peter Stott, *Hot Air: The Inside Story of the Battle against Climate Change Denial* (London, 2021).

72 United Nations, 'Principles for Water' (2018), https:// sustainabledevelopment.un.org.

73 Veronica Strang, 'Valuing the Cultural and Spiritual Dimensions of Water', Report to the United Nations High-Level Panel on Water (The Hague, 2017).

74 United Nations, 'World Water Development Report 2018: Nature-Based Solutions for Water', www.unwater.org. United Nations World Water Development Report 2021, 'Valuing Water', www.unwater.org; United Nations World Water Development Report 2022, 'Groundwater: Making the Invisible Visible', www.unwater.org.

75 Marie-Lise Schläppy, 'Rights of Nature: A Report on a Conference in Switzerland', *Ecological Citizen*, i/1 (2017), pp. 95–6.

76 Mark Mazower, *Governing the World: The History of an Idea* (London, 2013). See also Anne-Marie Slaughter, *A New World Order* (Princeton, nj, 2005); Richard Haass, *The World: A Brief Introduction* (New York, 2020).

77 Richard Haass and Charles Kupchan, 'A Concert of Power for a Global Era', *Project Syndicate*, 25 March 2021, www.project-syndicate.org.

延伸閱讀 Select Bibliography

Baxter, Brian, *A Theory of Ecological Justice* (London and New York, 2005)
Bolon, Carol, *Forms of the Goddess Lajjā Gaurī in Indian Art* (University Park, pa, 1992)
Campbell, Joseph, *The Masks of God: Creative Mythology* (London, 2001)
Condren, Mary, *The Serpent and the Goddess: Women, Religion, and Power in Celtic Ireland* (San Francisco, ca, 1989)
Day, John, *God's Conflict with the Dragon and the Sea: Echoes of a Canaanite Myth in the Old Testament* (Cambridge, 1985)
Diamond, Jared, *Collapse: How Societies Choose to Fail or Succeed* (New York, 2005)
Diemel, Claus, and Elke Ruhnau, eds, *Jaguar and Serpent: The Cosmos of Indians in Mexico, Central and South America*, trans. Ann Davis (Berlin, 2000)
Drewal, Henry, *Sacred Waters: Arts for Mami Wata and Other Water Divinities in Africa and the Diaspora* (Bloomington, in, 2008)
Ferguson, Diana, *Tales of the Plumed Serpent: Aztec, Inca and Mayan Myths* (London, 2000)
Fienup-Riordan, Ann, *Wise Words of the Yup'ik People: We Talk to You Because We Love You* (Lincoln, ne, 2018)
Gilmore, David, *Monsters: Evil Beings, Mythical Beasts, and All Manner of Imaginary Terrors* (Philadelphia, pa, 2003)
Goettner-Abendroth, Heide, ed., *Societies of Peace: Matriarchies Past, Present and Future* (Toronto, 2009)
Gray, Joe, and Patrick Curry, 'Ecodemocracy: Helping Wildlife's Right to Survive', *ecos*, xxvii/1 (2016), pp. 18–27
Grusin, Richard, ed., *The Nonhuman Turn* (Minneapolis, mn, 2015)
Haraway, Donna, *When Species Meet* (Minneapolis, mn, 2008) Harvey, Penny, Christian Krohn-Hansen and Knut Nustad, *Anthropos and the Material* (Durham, nc, 2019)
Huxley, Francis, *The Dragon: Nature of Spirit, Spirit of Nature* (London, 1979)
Joines, Karen, *Serpent Symbolism in the Old Testament: A Linguistic, Archaeological, and Literary Study* (Haddonfield, nj, 1974)
Lucero, Lisa, 'A Cosmology of Conservation in the Ancient Maya World', *Journal of Anthropological Research*, lxxiv/3 (2018), pp. 327–59
Meijer, Eva, *When Animals Speak: Toward an Interspecies Democracy* (New York, 2019)
Merchant, Carolyn, 'Environmentalism: From the Control of Nature to Partnership', public lecture, University of California, 2010
Miller, Robert, Baal, St George, and Khidr: *A Study of the Historical Geography of the Levant* (University Park, pa, 2019)

Musharbash, Yasmine, and Geir Presterudstuen, eds, *Monster Anthropology: Explorations of Transforming Social Worlds through Monsters* (London and New York, 2019)
Nasr, Seyyed, *An Introduction to Islamic Cosmological Doctrines: Conceptions of Nature and Methods Used for Its Study* (London, 1978)
Neimanis, Astrida, *Bodies of Water: Posthuman Feminist Phenomenology* (London, 2017)
Powell, Barry, *Classical Myth*, trans. Herbert Howe (Upper Saddle River, nj, 1998)
Riches, Samantha, *St George: Hero, Martyr and Myth* (Stroud, 2005)
Slifer, Dennis, *The Serpent and the Sacred Fire: Fertility Images in Southwest Rock Art* (Santa Fe, nm, 2000)
Spretnak, Charlene, *Lost Goddesses of Early Greece: A Collection of Pre-Hellenic Myths* (Boston, ma, 1992)
Tsing, Anna, The *Mushroom at the End of the World: On the Possibility of Life in Capitalist Ruins* (Princeton, nj, 2017)

謝詞 Acknowledgements

This book is the outcome of a long and abiding fascination with water serpent beings. It has benefited from the research of many anthropologists, archaeologists and material- culture specialists who have produced the diverse accounts on which comparative analysis relies; from the generous col- laboration of indigenous and other communities in Australia, New Zealand, Africa and the uK; and from museum curators around the world, who have shared with me their enthusiasm about the objects and images in their collections. I am also immensely grateful to the researchers in other disciplinary areas – the theologians, historians, classicists, philosophers, neuroscientists and cognitive specialists – on whose exper- tise I have drawn. Some have been impressively tolerant in welcoming my amateur forays into their disciplinary territories, and I hope they will forgive this endeavour's all- too-fleeting glimpses of their much deeper knowledges. I am especially grateful to the colleagues who reviewed the text and offered sage advice: Elizabeth Edwards, Robert Hannah, Sandy Toussaint and John Day. Any and all remaining errors are entirely my own. Last, but far from least, I must thank my family and friends for embracing my obsessive interest in this topic, to the extent that they are now similarly doomed to spotting serpentine water beings wherever they go. I am particularly indebted to my sister Helen, who kindly cast an eagle eye over the proofs of this text and who, for many years, has tolerated excursions to key water serpent sites, even though my renditions of the Lambton Worm Song, as we climbed Penshaw Hill, drove her to threaten sororicide.

圖片使用致謝 Photo Acknowledgements

作者和出版者在此對本書圖像來源及其複製許可表示誠摯感謝。部分藝術作品之收藏出處亦標示如下。

Adobe Stock: 18 (ahau1969), 19 (lunamarina), 25 (matho), 52 (sghiaseddin), 53 (Anton Ivanov Photo), 65 (ngchiyui), 69 (ABcdstock), 70 (frdric), 101 (wjarek), 104 (motorolka); Alamy Stock Photo: 33 (Heritage Image Partnership Ltd – Ashmolean Museum, University of Oxford), 37 (mauritius images gmbh/ Luis Castañeda), 55 (agefotostock/J. D. Dallet – The Egyptian Museum, Cairo), 108 (Jonny White), 115 (Tcd/Prod.dB), 118 (John Warburton-Lee Photography/Nigel Pavitt); akg-im- ages/Fototeca Gilardi: 24 (Bnf mS grec 2327, fol. 279); © Árni Magnússon Institute/Bridgeman Images: 98; British Library, London: 88 (mS Or 2265, fol. 195r), 106 (1258.b.18); © British Library Board, all rights reserved/Bridgeman Images: 74 (mS Burney 169, fol. 14r), 94 (Maps cc.a.218); © Buku-Larrnggay Mulka Centre, Yirrkala, photo courtesy the House of Representatives, Australian Parliament House, Canberra, reproduced with permission: 126; from Lewis Carroll, *Through the Looking-Glass, and What Alice Found There* (London, 1871): 109; The Cleveland Museum of Art, Oh: 2, 22, 58, 62, 121; Dolores Ochoa/Ap/Shutterstock: 123; DeAgostini/Getty Images: 86 (photo G. Dagli Orti), 102 (photo G. Nimatallah – Kunsthistorisches Museum, Vienna); © Detroit Institute of Arts, mI/Bridgeman Images: 13; © Dorset Fine Arts, photos courtesy Canadian Museum of History, Gatineau, qc: 43 (Iv-c-6001, d2007-04088), 44 (cd 2002-011 Sp, Img2011-0107- 0091); Durham Cathedral Library, reproduced by kind permission of the Chapter of Durham Cathedral: 93 (mS A.II.4, fol. 87v); © Estate of the artist, licensed by Aboriginal Artists Agency Ltd, photo courtesy National Museum of Australia, Canberra: 39; Foundation for the Advance-ment of Meso- american Studies (fAmSI): 51; after Henry W. Hamilton, 'The Spiro Mound', *The Missouri Archaeologist*, xIv (October 1952): 45; Heritage Auctions, Ha.com: 111; reproduced by permission of Hodder Children's Books, an imprint of Hachette Children's Group (Carmelite House, 50 Victoria Embankment, London Ec4y 0dz): 113; Hokusai Museum, Nagano: 66; courtesy Instituto Colom-biano de Antropología e Historia (IcANh), Bogotá: 124; The J. Paul Getty Museum, Los Angeles: 77, 85 (mS 101, fol. 82v); © Laura James 2011, used with permission: 119; James Ford Bell Library, University of Minnesota, Minne- apolis: 105; photo Stephen Lansing: 50; Los Angeles County Museum of Art (lAcmA): 15; © Anne McCaffrey 1988, pub- lished by Bantam Press 1989, Corgi 1989, repro-duced by permission of the Random House Group Limited: 114; © Mawalan Marika/Copyright Agency, licensed by dAcS 2021, photo courtesy Art Gallery of Western Australia (AgwA), Perth: 7; The Metropolitan Museum of Art, New York: 3, 59, 67, 68, 71, 72, 83, 89, 90, 91, 107, 110, 120; courtesy Muzeo Nazionale Romano, Rome: 82 (Inv. Nr. 62666); Museum of Fine Arts, Boston: 79; © Museum of Fine Arts, Houston, Tx/Bridgeman Images: 47; National Museum of Asian Art, Smithsonian Institution, Washington, dc: 87; National Museum of Denmark: 28 (photo Lennart Larsen, cc By-SA 4.0), 30 (photo Roberto Fortuna and Kira Ursem, cc By-SA 4.0); National Museum of Korea, Seoul: 26 (Acc. no. Bongwan 4027); Nationalmuseum, Stockholm: 97 (photo Erik Cornelius, cc By-SA 4.0); The New York Public Library: 46; © Pitt Rivers Museum, University of Oxford: 40; © Science Museum/Science & Society Picture Library, all rights reserved: 20; photos Polly Schaafsma: 34, 48; photo Kathryn Scott Osler/The Denver Post via Getty Images: 54; courtesy Pormpuraaw artist Syd Bruce Shortjoe: 125; Shutterstock. com: 9 (Barnes Ian), 14 (Andrea Izzotti – Museo Nacional de Antropología, Mexico City), 80 (Jacek Wojnarowski), 129 (oxameel); photos Veronica Strang: 16, 21, 27, 41, 42, 95, 96, 103, 116, 128, 131; courtesy Tairona Heritage Trust, photo Alan Ereira: 122; photo Gary Todd: 73 (National Archaeological Museum, Athens); © The Tolkien Estate Limited 1937, photo courtesy Bodleian Libraries, University of Oxford, reproduced with kind permission of the Tolkien Estate: 112; © The Trustees of the British Museum, London: 1, 4, 5, 8, 10, 17, 23, 29, 32, 35, 64, 100, 131; The Walters Art Museum, Baltimore, md: 63; Wellcome Collection, London: 61 (cc By 4.0); Werner Forman Archive/Bridgeman Images: 49; Wikimedia Commons: 12 (Chaob-orus, cc By-SA 3.0), 31 (Carole Raddato, cc By-SA 2.0), 36 (Sarah Welch, cc By-SA 4.0), 38 (Morio60, cc By-SA 2.0), 57 (Anandajoti Bhikkhu, cc By-SA 3.0), 60 (Arian Zwegers, cc By 2.0), 75 (Carole Raddato, cc By-SA 2.0 – Museo Archeologico Nazionale di Napoli), 76 (Rufus46, cc By-SA 3.0), 78 (Francesco Bini/sailko, cc By 3.0 – Museu Calouste Gulbenkian, Lisbon), 81 (Daderot, public domain – Museo Gregoriano Etrusco, Vatican City), 84 (Alberto Fernandez Fernandez/Afernand74, cc By-SA 3.0), 92 (Dennis Jarvis, cc By-SA 2.0), 99 (Harald Groven, cc By-SA 2.0), 117 (Nationaal Museum van Wereldculturen, cc By-SA 3.0), 127 (Pax Ahimsa Gethen/fun-crunch.org, cc By-SA 4.0); courtesy Wofford College, Spartanburg, Sc: 56 (gift of Dr John M. Bullard); photo Ron Wolf: 6.

水族

從自然崇拜到生態覺醒，重建人與水的神聖關係

Water Beings: From Nature Worship to the Environmental Crisis

作　　者　維若妮卡・史特朗Veronica Strang
譯　　者　劉泗翰
封面設計　莊謹銘
內頁排版　高巧怡
執行編輯　吳佩芬
行銷企劃　蕭浩仰、江紫涓
行銷統籌　駱漢琦
業務發行　邱紹溢
營運顧問　郭其彬
果力總編　蔣慧仙
漫遊者總編　李亞南
出　　版　果力文化／漫遊者文化事業股份有限公司
地　　址　台北市103大同區重慶北路二段88號2樓之6
電　　話　(02) 2715-2022
傳　　真　(02) 2715-2021
服務信箱　service@azothbooks.com
網路書店　www.azothbooks.com
臉　　書　www.facebook.com/azothbooks.read

發　　行　大雁出版基地
地　　址　新北市231新店區北新路三段207-3號5樓
電　　話　(02) 8913-1005
訂單傳真　(02) 8913-1056
初版一刷　2025年3月
定　　價　台幣680元

ISBN　978-626-99114-3-1

國家圖書館出版品預行編目 (CIP) 資料

水族：從自然崇拜到生態覺醒,重建人與水的神聖關係/維若妮卡.史特朗(Veronica Strang)作；劉泗翰譯. -- 初版. -- 臺北市：果力文化, 漫遊者文化事業股份有限公司出版；新北市：大雁出版基地發行, 2025.03
面；　公分
譯自：Water beings : from nature worship to the environmental crisis
ISBN 978-626-99114-3-1(平裝)
1.CST: 水 2.CST: 自然崇拜 3.CST: 人類生態學 4.CST: 文明史
215.24　　　　114001833